社会保障概论

主　编　贾洪波
副主编　王国辉　王利军

南开大学出版社
天　津

图书在版编目(CIP)数据

社会保障概论 / 贾洪波主编. —天津：南开大学出版社，2014.7

ISBN 978-7-310-04479-5

Ⅰ.①社… Ⅱ.①贾… Ⅲ.①社会保障－高等学校－教材 Ⅳ.①C913.7

中国版本图书馆 CIP 数据核字(2014)第 088855 号

南开大学出版社出版发行

出版人:孙克强

地址:天津市南开区卫津路 94 号 邮政编码:300071

营销部电话:(022)23508339 23500755

营销部传真:(022)23508542 邮购部电话:(022)23502200

*

唐山天意印刷有限责任公司印刷

全国各地新华书店经销

*

2014 年 7 月第 1 版 2014 年 7 月第 1 次印刷

260×185 毫米 16 开本 20 印张 2 插页 454 千字

定价:36.00 元

如遇图书印装质量问题,请与本社营销部联系调换,电话:(022)23507125

前　言

社会保障制度建设是新时期我国推进民生建设和社会管理的重要组成部分。随着我国社会主义市场经济体制的发展和改革开放的进一步推进，社会保障制度建设显得更加重要和必要。在这样的背景下，许多学校陆续开设了与社会保障相关的基础课程或者专业课程来培养社会保障方面的专业人才。这对社会保障的教材建设也提出了客观要求。

为了提供一本能够适合高等院校学生或者其他相关机构人员学习社会保障方面知识的专门教材，我和其他几所高校在一线从事社会保障教学和研究工作的教师一起编写了这本《社会保障概论》。这本教材是在前人研究成果的基础上编写成的，借鉴了不少学术前辈的研究成果。在借鉴前人学术研究成果的基础上，本教材力求体现以下几个特点：第一，突出重点。社会保障项目很多，具体内容非常丰富。本教材在概括性介绍社会保障概念、发展历史、模式以及法律制度的基础上，囊括了社会救助、养老保险、医疗保险、失业保险、工伤保险、住房保障以及社会福利这些社会保障的重点内容。第二，体现层次性。社会保障是一个系统。本教材在突出重点的基础上依次论及了社会保障体系中社会救助子系统、社会保险子系统以及社会福利子系统的相关内容，体现出了社会保障目标从低到高这样的层次性。第三，力求最新。本教材尽量实现了数字及材料的新近化，以反映社会保障理论和实践的最新发展。比如，本教材增加了有关《社会保险法》的相关内容，也增加了有关新型农村社会养老保险试点的内容以及城镇居民社会养老保险试点的相关内容等。

本书的编写和完成是多方面合力的结果。不同章节写作的具体分工是：

第一章：王国辉，辽宁工程技术大学公共管理与法学院

第二章：徐婷婷，北京航空航天大学社会保障研究所

第三章、第七章：贾洪波，北京航空航天大学社会保障研究所

第四章：王小丽，安徽工业大学公共管理与法学院

第五章、第六章：苗红军，辽宁大学人口研究所

第八章、第九章、第十章：班晓娜，辽宁师范大学管理学院

第十一章：王利军，河南财经政法大学公共管理学院

本书最后的统稿和校对由贾洪波完成。由于我们的水平有限，本书一定有许多不足和错误之处，恳请读者批评和指正。

贾洪波
2014 年 5 月

目　　录

第一章 导论

社会保障是人类文明发展到一定阶段的产物。不同国家、地区在不同历史时期的政治、经济、文化、社会等环境不同，这些因素都影响着人们对社会保障的理解和认识，从而在世界上形成了不同的社会保障理念和模式。西方一些发达国家，尤其是西欧和北欧等一些发达国家在社会保障方面已经取得了充分发展，但是一些发展中国家的社会保障制度还不够完善，还有很大的改善空间。尽管如此，社会保障的发展并没有超越生产力发展水平，社会保障在全球经过几百年的发展已经形成了一些一般的、共性的理解和认识。本章的目的是介绍社会保障的概念、社会保障的特征、社会保障的基本原则和功能、课程的性质以及社会保障学科的性质、研究内容及研究方法等，使学生对社会保障有一个粗略的、宏观的认识。

第一节 社会保障的概念

社会保障的英文词是 Social Security，它最早来自于 1935 年美国的《社会保障法案》，该法案开始实施社会保险项目是为了应对美国人年老、死亡、残疾和失业所带来的社会风险。1938 年，新西兰政府在将原有和新增的社会补助法案合并为一项新的法案时使用了社会保障这个词。1941 年，战时的《大西洋宪章》中两次使用了社会保障这个词。后来，国际劳工组织先后在不同场合使用了社会保障这个词，从而使社会保障这一概念快速传播到全世界。目前，社会保障已经从最初的概念变成了世界各国和各地区普遍实施的以政府和社会为责任主体的福利保障制度的统称，[①]1999 年，全世界已经有 172 个国家建立了一项或者多项社会保障制度。[②]本节主要罗列不同机构或者学者对社会保障概念的界定，分析这些概念之间的共同点和分歧，总结和概括出一个相对具有普遍意义的社会保障概念。

---

① 史柏年. 社会保障概论[M]. 北京：高等教育出版社，2012.

② 郑功成. 中国社会保障制度变迁与评估[M]. 北京：中国人民大学出版社，2002.

一、国外学者及国际组织对社会保障的界定

目前大部分国家都实施了社会保障制度，关于社会保障概念的界定也非常多。国外学者及国际组织关于社会保障概念一些代表性的观点有：

1935年，美国《社会保障法案》将社会保障视为社会安全网，认为社会保障是“根据社会保障法制定的社会保险计划，对于因年老、长期残废、死亡或者失业而失掉工资收入者提供保障；同时对老年和残废期间的医疗费用提供保障。老年、遗属、残废和健康保险计划对受保险的退休者或残废者和他们的家属以及受保险者的遗属，按月提供现金保险待遇”。①

德国著名经济学家路德维希·艾哈德认为，“社会保障即社会公正和社会安全，是为因生病、残疾、年老等原因丧失劳动能力或遭受意外而不能参与市场竞争者及其家人提供的基本生活保障，其目的是通过保障使之重新获得参与竞争的机会。”②

英国的《贝弗利奇报告——社会保险和相关服务》认为，“英国社会保障计划的主要特征是，它是一个抵御因谋生能力中断或丧失而造成的风险，或覆盖因出生、婚嫁、死亡而产生的特殊支出的社会保险方案。这个计划包括六条基本原则：基本生活待遇水平统一；缴费率统一；行政管理职责统一；待遇水平适当；广泛保障；分门别类。”③

日本在1950年社会保障制度审议会上确定的社会保障定义是：“对于疾病、负伤、分娩、 残疾、死亡、失业、多子女及其他原因造成的贫困，从保险方法和直接的国家负担上，寻求经济保障的途径。”④

John Dixon 认为，“社会保障通常被看作是几个世纪以来致力于为人们提供应对个人、社会或者经济方面不幸的一种支持手段。”⑤

A.B. Atkinson 认为，“发达国家的社会保障包括三个不同的成分：与收入关联的社会救助以减轻贫困、与保障的提供和生命周期内收入分配相关的社会保险，以及在特定群体中进行财富重新分配的分类转移。”⑥

国际劳工组织把社会保障界定为：社会保障“它基本上可以解释为社会通过一系列的公共措施向其成员提供的，用以与因疾病、生育、工伤、失业、伤残、年老和死亡而丧失收入或收入锐减而引起的经济和社会灾害进行斗争，提供医疗保险以及对有子女家庭提供补贴”。⑦

---

① 林嘉. 社会保障法的理念、实践与创新[M]. 北京：中国人民大学出版社，2002.

② [德]路德维希·艾哈德. 大众的福利[M]. 丁安新译. 北京：中国人民大学出版社，1995.

③ [英]贝弗里奇. 贝弗里奇报告——社会保险和相关服务[M]. 劳动和社会保障部社会保险研究所译. 北京：中国劳动社会保障出版社，2008.

④ 林嘉. 劳动和社会保障法[M]. 北京：中国人民大学出版社，2009.

⑤ John Dixon. Social Security in Global Perspective[M]. Praeger, Westport, Connecticut London, 1999.

⑥ A.B. Atkinson. Poverty and Social Security[M]. Hemel Hempstead, Harvester Wheatsheaf, 1989.

⑦ International Labour Office. Introduction to Social Security[M]. Geneva, 1984.

二、中国港台地区对社会保障的界定

在中国台湾地区，“社会保障一般译作社会安全，是指世界各国及地区普遍实施的，以社会保险为主，社会救助、社会福利为辅的社会安全制度。其目的在于保障国民由生到死的生活，其作用是使工作者在遭遇到威胁其工资收入的事故时，仍有足以维持其基本生活的收入。在台湾学者看来，社会保障既是社会安全制度，又是社会经济制度，其本质是保障国民经济的安全与国民经济的幸福。”①

香港官方界定的社会保障是“以政府为责任主体并通过向有需要人士直接发放款项的方式提供的福利，包括综合保障援助计划、公共福利金计划、暴力及执法伤亡赔偿计划、交通意外伤亡援助计划、灾民紧急救济”。香港学者周永新教授等则认为，“社会保障是政府为保障国民最低生活需要所采取的政策措施，包括非供款性的社会救助、供款性的社会保险和普遍津贴制度等。”②

三、中国大陆对社会保障的界定

中国大陆专家一般认为，“社会保障是指由国家通过立法和行政措施设立的保证社会成员基本经济生活安全项目的总和。”③下面列举一些大陆学者对社会保障的界定。

陈良瑾认为，“社会保障是国家和社会通过国民收入分配与再分配依法对社会成员的基本生活权利给予保障的社会安全制度。”④

侯文若认为，“社会保障可以理解为对贫者、弱者实行救助使之享有最低生活，对暂时和永久失去劳动能力的劳动者实行生活保障，并使之享有基本生活，以及对社会全体公民普遍实施福利措施，以保证福利促进而实现社会安定。”⑤

郭崇德认为，“社会保障是指社会成员因年老、疾病、伤残、失业、生育、死亡、灾害等原因而丧失劳动能力或生活遇到障碍时，有从国家、社会获得基本生活需求的保障。”⑥

穆怀中认为，“社会保障是依据保护与激励相统一的原则，由国家通过立法和行政措施设立的保证社会成员基本经济生活安全项目的总称。”⑦

郑功成认为，“社会保障是各种具有经济福利性的、社会化的国民生活保障系统的统称。这一定义包括了如下三个必备要素：一是具有经济福利性，即从直接的经济利益关系来看，受益者的所得一定大于所费；二是属于社会化行为，即由官方机构或社会中间团体来承担组织实施任务，而非供给者与受益方的直接对应行为；三是以保障和改善国民生活为根本

① 史柏年. 社会保障概论[M]. 北京：高等教育出版社，2012.
② 郑功成. 社会保障学——理念、制度、实践与思辨[M]. 北京：商务印书馆，2000.
③ 穆怀中. 社会保障概论[M]. 沈阳：辽宁大学出版社，2000.
④ 陈良瑾. 社会保障教程[M]. 北京：知识出版社，1990.
⑤ 侯文若. 社会保障理论和实践[M]. 北京：中国劳动出版社，1991.
⑥ 郭崇德. 社会保障学概论[M]. 北京：北京大学出版社，1992.
⑦ 穆怀中. 中国社会保障适度水平研究[M]. 沈阳：辽宁大学出版社，1998.

目标，包括经济保障与服务保障等。"①

李珍认为，"关于社会保障，在最广泛的意义上，它是指一个社会通过正式的和非正式的制度为它的国民提供的安全保障，在正式的制度中涉及国家的作用，而在非正式的制度中则较少或不涉及国家的作用，在这种意义上使用这一概念的情况不多。在较次广泛的意义上，社会保障制度是国家以再分配为手段而达到社会安定的目标的一种正式制度安排，它的主要内容包括社会保险和社会救济及社会福利制度。这一制度涉及国家的权利和义务的问题，它是工业化的产物，所以我们又称为现代社会保障制度。由于这一制度在理论上是一个干预与自由的问题，所以在经济理论界谈到社会保障时，多是在这层意义上使用它的。在狭义的意义上，社会保障制度仅指社会保险中的退休金制度，这是一种约定俗成的用法，西方学者在谈社会保障制度改革时，多是指退休金制度的改革。"②

董克用认为，"社会保障是由国家立法实施的，旨在抵御风险，保障国民基本生活需求和水平的制度安排，它包含对缺乏劳动能力的社会群体的社会救助和对具有劳动能力的社会群体的社会保险两部分。"③

四、关于社会保障概念的一个总结

通过对上述国内外学者或者机构对社会保障概念界定的比较，我们可以发现对社会保障概念的多种定义虽然在某些方面存在分歧，但是有一个共同点就是他们都认同社会保障是为丧失劳动能力以及某些需要特殊帮助的人群提供一定程度的社会保护。大多数学者或者机构对社会保障的概念界定基本都认同如下几个方面的内容：

（一）社会保障的主要责任主体是国家

国家或者政府是社会保障的主要责任主体，这说明国家应该在社会保障建设中起主导作用。比如，潘锦棠认为，"社会保障由政府出面组织，并承担最后责任。国家负责是社会保障与民间福利的主要区别。工业社会普遍产生的失业、工伤、养老、贫困等社会问题，是全国性的，在世界大多数国家都要依靠政府统一和大规模地筹集资金，建立社会保障制度来解决问题。"④国家在社会保障制度建设中的主导作用并不妨碍其他社会主体在社会保障中发挥积极作用，比如第三部门、社区、家庭、个人在社会保障中的作用。贝弗里奇指出，"基于社会风险理论和国家理论，公民对国家的第一需要即提供基本生活的安全保障，这需要国家和公民个人的合作。"⑤

---

① 郑功成. 社会保障学——理念、制度、实践与思辨[M]. 北京：商务印书馆，2000.

② 李珍. 社会保障制度与经济发展[M]. 武汉：武汉大学出版社，1998.

③ 董克用. 中国经济改革30年（社会保障卷）[M]. 重庆：重庆大学出版社，2008.

④ 潘锦棠. 社会保障学概论[M]. 北京：北京师范大学出版集团，北京师范大学出版社，2012.

⑤ [英]贝弗里奇. 贝弗里奇报告——社会保险和相关服务[M]. 劳动和社会保障部社会保险研究所译. 北京：中国劳动社会保障出版社，2008.

（二）社会保障的实施手段是法律法规

国家一旦成为社会保障的主要责任主体，其必然要履行其作为主体的责任。国家履行社会保障主体责任的一个方面就是制定社会保障的法律法规。“除开国家以外就没有人能制定法律，因为我们只是臣服于国家。法令还必须用充分的表达方式表达出来，否则人们就不知道怎样服从。”[①]社会保障资金的筹集、基金的管理和待遇的支付均需要相应的法律法规来规范。社会保障“它是一种社会经济活动，它应该具有规范性、权威性和可信性，因此，它应该通过国家立法和行政措施设立和执行”。[②]1601 年英国的旧《济贫法》，19 世纪 80 年代德国的社会保险相关法律以及 1935 年美国的《社会保障法案》等法律法规在社会保障发展中起过非常重要的作用。

（三）社会保障的目的是化解社会成员面临的各种社会风险

社会风险即指人人都可能遇到的危及其基本生活安全的风险。[③]社会保障的直接目的是化解被保障成员面临的各种社会风险，这些社会保险主要包括年老、疾病、伤残、失业、生育、死亡、灾害等。“社会保障制度建立之初，其目的是为在工业化进程中陷入困境的人士提供最基本的生活保障。这一保障民生的作用现在仍是社会保障制度的主要功能。”[④]

（四）社会保障的目标是保障基本经济生活安全

社会保障的最终目标是保障被保障人员的基本经济生活安全。这里需要强调两层含义：一层含义是社会保障通常实施经济保障。无论是与收入相关联的社会保障项目还是与收入非关联的社会保障项目，其通常是通过实物或者现金的形式来对被保障人实施保障。这种实物或者现金通常是用来改善被保障对象的经济状况。另一层含义是社会保障通常实施基本保障。所谓基本保障就是指社会保障不会追求过高的经济生活保障，当然也要防止被保障对象在经济上陷入贫困。

综上所述，我们可以对社会保障作出如下定义：社会保障是国家通过法律法规组织实施的，旨在化解社会成员面临的年老、疾病、伤残、失业、生育、死亡、灾害等社会风险的，以保障其基本经济生活安全的一种制度安排。社会保障概念的这一表述涵盖了社会保障的主要责任主体、实施手段、目的和目标。我们可以简单地把它们称为社会保障的“四要素”。

社会保障作为一项社会经济活动，它离不开资金的支持。否则，社会保障的运行和实施就成了无源之水，无本之木。从各个社会保障项目的运行过程来看，社会保障的运行涉及资金的筹集、基金的管理和待遇的支付。供款性的社会保险项目的运行过程最明显地体现了社会保障资金运行的全过程。非供款性的社会救助项目的运行其实也体现了社会保障

---

① [英]霍布斯. 利维坦[M]. 黎思复、黎廷弼译. 北京：商务印书馆，1985.
② 穆怀中. 中国社会保障适度水平研究[M]. 沈阳：辽宁大学出版社，1998.
③ 杨燕绥. 社会保障[M]. 北京：清华大学出版社，2012.
④ 史柏年. 社会保障概论[M]. 北京：高等教育出版社，2012.

资金运行的全过程，只不过其资金来源通常和待遇支付的主体发生了某种程度的偏离。我们可以简单地把社会保障资金的筹集、基金的管理和待遇的支付称为社会保障的“三环节”。

第二节　社会保障的特征

社会保障的定义决定了社会保障的特征。换句话说，社会保障的特征是社会保障的定义所规定的社会保障内涵和外延的基本表现。社会保障的特征主要有：

一、社会性

社会保障是涉及全体社会成员而非少数人的一项制度安排。社会性是社会保障的基本特征之一。社会保障的社会性主要表现在：第一，社会保障应对的是具有普遍性的社会问题，诸如化解人们面临的疾病、生育、工伤、失业、伤残、年老和死亡等方面的风险。这些风险几乎是每个社会成员在一生中必然会遇到或有很大可能会遇到的风险。这些风险的普遍性和长期性决定了单个人是难以应对的，因此需要以国家为主导组织全社会成员来应对。第二，社会保障的被保障对象是全体社会公民。“社会保障的直接对象包括因退休、失业、患病、伤残、生育等造成的失去或中断收入来源而需要社会特殊帮助的社会成员。但是社会保障的间接对象是全体社会成员，因为人们总有退休和患病的时候，同时享受社会福利的社会成员本身就是社会保障的直接对象，而社会福利往往具有普遍性的特征。所以，在特定的时间里，享受社会保障资金帮助的是部分社会成员，而参与社会保障资金缴纳的是全体社会成员。这正是社会保障‘社会化’和‘社会’保障的本意之所在。”[①]第三，社会保障资金筹集社会化。与收入相关联的社会保障项目其资金一般来自于雇主和雇员的缴费，与收入非关联的社会保障项目其资金一般来自于财政拨付或者社会捐赠。可见，无论是与收入关联的社会保障项目还是与收入非关联的社会保障项目，其资金最终都是来自于全体社会成员劳动创造的价值。第四，社会保障基金管理社会化。社会保障资金筹集完成后，一般交由某些社会保障基金管理机构专门集中管理，以追求社会保障资金的安全性、流动性和收益性。可见，社会保障资金的管理一般是集体行为而非个人行为。第五，社会保障待遇支付社会化。随着信息技术的发展，社会保障待遇远程支付得以实现。社会保障资金筹集、基金管理和待遇支付实现了一定程度的分离，各大金融机构的营业网点和社区服务中心往往为社会保障待遇支付提供直接和专门的服务。

① 穆怀中. 社会保障概论[M]. 沈阳：辽宁大学出版社，2000.

二、强制性

社会保障是由国家依法组织和实施的社会管理事业。国家组织实施社会保障项目使其必然具有某种程度的强制性，因为国家从本质上讲是阶级统治的工具，国家是通过权力来贯彻实施其各项意志的，而权力本身就是一种非对称性的强制执行力。所以，强制性是社会保障的又一个基本特征。在社会保障领域，社会保障的强制性表现在：第一，社会保障参与具有强制性。凡是实施社会保障制度的国家，国家通常会明确规定哪些人应该成为社会保障的直接被保障对象、哪些主体应该参与社会保障事业、参与社会保障事业需要具备哪些资格。这些规定一经形成法律和政策，当事人通常没有选择的权利，只能按照相关规定去履行各自的责任。第二，社会保障缴费具有强制性。就各个社会保障项目而言，一般由国家制定相关法律法规来对其缴费主体及缴费负担等做出明确规定，任何参与主体都必须依法按规定及时缴纳社会保障费用，否则就要受到法律的制裁。但是我们也看到，在当今世界各国的社会保障制度改革中，减弱政府责任和降低强制性社会保障水平的发展趋势已很明显，而各种非强制性的补充保障事业的发展，客观上表明当代社会保障制度并非一定要以对供给方、收益方的权利和义务进行严格法律强制性作为必要条件。[①]

三、福利性

从社会目标的角度看，社会保障是国家和社会经由制度的功能，为促进国民个人的发展和全社会的平等、安定、进步、繁荣而推行的福利措施。其中心价值观是强调人的尊严和社区生活的质量，肯定每一个人都有使用公共救助和其他社会服务的权利。[②]“但福利所包括的范围极为广泛。……其一，福利的性质是一种意识状态，或许是意识状态之间的联系；其二，福利可以在或大或小的范围内产生。对可能影响福利的所有原因进行广泛的探究，是一项艰巨而复杂的任务，实际上很难实行。”[③]福利经济学中所讲的福利通常指能以货币来衡量的经济福利，而经济福利又常常转化为效用来衡量。社会保障项目在实施过程中，社会保障管理机构提供的或者是直接的货币或物质的援助，或者是无偿、低偿性的服务。社会保障中所讲的福利通常是指被保障者的所得一定大于其所费。

四、互济性

互济乃互相接济之意。互济性体现在社会保障的国民收入再分配的功能上。[④]社会保障通过税收和政府转移支付等方式实现社会成员的部分收入再分配，具有统筹互济和分散

① 郑功成. 社会保障学——理念、制度、实践与思辨[M]. 北京：商务印书馆，2000.
② 史柏年. 社会保障概论[M]. 北京：高等教育出版社，2012.
③ [英]A. C. 庇古. 福利经济学（上卷）[M]. 朱泱、张胜纪、吴良健译. 北京：商务印书馆，2006.
④ 陈元刚. 社会保障学教程[M]. 重庆：重庆大学出版社，2012.

风险的能力。穆怀中对社会保障的收入再分配功能进行了系统研究。他的基本观点可以概括为：社会保障收入再分配的原则：保护与激励的统一。社会保障的直接目的是保证社会成员的生存，但同时也要避免“养懒人”。社会保障收入再分配的性质：社会成员的部分收入再分配。这是因为：一是社会保障收入再分配的程度为部分收入再分配，即社会保障是行使部分收入再分配功能；二是社会保障的收入再分配不是无限度而是有限度的部分收入再分配；三是社会保障的收入再分配，不是全部而是部分来自于政府的转移支付。社会保障收入再分配的领域：属于劳动生产要素分配的一部分，具体包括代际收入再分配、富裕者阶层与贫困者阶层之间的收入再分配、富裕地区与贫困地区之间的收入再分配、劳动者自身生命周期内的收入再分配即劳动者的劳动期和非劳动期之间的收入再分配、国际间的社会保障收入再分配，如国际间的扶贫、救灾援助等社会保障项目。社会保障收入再分配的限度：一方面表现为社会保障的收入再分配没有必要扩展到所有生活领域，即没有必要在任何地方都体现社会保障的收入再分配，社会保障的收入再分配应该主要分布在养老、医疗、失业、贫困等领域；另一方面表现为社会保障的收入再分配不可能解决所有领域的公平问题，它只是在人们失去主要经济来源时段内为人们提供最基本的生活保障。①

第三节　社会保障的基本原则和功能

社会保障的内涵和外延决定了社会保障的基本特征，同时也决定了社会保障的基本原则和功能。换句话说，社会保障的基本原则和功能也是社会保障的定义所规定的社会保障内涵和外延的基本表现。

一、社会保障的基本原则

（一）公平与效率相结合的原则

所谓公平，就是在社会活动中，人们所具有的基本权利应该是平等的，所遵循的活动规则应该是一致的，人们之间贡献与报酬的比例关系应该是基本平衡的。②学术界对效率的看法比较一致，通常是指称帕累托效率。帕累托效率是指资源配置达到这样一种状态，在这种状态下如果资源配置方式在不减少一个人的福利的情况下就不能使至少另外一个人的福利增加，这种状态就是帕累托最优状态。公平与效率的关系可以概括为三类：第一类，效率优先于公平。把公平看做是机会公平的学者大多数会持有这种观点。他们认为起点公平是实现效率的前提条件之一。第二类，公平优先于效率。把公平看做结果公平的学者大多数会持这种观点。他们认为结果公平会有助于更好地实现效率。第三类，公平和效率相

① 穆怀中. 国民财富与社会保障收入再分配[M]. 北京：中国劳动社会保障出版社，2003.
② 高灵芝. 社会保障概论[M]. 济南：山东人民出版社，2011.

结合。把公平看做是过程公平的学者大多数会持这种观点。他们认为要追求效率，但是要实现一定程度的过程公平，而这个过程公平会有助于实现一定程度的结果公平，一定程度的结果公平反过来会有助于提高效率。公平是一个具有价值判断的历史范畴，而效率是有客观标准的，因此社会保障制度中公平和效率的关系最终也是一个具有价值判断的历史范畴。

社会保障以保障人们的基本经济生活安全为目标，因而需要秉持公平的理念和实施方式，但是这并不是否认效率在社会保障领域的存在性，没有效率的社会保障制度是不可持续的。因此，社会保障领域需要追求公平与效率的结合。社会保障基金筹集应该坚持起点公平，基金管理应该实施过程公平，基金发放应该实施结果公平。社会保障运行的不同环节中效率主要体现在内部效率和外部效率两个方面。所谓内部效率是指社会保障制度运行要实现成本尽可能小，也就是说实现单位社会保障费用筹集、管理和发放成本最小化。所谓外部效率是指社会保障制度运行要有助于降低或不增加除了社会保障系统以外的其他社会系统的单位运行成本。这样一来，社会保障中公平与效率可以下面六种方式实现结合：（1）基金筹集的起点公平和基金筹集的内部效率相结合；（2）基金筹集的起点公平和基金筹集的外部效率相结合；（3）基金管理的过程公平和基金管理的内部效率相结合；（4）基金管理的过程公平和基金管理的外部效率相结合；（5）基金发放的结果公平和基金发放的内部效率相结合；（6）基金发放的结果公平和基金发放的外部效率相结合。

总之，在社会保障中的公平和效率是可以统一起来的，在社会保障中不能简单地说是坚持公平优先还是效率优先，因为公平的含义是多重的。公平程度提高了，有助于提高效率，效率程度提高了，有助于更好地实现公平，二者相互促进。

（二）权利与义务相对应的原则

权利指法律对法律关系主体能够做出或者不做出一定行为，以及其要求他人相应做出或者不做出一定行为的许可与保障。义务是与权利相对的概念，是指法律对公民或法人必须做出或禁止做出一定行为的约束。马克思主义从科学的价值观出发，认为人的权利和义务是相互联系、不可分割的。在马克思主义看来，权利是公民或法人依据法律所享有的权限和利益。义务则是相对于权利而言的，是指公民或法人按照法律规定应尽的责任。从二者的定义可以看出，既没有无义务的权利，也没有无权利的义务，二者互为前提，互为条件。

在社会保障领域，社会保障成员在享受社会保障权利的同时，必须要履行一定的社会保障义务，社会保障权利和义务是统一的。但这并不是说社会保障主体的权利和义务必须平衡，在享受权利的同时必须履行义务，而是说如果有人享有社会保障权利，那么就必须有其他人承担义务，就必然表明社会保障这项权利不能受到某些人的侵犯，这些人有义务避免侵犯社会保障权利。在社会保障领域，权利和义务的关系是多层次的，存在着不履行义务的权利和无实质性权利的义务，权利和义务不可能在个人层次上统一，只能在社会层次上统一。政府、企业和其他社会组织有义务为居民提供社会保障，当然他们也应当享受由于社会保障给其带来相应收益的权利。个人有劳动和缴费的义务，也享有社会保障的权利。由此可见，对任何一方当事人来讲的权利，对另一方来讲就是义务。

（三）普遍性与选择性相结合的原则

“所谓普遍性是指社会保障中人人有份的那部分福利，比如公立学校、免费教育、博物馆、公共卫生、公共绿地、全民健身设施、社会服务等；所谓选择性福利是指社会保障中流向特定群体的福利，包括需要经过家计调查的‘城市最低生活保障’和农村‘五保户’制度，也包括不需要进行家计调查的残疾人福利、儿童福利、老人福利等。”①普遍性与选择性相结合的原则具体来说就是：“社会保障总体设计应该在保障对象和覆盖范围方面坚持普遍性的原则，把凡是符合社会保障保障对象的人群均纳入到社会保障体系中去，尽可能不使任何一个应该受到社会保障的成员遗漏在社会保障体系之外；同时，社会保障制度在具体保障项目、适用对象、保障标准等方面应该坚持选择性的原则，比如医疗保险的保障对象应该是基本医疗费用支出存在困难的群体，养老保险的保障对象应该是老年人群，医疗保险和养老保险的保障标准也应该有所不同。‘普遍性与选择性相结合’是指一个国家的社会保障制度内部不能以‘普遍性’或‘选择性’单一原则贯彻到底，而需要不同情况不同对待，因为社会保障中，既有普遍性福利项目，比如社会福利，也有选择性福利项目，比如社会救助；即使在一个子项目内部也有普遍性福利和选择性福利的区别，有的应该遵循普遍性的原则，有的应该遵循选择性原则。普遍性原则与选择性原则怎样结合，各占多少比例，取决于这个国家的具体国情，也取决于这个国家以什么样的‘主义’作为指导思想。”②

（四）社会保障与社会经济发展相适应的原则

社会保障制度与社会经济发展相适应体现在其要与社会发展相适应以及与经济发展水平相适应。社会保障制度的产生和发展是以一定的社会状况存在为前提的，社会发展为社会保障制度的变迁提供了社会基础。因此，社会保障制度是社会发展到一定阶段的产物，超越社会发展阶段的社会保障制度是不可取的。社会保障制度的发展历史充分说明了这一点。比如在工业社会以前，社会保障项目主要以济贫事业为主，进入工业社会后，社会保险制度逐渐成为社会保障的核心内容，二战之后，社会保障事业全面发展，部分发达国家相继进入了福利国家时代。社会保障制度的实施离不开“钱”，经济发展水平是社会保障制度实施的物质基础。因此，社会保障制度的发展不能脱离经济发展水平，必须坚持与经济发展水平相适应的原则。这就要求社会保障支出应该保持在一个适度水平，既不能滞后于经济发展，也不能超越经济发展。社会保障制度的发展历史也充分说明了这一点。在工业社会以前，世界经济发展水平整体较薄弱，社会保障项目以济贫事业为主，社会保障项目和支出相对有限；进入工业社会后，工业革命使得机器大工业代替了工场手工业，生产效率成倍提高，物质财富极大丰富，社会保险制度应运而生，社会保障项目和参与主体的财政责任大大提高。二战是社会保障制度发展的分水岭，社会福利全面发展，一个重要的原因就是二战后各国迎来了相对和平的国际环境，从 20 世纪 50 年代到 70 年代出现了资本主

① 潘锦棠. 社会保障学概论[M]. 北京：北京师范大学出版集团，北京师范大学出版社，2012.

② 潘锦棠. 社会保障学概论[M]. 北京：北京师范大学出版集团，北京师范大学出版社，2012.

义发展的黄金阶段，大大丰富了世界的物质财富，为社会保障事业的繁荣提供了坚实的经济基础。与此同时，20 世纪 70 年代末的石油危机引致的西方资本主义国家的经济危机也削弱了福利国家存在的经济基础，从而使许多福利国家面临着“福利病”的挑战。

二、社会保障的功能

（一）社会稳定功能

如果说市场经济是社会发展的动力机制，那么社会保障就可以看作是社会发展的稳定机制。虽然社会保障的直接目的是化解各种社会风险以保障被保障人员的基本经济生活安全，但是其间接地具有了社会稳定的功能，成为一套社会控制机制。社会保障的社会稳定功能主要通过以下渠道得以实现：通过社会保障支出保障了被保障对象的基本经济生活安全，减轻了这部分人由于基本生活没有着落对社会稳定的负面影响。现代社会保障制度之所以最早产生于资本主义社会，一方面是由于资本主义社会创造了巨大的物质财富，这为社会保障制度的发展提供了经济基础；另一方面还在于其资本主义社会生产资料所有制即生产社会化和生产资料的资本主义私人占有之间的矛盾导致了激烈的社会冲突，急需社会保障作为一种社会稳定器来发挥作用。比如，“德国首相俾斯麦时期正是欧洲资本主义兴盛时期，同时也是资本主义社会问题大暴露时期，失业、凶杀、抢劫等日益增多，加之，社会民主党和社会主义工人党在选举中抗衡，作为执政的俾斯麦不得不从各方面抓住人心，于 1883～1889 年期间颁布了老年残废保险、疾病保险和意外事故保险三项保障制度，使受益人口达到 430 万（占当时总人口的 10%），从而缓解了矛盾、稳定了社会。”①因此，俾斯麦在领导德国建立社会保险制度时毫不讳言地认为，建立社会保险制度是一种革命的投资。社会主义市场经济的运行也需要稳定机制来保驾护航，以保持一定程度的公平和社会稳定。

（二）经济调节功能

社会保障制度的具体实施通常需要借助一定的资金运作才能达到目的，社会保障运行中的资金筹集、基金管理和待遇支付这三个环节其实是资金运动的三个环节。社会保障资金筹集、基金管理和待遇支付参与到了整个国民经济的运行系统中去，因而在一定程度上产生了对经济的调节功能。这种调节功能主要表现在：首先，维持劳动力再生产。人类社会的生产包括物质资料的生产和人口的生产，是二者的有机统一。其中，劳动力的再生产是人口生产和再生产的最核心的内容，是物质资料生产和再生产得以顺利进行的基本前提。“人再生产的过程，同时也是消耗自身体力和智力的过程。要保证生产的正常运转，首先要保证在生产过程中起决定作用的人的基本生活需求。人在生产过程中所需要的体力和智力，在未进入劳动就已准备（劳动力的准备投资保证阶段），进入劳动过程中需要对劳动者的完

① 郭崇德. 社会保障学概论[M]. 北京：北京大学出版社，1992.

备保护以达到体力和智力的充分发挥而对劳动者提供的社会保险和福利支出（属于劳动保护保障），当劳动者因体力和智力衰老而退出劳动过程后，仍要有继续生存的保证（属养老、医疗等保障），如果将全过程归结划分为劳动准备阶段、劳动阶段和劳动休闲阶段，则无论哪个阶段都需要社会保障。”[①]可见，劳动力再生产的全过程都需要社会保障的支持。其次，促进资本市场的发展。社会保障资金的筹集和社会保障资金的支付之间往往有一个时间差。在时间差这段时期，社会保障基金管理就显得非常重要。社会保障基金管理要满足安全性、收益性和流动性的要求。这三性的满足要求社会保障基金必然要参与到整个资本市场中去，按照既定的目标去实现资金优化配置。这样，数额巨大的社会保障基金将会对资本形成和促进资本市场繁荣起到积极作用。最后，履行作为自动稳定器的财政政策职能。财政政策是抑制宏观经济波动最基本的手段之一，而诸如社会救助制度、失业保障制度等社会保障制度成为财政政策的重要构成部分，发挥着自动稳定器的功能。具体来说：在经济繁荣时期，贫困人员和失业人员减少，那么财政用于贫困人员和失业人员的社会保障支出也就相应减少，从而自动地采取了紧缩性的财政政策，有利于抑制经济过热。相反，在经济萧条时期，贫困人员和失业人员增多，那么财政用于贫困人员和失业人员的社会保障支出也就相应增多，从而自动地采取了扩张性的财政政策，有利于抑制经济衰退。

第四节　社会保障学科的性质、研究内容及研究方法

社会保障这门学科在过去七十多年里获得了快速发展。但是关于社会保障这门学科的性质目前在学术界的分歧依然比较大，还没有取得一致的看法。本节试着对社会保障这门学科的性质进行探讨，同时简要论及学习社会保障这门课程的一些意义。

一、社会保障学科的性质

社会保障是一门新兴的、交叉性的、应用性社会科学。

社会保障的实践由来已久，但全球性的普遍的社会保障制度的建立是第二次世界大战之后的事情，到目前也不过几十年的时间。需要说明一点，社会保障作为一门相对独立的学科对社会保障议题进行研究要晚于社会保障制度本身建立的时间，更晚于社会保障实践发端的时间。因此，社会保障学科无法像哲学、经济学、政治学等学科一样古老，它只不过是最近几十年才发展起来的一门新兴社会科学。社会保障这门学科并不是一开始就独立于其他学科的，即使到目前，其与其他学科交叉的特征依然明显。其中与之关系最密切的学科主要有社会学、经济学、政治学、保险学、管理学、法学。目前，依然有许多学者分别从社会学、经济学、政治学、保险学、管理学、法学的角度来研究社会保障问题。比如，

① 郭崇德. 社会保障学概论[M]. 北京：北京大学出版社，1992.

社会学研究学者通常从社会控制角度来研究社会保障;经济学研究学者通常从收入再分配、经济福利、资本形成、消费和储蓄的关系、经济增长等方面来研究社会保障;政治学研究学者通常从福利政治学的角度研究社会保障;保险学研究学者通常把社会保险作为保险的一个特殊种类而加以研究;管理学研究学者通常将社会保障作为公共管理的一个组成部分而加以研究;法学研究学者通常更关注社会保障法的基础理论以及各个具体社会保障项目的法律制度建设。社会保障学科到目前还没有形成自己独立的理论体系,其主要理论基础依然来源于社会学、经济学、伦理学等其他学科。社会保障在各国的发展过程中更多地被倾向于作为一种政策学科,课程也通常面对学习社会工作或者社会政策系的学生开设,更注重社会保障提供的社会服务项目和实践活动本身及其与之相关的政策研究。综上所述,由于社会保障学科研究历史短,和其他学科交叉程度强,更倾向于政策研究,因此它是一门新兴的、交叉性的、应用性社会科学。

二、社会保障学科的研究内容

社会保障学科和其他学科一样有其独立的研究对象。总的来说,社会保障是研究社会发展过程中社会保障运行规律的一门学科。这一界定说明社会保障的研究对象具有动态性。因为社会发展是动态的,因而与社会发展相适应的社会保障也应该是动态的,不同的社会发展阶段需要不同的社会保障以适应社会发展,而适应不同社会发展阶段的社会保障有着不同的发展规律。这一界定也说明社会保障的研究对象具有相对的稳定性。规律是物质运动发展过程中本质的、必然的、稳定的联系。社会发展过程中社会保障运行规律也具有相对稳定性。社会保障研究对象的动态性和稳定性统一于社会发展和社会保障的运行实践。郭崇德把社会保障学科的研究对象具体化为:“它的研究对象是从社会发展总体出发,研究以人为中心的基本生存与生活条件的保证程度,及其对社会经济发展的影响;研究社会保障与国民收入、分配之间的协调发展关系,以实现其人的生产与消费之间的平衡发展;研究社会保障的保证程度和公平与效率相应关系等,以实现其社会成员之间共同承担社会风险的职责;研究社会保障对促进国民生产力、物质利益和精神文明的建设,提高人民生活、稳定社会、维护安定团结等方面的积极作用,从而为政府寻求社会发展制定最合理的社会政策提供定性与定量依据。”①

社会保障的研究对象决定了其研究内容。郑功成把社会保障学的研究内容大致概括为三个方面:“首先,是社会保障学的基础理论问题。这一层次除社会保障的一般理论原理或规律外,客观上还应当包括福利经济学、社会福利学等和社会保障与其他已经被固定化的知识体系相结合的领域,这些领域堪称社会保障学的理论基石。其次,是社会保障学的专业应用理论问题。这一层次探讨的是社会保障各个子系统乃至各个具体保障项目的产生、发展及运行规律,它客观上表现为政策研究。再次,是社会保障管理理论问题。这一层次探究的是社会保障法制理论、社会保障管理体制理论、社会保障财务会计制度与统计制度、

① 郭崇德. 社会保障学概论[M]. 北京:北京大学出版社,1992.

社会保障监控理论等。”①

三、社会保障学科的研究方法

社会保障的学科性质决定了其具体的研究方法。作为一门社会科学，从根本上讲，一切社会科学的研究方法都可以被社会保障学科所采用。常用的社会科学研究方法有辩证唯物主义和历史唯物主义方法、理论联系实际的方法、比较分析的方法、系统分析的方法等等。作为一门交叉性的应用性社会科学，可以借鉴其他学科具体的研究和分析方法来推进社会保障问题的研究。

本章小结

1. 社会保障是国家通过法律法规组织实施的，旨在化解社会成员面临的年老、疾病、伤残、失业、生育、死亡、灾害等社会风险的，以保障其基本经济生活安全的一种制度安排。社会保障概念的这一表述涵盖了社会保障的主要责任主体、实施手段、目的和目标。我们可以简单地把它们称之为社会保障的“四要素”。社会保障作为一项社会经济活动，它离不开资金的支持。否则，社会保障的运行和实施就成了无源之水，无本之木。从各个社会保障项目的运行过程来看，社会保障的运行涉及资金的筹集、资金的管理和待遇的支付。我们可以简单地把社会保障资金的筹集、资金的管理和待遇的支付称之为社会保障的“三环节”。

2. 社会保障的特征主要是社会性、强制性、福利性和互济性。

3. 社会保障的基本原则包括：公平与效率相结合的原则、权利与义务相对应的原则、普遍性与选择性相结合的原则、社会保障与社会经济发展相适应的原则。社会保障具有社会稳定功能和经济调节功能。

4. 社会保障是一门新兴的、交叉性的、应用性社会科学。社会保障是研究社会发展过程中社会保障运行规律的一门学科。社会保障学的研究内容大致概括为三个方面：首先是社会保障学的基础理论问题。其次是社会保障学的专业应用理论问题。再次是社会保障管理理论问题。一切社会科学的研究方法都可以被社会保障学科所采用。

思考题

1. 如何正确理解社会保障的概念？
2. 社会保障的特征所决定的社会保障的基本原则和功能是什么？

---

① 郑功成. 社会保障学——理念、制度、实践与思辨[M]. 北京：商务印书馆，2000.

深度阅读

郑功成. 社会保障学——理念、制度、实践与思辨[M]. 北京：商务印书馆，2000.

全书从社会保障专业视角出发，对社会保障理念、制度及其实践进行了系统的、理性的概括和思辨。其内容包括对社会保障概念及学科属性的界定，社会保障理论基础与主要流派及其对制度实践影响的分析，社会保障的发展进程及其规律、模式、经验教训、改革动态的考察，社会保障与社会、经济、政治及人的发展等宏观关系的探讨，社会保障功能定位与有关国家社会保障制度安排的比较，以及对社会保障基金与融资、社会保障法制与管理、社会保障运行与监控的研究等。全书视角独特，线索清晰，观点鲜明，内容丰富，不乏新思想与新信息。

第二章 社会保障制度的发展历程

社会保障制度变迁存在着路径依赖性，它是一定社会经济发展阶段的产物。社会保障制度发展的历史进程可以依据一定的标准划分为若干阶段。本章主要梳理中外社会保障制度发展的历史进程，通过对社会保障制度萌芽、建立、发展和改革阶段的系统考察与比较，厘清社会保障制度发展的脉络与客观规律，汲取社会保障制度发展过程中的经验与教训，以为社会保障制度未来的可持续性发展提供参考。

第一节　早期社会保障制度的萌芽

现代社会保障制度的正式建立始于 19 世纪末期的德国。但在现代社会保障制度建立之前已经出现了社会保障制度的萌芽。《济贫法》首次以法律制度的形式证实了社会保障制度安排的出现，而具有悠久历史的慈善救济、互助组织等更是构成了早期社会保障制度萌芽的重要历史阶段。

一、早期社会保障制度萌芽的原因

人类社会自诞生以来就开始为了生存而寻求各种方式的保障。以社会化、制度化为保障提供方式的社会保障制度的出现是人类社会发展到一定阶段所对应的特定发展环境的产物。早期社会保障制度的出现与当时的社会经济、政治以及思想文化因素都有密切关系。

（一）经济因素

经济因素是社会保障制度萌芽的基础因素之一。原始社会人群的保障方式基于生产力水平低下，需要以群居的方式生存。[①]随着人类文明的发展，原始人群居的生活方式被家庭

① 史柏年. 社会保障概论[M]. 北京：高等教育出版社，2012.

生活方式所代替。自给自足的小农经济时代的主要保障方式为家庭保障，土地是保障的基础。但是，传统农业社会生产技术落后造成的生产力水平低下使人们抵御自然和社会风险的能力薄弱。这就决定了这一时期核心的保障方式要以救灾济贫等事后救济为核心。社会保障萌芽时期的保障项目少、保障水平低，这与自给自足的农业社会经济发展阶段相适应。[①]封建社会末期，资本主义工商业有了初步发展，人们面临着更多的风险，这也进一步促进了社会保障制度的萌芽。

（二）政治因素

政治因素对早期社会保障制度的萌芽产生过至关重要的作用。在社会保障萌芽阶段，统治者为了维护统治，防止社会动乱，采取了救灾济贫措施，这是统治者介入社会保障仅有的目标。这一时期统治者的社会保障理念具有浓厚的封建王权思想，救灾济贫措施是统治者居高临下的施舍，取决于举办者的意愿和能力，并非公民应享有的权利。统治者的社会救济意愿促进了早期社会保障的萌芽。

（三）思想文化因素

早期社会保障制度的萌芽不仅受社会经济、政治因素的影响，而且受到了思想文化因素的影响。从某种意义上来说，思想文化因素对早期社会保障制度的出现影响更为深远。

历史上，在西方国家，社会保障思想文化更多是直接传承于古希腊、罗马时期的文化，比如，古希腊思想家柏拉图描绘了理想国的蓝图。中世纪的基督教文化构成西方社会保障文化的另一个重要渊源。宗教的发展也为社会保障的萌芽奠定了文化基础。[②]在中国古代历史上，关于社会保障的思想文化也源远流长。公元前551年出生的中国思想家孔子提出了“大同社会”的主张。在中国历史上，老子“天之道，其犹张弓欤，高者抑之，下者举之，有余者损之，不足者补之；天之道，损有余而补不足”的思想为多代王朝所接受。[③]中国西周时期（约公元前11世纪～前771年）的《周礼·地官·大司徒》中有“以保息六养万民：一曰慈幼，二曰养老，三曰振穷，四曰恤贫，五曰宽疾，六曰安富”的论述，“保息”指安养百姓，使之繁衍生息的措施，用现代说法就是“社会福利政策”。[④]被认为在我国史籍中，最早完整阐述社会保障体系思想的著作是《管子·入国》，它记述了中国春秋时期（公元前770～前476年）齐国政治家和思想家管仲关于社会保障的建议。[⑤]在中国历史上，家国一体构成了中华民族的传统文化基因，一方面是宗法思想指导下的家庭与家族保障，一方面是“仁政”、“民本”思想指导下的国家负责传统，即国家一直承担着救助灾民、贫民和照顾孤寡老幼的责任，政府负责或主导保障与照顾人民生计的传统异常深厚，即使一些朝代做得并不好，但依然不能否定这种国家或政府负责的历史传统。[⑥]中国正式与非正式

① 高灵芝. 社会保障概论[M]. 济南：山东人民出版社，2011.
② 丁建定. 西方国家社会保障制度史[M]. 北京：高等教育出版社，2010.
③ 杨燕绥. 社会保障[M]. 北京：清华大学出版社，2011.
④ 潘锦棠. 社会保障通论[M]. 济南：山东人民出版社，2012.
⑤ 王文素. 社会保障体系源头考证[J]. 财政研究，2005（9）：62-64.
⑥ 郑功成. 中国社会保障改革与发展战略[M]. 北京：人民出版社，2011.

的社会保障制度安排都深受传统思想文化的影响。

二、早期社会保障的形式

在社会保障制度的萌芽阶段，社会保障多为非正式的制度安排，而正式的制度安排较少。

（一）民间慈善

作为一种行为，慈善所表现的基本特征就是以积德行善为宗旨；作为一种事业，慈善所表现的基本特征乃是以调节、和谐、补救、福利社会与人群为目标。[①]

当有人受到饥寒或疾病的威胁时，其他人会给予衣食等方面的帮助。后来，社会用成文或不成文的社会规范将其固定下来，便有了慈善事业。在现代社会保障制度产生之前，世界上很多国家都有民间人士举办的慈善活动和慈善组织。例如，在1657年，美国波士顿就出现了民间的苏格兰人慈善协会，由居住在波士顿市的27位苏格兰人组成，开展多种济贫活动。18世纪初，英国出现了拥有资本金超过10万英镑的大型慈善基金会，其中最大的慈善机构“仁爱公司”所拥有的资本金高达60万英镑。[②]中国慈善思想源远流长，如儒家讲“仁爱”，道家讲“积德”，墨家讲“兼爱”，佛教讲“慈悲”，各流派的表述虽不尽相同，但义理相同，都蕴含着救人济世的人道理念和道德准则。这对中国社会慈善事业的兴起、发展产生了持久而深远的影响。中国历史上慈善活动主要由乡绅、官僚、地主发起，具有地域性，主要内容包括赈灾、济贫、慈幼（养育孤儿、弃婴）、养老、恤病、助丧等。历史典籍中不乏慈善典型的记载。比如，盛唐时期，比较有影响的民间私人赈济的慈善活动也开始涌现了。“魏州饥荒，父子相食。张万福不忍乡闾蒙此灾厄，便与兄长商议，将米百车馕之。”[③]再如宋代范仲淹的“义庄”、刘宰的“粥局”、朱熹的“社仓”等，明末清初在江南先后出现的同善会、广仁会、同仁会或善堂等民间慈善团体，清末大慈善家熊希龄举办的慈幼局，等等。香港著名的慈善机构东华三院是在1851年由部分华人创办的广福义祠的基础上发展起来的，一百多年来，一直面向香港地区有需要的人士提供医疗服务、教育服务及其他多种福利服务。[④]

（二）宗教慈善

宗教使得社会成员之间自发的互助互济的保障行为规范化，以宗教为载体来成就宗教慈善事业。当然，宗教慈善事业也是宗教对人民实行精神统治的重要手段之一。

在欧洲历史上，慈善曾是社会保障的代名词，而宗教则是慈善之母。[⑤]慈善活动与宗教的联系非常密切，尤其是佛教、基督教、天主教对慈善事业的影响最为深远。自从公元1世纪基督教兴起以来，资助慈善活动成为基督教所宣扬的一项道德上的义务。基督教的教

---

① 周秋光、曾桂林. 中国慈善简史[M]. 北京：人民出版社，2006.
② 李韬. 慈善基金会缘何兴盛于美国[J]. 美国研究. 2005（3）：132-146.
③ 周秋光、曾桂林. 中国慈善简史[M]. 北京：人民出版社，2006.
④ 高灵芝. 社会保障概论[M]. 济南：山东人民出版社，2011.
⑤ 高灵芝. 社会保障概论[M]. 济南：山东人民出版社，2011.

义告诫人们：活着的人有捐助慈善活动的义务，要人们以实际的捐赠行为来洗刷其罪恶，鼓励人们从事慈善捐助活动。在西方，慈善捐赠的管理也被置于基督教会及所属机构的掌控之下，教会组织开办孤儿院、医院、学校以及其他类似的机构，组织开展救灾、济贫、施医给药等慈善活动。[①]公元 476～1453 年，中世纪罗马教廷天主教堂曾经实施过制度性的广泛的慈善济贫活动。在中国，佛教自西汉后期传入后发展很快。从魏晋南北朝到盛唐，随着佛教的广泛传播，佛寺众多，寺庙遍布大江南北，寺庙经济实力雄厚，佛教慈善事业随之兴盛起来。到宋朝以后，佛教慈善事业涵盖了包括养老院、孤儿院、养病院，以及救灾、济贫、收容难民等慈善组织。现今，虽然宗教慈善的地位有所削弱，但是作为非政府保障不可缺少的力量仍然发挥着募捐和扶贫救济的重要作用。

（三）社会互助

为了得以生存和抵御风险，社会成员之间的互助行为由来已久。在资本主义发展的初期，产业工人自发形成互助组织对抗失业、工伤、疾病等劳动风险成为早期社会保障的表现形式之一，也为后来的社会保险制度的产生和形成提供了组织经验和基础。

17 世纪末，在英国、德国等工业化国家先后出现了互助互济基金会。这是由产业工人自发组织起来的互助互济组织，会员定期缴纳一定的会费，形成基金，当会员遭遇失业、工伤、疾病、死亡等劳动风险而失去收入时，由基金会为其提供生活救济、医疗津贴、丧葬费等物质帮助。在德国，到 1880 年年底，互助基金会已经发展到 6 万名会员，到 1885 年年底，增加到 73.1 万名会员。在英国，因为资本主义发展较早，从 17 世纪末开始，面对贫困和大机器工业生产伤害的威胁，产业工人开始自发组织小范围的内部互助组织，如"友谊会"、"工会俱乐部"等。"友谊会"的成员多是同一行业的技术工人，会员定期缴纳一定的会费，在会员个人遇到伤、病、老、死时，由"友谊会"提供救济，如生病可得到津贴，年老可得到年金，死亡可得到一定的丧葬费等。"友谊会"的组织形式较多，共同的宗旨是"遭遇不幸时互相支援，共同娱乐，互相教育"。"友谊会"在 19 世纪得到较快的发展，成员总数达到 450 万人，接近当时英国男子人数的一半。"工会俱乐部"在维护会员利益、提供救助等方面也起到了积极的作用。通过会员缴纳会费，建立工会保险基金，对生病和工伤的职工提供救济，对退休的职工发放养老金、提供死亡丧葬费，对失业工人提供救济，对罢工及劳资纠纷提供资助。据 1902 年 11 月英国贸易部劳工记者调查，在英国 100 家最大的工会组织中，用于失业、疾病、养老金和丧葬的费用占会费开支的 60.8%，劳资纠纷资助开支占 19.4%。至 1904 年，参加工会保险基金的人数达 240 万人。但"友谊会"与"工会俱乐部"的成员主要为收入较高的技术工人，低收入的普通工人因无力承担会费而难以加入基金会。[②]

（四）官方济贫

1. 英国的济贫制度

英国在济贫制度发展中起到了非常重要的作用。1601 年，英国政府颁布的《伊丽莎白

① 高灵芝. 社会保障概论[M]. 济南：山东人民出版社，2011.
② 孙光德、董克用. 社会保障概论[M]. 北京：中国人民大学出版社，2008.

济贫法》（旧《济贫法》）是社会保障历史上第一个通过国家立法干预贫困救济、确立济贫制度和政府组织社会保障项目的重要标志，是社会进步与克服贫困的制度安排，是西方国家介入社会保障并由政府承担对弱势人群保护责任的历史源头。①

（1）英国济贫制度建立的背景

中世纪末期至文艺复兴之初，随着资本主义工商业的发展对生产资料的需要，英国16世纪开始了圈地运动。圈地运动改革了英国的土地制度，同时也促进了英国资本主义经济的发展，许多人被迫同生产资料分离，成了不受法律保护的无产者而被抛向劳动力市场。其后，西欧其他国家也相继进行了性质类似的土地制度改革，使其劳动力与土地资源等相分离。随着工业化与城市化的发展，许多丧失了土地的农民成为自由劳动力。大量的自耕农和佃农失去了赖以生存的土地，许多人开始流入城镇，并沦为城镇贫民和城镇乞丐。贫困、失业、流浪等社会问题日益严重，英国政府甚至通过了有关禁止流浪的法令，规定极其残酷，激起了人们的不满和社会动荡。

随着社会不断发展和民族国家地位的崛起，各种宗教或世俗的慈善事业无力满足社会上的保障需求，为了稳定社会秩序，需要国家出面干预。国家的介入使救济行为成为政府的一项社会政策。为了安抚饥贫者、巩固阶级统治，国家和政府取代教会成为社会保障的主要责任人，国家开始承担克服流浪者贫困的义务，政府开始依法举办济贫项目。

（2）《伊丽莎白济贫法》的内容

1531年，英国亨利八世颁布法令，规定地方政府对其辖区内的老弱贫民要进行调查登记，颁发许可证，允许其在指定辖区内行乞；1536年英国又颁布法令，建立一项由政府主办的公共救济计划，责令各教区负责供养在该区住满三年又不能工作的贫民；伊丽莎白在位期间的1563年国会通过济贫法令，规定每户居民要依财产状况收缴税款以救济贫民；1597年，英国颁布法令规定教堂设立救济院，以收容不能工作的贫民。②

为阻止劳动力流动，稳定社会秩序，消除失业、流浪和贫困现象，1601年，英国伊丽莎白王朝颁布了《伊丽莎白济贫法》，史称旧《济贫法》。《伊丽莎白济贫法》的颁布是以这之前的各项法令为基础的，其主要内容有：③

①全国普遍设立收容贫民的济贫院，强调对贫民实施救济是每个济贫区的责任，并通过委任贫民救济官的方式建立起全国范围的地方济贫行政体系；

②征收济贫税，并确定了从富裕的地区征税补贴贫困地区的转移支付方式；

③建立贫民救济院（poorhouse）、贫民习艺所（workhouse）、教养院（a house of correction），对丧失劳动能力的穷人（包括老人和病残的人）实行救济，组织有劳动能力的贫民和孤儿通过劳动和习艺而自立，对具有劳动能力却逃避劳动的懒人实行惩罚；

④对无劳动能力的老弱病残者，通过院内收容和院外救助两种方式进行救助；

⑤对失依儿童，以孤儿院收养、家庭补助、家庭寄养等方式进行抚养。

当时的英国还是一个以农业经济为主体的社会，英国政府认为将劳动者束缚于其所属

① 郑功成. 中国社会保障改革与发展战略[M]. 北京：人民出版社，2011.
② 苏振芳. 社会保障概论[M]. 北京：中国审计出版社，2001.
③ 丁建定. 西方国家社会保障制度史[M]. 北京：高等教育出版社，2010.

的教区较之使其背井离乡、四处流浪更有益于其本人和社会。所以依据《济贫法》，英国政府重新划分了15000个教区，加强了中央政府的社会行政管理职能，利用国家机器来解决社会剩余人口问题和贫困问题，建立了地方政府和教区合作的一系列社会保障项目。[①②]

旧《济贫法》在客观上促进了社会保障形式的重大变化，其最大特点是确认国家负有救济贫民的责任。[③]这种保障形式是与前工业化社会结构和当时的生产力发展水平相适应的。旧《济贫法》在现代社会保障发展史上具有重要意义，它以立法的手段，征收济贫税，救济贫困者，保障或强制贫困者就业，开创了通过国家立法推动社会保障事业的先例。

（3）英国济贫制度的发展

圈地运动和产业革命的进一步发展造成了更多的离开土地、失去生活来源的贫民，加剧了社会矛盾。到19世纪初，有工作能力的人口中接受救济的比例又大幅度增加，这同时也使得政府的财税负担加重。为了解决问题，同时又能稳定社会，英国议会于1834年通过了《济贫法》修正案，又称新《济贫法》。

新《济贫法》承认要求社会保护是公民的合法权利，社会负有保障公民生存的义务，认为政府有保障公民生存的义务，政府有责任维护公民的权利。具体而言，无论是“诚实的穷人”与“懒惰的流浪汉”，他们都是工业化的牺牲者，都属于“穷人”的范畴。[④]另外，新《济贫法》实施了保证国家干预和政府介入对社会弱势人群的救助的措施，强调政府统一管理济贫工作，将济贫权力集中到政府、集中到中央，在地方一级废止了原来由各教区掌握的济贫行政管理权，就近合并成立“济贫协会”，使济贫的基层管理扩大为较大的地方单位；在联邦一级实行中央督导制，成立济贫法实施委员会。[⑤]但是，新《济贫法》对接受救济的条件的规定更加严格苛刻，降低了济贫院的福利水平，加入了歧视被救济者的内容。比如，取消了对有工作能力的人提供济贫院之外的救济，申请救济的有工作能力的贫困者必须住入济贫院并从事苦役般的劳动，强迫需要救济的贫民重新回到贫民艺习所，实行残酷的苦役制度等。[⑥]

新《济贫法》是对旧《济贫法》的修订，二者使得社会慈善救济事业转化为以国家为责任主体的政府救济，确立了国家承担社会保障责任的使命，为欧洲其他工业化国家建立类似的社会保障制度提供了制度借鉴。欧洲其他国家在土地革命后也都实行了与英国类似的贫民救济计划，如瑞士在1847年和1871年分别制定、修改了《济贫法》，法国也发布了一些济贫法令，1763年、1854年瑞典和荷兰分别制定了济贫法。[⑦]《济贫法》在欧洲的普遍颁布、实施使得互助救济向社会救济转化。

2. 中国早期的官方济贫制度

在现代社会保障制度建立之前，中国的执政者也实施了一些济贫政策措施。虽然与英

① J.D. Marshall. The Old Poor Law, 1795-1834[M]. Macmillan, London, 1968.
② 杨燕绥. 社会保障[M]. 北京：清华大学出版社，2011.
③ 林嘉. 社会保障法的理念、实践与创新[M]. 北京：中国人民大学出版社，2002.
④ Karl Polanyi.The Great Transformation: The Political and Economic Origins of Our Time[M]. Beacon Press, Boston, 1944.
⑤ 高灵芝. 社会保障概论[M]. 济南：山东人民出版社，2011.
⑥ 史柏年. 社会保障概论[M]. 北京：高等教育出版社，2012.
⑦ 孙光德、董克用. 社会保障概论[M]. 北京：中国人民大学出版社，2008.

国不同，历代王朝实施的济贫措施均缺乏法律依据，[①]但是这些措施仍有着很深的影响和很高的参考价值。

中国的灾害救助已经存在了三千多年，现金援助、实物援助与以工代赈是历代统治者一直奉行的三大救灾方略。中国的优抚制度在周武王伐纣时就产生了，供养孤寡老幼的福利性措施亦源远流长，历史上应对灾荒的仓储后备更是具有积极意义的社会保障措施。例如，历代王朝均把防灾、抗灾救荒、救济灾民作为政府的重要责任。中国在春秋时期就形成了救济灾民的一系列措施，如赈济、调粟、放贷（国家放贷支持恢复生产）、养恤（施粥、居养）、蠲缓（减轻灾民的租赋和力役），历经数千年，直至清代，不断发展完善。再如，中国的仓廪制度产生较早并不断完善。在汉代，就出现了由政府建立的“常平仓”，进行平粜赈济灾民，从此确立了古代仓廪制度。北齐时开始出现义仓，到隋朝建立起一套义仓粮入库、储蓄、管理和赈济制度。如隋代义仓制度规定：每年秋熟时节，据民间各户的贫富状况，纳粟、谷、麦入义仓，上户一石，中户七斗，下户四斗储之里巷，备凶年济灾之用，不得挪作他用。到了唐宋时期，义仓和常平仓的仓廪制度有了较大发展，宋代还设惠民仓。在清代，州、县设常平仓，市、镇设义仓，乡村设社仓，而且还根据各地人口数量、繁荣程度等确定粮食储备数量，地方政府必须按照规定足额储备粮食。[②]除了社仓和有的义仓主要由民间兴办外，仓储一般由官方主持，仓谷来源主要有罚锾银两籴入、绅民捐输、按亩摊征、官府捐谷、官款籴入、盐商报效、截留漕米等项。义仓、常平仓和惠民仓等的备荒救灾的仓廪制度对于救济灾民、恢复生产、稳定社会发挥了重要作用。此外，在中国，历朝历代封建政府都采取了一些对老弱贫病群体救济与养护的措施。春秋战国时期就有了使鳏寡孤独废疾者皆有所养的仁政。之后，从唐代的悲田养病坊，南北朝时期的六疾馆和孤独园，到宋朝的福田院、居养院、安济坊、举子仓和慈幼局，再到明清时期的养济院（堂），都是政府举办的救济收养贫困、鳏寡孤独、病残者的济贫机构，为贫苦无依者提供基本生活保障。[③]

第二节　现代社会保障制度的建立与发展

早期社会保障制度的萌芽为建立现代社会保障制度准备了基础。随着工业革命后生产社会化和市场经济的发展，现代意义上的社会保障制度通过社会保险制度的确立建立起来。1883～1889 年，德国三项社会保险立法是现代社会保险制度建立的标志。从世界范围来看，社会保障在 20 世纪初期进入体系建设的初步发展阶段。“二战”后各国开始以福利制度为目标构建社会保障体系，政府开始承担社会保障公共服务责任，现代社会保障制度得到快速发展，社会保障体系逐步丰富。

① 杨燕绥. 社会保障[M]. 北京：清华大学出版社，2011.

② 周秋光、曾桂林. 中国慈善简史[M]. 北京：人民出版社，2006.

③ 高灵芝. 社会保障概论[M]. 济南：山东人民出版社，2011.

一、现代社会保障制度形成的原因

早期的社会保障主要以“贫困的穷人”为援助对象进行社会救济，但是随着历史的发展、社会的进步，国家的社会保障功能和政府责任已经需要重新定义，应当将保护对象的范围和责任领域扩展到全社会。[①]深刻的社会经济根源和思想理论基础等各种因素为构建现代意义上的社会保障制度奠定了基础。

（一）社会经济因素

在经济方面，传统的农业自然经济逐步解体，伴随着工业革命的兴起和完成，社会化大生产和市场经济得以迅速发展。社会化大生产代替工场手工业生产以及市场经济的发展积累了大量的社会财富，这为建立现代社会保障制度提供了物质条件。同时，社会化大生产的发展也直接导致了家庭保障功能的弱化，增加了社会成员面临的各种社会风险，客观上增加了社会成员对社会保障的需求。于是由政府出面制定和实施社会保障制度来保障社会成员的基本生活安全就成为社会生产顺利进行和社会安定的必要条件。在这种社会经济背景下，现代社会保障制度作为生产社会化和市场经济的 “减震器”和“安全网”的稳定机制应运而生。

（二）思想理论因素

伴随着社会变革所带来的工人运动的不断高涨和社会动荡，各种对国家履行社会保障义务和政府在降低公民社会风险和提高社会保障需求方面的责任的理论思潮大量涌现。这些思想理论流派纷繁复杂，成为现代社会保障制度建立和发展的直接理论依据。其中国家干预主义对现代社会保障制度建立与发展产生了重要的影响。下面主要介绍国家干预主义中新历史学派、福利经济学、凯恩斯主义的社会保障思想。

1. 新历史学派

19 世纪末，德国统一大业基本完成，如何实现经济快速发展与社会稳定成为德国社会的重要问题。新历史学派就是这一时期德国的一个理论流派。新历史学派也称“讲坛社会主义”，是 19 世纪 60～70 年代开始流行于德国的资产阶级改良主义流派。因其代表人物施穆勒（Gustar Schmaller）、布伦坦诺（Ludriig Joseph Brentan）等人多为大学教授，他们在大学讲坛上宣扬其思想而得名。新历史学派的主要经济与社会政策主张有：一是强调精神与伦理在社会经济与生活中的重要地位，认为劳资冲突不是经济利益上的对立，而是感情、教养和思想上存在差距而引起的对立，劳资问题是一个伦理道德问题，只要对工人进行教育，改变其心理和伦理道德的观点，便可以解决，不需要通过社会革命来解决。二是主张国家直接干预经济生活。他们提出国家的职能不仅在于安定社会秩序和发展军事实力，还在于直接干预和控制经济生活，履行经济管理的职能。三是提倡社会改良主义，主张实施

---

① Richard Titmuss.Problems of Social Policy[M].London, 1950.

社会立法，实行包括社会保险、孤寡救济、劳资纠纷仲裁制度以及工厂监督员制度在内的一系列社会政策，自上而下地实行经济和社会改革。德国新历史学派的政策主张成为德国建立社会保险制度的重要理论依据。

2. 福利经济学理论

1912 年，英国经济学家庇古出版了《财富和福利》一书；1920 年，他又把该书扩展为《福利经济学》。这本书系统地论述了福利经济学理论。其基本论点之一就是收入均等化，即认为一个人收入越多，货币收入的边际效用就越小；反之，收入越少，货币收入的边际效用就越大。庇古认为，收入转移的途径就是由政府向富人征税，补贴给穷人。补贴的方法可以采取建立各种社会服务设施、养老金、免费教育、失业保险、医疗保险、住房供给等。庇古的福利经济学为"福利国家"蓝图提供了理论依据。

3. 凯恩斯主义

20 世纪 30 年代爆发了席卷资本主义世界的经济危机。西方主要资本主义国家工业凋敝，失业剧增，大批贫民流落街头，社会矛盾异常尖锐。在这种形势下，一些政治家和学者把摆脱经济危机、政治危机的措施和建立"福利国家"联系在一起。其中，英国经济学家凯恩斯于 1936 年出版了《就业、利息和货币通论》一书，书中提出通过国家干预、扩大公共福利支出和公共基础设施建设等措施来刺激需求增长，实现充分就业；还提出了建立累进税制和最低工资制等观点。凯恩斯的这些主张被称作凯恩斯主义，它成为 20 世纪 30 年代美国及第二次世界大战后一段时期西方国家制定经济政策和重建社会保障制度的理论依据。

二、现代社会保障制度的建立

德国于 1883 年颁布的《疾病社会保险法》、1884 年颁布的《工伤事故保险法》、1889 年颁布的《老年与残障保险法》在德国建立起了社会保险制度，这标志着现代社会保险制度得以建立。

（一）德国社会保险制度建立的背景

德国统一后强制推行国家资本主义以增强国家竞争力，这引起了工人阶级的反抗，导致社会动荡。俾斯麦政府以铁血面孔实施镇压遭受挫折之后，开始改变执政方针。此时，工人阶级的要求和政府的考虑均突破了扶贫项目的保障模式，要求扶贫措施更具有计划性、社会性和持久性。1873 年，阿道夫 • 瓦格纳在给俾斯麦的上书中写道："帝国政府不仅应积极推行社会福利与保险政策，而且直接的国家主导权和无所不包的制度化控制体系，应首先服务于这个国家经济和强权政治上的发展，并阻止经济与社会危机。"①俾斯麦部分地接受了德国新历史学派的主张，承袭原普鲁士王国既有的社会政策形式——济贫、雇主责任制和保险，开始恩威并施，强调国家乐于为工人谋福利，以此作为"消除革命的廉价投

① 杨燕绥. 社会保障[M]. 北京：清华大学出版社，2011.

资”，以实现社会安定。这恰好与当时新历史学派的国家观和改良主义政策不谋而合。

（二）德国社会保险制度的内容

19 世纪 80 年代，当时执政的俾斯麦政府相继颁布了一系列社会保险法令。俾斯麦政府颁布的关于劳工的社会保险法均由雇主与劳工联合组成的自治机构予以实施，由政府予以监督。疾病保险的保险费，由雇主分担 1/3，由劳工自行负担 2/3；灾害保险的保险费，全由雇主负担；老年残疾的保险费，雇主与劳工各自承担一半，再由政府对每一个人的年金进行一小部分补贴。此外，还以法令的形式规定了劳工星期日休息的权利，并限制童工、女工的最长工作时间。[①]

（三）德国社会保险制度的影响

德国社会保险制度建立之后，欧美国家纷纷学习仿效，社会保险制度开始在世界各国普及。法国于 1898 年实行工伤保险，1905 年实行失业保险，1910 年又实行养老保险。英国于 1908 年实行《养老金法》，使领取养老金在英国历史上第一次作为公民的一种权利，以法律的形式被确定。英国于 1911 年实行失业和疾病保险，通过了《失业保险法》和《国民健康保险法》，其中《失业保险法》是世界上第一个全国性、强制性的失业保险法。瑞典于 1891 年实行疾病保险，1901 年实行工伤保险，1913 年实行养老与残疾保险。1911 年，德国又制定了《职员保险法》、《孤儿寡妇保险法》，同年又将这些社会保险立法综合为《德意志帝国法典》。1917 年，俄国革命政府也建立了面向全体国民的社会保险，即国家保险。到第一次世界大战前，社会保险已经在世界范围内得到了很大的发展。

三、现代社会保障制度的初步发展

20 世纪 30 年代，美国《社会保障法》的颁布推动了现代社会保障制度的进一步发展。

（一）美国社会保障制度建立的背景

美国 1929 年至 1933 年间爆发了经济危机，失业工人达 1700 万人，几乎占全国工人的半数。工人要求政府救济，时任总统的胡佛宣称救济失业工人纯粹是慈善机构和地方当局的事情，这更激起了失业工人们的愤怒。125 万失业工人在美国共产党的领导下，举行全国性示威，1931 年和 1932 年还两次向华盛顿进军，向国会提出立刻救济失业工人和制定社会保险法等要求。[②]美国社会保障法就是这样在工人阶级斗争的逼迫下出现的。美国面对全球性经济危机，罗斯福政府采纳了凯恩斯主义，实施政府干预市场的“新政”，通过颁布社会保障法案，建立健全了美国式社会保障制度等宏观调控措施。

---

① 和春雷. 当代德国社会保障制度[M]. 北京：法律出版社，2001.

② 李珍. 社会保障理论[M]. 北京：中国劳动社会保障出版社，2007.

（二）美国社会保障制度的内容

为贯彻民主国家的存在应以公民的健康与福利为基础的治理信条和理念，[①]罗斯福在国内推行了一系列被称作“罗斯福新政”的改革措施。“新政”的一个重要内容即是制定并实施了一系列社会保障项目。

1935年，在罗斯福的推动下，美国国会通过了历史上第一部《社会保障法》。美国《社会保障法》的基本内容包括两个社会保险项目和三个社会救济项目，即老年社会保险、失业社会保险、贫穷盲人救济、贫穷老人救济、未成年人救济（仅限于失去双亲、出走或残疾而无人抚养的未成年人）。其主要内容如下：[②]（1）联邦养老金计划。由雇主及雇员双方共同缴费筹资。（2）失业保险计划。通过向雇主征税筹集所需资金对失业职工提供补贴。不同于联邦养老金计划，失业保险由各州组织管理。（3）老年人救助计划。通过联邦基金向各州的老年人提供以家计调查为基础的现金补贴。（4）盲人援助计划。为各州已获准的对贫穷盲人的援助类项目提供联邦补贴。（5）无独立生活能力儿童的援助计划。通过联邦津贴向各州16岁或18岁以下因父母亡故或残疾而得不到应有照顾的穷困儿童家庭提供现金援助。

（三）美国社会保障制度的影响

美国《社会保障法》是世界上第一部完整的社会保障法，第一次提出了“社会保障”概念，使社会保障从形式到内容都更加完整和统一，标志着社会保障由社会保险制度向综合性社会保障制度发展。以《社会保障法》为起点，社会保障开始在北美大陆、拉丁美洲国家普遍建立，并进入了世界各国普遍建立的新阶段。

四、现代社会保障制度的快速发展

第二次世界大战后，为了解决战争所带来的各种社会问题，建立健全社会保障制度成为各国战后重建的重要任务之一。到20世纪70年代以前，社会保障制度进入了快速全面发展阶段，亚洲、非洲、拉丁美洲等国家广泛建立了社会保障制度。同时，欧洲国家和美国都把恢复、重建和发展社会保障作为缓解战后社会危机、促进国民经济恢复和发展的重要手段。

（一）英国《贝弗里奇报告》

社会保障制度发展的高峰是福利国家的诞生，福利国家与《贝弗里奇报告》有着天然的联系。1941年，英国开始制定战后社会保障计划，经济学家贝弗里奇受托出任社会保险和相关服务部际协调委员会主席，负责对现行国家社会保险方案及相关服务进行调查，并就战后重建社会保障计划进行系统研究。1942年，贝弗里奇提交了题为《社会保险和相关

① 杨冠琼. 当代美国社会保障制度[M]. 北京：法律出版社，2001.
② 史柏年. 社会保障概论[M]. 北京：高等教育出版社，2012.

服务》的报告，即《贝弗里奇报告》。贝弗里奇在起草这一报告时遵循了三条指导性原则：第一条原则是，在规划未来的时候既要充分利用过去积累的丰富经验，又不要被这些经验积累过程中形成的部门利益所限制。第二条原则是，应当把社会保险看成是促进社会进步的系列政策之一。成熟的社会保险制度可以提供收入保障，这有助于消除贫困，但贫困仅仅是英国战后重建需要解决的五大问题之一，而且在某种程度上可以说是最容易解决的一个问题。其他问题包括疾病、愚昧、肮脏和懒散。第三条原则是，社会保障需要国家和个人的合作。国家的责任是保障服务的提供和资金的筹集，但在尽职尽责的同时，国家不应扼杀对个人的激励机制，应该给予个人参与社会保障制度建设的机会并赋予他们一定的责任。在确定国家最低保障水平时，应该给个人留有一定的空间，使其有积极性参加自愿保险，以为自己及家人提供更高的保障水平。[①]《贝弗里奇报告》汲取了俾斯麦模式的合理内容，提出建立社会保险体系的六项基本原则：（1）提供均等待遇（flat rate of subsistence benefit）；（2）建立统一缴费率（flat rate of contribution）；（3）实行统一管理，即费用收缴和待遇发放由一个社会保险基金会负责；（4）生活保障性，受益额和支付时间足以维持受益人的基本生活；（5）建立综合性保障体系，协调各社会保障项目；（6）分门别类，针对不同地区和不同群体的实际情况支付待遇。[②]同时，报告提出建立全民社会保障的思想，要求政府对国民提供儿童补助、养老金、残疾补助、丧葬补贴、丧失生活来源补助、妇女福利和失业工人的救济等全面保障。英国政府于 1944 年发布了社会保险白皮书，基本接受了贝弗里奇报告的建议，出台了一整套“从摇篮到坟墓”的福利政策，并于 1948 年宣布建成了福利国家。贝弗里奇也因此获得了“福利国家之父”的称号。瑞典、芬兰、挪威、丹麦等欧洲国家也不甘落后，先后建立了有本国特色的福利国家。

（二）国际劳工组织《社会保障最低标准公约》

二战结束后，欧洲各国为避免出现一战后的经济萧条局面，纷纷进行以充分就业、公平分配和改善民生为核心的社会政策改革，并出现劳工保护标准国际化的需求。1952 年国际劳工组织在日内瓦举行第三十五届国际劳工大会，会议于 6 月 28 日通过了第 102 号公约，即《社会保障最低标准公约》，社会保障制度被国际社会广泛承认。1962 年国际劳工大会又通过了《平等待遇社会保障公约》。至 2002 年，全球共有 173 个国家和地区建立了社会保障制度。[③]

《社会保障最低标准公约》的基本原则有：[④]（1）社会保障制度给予如下补偿：医疗补助、病假津贴、残疾津贴、失业津贴、老龄津贴、工伤津贴、生育津贴、遗属津贴、家庭津贴；（2）覆盖群体应当达到应保人群的一定比例；（3）定期支付待遇并达到替代原收入的一定比例；（4）非本国公民享有同等待遇；（5）社会保障制度由政府监督，由雇主和工

① [英]贝弗里奇. 贝弗里奇报告——社会保险和相关服务[M]. 劳动和社会保障部社会保险研究所译. 北京：中国劳动社会保障出版社，2008.

② [英]贝弗里奇. 贝弗里奇报告——社会保险和相关服务[M]. 劳动和社会保障部社会保险研究所译. 北京：中国劳动社会保障出版社，2008.

③ 郑功成. 中国社会保障制度变迁与评估[M]. 北京：中国人民大学出版社，2002.

④ 郑功成. 中国社会保障制度变迁与评估[M]. 北京：中国人民大学出版社，2002.

人联合会依法实施管理。《社会保障最低标准公约》对于社会风险要素的规定成为全球共识，逐渐被写进各国宪法。

《社会保障最低标准公约》制定了评价各国社会保障制度的指标体系，包括社会风险覆盖率指标体系、人口覆盖率指标体系和保障力度指标体系。从此，国家履行社会保障义务和政府执行社会保障责任的状况被纳入国际社会的评价范畴。

（三）社会保障制度快速发展的特点

第二次世界大战后，各国在恢复经济的同时，纷纷将社会保障制度建设作为各国政府促进经济和社会稳定发展的一项长远战略性的社会政策，社会保障进入了新的发展阶段。二战后社会保障制度快速发展的特点主要体现在以下两个方面。

1. 社会保障项目增加，社会保障覆盖面扩大

二战后，社会保障项目增加与覆盖面扩大同时并进。世界大多数国家尤其是西方发达国家的社会保障项目增加很多。在西方发达国家，社会保障项目涵盖了老年人保障、医疗保障、就业保障、残疾人福利、妇女儿童福利、教育福利、住房保障、军人保障、其他公共援助等，对社会生活各个领域产生了十分广泛的影响。

二战后世界各国社会保障覆盖面不断扩大，很多国家的主要社会保险项目对象由产业工人扩大到所有工薪劳动者及其家属、自雇人员以及农民。非缴费性社会救助与社会福利的覆盖面也不断扩展。

2. 社会保障待遇水平提高，社会保障支出增加

二战后，社会保障待遇开始实行指数调整方法，有的按工资指数调整，有的按生活费用指数或通货膨胀指数调整，有的按工资和生活费用联合指数调整，不仅确保通货膨胀背景下社会保障金的购买力，而且还不断提高社会保障金的购买力，使社会保障对象分享经济发展的成果。以瑞典为例，1960～1980 年，单身基本养老金津贴标准从每年 5458 克郎提高到 11949 克朗，夫妇的标准从每年 8734 克朗提高到 20734 克朗，健康保险日现金补贴替代率从 60%提高到 90%，失业保险津贴最高标准从 34 克朗提高到 128 克朗，儿童补贴标准从每年 893 克朗提高到 1823 克朗。①

第三节　社会保障制度的改革

20 世纪 70 年代，随着石油危机的爆发，西方工业化国家先后陷入经济停滞和通货膨胀并发的“滞胀”危机。严重的经济衰退、高失业率和高通货膨胀率并存，加之发达国家长期的高福利政策，国家财政不堪重负。在此背景下，西方社会保障制度理念开始发生变化，由强调国家责任逐渐转向强调国家、社会与个人的共同责任。与此同时，发达国家以

① 丁建定. 当代西方社会保障制度改革的背景[J]. 南都学坛（人文社会科学学报），2006（5）：24-27.

及很多发展中国家先后进入“老年型社会”，人口老龄化使社会保障制度面临着严重挑战。因此，20 世纪 70 年代末，社会保障进入改革时期。

一、社会保障制度改革的背景

（一）社会经济因素

第二次世界大战结束后 20 多年中，西方国家经历了经济的高速发展，社会保障制度也由此获得了有力的经济保障。但是进入 20 世纪 70 年代后西方经济发展面临新的变化。一方面，由于凯恩斯经济理论本身的局限性无法根本消除引起资本主义经济危机的社会和经济原因，相反，长期采用的刺激投资和消费的国家干预政策却使国家财政漏洞越来越大，赤字越积越多，国家干预经济的能力也因此越来越弱；另一方面，由于战后西方国家的经济垄断地位受到新的世界经济格局的挑战，西方国家通过垄断地位把国内财政赤字的压力转移到欠发达国家和地区的做法受到越来越顽强的抵制。70 年代以后，随着能源危机的爆发，持续 20 多年的经济繁荣发展时期就此结束，西方国家开始了漫长而痛苦的经济滞胀时期。由于经济增长缓慢，通货膨胀严重，企业和政府的收入都受到一定影响，社会保障制度的经济基础受到很大削弱。与此同时，由于失业者和贫困者的不断增多，社会保障支出却大量增加且日益成为经济和财政的沉重负担。另外，人口的老龄化使社会保障制度不堪重负，这也是当时各国社会保障制度改革的主要原因。从社会保障自身因素来说，日益增多的福利支出使得赤字攀升、债台高筑，许多西方国家出现了巨大的财政“黑洞”。例如，美国用于社会保障的支出由 1965 年的 190 亿美元猛增到 1985 年的 3000 亿美元，超过联邦非国防支出的 50%；占国民生产总值的比例也由 2.9%上升到 7.7%。[①]西欧国家的社会福利费用占国内生产总值的比重也从 20 世纪 60 年代的 20%上升到 70 年代的 30%左右，并且不断攀升。由于公共部门的运营效率低下，使政府管理的社会保障体系机构臃肿，服务欠佳。而 70 年代兴起的金融自由化浪潮使各类私营保险和投资基金发展迅速，这又加剧了人们对社会保障体制的批评。

（二）思想理论因素

1. 新自由主义的社会保障思想

20 世纪 70 年代以来，新自由主义在西方兴起并在政治经济领域占据主导地位且构成该时期一个重要的理论范式。新自由主义主要理论流派有现代货币学派和供给学派等。新自由主义是在与凯恩斯主义的论战中逐步发展起来的，它强调以市场化为导向，是一个包含一系列有关全球秩序和主张贸易自由化、价格市场化、私有化观点的完整的理论体系。新自由主义的社会保障思想和理念概括起来主要有五个方面的内容：[②]（1）崇尚自由，公开反对社会公平和分配正义。他们认为由市场带来的资源分配和财富分配是最为公平和有

① 郭崇德. 社会保障学概论[M]. 北京大学出版社，1992.
② 徐丙奎. 西方社会保障三大理论流派述评[J]. 华东理工大学学报（社会科学版），2006（3）：24-32.

效的。任何人为的财富分配要求都会导致社会失去前进的动力，任何缩小贫富差距的分配正义主张都会对个人自由造成极大的危害。（2）强调个人责任和市场作用，反对国家干预。在新自由主义者的观念中，自由与责任紧密相连，个人不承担责任，也就意味着丧失了自由。因此他们呼吁在社会保障制度中为个人责任的发挥尽可能留下空间，反对政府以激进税收之类的再分配手段对个人财富进行重新分配。（3）反对强制性保险，提倡有选择性的保障制度。哈耶克反对将强制性保险运用于国家控制的集权垄断框架之中，因为“它违背了秩序的自由性”。（4）主张削减社会福利，倡导社会保障领域内的竞争。新自由主义者认为，社会福利是“滞胀”形成的主要原因，应当减少社会福利。弗里德曼指出：“福利计划的祸害是对我们社会结构的影响。它们削弱家庭，降低人们对工作、储蓄和革新的兴趣，减少资本的积累，限制我们的自由。”[①]（5）主张改革福利政策，实行激活性劳动就业政策。在工作日益变得不稳定、失业增加、贫困范围扩大的情况下，新自由主义者主张实行激活性劳动就业政策。激活性就业政策的核心是通过改革社会保障制度，严格失业保障资格申请，缩短失业保障期限，降低失业保障水平，并将保护性劳动就业政策与积极就业政策相结合，从而“激活”失业者，促使他们积极地重返劳动力市场，以工作代替福利。

新自由主义学派有关发挥市场在社会保障制度建设中的作用的主张为全球范围内的社会保障制度改革奠定了重要的理论基础。在新自由主义思想的指引下，英国和美国分别实施了社会福利改革，使社会福利开支得到了缩减。

2.“第三条道路”理论

20 世纪 80 年代末 90 年代初，西方国家新自由主义的自由化、私有化政策造成了新的经济衰退和社会危机，催生了“第三条道路”的出现。“第三条道路”是一种试图超越老派社会民主主义和新自由主义的“中间偏左”的社会民主主义的政治哲学或理论。“第三条道路”理论的主要代表人物是安东尼·吉登斯（Anthony Giddens），其理论被当时的英国首相布莱尔、美国总统克林顿、德国总理施罗德等政界人士所奉行，并在欧美形成了一种社会思潮。他们在反思凯恩斯主义和新自由主义的基础上，提出了要使传统的社会民主主义与新自由主义相结合，扬利抑弊地采取兼顾国家与市场、供给与需求、公平与效率、权利与义务相平衡的原则，塑造新经济、构建新福利、推行新政策，谋求资本主义再发展。

“第三条道路”的政策主张主要包括：（1）在政治政策上，主张实行新的社会治理方式。它倡导政府由管理型向治理型转变。在社会生活中政府只牵头，但不包办，鼓励公民参与，发挥民间组织的力量，增加地方政府权利。国家不应当再是高高在上的命令发布者，而是各种社会力量之间的调节人，为社会力量赋予适当的公共事务，鼓励其承担更多的政治责任，独立解决各种问题，国家侧重于在法治、民主、高效的前提下协调各种社会力量之间的关系，引导国家目标的实现。（2）在经济政策上，奉行“市场社会主义”信条，模糊所有制定位，摒弃国有化政策，主张走一条有别于自流放任和国家干预的新混合经济之路。按吉登斯的说法，与过去西方国家混合经济的区别在于，新的混合经济不是努力去实现国有企业和私有企业之间的平衡，而是要实现经济生活和非经济生活的平衡。政府的作用在

① [美]米尔顿·弗里德曼、罗斯·弗里德曼著. 自由选择——个人声明[M]. 胡骑等译. 北京：商务印书馆，1982.

于促进宏观经济的稳定增长，鼓励充分的自由贸易。(3) 福利政策上，主张用“社会投资国家”来取代“福利国家”。“第三条道路”放弃过去或者消减或者扩大福利的做法，变福利政策为投资政策。通过在经济、教育、培训等领域的政府投资和个人投资，提高接受福利者进入市场的能力，帮助他们适应就业，以防止一些人滥用福利，变“授人以鱼”为“授人以渔”。福利既是每个人的权利，同时个人也要尽义务，提出了“无责任即无权利”的思想，寻求“权利与义务”、“权利与职责”的平衡，建立一种使福利可以维护，但享受者具有相应责任与风险的“积极福利”政策。①

总之，“第三条道路”作为资本主义社会内部出现的一种改良主义，是各国社会民主党为了摆脱困境、迎接挑战而提出的一套提高竞争力和就业能力、限制和削减消极与不稳定因素的政策体系，是对传统民主社会主义价值观念、政治纲领、经济政策等进行调整和修正的结果。

二、国外社会保障制度的改革

目前世界上不同国家都在根据形势发展的需要对其自身的社会保障制度进行改革，其中发达国家对于社会保障制度的改革引领着整个世界社会保障制度改革的潮流。这是因为：一方面发达国家社会保障制度发展得最早，也最先出现问题，因而它们也最先进行改革；另一方面欠发达国家通过学习效仿来力图避免在社会保障改革方面走弯路，它们在社会保障方面汲取了发达国家在社会保障发展方面的不少经验和教训，因而在社会保障改革方面的措施也和现行的发达国家社会保障制度的改革措施基本趋同。因此，本部分以发达国家在社会保障方面的改革为代表来讨论国外社会保障制度的改革问题。

发达国家的社会保障体系虽在二战后发展到了较高的水平，但随着人口老龄化等客观因素的出现，使之受到挑战而走向改革。改革的总体趋势是：增加缴费收入，节约开支；改变单一由政府管理的模式，通过明确政府、雇主、个人在社会保障体系中的角色和责任，实现多层次、多方参与的社会保障制度，实现社会保障制度的可持续性。而这些参与者在制度中发挥怎样的作用，则取决于各国的具体国情。②

(一) 养老保险制度的改革

近年来，发达国家养老保险制度改革的过程中，多层次（支柱）的养老保障制度成为主流，职业年金、个人储蓄型养老保险在养老金体系中的作用逐渐增强；越来越多的私营机构也参与到养老金运营管理中，居民在养老金管理中的决策权增加；同时，政府也加强了对养老金运营的监督，以确保资金运营的安全性；养老金的可携带性提高。

推行多层次的养老金体系是近年来发达国家养老金制度改革中最明显的特征之一。改革中，更多国家意识到单一由政府管理的养老金体系并不是最优的养老保障制度。在世界

① 魏娟.“第三条道路”述评[J]. 前沿，2003 (3)：97-98.

② 本部分关于养老、医疗和失业改革的具体内容主要参见：孙光德、董克用. 社会保障概论[M]. 北京：中国人民大学出版社，2008.

银行以及诸多经济学家的推荐下，一些国家开始逐渐降低政府管理的公共养老金的给付水平，同时，以税收优惠、资金支持等方式鼓励发展职业年金和个人储蓄型养老金，并使这些养老金计划具有半强制性。德国在1999年将公共养老金的给付水平由此前相当于雇员收入净值的70%下降到64%；在2001年的改革方案中，对养老储蓄直接进行补贴，并规定了每年的免税储蓄额，鼓励居民为养老进行储蓄。美国的养老金改革计划一方面提高社会保障税的缴费率和缴费工资上限，目前的缴费率已达15.3%，缴费工资上限为8.93万美元；另一方面，美国的职业年金计划在养老金体系中的作用越发重要，政府通过给予税收优惠鼓励职业年金的发展，其中，401（k）计划主要适用于企业和非营利组织的雇员，403（b）计划主要适用于教师、医护人员以及其他非营利组织雇员，而457计划适用于州和地方政府的雇员以及非营利组织雇员。

多层次的养老金制度也改变了原有的养老金财务模式，即由单一的现收现付制向预付制或基金积累制转变。同时，这也使养老金的管理更加复杂。养老金积累是一种长期的资金积累，且养老金的给付比较稳定，上述转变使其给付模式由给付确定型（defined benefit）向缴费确定型（defined contribution）转变。所谓给付确定型是指雇员未来领取的养老金的待遇标准是事前已经确定的，如事先规定雇员退休后所能领取的退休金为确定的金额或退休前工资的一定比率。而缴费确定型是指雇员退休后所能领取的养老金取决于工作期间的缴费额及其增值情况。可以清楚地看出，采取给付确定型存在养老金不能足额给付的风险，而这将导致雇员退休后生活无法保障的风险。由此，发达国家寄希望于通过养老金的运营获得增值来弥补上述风险。

受金融自由化的影响，发达国家金融市场的金融创新活动层出不穷，养老金进入金融市场。其方式是养老金基金通过建立投资基金理事会或以信托投资方式参与金融市场，而私营部门则作为基金的受托人、投资管理人和账户管理人参与到养老金基金的投资运营活动中，由于养老金进入金融市场投资也增加了缴费者对基金投资的决策能力。一些国家的职业年金政策允许年金管理委员会选择不同的受托机构进行管理，形成相互制衡，以提高基金投资收益和安全性。

在这个过程中，政府则致力于改善养老金的治理结构，加强对养老金投资运营的监督和控制，以确保其安全性。澳大利亚政府为了保障政府年金与超年金制度顺利实施和基金安全有效运营，由家庭和社区服务部（原社会保障部）负责政府年金计划和支付管理；由审慎监管局负责监督管理超年金信托机构，并确保超年金和个人自愿储蓄养老基金的安全；由证券投资委员会负责维护消费者利益，并确保市场公平竞争；由税务局负责确保雇主按时按税务规定足额缴费，并监管小型基金。各部门各司其职，又相互配合，组成养老保险监管系统，以规范的制度确保养老金运营的安全。美国在2002年秋通过《塞班斯法案》，对包括基金公司在内的营利性机构的财务和审计进行更严格的监管，以确保基金运营的安全。

养老金特别是职业养老金可携带性问题一直以来都是养老金制度中难以解决的问题。随着劳动力市场流动性的提高，这一矛盾变得更为突出。当雇员发生职业转换时，原企业承诺的养老金是取消还是保留？雇主往往认为，职业年金主要用以吸引员工和留住员工，如果员工离职，则意味着他们自动放弃职业年金计划。而员工认为，职业年金是其劳动报酬的组成部分，不能因为职业流动而遭受损失。因此，一些国家规定了员工获得职业年金的资格，比如，为雇主工作一定时期才可得到一定比例或金额的职业年金权益。近年来，许多国家更倾向于取消这种限制，提高养老金的可携带性。

（二）医疗保障制度的改革

医疗市场是信息不对称最为严重的市场之一，因而更易产生逆向选择和道德风险行为。近年来，随着医疗科技水平的提高，医疗费用也随之不断攀升，以至于连发达国家也不堪高昂医疗费用的重负。日益膨胀的医疗费用使发达国家开始重新审视其医疗保险政策。发达国家医疗保障更加注重医疗的公平性，通过引入竞争和加强成本控制提高医疗保障的可及性。

1. 提高医疗保障的公平性，尽量保证所有的居民都能享有均等的、基本的医疗服务。发达国家基本建立了覆盖全民的社会医疗保障体系，但只有美国较为特殊，一直约有15%的居民不能被医疗保障所覆盖。法国政府对低收入者实行免费的医疗保障。目前，这一制度已经使占人口总数10%的低收入居民获得基本的医疗保障。

2. 实行管理式保健（managed care），降低医疗成本。美国在医疗保障体系中引入健康维护组织（HMOs）和优先服务组织（PPOs），实行管理式保健，降低患者的医疗费用。管理式保健一般是指通过第三方介入医疗行为，以收入激励和直接控制的方式使病人能够从医疗服务提供者那里获得受到控制的、合适的、物有所值的医疗服务。管理式保健通过强调健康预防、早期干预和后期治疗来降低与控制医疗费用。管理式医疗以第三方受托者的身份将医疗服务的提供与医疗服务所需资金的供给结合起来，把预防保健与临床医疗连在一起，把医疗质量与经济利益相结合，因而获得了医患双方的好评。管理式保健与传统的医疗保障在运作与目的上有明显的差别，管理式保健的目标是全面负责管理病人所需要的各种医疗服务，并将这些服务有机地结合起来，其目的是通过合理有效利用医疗服务来降低医疗费用。

3. 注重对药品和住院医疗费用的控制，节约医疗保险开支。例如，意大利对药品进行分类，对不同药品采取不同的支付方式。有些国家改变了医院的收费方式，由原来的按服务收费变为按病种收费以控制医疗成本。在住院医疗方面，通过合理使用昂贵的医疗设备，严格报销制度，实行专科医院与社区医院的双向转诊，控制医疗费用支出。

4. 对医疗服务体系进行改革，提高医疗服务的效率。NHS（国民健康服务系统）是一种由政府建立并经营的完全公立的全民健康服务体系。一直以来，英国、瑞典等国的NHS以其广覆盖、低成本为各国所称道，但近年也因效率过低（比如较长的等待时间）受到指责。英国开始尝试对NHS部分私有化，允许医生建立小型互助组织，通过分工提高健康服务的效率。

（三）失业保险制度的改革

20世纪90年代以来，发达国家的失业率居高不下，一直保持在7%左右，个别国家如法国、德国还高达10%左右。严峻的就业形势给社会保障带来了巨大的压力。非全时就业和各种灵活就业模式的出现，使这一领域的劳动者被排除在原有的社会保障体系之外，这也迫使对社会保障制度进行必要的改革。失业保险制度的改革集中在如下几个方面：

1. 扩大失业保险的覆盖面。针对劳动力市场流动性提高和新的就业模式的出现，一些国家修改立法，以使更多的就业者纳入失业保险的范围。比如，德国在1993年立法规定，不得将临时雇员排除在社会保障体系之外。

2. 将失业保险与职业介绍、就业培训相结合，实施主动的失业保险政策。庞大的失业队伍对原有的失业保险体系形成了巨大挑战，发达国家纷纷改进原有的救助式的、被动的失业保障。日本将失业保险改为就业保险，强调以就业支持减少失业。德国将失业保险与职业介绍绑定，不接受职业介绍者就不能申请失业保险。而一些国家则通过政府支持的公共就业服务帮助失业者进行培训和职业介绍，通过失业者的再就业来减少失业。加拿大通过建立信息化的求职数据库，帮助失业者更为快捷地搜寻就业信息，并采取就业“一站式服务”以提高效率。“一站式服务”不仅要求公共就业服务的职业介绍、职业培训和失业保险在工作内容、机制、场地上进行整合，而且要求与社会其他机构建立伙伴关系，为求职者和用人单位提供方便、快捷、高效的服务。此外，政府还可以采取对雇主补贴、降低雇主雇佣失业者所需缴纳的社会保险金等方式吸引雇主雇佣更多的失业人员。

3. 实行灵活的失业保险政策，鼓励企业减少解雇的行为。一些国家对失业保险实施差别费率，对解雇率较低的雇主实行较低的失业保险费率，反之，则实行较高的费率，以激励雇主尽量保持较低的解雇率。一些国家在经济萧条期对雇主进行补贴，使雇主减少解雇。

第四节　新中国社会保障制度的建立与发展

经过六十多年的变迁发展，中国社会保障制度体系经历了初步创建、遭受破坏、恢复发展和改革调整四个阶段。社会保障体系的发展和完善不能超越中国社会经济发展的特定历史阶段。继续努力推进中国社会保障体系的发展和完善将是未来一段时期国民经济和社会发展的一项重要任务。①

一、中国社会保障制度初步创建

1949～1965年这段时期可以看作是中国社会保障制度初步创建阶段。这一时期国家面临的主要问题是组建和巩固新生的人民政权、恢复遭到战争破坏的国民经济、保证人民群众行使当家做主的权利。与这一形势相适应，国家颁布了一系列社会保障方面的法律法规，主要包括：（1）1949年颁布了《中国人民政治协商会议共同纲领》，为新中国社会保障体

① 贾洪波、陈建辉. 建国以来中国社会保障制度变迁的基本经验[J]. 人事天地，2010（9）：54-55.

系建立提供了最基本的法律依据。(2) 1950年颁布了《革命烈士家属、革命军人家属优抚暂行条例》、《革命残废军人优待抚恤暂行条例》、《革命军人牺牲、病故褒恤暂行条例》、《革命工作人员伤亡褒恤暂行条例》、《民兵、民工伤亡抚恤暂行条例》，建立了统一的军人优待抚恤制度。(3) 1951年颁布了《中华人民共和国劳动保险条例》，建立了城镇职工劳动保险制度。(4) 1952年颁布了《关于全国各级人民政府、党派、团体及所属事业单位的国家工作人员实施公费医疗预防的指示》，建立了公费医疗保障制度。(5) 1955年颁布了《国家机关工作人员退休处理暂行办法》、《国家机关工作人员退职处理暂行办法》、《国家机关工作人员病假期间生活待遇试行办法》、《关于处理国家机关工作人员退职、退休时计算工作年限的暂行规定》，建立了国家机关和事业单位工作人员退休养老制度。(6) 1956年通过了《高级农村合作社示范章程》，建立了农村"五保"制度。(7) 1960年颁布了《关于全国农村卫生工作山西稷山现场会议情况的报告》及附件《关于人民公社卫生工作几个问题的意见》，建立了农村合作医疗制度。到1960年，中国社会保障方面的一些法律制度已经基本建立起来，在1965年之前，国家对社会保障相关政策又进行了一些修订和补充。从总体上讲，中国社会保障制度中的社会救助、社会保险、社会福利和社会优抚已经全面展开，中国社会保障制度在这一时期已经基本建立并发展起来。①

二、中国社会保障制度遭受破坏

1966～1977年这段时期可以看作是中国社会保障制度遭受破坏阶段。1966年"文化大革命"开始，国家进入了十年动乱时期。这一时期，除了一些基本的社会救助项目还得以实施外，其他社会保障项目基本上都停滞不前。比如，1969年财政部发布的《关于国营企业财务工作中几项制度的改革意见（草案）》，其中规定：国营企业一律停止提取劳动保险金，企业的退休职工、长期病号工资和其他劳保开支在营业外列支。这一做法使劳动保险丧失了统筹调剂的职能，实际上使统筹式的劳动保险蜕变成了企业保险。

三、中国社会保障制度恢复发展

1978～1985年这段时期可以看作是中国社会保障制度恢复发展阶段。1978年，党的十一届三中全会开辟了中国特色社会主义道路。②与这种形势相适应，国家对"文革"中遭到破坏的社会保障体系逐步进行恢复。比如，1978年《中华人民共和国宪法》对社会保障问题作了原则规定，决定重新设置民政部；1978年颁布了《关于安置老弱病残干部的暂行办法》和《关于工人退休、退职的暂行办法》，重新恢复了退休养老制度。这个时期在养老保险制度方面有一个变化，就是突破了"高级干部终身制"的传统，完善了退休制度。其法律依据就是1980年10月国务院颁布的《关于老干部离职休养的暂行规定》、1982年2月中共中央《关于建立老干部退休制度的决定》和1983年1月原劳动人事部发布的《关于

① 穆怀中. 中国社会保障适度水平研究[M]. 沈阳：辽宁大学出版社，1998.

② 陈雪薇. 中国特色社会主义道路的30年探索（1978-2008）[J]. 中共中央党校学报，2008（3）：5-12.

建国前参加工作的老工人退休待遇的通知》等。[①]其他一些在“文革”中遭到破坏的社会保障项目也逐步恢复起来。社会保障体系的恢复以及20世纪80年代初期经济体制改革的实施为探索企业保障向社会保障转变提供了一定的前提条件。

虽然我国社会保障制度开始恢复和发展，但是这一时期我国社会保障制度依然延续了计划经济体制下社会保障的做法，还没有彻底摆脱计划经济体制下我国社会保障制度所面临的困境，社会保障制度的恢复和发展具有明显的路径依赖性。在计划经济体制下我国社会保障制度的特征主要表现在以下几个方面：[②]第一，社会保障覆盖面狭窄，制度条块分割情况严重。计划经济体制下，我国社会保障的保障对象主要是城市劳动者，社会保障的覆盖面狭窄。第二，给付水平差别过大与平均主义并存。根据单位所有制不同，社会保障待遇水平也不同，而在同一所有制内部形成了平均主义。第三，总体经济发展低水平下的局部高福利。计划经济时期，我国经济发展较慢、发展水平较低。在这种情况下，我国对于部分的社会保障对象实行全部免费医疗等福利待遇，这超越了我国当时的经济发展水平。第四，社会化程度低。社会保障的直接目的是保障国民的基本生活水平。但在计划经济体制下，政府将部分责任转化到企业，由企业自行承担起对其职工的保障工作。社会化保障退化为企业化保障。

四、中国社会保障制度改革调整

1986年至今这段时期可以看作是中国社会保障制度改革的调整阶段。1985年，《中华人民共和国国民经济和社会发展第七个五年计划》提出了要进一步加强劳动保护，逐步建立和健全适应新形势需要的社会保障制度。“七五”计划首次提出了社会保障概念，这标志着中国社会保障制度进入了改革调整时期。[③]此后，中国社会保障体系的改革调整过程主要围绕四个方面展开。

（一）社会救助制度改革

1993年6月1日，上海市正式实施最低生活保障制度。1997年8月，国务院颁发了《国务院关于在各地建立城市居民最低生活保障制度的通知》（以下简称《通知》）。到1999年，中国668个城市和1638个县所在镇全部建立了最低生活保障制度。同年，国务院颁布了《城市居民最低生活保障条例》。2011年5月11日，民政部、国家发展和改革委员会、财政部和国家统计局等四部委联合下发文件:《关于进一步规范城乡居民最低生活保障标准制定和调整工作的指导意见》（民发[2011]80号），用以指导和规范最低生活保障的标准制定和调整工作。中国农村保障贫困人口的最低生活是通过扶贫和救助双管齐下来实现的。最低生活保障制度自从1994年开始试点探索以来，到2003年已有6个省（市）建立了城乡一体的最低生活保障制度，被纳入对象的人数为407万人。1986年，专门负责扶贫工作的国务

① 潘锦棠. 社会保障通论[M]. 济南：山东人民出版社，2012.

② 孙光德、董克用. 社会保障概论[M]. 北京：中国人民大学出版社，2008.

③ 郑功成. 中国社会保障30年[M]. 北京：人民出版社，2008.

院贫困地区经济开发领导小组成立。在明确开发式扶贫方针、安排专项资金、制定专门政策、确定国家重点扶持贫困县、出台“对口帮扶”等重大措施的基础上，国务院先后制定并实施了《国家八七扶贫攻坚计划》和《中国农村扶贫开发纲要（2001～2010年）》，这是我国历史上首次把扶贫开发列入国民经济和社会发展的中长期规划。截至2008年，我国农村贫困人口减少到1500万以下，占农村总人口的比重降至1.6%。

（二）社会保险制度改革

1997年国务院颁布了《关于建立统一的企业职工基本养老保险制度的决定》，城镇职工现收现付制的养老保障制度被社会统筹与个人账户相结合的部分积累制基本养老保险制度所替代；1998年颁布了《关于建立城镇职工基本医疗保险制度的决定》，城镇职工劳动保险医疗保障制度被社会统筹与个人账户相结合的部分积累制基本医疗保险制度所替代；1999年颁布了《失业保险条例》，失业保险制度正式代替了待业保险制度；2003年国务院转发卫生部、财政部、农业部《关于建立新型农村合作医疗制度的意见》，建立以大病统筹为主的新型农村合作医疗制度，农村合作医疗制度在瓦解将近20年后得以重建和改革；2003年国务院颁布了《工伤保险条例》，社会化工伤保险制度得以基本完善与定型；2004年颁布《企业年金试行办法》和《企业年金基金管理试行办法》，中国合格式的补充养老保险计划信托制度开始规范运作；2007年颁布了《国务院关于开展城镇居民基本医疗保险试点的指导意见》，城镇非从业人口被纳入基本医疗保险范畴；2009年颁布了《国务院关于开展新型农村社会养老保险试点的指导意见》，农村居民养老开始由传统的家庭养老模式向社会养老模式转变；2011年颁布了《国务院关于开展城镇居民社会养老保险试点的指导意见》，城镇非从业人口养老开始由传统的家庭养老模式向社会养老模式转变。尤其值得一提的是，2011年7月1日《中华人民共和国社会保险法》正式实施，这是我国社会保险制度建设中具有里程碑意义的事件，使我国社会保险制度全面步入法制化轨道。社会保险制度改革使社会保险的基金筹集、管理和支付环节的社会化程度大大提高。

（三）军人社会保障制度改革

军人社会保障制度为了适应中国整个社会保障体系的发展先后采取了许多改革措施。比如，1998年印发了《军人保险制度实施方案》，对实施军人社会保险制度做了具体规定。同年，国家实施了《中国人民解放军军人伤亡保险暂行规定》，军人伤亡保险制度正式建立；1999年印发《中国人民解放军军人退役医疗保险暂行办法》，退役军人医疗保险和一般居民医疗保险实现了有效衔接；2004年颁布了《军人抚恤优待条例》，对军人抚恤优待制度进行改革以适应新时期发展的需要。除此之外，国家还对军人社会保障中的退役安置等制度都不同程度地进行了完善。

（四）住房保障制度改革

住房保障制度是社会保障体系的重要组成部分。这段时期中国对住房保障制度进行了积极探索。比如：1998年，国家颁发了《国务院关于进一步深化城镇住房制度改革加快住房建设的通知》（国发[1998]23 号），确立了深化城镇住房制度改革的目标是停止住房实物分配，逐步实行住房分配货币化；建立和完善以经济适用住房为主的多层次城镇住房供应体系；发展住房金融，培育和规范住房交易市场。1999 年，国家颁布了《住房公积金管理条例》，它作为住房融资体制的重要组成部分开辟了一个全新的、以个人融资为基础的住房资金来源。住房公积金实行政府、单位、个人三方共同负担的个人住房资金积累机制，大大增强了职工进入住房市场和自我住房保障的能力，也减轻了国家的负担。2004 年，建设部、发改委、国土资源部、人民银行印发了《经济适用住房管理办法》（建住房[2004]77 号），后经过修订又于 2007 年由建设部、发改委、监察部、财政部、国土资源部、人民银行、税务总局印发了修订后的《经济适用住房管理办法》（建住房[2007]258 号），该办法对优惠和扶持政策、建设管理、价格管理、准入和退出管理、单位集资合作建房、监督管理等均作了明确规定。2007 年，建设部等九部委又以第 162 号令公布了《廉租住房保障办法》，其中对保障方式、保障资金和房屋来源、申请与核减办法、监督管理和法律责任作了明确规定。2010 年，国家颁布了《关于加快发展公共租赁住房的指导意见》（建保[2010]87 号）对发展公共租赁住房的基本原则、租赁管理、房源筹集、政策支持和监督管理进行了全面规定。

五、中国社会保障制度的发展趋势

（一）坚持以公平为主的社会保障建制理念

社会保障体系需要继续坚持以公平为主的建制理念。公平主要包括起点公平、过程公平和结果公平。起点公平一般和效率相等同，因此社会保障领域公平的建制理念应该主要以过程公平和结果公平为主。过程公平将会体现在社会保障资金筹集、基金管理和待遇发放的全过程。结果公平主要会在社会保障待遇发放方面得以体现。社会保障属于国民收入再分配制度，是保障国民基本经济生活安全的一种福利制度安排，坚持以公平为主，实现公平与效率相结合的建制理念将会对中国社会保障体系保障和激励功能的发挥产生积极的影响。

（二）完善社会保障法律制度

世界范围内社会保障体系成功运行的一个重要条件就是制度运行法治化，世界范围内整个社会保障体系的变迁都是以一些重要的社会保障法律制度转变为标志的。健全社会保障法律制度有助于保持社会保障体系的稳定性。中国虽然已经把建立健全与经济发展水平相适应的社会保障制度写进了宪法，但是与宪法相适应的有关社会保障的法律制度严重滞后，集中表现在立法缺乏合理的理念、缺乏统筹规划和体系结构残缺、法制建设层次低、立法主体混乱和层级无序等方面。[①]中国在社会保障法制建设方面的当务之急是一方面应

① 郑功成. 社会保障学——理念、制度、实践与思辨[M]. 北京：商务印书馆，2000.

当尽快建立《社会保障基本法》以及与之配套的《社会救助法》、《医疗保障法》等专门法律，以提高社会保障的立法层次和强制执行力；另一方面应该对现有的行政法规、部门规章制度进一步完善，补缺其漏洞，增加它们之间的协调、配套和衔接。

（三）统筹城乡社会保障体系发展

统筹城乡社会保障体系发展的最终目标是要实现城乡社会保障体系的一体化。为了实现这个目标，城乡社会保障体系在覆盖范围、保障项目和保障待遇上应该逐步实现统筹和一体化。就覆盖范围而言，所有城乡居民即全体国民都应该被社会保障体系所覆盖。就保障项目而言，农村将来应进一步健全新型农村养老保险制度，建立健全妇女、儿童福利制度，城镇将来应该健全城镇居民基本养老保险制度，进一步完善城镇居民基本医疗保险制度、住房保障制度和失业保障制度。就保障待遇而言，城乡居民在社会保障待遇方面的公平性应该逐步增强，尤其是农民的社会保障待遇水平应该进一步提高。

（四）实现社会保障关系顺畅接续

社会保障关系顺畅接续是未来一段时期社会保障管理中需要重点解决的问题之一。为了解决这一问题，将来的社会保障体系变迁至少在三个方面要有所突破：第一，具体社会保障项目建制前的试点工作应进一步规范。将来有关社会保障试点地区的选择、试点时间的规定、试点经验的总结以及试点成果的推广应该进一步规范。目前社会保障试点地区过多、试点时间过长以及试点经验总结和成果推广不力这种现象应该逐步被规范。第二，城乡社会保障体系的碎片化问题应该逐步得到缓解。根据不同人群社会身份设置的社会保障项目应该减少，不同人群的基本保障项目应该逐步并轨和统一。比如，未来农民工的社会保障项目、失地人员的社会保障项目等应该逐步和其他一些保障项目归并和统一。第三，社会保障项目的统筹层次应该逐步适当提高。比如，基本养老保险在实现省级统筹的基础上逐步实现全国统筹；基本医疗保险在实现地级市统筹的基础上逐步探索省级统筹的时间、步骤和方式等。其他的社会保障项目也存在着类似的合理确定统筹层次的问题。

本章小结

1. 社会保障制度安排经历了漫长的历史演变过程。19 世纪 80 年代之前为社会保障制度的萌芽时期，这一时期社会保障的主要形式是民间慈善、宗教慈善、社会互助和官方济贫。社会保障制度发展历史上第一个正式法律制度是 1601 年英国的《济贫法》（即《伊丽莎白济贫法》）。

2. 现代意义上的社会保障制度是从社会保险制度的建立开始的。世界上第一个社会保险制度是 1883 年德国的《疾病社会保险法》。社会保险制度在德国的产生标志着社会保障进入现代社会保障阶段。从此，社会保险逐渐成为保障制度的核心内容，社会保险立法也在世界范围内推进。1935 年美国的《社会保障法》标志着现代社会保障制度由社会保险制度向综合性社会保障制度发展。二战后，世界社会保障制度进入了以高福利为特征的快速全面发展阶段。社会保障覆盖面扩大、项目增加、待遇水平提高，用于社会保障方面的财政支出大幅度增长。

3. 20 世纪 70 年代末，在反思福利国家现实危机以及新自由主义的倡导下，全球社会保障进入改革时期。这一时期全球社会保障制度的改革可以概括为增收节支或者开源节流的改革。

4. 经过六十多年的变迁发展，新中国社会保障制度体系经历了初步创建、遭受破坏、恢复发展和改革调整四个阶段。“七五”计划首次提出了社会保障概念，这标志着中国社会保障制度进入了改革调整时期。此后，中国社会保障体系的改革调整过程主要对社会救助制度、社会保险制度、军人社会保障制度和住房保障制度进行了全方位的改革。

思考题

1. 早期社会保障的存在形式有哪些？它们是在什么样的背景下产生的？
2. 社会保险制度为什么最早产生于德国？
3. 为什么说第二次世界大战是社会保障制度发展的分水岭？
4. 简述中国计划经济体制下社会保障制度的特征。

深度阅读

1. 丁建定. 社会福利思想[M]. 武汉：华中科技大学出版社，2008.

全书以主要社会思想理论流派的发展演变为主线、以主要思想理论流派的经典著作为基本参考文献来阐述社会福利思想的发展变化，有利于学习和掌握不同思想理论流派对于社会保障发展的看法。

2. [英] Richard，M. Titmuss. 社会政策十讲[M]. 江绍康译. 香港：商务印书馆，1991.

《社会政策十讲》源自现代社会政策理论的创始人蒂特马斯教授在伦敦经济学院的一门导论课程，其中的十章即十堂课的教学讲稿。作为社会政策领域的开山之作，《社会政策十讲》涵盖了蒂特马斯的学术精华，既像一般导论图书一样深入浅出，又具出色学术著作的深刻透彻。在书中，蒂特马斯论述了社会福利的主要话题，如权力与决策、福利的支付、社会控制、职业的定位，并解答了理解社会政策理论的关键问题：什么是社会政策、为什么一定要有社会政策、社会政策如何设定和落实等。

3. 郑功成. 中国社会保障改革与发展战略（总论卷）[M]. 北京：人民出版社，2011.

《中国社会保障改革与发展战略》（总论卷）是中国社会保障改革与发展战略研究的核心成果，是数百位专家学者与各级官员参与研讨后的集体智慧结晶。《中国社会保障改革与发展战略》（总论卷）立足于国家利益与人民福祉，从全局与长远的发展视角，分析了中国社会保障改革与制度建设所面临的形势、挑战和任务，系统诠释了社会保障的核心理念、基本原则和需要处理好的相关关系，对中国社会保障改革与发展的战略目标、步骤与措施进行了宏观规划，从理论上厘清了社会保障体制改革目标、城乡一体化与均等化进程、经办机制与信息化建设、政府财政责任的确立和中国特色的具体体现。

4. 胡晓义. 中国社会保障发展60年[M]. 北京：中国劳动社会保障出版社，2009.

本书全面回顾了新中国成立60年来中国社会保障改革发展历程，总结了中国社会保障60年所取得的伟大成就、发展经验，并对未来发展进行了展望。本书历史脉络清晰，资料翔实，具有史料价值，对社会保障工作有较强的指导意义，是社会保障工作者必备的工具书。

第三章 中外社会保障模式

全球社会保障制度经过数百年的发展，到目前已经形成了几种代表性的模式。这些社会保障模式有着不同的社会保障理念和运行特征，当然也有着不同的运行效果和变革趋势。本章主要介绍世界上有代表性的社会保障制度模式，也就是说主要介绍社会保险型、国家福利型以及强制储蓄型社会保障制度模式的起源、特征以及代表性国家社会保障制度的基本内容。

第一节　社会保险型模式

社会保险是相对于商业保险来说的。社会保险和商业保险的区别在于：第一，性质不同。社会保险属于社会保障的一个组成部分，以保障社会成员的基本生活为目的，具有非营利性；而商业保险遵循的是经营原则，具有营利性。第二，组织实施的机构不同。社会保险是以政府为主导，由政府、劳动者及其所在单位依法来共同组织实施的；而商业保险通常由商业保险公司来组织实施。第三，对象不同。社会保险的对象是法律确定的公民，同时参加社会保险具有一定的强制性；而商业保险的对象是建立在自愿基础上的一切投保人。第四，资金来源不同。社会保险的资金通常来源于国家财政、雇主和雇员缴费、基金投资收益以及捐赠等，其待遇支付通常依据物价和工资增长等进行调整；而商业保险的资金通常来自于投保人缴费，其待遇支付具有相对稳定性。社会保险之所以属于保险的一个种类，在于其和商业保险一样都是依据大数定理的基本原理来运作的。社会保险制度最先在德国产生，后来被美国、日本等很多国家所效仿。本节主要介绍社会保险型社会保障制度模式的起源、特征以及代表性国家德国社会保障制度的基本内容。

一、社会保险型社会保障制度的起源

社会保险型社会保障制度起源于德国，随后为西欧、美国及日本等国家所效仿。

第一次产业革命的发生为社会保险制度的产生提供了经济条件。18 世纪 60 年代到 19 世纪上半期，第一次产业革命在西欧等国家发生并相继完成。“18 世纪的欧洲工业革命，使社会的生产形势发生了巨大的变化，实现了生产的社会化。社会化大生产逐步打破了农业社会人身依附的主从关系，家庭的生产职能开始退化，要求社会保险替代家庭保障。生产社会化和市场经济的发展，有力地促进了社会生产力的发展，使社会财富大量增加，从而为社会保障提供了物质基础。”①

社会矛盾的激化为社会保险制度的产生提供了社会条件。第一次产业革命实施的生产社会化在引起劳动方式转变的同时，工厂工人的伤残、事故、职业病、失业等事情时有发生，这客观上加剧了雇主和雇员之间的矛盾，因而迫切需要国家出面组织实施社会保险制度，以化解上述社会风险。同时，资本主义的生产社会化和生产资料的资本主义私人占有之间的矛盾、生产的无限扩大趋势和劳动人民有支付能力需求之间的矛盾随着第一次产业革命的发生和完成而日益加深。因此，随着机器生产的进一步扩大，工人为争取社会保障的斗争日益激烈。比如，“1872 年夏天，鲁尔矿工为争取 8 小时工作日和提高工资的罢工斗争震惊了世界。”②俾斯麦任德国首相后，为了缓和阶级矛盾，着手实施社会保险制度，他认为这是“扑灭革命的必要投资”，并声称“一个期望着养老金的工人是最安分守己的”。

马克思主义和新历史学派为社会保险制度的产生提供了思想条件。19 世纪下半叶，马克思主义在工人群众中广泛传播开来。马克思主义的广泛传播极大地激发了工人阶级为了争取自己的经济利益和劳动权益而与资产阶级斗争的热情，这威胁着新兴资产阶级的利益和地位。同时，德国新历史学派的经济学教授们于 1872 年组织了“德国社会政策学会”，主张国家干预，宣扬社会改良主义，倡导阶级和谐。新历史学派“强调心理的、道德的因素在经济生活中的地位和作用、强调法律对经济的制约关系、强调国家在社会经济发展中的特殊地位和作用，鼓吹国家的超阶级性”。③“由于当时德国新历史学派的经济学家正处于劳资矛盾十分尖锐、工人阶级的反抗日趋激烈的社会环境，因此他们认为，社会政策，至少在当时，主要的任务就是由国家通过改善收入分配方面的不平等状况，使劳动阶级和贫苦民众的处境有所改善。”④德国统治阶级为了对付工人运动，被迫先后在 1883 年、1884 年和 1889 年制定了带有强制性的社会保险制度，即《疾病社会保险法》、《工伤事故保险法》和《老年和残障社会保险法》，开社会保险制度之先河。

德国创建社会保险制度后，在 20 世纪 30 年代的经济大萧条和战后时期，由西欧和美国进一步把社会保险制度发展为比较完善的保险型社会保障制度。“美国 1935 年的《社会保障法案》是在俾斯麦社会保险基础上制定的，它不仅继承了俾斯麦所采取的一套理论，而且吸取了凯恩斯提出的‘有效需求’和依靠政府干预经济的失业和萧条的理论与建议，进一步确立了‘保险费用，部分由雇主、部分由雇员交纳，国家给伤残和养老保险提供津贴’的原则，追求的社会目标是使受保人不致陷入贫困。”⑤

---

① 穆怀中. 社会保障国际比较[M]. 北京：中国劳动社会保障出版社，2002.
② 穆怀中. 社会保障国际比较[M]. 北京：中国劳动社会保障出版社，2002.
③ 陈孟熙. 经济学说史教程[M]. 北京：中国人民大学出版社，1992.
④ 杨伟民. 社会政策导论[M]. 北京：中国人民大学出版社，2010.
⑤ 穆怀中. 中国社会保障适度水平研究[M]. 沈阳：辽宁大学出版社，1998.

二、社会保险型社会保障制度的特征

社会保险型社会保障制度是在资本主义工业化取得一定成就，经济有较雄厚基础，雇主和雇员都有了一定经济承受能力的情况下实行的。它的目标是为公民提供一系列基本的生活保障，使公民在遇到一系列社会风险时能得到及时的经济补偿和保障。它的主要特征有："在社会保险模式下，保险覆盖对象主要是在业雇员；由政府、企业、个人三方共同缴费，政府通过财政补贴、减少税收等手段为福利基金作贡献；企业和个人按照工资的一定比例缴费；保险待遇与保险缴费相关联，缴费越多保险待遇越好；实行'现收现付'制。"①

三、德国社会保障制度的基本内容②

（一）德国社会保障项目构成

德国的社会保障项目中包括养老、医疗、失业、工伤事故、老年护理等基本保险，还有各种各样、名目繁多的商业保险，以及社会救济、子女抚育补助、就业培训等社会福利措施。

1. 养老保险

德国的养老保险以法定养老保险（基本养老保险）为主，辅之以多种形式的补充养老保险。原则上讲，所有雇员都是法定养老保险的义务参保人，自由职业者如医生、律师、艺术工作者等一般参加私人养老保险。2005 年，缴费比例为工资的 19.5%，由雇主和雇员各负担一半（原西德地区雇员的月工资收入限额上限为 5150 欧元，原东德地区的上限为 4350 欧元，超过上限部分的月收入不再交纳养老保险费）。当雇员月收入低于某一限额时，由雇主单独支付。除此之外，公务员、法官、军人、农民等不同的职业者还有不同的补充养老保险（自愿保险）办法。德国的养老保险不实行个人账户积累制度，而在全国范围内实行统收统支，现收现支。领取养老金的年龄一般都为 65 周岁，养老金根据退休者退休时的工资和工龄长短计算，投保年限达 45 年的，养老金替代率可达到 70%，最高不超过退休前最后一个月工资的 75%。投保人如果去世，其没有收入来源的配偶还可以领取一定数额的遗属养老金。国家主要根据居民的消费水平和物价上涨率每年确定一次各个分值对应的养老金金额。此外，法定养老保险每年还获得国家补贴，约占当年养老保险总支出的五分之一。企业养老金是企业自愿为其职工支付的额外老年补贴，它是对法定养老保险的宝贵补充。国家往往以税收优惠等政策大力鼓励企业设立补充养老保险。目前，德国从业人员中有 2/3 的人具有将来领取企业补充养老金的资格。

---

① 潘锦棠. 社会保障学概论[M]. 北京：北京师范大学出版集团，北京师范大学出版社，2012.

② 穆怀中. 国际社会保障制度教程[M]. 北京：中国人民大学出版社，2009. 本部分内容主要根据顾文静写作的本书的第三章"德国社会保障制度"编写。

2. 医疗保险

德国的医疗保险由法定医疗保险和私人医疗保险两大运行系统构成。除军人以外的劳动者都得参加法定医疗保险，包括自由职业者、失业者、领取养老金的退休人员、大学生和就业前的实习生等。没有工作的家属、孩子可以随有工作的家长一方保险。2004年，平均法定医疗保险费为雇员月收入限额以下部分的14.7%。保费由雇员和雇主各交一半。参保人医疗费支出的50%由法定医疗保险基金承付。月税前收入高于法定义务界限的就业者、公务员、自由职业者、律师、军人等，可以在法定医疗保险公司或私人医疗保险公司之间进行选择。选择了私人保险公司的自由保险者，不得随意退出而转入社会医疗保险机构参加法定医疗保险，但参加了法定医疗保险的义务保险者可以自行决定是否改为参加私人医疗保险。参加法定医疗保险和没有参加法定医疗保险的人还可以参加保险公司开办的各种形式的医疗保险，以减轻医药费负担。目前，德国的居民几乎都参加了医疗保险。在法定保险机构的义务投保者约占居民的88%。

法定医疗保险的内容主要包括：（1）疾病的预防和疾病的早期诊断；（2）疾病的治疗；（3）病愈后的身体康复；（4）生病期间的护理；（5）丧葬待遇；（6）妇女孕期及哺乳期间的有关待遇；（7）当病假超过6周时，投保者可以从医疗保险机构领取相当于基本工资80%的病假补贴，最长为78周等。

3. 失业保险

原则上，任何每周被雇佣工作18小时及以上的人员都要参加失业保险。月收入在8700马克以下的，按收入总额的6.5%交纳失业保险税，企业和职工各交50%，即雇员工资的3.25%；同时政府也提供一定的补贴。服兵役期可以免交；8700马克收入以上的部分不交失业保险税。失业保险费用于支付失业补助、职业培训、旨在维持和创造就业岗位措施费用、职业介绍和职业咨询以及对残疾人的职业促进，等等。短期工作补助和创造工作岗位的支出。所有在过去两年中交纳了12个月或者以上的失业保险费的，享受失业保险。参保人可享受的待遇有：失业补贴、失业救济、坏天气补贴（建筑等少数行业享受）、就业增补、改行培训、求职费用等。参保人要享受上述待遇必须工作满五年，并在失业前三年中至少交费360天。失业者如有子女，其失业保险金为其失业前净工资收入的67%，其他情况下则为60%。失业保险金发放期限的长短既与以前交纳保险费就业时间的长短有关，又与失业者年龄高低挂钩，一般情况下，失业保险金发放一年。

除失业保险金外，还有一种失业救济金，它不是从交纳的失业保险费中支付的，而是从国家税收中支付的。与失业保险金不同，它一般是在失业保险金发放期限截止后才开始发放的，或是对没有参加失业保险者如公务员、法官、士兵等发放。它的发放时间也是有限制的，通常每次审批只限一年。失业者如有子女，其失业救济金为失业者失业前净工资的57%，其他情况为53%。

4. 工伤事故保险

在德国，所有的雇员、农民都参加工伤事故保险，自由职业者可自愿投保，大学生、学生和幼儿园儿童也在受保险保护之列。保险范围不仅包括上班发生的事故，还包括上下班途中发生的事故。参保人数约为全国人口的50%。事故保险由专门的合作社负责，保险费要参照各行业工伤发生频率的高低及企业工伤事故状况而定，由企业单独交纳。保险赔偿金包括医疗费、相当于工资80%的伤残补贴、事故受害者的转岗培训费用、养老金、丧葬费及亲属抚恤金。参加工伤事故保险可减轻企业支付高额赔偿的负担，可以针对雇员因工伤带来的严重后果给予足够的安全保障。

5. 长期护理保险

长期护理保险是应对当前老龄化问题突出而实行的一种社会保险项目。德国从1995年初开始实施，其主要目的是为了保障老年人及病残人员在需要护理情况下的权利。法律规定凡是参加法定医疗保险的人自动参加长期护理保险。长期护理保险的保费法定为雇员工资月收入限额以下部分的1.7%，由雇主和雇员平均分摊。同医疗保险一样，当家庭中参加工作的人员投保以后，取得受保权益的子女和无收入或微收入的配偶也享受长期护理保险。

6. 子女补贴

对每个家庭来说，教育和培养子女是一个巨大的经济负担，为了平衡这个家庭负担，德国政府颁布了《联邦子女补助金法》。每个有抚养义务者都可得到子女补贴，补贴从孩子出生发放到16岁，如果上学和接受职业培训则发放至27岁。领教育津贴的期限一般为2年。打算自己抚养孩子的父亲或母亲还可申请最多三年的教育休假。

（二）德国社会保障管理体制

德国社会保障制度实行自治管理，这是德国社会保障管理体制中最具特色之处。自治管理是指在各类承办社会保险的机构中，分别设置代表大会和董事会，负责决定保险承办机构的财政预算和人事安排。代表大会由投保人和雇主选举产生，董事会成员则由代表大会选举产生。所有社会保险机构均由来自雇员、雇主和公共团体的代表组成，其对社会保障的管理享有较高的自治权，而政府主要负责立法和监督，公共社会保险法规政策是全国统一制定。这种社会自治管理有助于推动社会各方在社会保障方面的协调，具有很大的弹性，可以对社会保障的各种需要和变化做出灵活反应。这种自治管理实质上是从经济权利和经济利益两方面构成了社会保障的两大平衡系统，使劳资双方形成稳定的“社会伙伴关系”，避免了政府在社会保障方面的直接干预，从而也保证了社会保障政策的稳定性，使“社会公正”和“社会安全”得以彻底的体现。

德国社会保障的管理层次主要包括两部分，一是联邦政府部门，另一个是经办执行机构，即公共保险公司和私人保险公司。管理德国社会保险的联邦政府部门主要有三个，即德国联邦卫生部、劳动社会事务部和劳动（就业）部。卫生部负责医疗和护理保险，职责包括医疗保险政策的制定和业务协调，主要制定公共医疗保险的范围、缴费、服务标准、药品报销目录等政策。劳动社会事务部负责养老和事故保险的政策制定和业务协调。另外还有一个德国联邦劳动（就业）部负责失业保险。每个部都下设专门的管理办公室或执行委员会负责具体社会保险的业务管理。各州、地方政府也设立相应的局（或办公室）负责执行。

德国社会保险的经办执行机构按照险种分别由不同部门承办。德国医疗、护理保险由医疗保险公司承办，养老保险由国家养老保险局承办，工伤事故保险由行业保险合作社承办，失业保险由联邦劳动（就业）部负责，由各级劳动局承办。

第二节　国家福利型模式

国家福利型社会保障制度最先在英国产生，后来被北欧等国家所效仿。本节主要介绍国家福利型社会保障制度模式的起源、特征以及代表性国家英国社会保障制度的基本内容。

一、国家福利型社会保障制度的起源

国家福利型社会保障制度起源于英国，随后为瑞典、芬兰、冰岛、挪威、丹麦等北欧国家所效仿。

第二次世界大战是国家福利型社会保障制度走向全面建设的分水岭。也就是说第二次世界大战爆发后导致了一系列因素的变化，从而在一定程度上影响了国家福利型社会保障制度的发展。具体来说：

第二次世界大战激发了人们对于和平的渴望，人们对于社会问题的认识开始逐步提高，这为国家福利型社会保障制度的产生提供了民意基础。1939 年第二次世界大战爆发。在 6 年的战争中，从大西洋到太平洋，先后有 61 个国家和地区、20 亿以上的人口被卷入战争，作战区域面积 2200 万平方千米。据不完全统计，第二次世界大战这一空前的人类浩劫吞噬了 9000 余万人的生命，4 万多亿美元付诸流水，令无数城市和乡村满目疮痍，数不清的世界文明遗产毁于一旦。有形和无形的战争创伤，在各国人民心灵上打上深深的烙印。因此，各国人民对战争深恶痛绝，对和平的祈求更加强烈。由于战争造成的巨大伤亡，有关伤残军人的抚恤、难民的安置和救助、失业人员的重新安置、残疾人员的治疗和康复等一系列社会保障政策的出台迫在眉睫，社会保障政策需要进一步增加保障项目，完善保障结构，提高保障水平。可以说，第二次世界大战进一步引起了普通民众和政策制定者对社会保障制度的认同度，为国家福利型社会保障制度的产生奠定了民意基础。

第二次世界大战后，资本主义发展迎来了黄金时期，物质财富大大增加，这为国家福利型社会保障制度的产生和全面发展提供了物质基础。1945 年第二次世界大战结束后，西欧各国凭着原有的经济技术基础，借助马歇尔计划的援助，工业生产到 20 世纪 50 年代初逐渐恢复到战前水平。从 20 世纪 50 年代初至 70 年代初，主要资本主义国家利用第三次科技革命（以原子弹、电子信息、航天技术为代表的一系列高新技术）的新成果，加强国家对经济的宏观管理，利用不合理的国际经济旧秩序，获取了廉价的能源、原材料和海外市场，利用西欧各国经济的联合对经济发展的促进作用，使资本主义进入一个持续高速发展的“黄金时代”。1950～1970 年主要资本主义国家年均 GDP 每年都保持了较高的增长率，比如联邦德国年均 GDP 增长率为 6.7%，意大利年均 GDP 增长率为 5.6%，法国年均 GDP 增长率为 5.3%，英国年均 GDP 增长率为 2.9%，日本年均 GDP 增长率为 9.6%，美国年均

GDP 增长率为 3.5%。可见，国家福利型社会保障制度的产生和全面发展是建立在资本主义经济的大力发展和繁荣的物质基础之上的。

第二次世界大战后，东西方阵营的对抗为国家福利型社会保障制度的产生和发展提供了政治背景。第二次世界大战后苏美战略目标和战略利益的冲突形成了以美国为首的资本主义阵营和以苏联为首的社会主义阵营。1946 年 3 月，英国首相温斯顿·丘吉尔在美国密苏里州富尔敦城的威斯敏斯特学院发表的著名的铁幕演说标志着冷战的序幕。而正式开始被认为是 1947 年美国总统杜鲁门以土耳其和希腊受到共产主义威胁为由宣布对这两个国家提供援助，这被认为拉开冷战的序幕，同年杜鲁门总统在国会正式提出“对苏联发动冷战以遏止共产主义”成为冷战正式打响的标志。在冷战期间，两大阵营在政治、经济、军事和社会领域展开了全面对抗。资本主义制度和社会主义制度要想赢得对对方的比较优势以体现出自身的优越性，就必须提高人民的生活水平和社会保障程度，这导致了一系列社会保障项目政策的密集出台。比如，英国在 1945 年通过了《家庭津贴法》，1946 年通过了《国民保险法》、《工伤保险法》，1948 年通过了《国民救济法》。“1944 年至 1948 年的法案总体上来说是成功的。如果福利制度有它诞生的官方生日的话，那么这一天就是《国民保险法》、《工伤保险法》、《国民救济法》、《全民健康服务法案》同时生效的 1948 年 7 月 5 日。”① 1948 年，英国工党政府首先宣布建成福利国家。这一福利国家理念被推广到欧洲其他国家，其中最典型的是北欧国家，它们后来甚至成了西方福利国家的“橱窗”。

福利经济学、凯恩斯主义、《贝弗里奇报告》对战后英国国家福利型社会保障制度的建设提供了思想条件。1920 年，剑桥学派的主要代表之一 A.C.庇古（Arthur Cecil Pigou, 1877～1959）的巨著《福利经济学》问世，从而开创了旧福利经济学时代，庇古因此也被西方经济学界奉为福利经济学之父，成为福利经济学的创始人。庇古认为社会政策的目标在于实现社会福利总和的极大化。他把社会福利局限在经济福利。“其一，福利的性质是一种意识状态，或许是意识状态之间的联系。其二，福利可以在或大或小的范围内产生。对可能影响福利的所有原因进行广泛的探究，是一项艰巨而复杂的任务，实际上很难实行。……因此，我们的研究范围被限制在能够直接或间接与货币这一测量尺度有关的那部分社会福利，这部分福利可以被称为经济福利。”②他采用基数效用论分析方法，在《福利经济学》第一编中就说明：在许多限定性条件下，国民收入的总量越大，经济福利总量就越大；穷人所增加的国民所得的绝对份额越大，经济福利总量也越大。“假如穷人所获国民所得未减少，总国民所得的增加，如果单独发生并不伴有其他什么事情，则必然会使经济福利增加。”③“因而根据古老的‘效用递减规律’，无疑可以得到以下命题：任何使穷人手中实际收入的绝对份额增加的因素，只要从任何角度看不导致国民所得缩减，一般说来就增加经济福利。”④因此，庇古主张通过国家的累进税收政策，把富人缴纳的一部分税收转移给低收入者使用，以增加社会经济福利。凯恩斯主义也是国家福利型社会保障制度发展的一个理论

① [英]尼古拉斯·巴尔. 福利国家经济学[M]. 郑秉文、穆怀中等译. 北京：中国劳动社会保障出版社，2003.
② [英]A. C. 庇古. 福利经济学（上卷）[M]. 朱泱、张胜纪、吴良健译. 北京：商务印书馆，2006.
③ [英]A. C. 庇古. 福利经济学（上卷）[M]. 朱泱、张胜纪、吴良健译. 北京：商务印书馆，2006.
④ [英]A. C. 庇古. 福利经济学（上卷）[M]. 朱泱、张胜纪、吴良健译. 北京：商务印书馆，2006.

基石。1936 年，英国经济学家约翰・梅纳德・凯恩斯的著作《就业、利息和货币通论》出版，从而在经济学史上开启了凯恩斯主义时代。“凯恩斯的经济学说产生于 20 世纪 30 年代资本主义经济大危机时期，号称‘萧条经济学’。它从现代资本主义的经济结构和社会心理的条件出发，着眼于总需求与总供给的对应关系，提出了以需求管理消除经济波动的政策建议。”[①]凯恩斯认为，“完全任凭市场自发调节，会造成有效需求不足，从而必然产生经济危机和失业。因此，就需要政府对宏观经济进行干预和调节，用这只‘看得见的手’来辅助‘看不见的手’的不足。主要是需求管理，提高有效需求以与总供给相适应，实行有调节的资本主义、政府调控和市场调控相结合的现代资本主义市场经济模式。”[②]因此，二战后福利国家型社会保障制度的全面发展与当时主流的经济思想是相吻合的。1942 年，素有“福利国家之父”之称的英国经济学家威廉・贝弗里奇爵士为议会提交了题为《社会保险和相关服务》的报告，这就是著名的《贝弗里奇报告》。该报告共分为导言和概论、主要改革建议及理由、三个特殊问题、社会保障预算、社会保障计划、社会保障和社会政策六个部分，系统分析了英国社会保障制度的现状、问题，对以往提供的各种福利进行了反思，并勾画了战后社会保障计划的宏伟蓝图。在成功实施《贝弗里奇报告》的基础上，英国政府于 1944～1948 年颁布了一系列有关社会保障的法律。《贝弗里奇报告》为世界范围内国家福利型社会保障制度的发展奠定了重要的思想基础。

二、国家福利型社会保障制度的特征

国家福利型社会保障制度是在战后资本主义经济发展的黄金时期提供的坚实的物质基础上实施的。它通过提供从“摇篮到坟墓”的全方位的社会保障，不仅使公民免遭贫困、疾病、愚昧、肮脏和失业之苦，而且在于维护社会成员一定标准的生活质量，加强个人安全感。它的主要特征有：“在福利国家型制度下，保险覆盖全民，遵循‘普惠制’原则，即‘普惠’发放的社会福利比例在四种类型中最高；不仅如此，国内各种福利服务和福利设施也最为健全；个人缴费比例较低，福利缴费主要由政府和企业负责，福利保险待遇与个人工资高低缴费多少的关联度最小。”[③]

三、英国社会保障制度的基本内容[④]

（一）英国社会保障项目构成

英国社会保障制度所包括的项目有四十多种，具体包括以下五个方面：社会保险，社会补贴，社会服务，社会救助，医疗保健。

---

① 谭崇台. 西方经济发展思想史[M]. 武汉：武汉大学出版社，1997.

② [英]约翰・梅纳德・凯恩斯. 就业利息和货币通论[M]. 魏埙译. 西安：陕西人民出版社，2004.

③ 潘锦棠. 社会保障学概论[M]. 北京：北京师范大学出版集团，北京师范大学出版社，2012.

④ 穆怀中. 国际社会保障制度教程[M]. 北京：中国人民大学出版社，2009. 本部分内容主要根据武萍写作的本书的第一章“英国社会保障制度”编写。

1. 社会保险

（1）退休保险。英国的法定退休年龄为男子年满 65 岁，女子年满 60 岁。参加国民退休保险的职工，只要交足 156 周保险费，退休后就可以领取退休金。达到退休年龄后仍连续工作 5 年的，可在领取工资的同时领取退休金。退休金随着每年零售物价或平均工资变动做相应调整。

（2）失业保险。在英国，缴纳了国民失业保险费的失业人员在失业期间可以领取失业保险金。领取失业保险金的时间最长不得超过一年。失业人员须在当地劳动部门登记申请领取失业保险金，领取者必须在人力服务委员会登记寻找工作。

（3）国民保险。国民保险法规定了一个由多种津贴和补助金构成的综合社会保险制度。津贴和补助分为缴费性和非缴费性两类。在英国，大部分津贴属缴费性津贴，领取缴费性津贴的人按周缴纳保险费，在缴足一定期限后方能享受相关的津贴；非缴费性津贴则根据特殊需要发放。国民保险津贴主要有：产妇津贴、生育补助、儿童津贴、儿童特别津贴、儿童监护津贴、寡妇津贴、寡母津贴、寡妇抚恤金、疾病津贴、病残抚恤金、护理及伤残津贴、失业金、养老金和高龄补助、战争抚恤金、低收入家庭补助津贴、社会补助金等共四十余种。

（4）工伤保险。在英国，职工从进入某个单位开始就必须按月缴纳工伤保险费，并可享有工伤保险待遇。职工因工作中出现意外事故，或者由于某种规定的疾病而受伤或残疾者，可以领取工伤保险金，享受工伤保险待遇。

（5）死亡保险。凡是国民保险金的缴纳者及其直系亲属死亡后，其家属可得到一笔保险金。保险金金额因死者年龄而定。

2. 社会补贴

（1）住房补贴。英国的住房补贴有两种：一种是给自住房主提供的减免税收优惠。具体措施是政府鼓励居民以抵押贷款方式购买住房，贷款可在 20～25 年中逐月分期归还本息，贷款利息准予免税。二是对低收入者实行低息贷款，首次购房者在购买低价房时还可领取补贴，并可获取免息 5 年的贷款。

（2）儿童补贴。英国于 1976 年开始实行儿童补贴，儿童补贴是给予儿童的社会保障补贴，不用缴纳保险金。凡是 16 岁以下的儿童可享受每周约为 7 英镑的补贴。年满 16 岁仍在继续接受非高等教育的人，补贴可延至 19 岁。私生子女和单亲家庭的儿童，每周另外发给 5 英镑的额外补贴。除了上述对儿童的一般补贴外，英国还实行儿童特别补贴和儿童监护补贴。儿童特别补贴是对缴纳了保险金的父母离婚后或父母单方死亡的儿童发放的补贴，每周约为 11.1 英镑。儿童监护补贴是对那些负责抚育孤儿或失去照管的儿童的监护人发放的补贴，每周约为 7.1 英镑。

（3）高龄老年补贴。高龄老年补贴主要是对那些没有缴足社会保险金因而不能领取退休金或只能领取少量救助金的 80 岁以上的老人实行的补贴，补贴数额极少，每人每周约为 25 便士。

（4）丧葬补贴。它是指凡是缴纳国民保险费的人及其直系亲属死亡后，其家属可以获得一笔丧葬补贴。获得丧葬补贴的数额多少与死亡者的年龄有直接关系。

3. 社会服务

（1）为老年人提供服务，如送餐上门、夜间伺候、洗涤衣服、布置俱乐部和娱乐室、开展“好邻居”和“友谊访问”活动。

（2）为儿童提供服务，如建托儿所、幼儿园、儿童游乐场，对有儿童的家庭特别是那些有困难的家庭给予抚育儿童的帮助和指导，重视儿童的卫生健康。

（3）为残疾人提供服务，如为他们建造特种住所、向他们提供特种教育、帮助他们外出旅游等。

（4）为精神病患者提供服务，如对他们实行登门治疗、建立精神病患者训练中心、处理由精神病患者引起的各种社会问题、帮助一些精神病患者入院治疗等。

4. 社会救助

1948 年，英国通过并实施了《国民救助法》。该法规定，凡是没有收入或收入太低而没有缴纳保险金的人，在生病、伤残和住房等方面可以申请并领取国民救助金，但数额少于参加保险的人。1976 年，经过修订该法更名为《补充救助法》。《补充救助法》对社会救助的对象、内容等作了更明确的规定。凡是 16 岁以上的英国居民，收入来源不足于满足最低生活需要的人，都可以申请社会救助；已得到充分就业的人，除特殊情况外，不得享受社会救助，但如果其失业后重新找到工作期间，也可获得少数几天的救助，帮助其暂时渡过难关；正在工作需要进行牙科治疗、配制眼镜、外科手术等但又付不起这些费用的人，可以申请救助。有资格申请救助的居民，除了无权领取保险金，保险金期限已满或保险金收入不能维持最低生活需要这三种人外，被丈夫遗弃、并有小孩需要抚养、不能出去工作的妇女，被监禁犯人的妻子和儿女，未婚母亲及其孩子，无权领取退休金的 70 岁以上的老年人和 40 岁以上的盲人等，都可以申请社会救助。目前，英国社会救助的内容主要包括低收入家庭救助、老龄救助和失业救助等。

5. 医疗保健

英国医疗保健的主要特征是国家保健服务制度，其中又以社区保健为重点。英国国家保健服务制度建立于 1948 年。所有英国人都可以享受免费治疗，但是牙科手术、视力检查和配眼镜要收费，开药要交少量处方费。国家通过税收对全国居民实行免费医疗保健服务。英国医疗保健服务经历过多次改革，目前已形成中央、地区、地段三级管理的体系。其中，公共保健服务根据服务内容不同分别由中央政府机构、地方和一些私营企业内部组织来承担。疾病筛检、家庭服务、精神保健、残疾人和老年人保健等大部分医疗保健由地区和地段一级公共保健机构负责实施。每个地段设有环境卫生、住房、社会服务等专门机构。职业保健由企业与地区或地段卫生部门联合实施。

（二）英国社会保障管理体制

英国社会保障由社会保障部统一管理。社会保障部由中央总部和 6 个局组成，各负其责。社会保障部长是内阁成员。总部主要负责社会保障政策、制度的制定以及重大案件处理；津贴管理局主要负责各种津贴的发放，在全国各地设有直属分支机构；保险金缴纳管理局主要负责国民保险费缴纳情况记录、评估、督促和检查；儿童福利管理局主要负责儿童福利，特别是保证其离异父母能对儿童按时交纳抚养金；发放管理、信息和技术服务局主要负责通讯和信息系统服务，处理各种信息资料，为相关政府部门提供服务；住房安置救济局主要负责为无家可归的人重新安置住房及福利救济金的发放；战争抚恤管理局主要负责战争抚恤金发放管理。这些执行部门各自在职责范围内相对独立地开展工作。

第三节　强制储蓄型模式

强制储蓄型社会保障制度最先在新加坡产生，后来被拉丁美洲一些国家如智利所效仿。本节主要介绍强制储蓄型社会保障制度模式的起源、特征以及代表性国家新加坡社会保障制度的基本内容。

一、强制储蓄型社会保障制度的起源

1955 年以前的新加坡长期处在英国的殖民统治下，基本没有社会保障，只有小规模的社会慈善事业。[①]那时，新加坡人民的生活条件十分恶劣。为了摆脱英国的殖民统治和改善生活条件，新加坡工人多次发动反对殖民统治的罢工。[②]英国为了缓和民族矛盾，继续维护和延续其在新加坡的殖民统治，1950 年有两位立法议员提倡建立一个旨在涉及一般工人的中央公积金制度。1951 年 5 月 17 日，由两名立法议员倡议的《公积金法案》正式提交议会讨论。那时，政府设立一个退休福利委员会“以提出保障受薪人士退休福利的合意措施与可行性报告”。1952 年 2 月 27 日，退休福利委员会建议对雇员实行强制性养老金制度。在这个制度下，雇员每星期缴纳 6 角钱，退休后可以在有生之年获得每月 30 元的养老金。1953 年 10 月，退休福利委员会提出一个报告，建议设立新公积金制度，它规定：月收入少于 500 元的雇员，必须按月缴纳其薪金的 50%作为公积金，而他们的雇主则为他们另外缴纳相当于其薪金的 50%的公积金，那些收入超过 500 元的雇员则可以申请豁免。公积金存入中央公积金局中雇员的账户，存款享受利息，政府每隔 6 个月根据利息波动进行调整。这部分钱不得任意动用，公积金会员只有到法定退休年龄和意外丧失劳动能力时才可以由其指定的受益人领取。这个建议最终被政府接受，1953 年 12 月通过了《公积金法令》。1955 年 7 月，殖民地政府成立了专门管理中央公积金的中央公积金局。中央公积金局的成立标志着新加坡中央公积金型社会保障制度的正式建立。经过几十年的实践和探索，新加坡中央公积金制度不断扩展其保障项目，创新其投资方式，积极迎合经济社会发展战略，已经使新加坡人民普遍受益。它在保持社会稳定、促进经济发展和增强国民的凝聚力以及对新加坡的认同等方面起到了举足轻重的作用。新加坡中央公积金型社会保障制度经历的建立、扩张和完善的变迁过程不是偶然的，它是新加坡不同时期经济、政治、文化和

---

① 何玉长. 新加坡中央公积金制度及其对我们的启示[J]. 特区经济，1996（2）：10-12.

② 鲁虎. 列国志・新加坡[M]. 北京：社会科学文献出版社，2004.

社会因素综合作用的结果。

（一）经济因素

新加坡自治邦政府成立前后新加坡在经济方面困难重重。这主要表现在：第一，住房困难。1959 年以前，殖民当局改良信托局成立 32 年来只建了 2.3 万个住房单位，当时新加坡有 160 万人口，住进国民公寓的只占人口的 8.8%，90%以上的人口没有住房。狭窄拥挤的唐人街和落后简陋的马来西亚人村落构成了新加坡人居的主要特征。[①]第二，失业严重。1959 年新加坡失业率达到了 13.5%，1960 年 4 月新加坡有失业人口 45000 人。第三，经济力量薄弱。1965 年 GDP 为 88.07 亿新元，人均 GDP 只有 1618 新元；以转口贸易为主，物质生产体系极不发达；自然资源缺乏，在贸易方面奉行进口替代战略。经济方面的上述特点决定了新加坡当时面临的首要问题是生存问题。物质资料的生产是人类社会存在和发展的基础。所以，新加坡把发展经济作为政府的工作重点，实行了经济赶超战略和出口导向型发展战略。

中央公积金型社会保障制度变迁部分地反映了这段时期新加坡政府发展经济的要求。在经济赶超战略的影响下，改善社会福利的议题往往被搁置在一边，[②]因而中央公积金制度自 1955 年建立以来在大约 10 年时间都是单一的养老保障制度，在保障项目方面没有任何拓展。为了解决住房问题，中央公积金制度在 1968 年实施了“居者有其屋计划”。为了缓解经济方面的失业压力，中央公积金制度实行完全基金制，以凸现“效率优先”和“机会均等”的原则，这有助于鼓励人们勤奋工作，为自己和家人承担起基本的义务，从根本上弱化人们对政府的依赖意识。经济实力的增强离不开资本积累，中央公积金强制储蓄制度部分地增加了国内经济发展所需要的资金。

新加坡中央公积金制度建立之初部分地是为了解决经济中严重而紧迫的一些现实问题，发展到后来逐步部分地变成了一种经济调节的工具。比如，中央公积金总的供款率的变化、供款率在雇主和雇员之间分担比例的变动、账户种类的增加、投资工具的放宽、保障项目的变更等部分地考虑到了当时本国宏观经济状况、企业面临的国际竞争力等诸多经济因素。可以说，现实经济问题和经济运行状况始终是新加坡中央公积金制度变迁的一个决定因素。

（二）政治因素

新加坡中央公积金制度部分地是新加坡政治文明的产物。它的建立、完善与发展与新加坡的政治体制密切相关。

首先，高度集权的政治体制。新加坡独立后，人民行动党长期执政。虽然新加坡允许存在反对党，但人民行动党执掌的政府不准备给予反对党壮大的机会，反对党在财政、人员和活动上受到种种限制，形成了人民行动党长期独揽大权的局面。人民行动党高度集权的政治统治使利益集团的作用弱化或者丧失，政府在制定与福利相关的政策时受到的外部

① 鲁虎. 列国志・新加坡[M]. 北京：社会科学文献出版社，2004.
② 邓泽宏、熊丁. 二战后“亚洲四小龙”福利政策反思[J]. 武汉大学学报，2006（3）：343-348.

压力减少，使其拥有了更大的自主权。[①]强制性制度变迁是中央公积金制度变迁的主要特征。

其次，强大的权威领袖权利。中央集权制下的权威领袖人物在社会政治生活中发挥着重要的作用，他们在社会福利上的认识在很大程度上影响着该国和地区的福利政策，其意志决定着社会福利的内容和水平。[②]李光耀是新加坡人民行动党的缔造者，在人民行动党执政后出任内阁总理8次，历时31年5个月，在新加坡拥有很高的威望和权力，是当之无愧的“新加坡奠基人”和“新加坡奇迹的总设计师”。他的领导意识对于新加坡中央公积金制度的变迁有着巨大的影响。比如，在李光耀的治国之道中，经济建设始终被放在首位。因此，中央公积金制度在建立后有10年时间在保障项目上没有任何拓展。还比如，李光耀重视福利政策的激励作用，反对过分的横向再分配，认为这样会抑制竞争和主动性，因而就在其执政后继续推行了具有纵向收入再分配性质的中央公积金制度，这为中央公积金制度在新加坡经过政治变革后仍然能存在下来提供了政治保证。

再次，“国家合作主义”的政治意识。国家合作主义的内容是社会中各式各样的利益群体或个人按照一定的方式组成社会组织并以国家为中心形成一种特定合作的关系模式，其实质是国家介入社会的程度和发挥什么样作用的问题。在合作主义的国家中，国家在一切公共领域中都扮演了合作者与指导者的角色，它从不放弃介入社会的任何一个方面，这是它与西方国家有所不同的。国家合作主义可以超越阶级观念，是“各个功能不同但相互依赖、互相平等的社会组织为它们的共同目标——民族国家的富强而团结奋斗的一种国家意识形态”。[③]中央公积金制度的变迁部分地体现了“国家合作主义”的政治意识。比如，“居者有其屋”的公共建屋计划设立之初的目的之一就是为了增加不同民族、宗教、语言国民对新加坡的认同感。为了加强国民之间的代际联系，在公共组屋计划中政府提倡尊老爱幼的传统美德，鼓励多代同堂或已婚子女与父母毗邻而居，以便生活上相互照顾和共享天伦之乐。房屋发展局专门设计出适合几代同堂居住的住宅，在售价、地点和房屋选择等方面给予优惠。为保持组屋区内各民族人口的平衡，加强民族团结，政府对组屋区内各民族居住人口的比例做了严格的规定。中央公积金长期以来坚持实行完全基金制以强调自我保障也有避免代际冲突、加强代际合作的考虑。可见，高度集权的政治体制、强大的权威领袖权力和国家合作主义的政治意识在新加坡中央公积金制度变迁中起到了重要作用。

（三）文化因素

新加坡中央公积金制度有明显的儒家文化烙印，这与儒家文化在新加坡的发展壮大是分不开的。

早在开埠之前，儒家文化就由华人移民带到新加坡岛，在那里深深扎根，传承延续，发扬光大。但由于新加坡长期受到英国的殖民统治，儒家文化并没有得到更多的官方重视。新加坡自治和独立后实行开放政策，强调东西方文化的融合，充分吸收西方文明的长处。

---

① 邓泽宏、熊丁. 二战后“亚洲四小龙”福利政策反思[J]. 武汉大学学报，2006（3）：343-348.

② 邓泽宏、熊丁. 二战后“亚洲四小龙”福利政策反思[J]. 武汉大学学报，2006（3）：343-348.

③ 张桂琳、彭润金. 七国社会保障制度研究——兼论我国社会保障制度建设[M]. 北京：中国政法大学出版社，2005.

新加坡在这段时期内注重提倡的是在各民族固有的文化基础上形成一种新的多元化的新加坡文化。这种文化战略使新加坡在经济发展过程中受到了西方某些不良文化的影响。20 世纪 80 年代初，新加坡不断提出要加强思想道德教育，大力倡导儒家文化，并把其作为社会的道德标准。新加坡吸收儒家文化的精华，摈弃儒家思想的糟粕，在新加坡大力倡导儒家文化的伦理思想。李光耀执政期间，他对儒家文化中的“忠、孝、仁、爱、礼、义、廉、耻”做了符合新加坡实际的现代意义上的阐释，并倡导其应该成为新加坡人民共同奉行的价值观。所谓“忠”就是忠于新加坡，把自己的命运和新加坡的命运联系在一起；所谓“仁爱”就是反对人与人之间的冷酷无情，主张关心他人，富有同情心和友爱精神；所谓“礼义”就是注重友谊，以礼待人，使礼貌成为文明社会的一部分；所谓“廉”就是政府官员要清正廉洁，克己奉公，防止腐败；所谓“耻”就是要有羞耻之心，防止道德堕落。1998 年后，新加坡在继承和吸收儒家核心价值观念的基础上开始强调“亚洲价值观”。1991 年 1 月新加坡发表《共同价值白皮书》，提出新加坡社会的五大价值观：国家至上，社会为先；家庭为根，社会为本；关怀扶持，同舟共济；求同存异，协商共识；种族和谐，宗教宽容。不难看出，这五项“共同价值观”在许多方面都吸收了儒家伦理中的有益成分。[①]

儒家伦理思想对新加坡中央公积金制度的影响体现在许多方面。中央公积金坚持实行基金制度与新加坡提倡的“忠”有很大关系，它强调了个人的责任和义务，而不把社会保障推向国家和社会。新加坡政府实行的“居者有其屋”的公共建屋计划的目的之一就是强调新加坡国民对新加坡的认同感和归属感，也与其倡导的“忠”有很大关系；在公共建屋计划中，直系家庭中的两名或两名以上的家庭成员可以联合动用他们的普通账户中的存款来购买组屋。在家属保障计划中，新加坡中央公积金局为其遇到意外、终身残废或死亡而没有付清住屋贷款的公积金会员的家属提供其会员没有支付的款项，帮助其家属渡过难关。新加坡的教育计划规定公积金会员可以使用普通账户中的公积金存款来支付其本人或子女在新加坡本地的大（专）学全日制的教育费用，但学生在毕业后需要归还该款项及利息。在填补最低存款计划中，当父母年龄超过 55 岁而公积金账户不足时，子女可以为其填补账户。公共住屋计划、家属保障计划、教育计划和填补最低存款计划都在相当程度上体现了儒家伦理的“孝”和“仁爱”思想。从中央公积金的管理体制可以看出儒家伦理“廉”、“耻”观念的痕迹。中央公积金采取行政管理与具体业务管理相分离的管理体制。而且，中央公积金局组成由各方代表参加的董事会，领导成员中包括政府代表、雇主代表、雇员代表和专业人士代表，这些都在一定程度上减少了中央公积金被挪用、贪污的概率，强化了其管理方面的监督功能，也在一定程度上体现了儒家文化中的“廉”、“耻”观念。新加坡中央公积金局廉洁高效的管理是中央公积金制度成功运作的条件之一。

正如诺思所认为的那样，文化是制度变迁的最终决定力量。儒家伦理思想为新加坡中央公积金制度的变迁提供了肥沃的文化土壤。

① 鲁虎. 列国志·新加坡[M]. 北京：社会科学文献出版社，2004.

（四）社会因素

新加坡不同时期的社会状况在中央公积金制度的变迁中也得到了一定程度的体现。

新加坡是个移民国家。在英国的殖民统治时期，英国殖民当局招收大量的劳动力，华人、印度人、马来人、武吉斯人、爪哇人、阿拉伯人、亚美尼亚人等大量涌入新加坡。由于是个移民国家，新加坡在自治并独立初期，许多居民只把新加坡当作居住地，缺乏对新加坡的认同感和归属感。公共建屋计划就是在这种背景下出台的，前面已经提到该计划是增强新加坡国民认同感的方式之一。其实在新加坡国家合作主义政治意识和儒家文化伦理思想的影响下，中央公积金制度后续出台的许多保障计划都充分考虑了新加坡是个移民国家这个因素。

新加坡是个多民族国家。这与新加坡是个移民国家有着必然联系。华族、马来族和印度族一直是新加坡的三大民族。中央公积金在出台相关保障项目时注意促进民族团结，尽量为不同民族之间的和谐相处创造良好的社会保障方面的政策环境。比如前面已经提到的政府对公共组屋区内各民族人口居住比例的规定，以及公共组屋区内幼儿园学龄儿童的构成也要考虑到不同民族的比例，都是中央公积金制度试图协调民族关系的一些举措。

新加坡是个多宗教国家。佛教、道教、伊斯兰教、印度教、天主教、基督教、耆那教、锡克教、犹太教、拜火教、天理教、巴亥教等都在新加坡有信徒。这样一来，新加坡就形成了许多不同派别的宗教团体。新加坡政府的有关法令鼓励各宗教团体从事社会福利和慈善事业。新加坡宗教团体提供的社会福利和慈善事业主要有：为残疾人提供的慈善服务，为贫病老人提供的慈善服务，提供一般的卫生、家庭与社会福利服务和慈善服务，专门为母亲和少年儿童提供的慈善服务。[①]这些由宗教团体举办的非强制性的社会福利和慈善事业是新加坡非正式社会保障制度的重要组成部分，它对由政府举办的强制性的中央公积金型社会保障制度提供了必要的和有益的补充，减轻了中央公积金社会保障制度在保障内容和保障程度方面的压力，是中央公积金制度渐进变迁的一个社会因素。

人口因素的变化也在某些方面对新加坡中央公积金型社会保障制度变迁产生了影响。这主要体现在中央公积金的某些项目会随着人口生育率和人口年龄结构的变化而进行调整。也就是说，人口生育率和人口年龄结构的变化在一定程度上影响了中央公积金型社会保障制度的变迁。新加坡独立建国后经历了人口总和生育率由高到低的变化过程。新加坡在1965～1970年间人口总和生育率维持在较高水平上。1965年和1970年新加坡人口增长率分别达到了2.5%和1.6%，新加坡面临着较大的人口数量压力。为了减轻人口增长过快的压力，新加坡政府推行了限制生育政策，提倡晚婚、少生和小家庭模式。为配合上述生育政策的实施，中央公积金制度对晚婚、晚育和少生的家庭给予分配住房方面的优惠。限制人口的生育政策有效地减缓了人口增长的压力，但是却使人口总和生育率在1980年前后低于更替水平，新加坡政府又转而实行鼓励生育政策。新加坡的人口在面临总和生育率逐年下降的同时也面临着人口的日益老龄化。新加坡在1999年步入老年型社会，65岁以上

① 曹云华. 新加坡的社会保障制度初探[J]. 社会学研究，1995（3）：61-70.

老年人口比重及其预期寿命都在逐年增加。为应对人口老龄化，中央公积金也采取了一些相应措施。比如，中央公积金制度在 1995 年 7 月实行了最低存款计划并对其最低存款进行逐年调整；新加坡政府在 2000 年宣布实行老年人口健保双全计划；2002 年 9 月实行了老年盾计划等。

总之，移民国家、多民族国家、多宗教信仰国家以及人口方面的少子老龄化这些基本事实成为新加坡中央公积金制度变迁的主要社会决定因素。

二、强制储蓄型社会保障制度的特征

强制储蓄型社会保障制度在新加坡创立后，在“效率优先、机会公平、激励工作”理念的指引下，目前，它已经形成了政府、企业和个人依法参与的、覆盖大部分国民的、管理体制比较完善的社会保障体系。智利、东南亚和非洲等十多个国家也实行这种模式。它的主要特征有：“在个人储蓄型模式下，保险覆盖在职雇员；企业和个人缴纳保险费；保险内容包括养老、医疗、住房等；保险待遇与缴费相关，工资越高、缴费越多，保险金也越高；实行‘完全积累’制。”①

三、新加坡中央公积金制度的基本内容

中央公积金制度在 1955 年建立时是为了对新加坡居民在退休时提供经济方面的安全保障。经过几十年的发展，中央公积金制度已经成为一个提供退休保障、医疗保障、住房保障和家庭保障的总和的社会保障储蓄计划。

（一）中央公积金会员账户及功能

中央公积金会员在他 55 岁之前拥有三个账户，即普通账户、特别账户和医疗储蓄账户。雇主和雇员按照规定缴纳的公积金全部储蓄在这三个账户中。

1. 普通账户

在公积金会员 60 岁以前，普通账户公积金存款占整个公积金存款的绝大部分。普通账户公积金存款占整个公积金存款的比例大约在 60%。随着年龄的增加，这一比例在逐渐降低。在 60 岁之上，普通账户公积金存款的比例进一步降低。当公积金会员年龄高于 65 岁时，普通账户则被取消。普通账户的公积金存款可以用于购置公共房屋、提前退休投资、保险、教育和转拨款项以供父母退休账户。目前，普通账户每年最低的名义记账利率为 2.5%。

2. 特别账户

特别账户公积金存款占整个公积金存款比例随着公积金会员年龄的增长而逐步提高，这一比例大约为 15%～25%。特别账户在公积金会员年满 55 岁时将被取消。特别账户的公积金存款主要是为了晚年应急之用，最近的改革也允许对其进行一些安全性较强的投资。

① 潘锦棠. 社会保障学概论[M]. 北京：北京师范大学出版集团，北京师范大学出版社，2012.

目前，特别账户每年最低的名义记账利率是 4%。

3. 医疗储蓄账户

医疗储蓄账户公积金存款占整个公积金存款的比例随着公积金会员年龄的增长而逐步增加，这一比例大约为 18%～100%。[①]医疗储蓄账户的公积金存款可以用于住院、选择性的门诊医疗服务、缴纳意外疾病保险费用等。与普通账户和特别账户不一样，自雇人员必须为医疗储蓄账户缴费。在死亡之前，该账户的存款不能被撤回。目前，医疗储蓄账户每年的名义记账利率为 4%。

（二）新加坡中央公积金制度项目构成

中央公积金保障项目可以分为四大类，即退休保障、医疗保障、住房保障和家庭保障。在这四大保障项目之下又可以分为若干个子项目。

1. 退休保障

（1）公积金提取（Withdraw CPF）

中央公积金会员在年满 55 岁并且在预留一笔最低存款后，他们可以提取其在普通账户和特别账户的中央公积金。需要说明一点，当公积金会员在留足最低存款后，还必须在医疗储蓄账户中留足规定数额的存款才能提取公积金。公积金会员医疗储蓄账户中存款超过最低医疗储蓄规定的部分可以提取。如果公积金会员还在继续工作并且在向中央公积金缴费，则他们可以每年在其生日那天提取中央公积金或者在其结束工作六个月后提取中央公积金。当公积金会员死亡时，他的公积金储蓄将支付给其生前指定的受益人。如果生前没有指定受益人，他的公积金储蓄将被充公。永久性残疾的公积金会员可以随时申请提取公积金。

（2）最低存款计划（Minimum Sum Scheme）

最低存款计划旨在帮助中央公积金会员储蓄足够的资金以使其在退休后基本生活得到保障。为了确保公积金会员退休后的收入，公积金会员被鼓励购买被批准的生存年金。另外一个可以选择的方案就是他们可以把最低存款存入批准的银行以取得利息或者继续保存在中央公积金委员会的户头中以获取利息。为了保障中央公积金会员在退休时有充足的最低存款，中央公积金委员会在 2006 年创新性地采取了两个措施：一是把普通账户的储蓄转移到特别账户；二是把医疗储蓄账户中的多余储蓄转移到特别账户或者退休账户。

（3）填补最低存款计划（Topping-Up of the Minimum Sum）

填补最低存款计划使公积金会员有了为自己、配偶和父母的退休账户进行填补的机会。公积金会员可以用现金，也可以用转移中央公积金储蓄对自己、配偶和父母退休账户进行填补。公积金会员也可以用现金填补祖父母的退休账户。

2. 医疗保障

（1）医疗储蓄计划（Medisave）

医疗储蓄计划是在 1984 年设立的，是一项全国性的强制储蓄计划，目的是帮助公积金会员储蓄和支付住院费用。医疗储蓄可以用来支付自己或其直系亲属的住院医疗费用，公

① 因为公积金会员年龄在 55 岁之上取消特别账户，年龄在 65 岁之上取消普通账户，最后只剩下医疗储蓄账户。所以医疗储蓄账户占整个公积金存款的比例最高为 100%。

积金会员可以支付在政府举办的医院、重组或获批准的私人医院的住院费、诊断费、手术费、医疗费、药品费，可以支付检查和康复服务、B型肝炎疫苗注射、洗肾、治疗、放射治疗、化学治疗、艾滋病药物治疗和人工受孕等费用。从1997年上半年开始，公积金会员又被允许使用康复家庭医院的医疗费用以及全国牙科中心的小型手术费用。为了使公积金会员使用好医疗储蓄账户中的存款，2006年医疗储蓄计划进行了两个较大的调整：第一，对每日提取的住院费用限额做出调整。每日可以提取的住院费用限额由300元增加到400元。手术治疗费用也从150元增加到200元。这是为了帮助中等收入的新加坡居民更多地使用医疗储蓄账户中的资金以减少他们住院时的现金支出。第二，从2006年10月1日起，患有慢性病在授权的医疗机构接受门诊治疗的公积金会员可以用他们的医疗储蓄账户中的资金支付医疗费用。公积金会员每年可以从医疗储蓄账户中提取300元的储蓄以支付慢性病门诊费用，但是在动用医疗储蓄中的资金前公积金会员必须先支付30元。这30元是起付线数额。超过30元后以15%的共保率实行共同保险。起初，医疗计划中可供支付的慢性病仅仅是糖尿病，该计划从2007年6月1日起把睾丸机能亢进、脂肪失调症和中风病也扩展到了可由医疗储蓄账户进行支付。这一变化是希望公积金会员能够更好地对待自己的慢性病并且减少将来住院的影响。在医疗储蓄计划下，每年被允许提取以支付批准的医疗费用呈上升的趋势。

（2）自雇人员医疗储蓄计划（Medisave for the Self-Employed）

自雇人员对医疗储蓄的供款率随着年龄的增长而增加。对于年龄低于35岁的自雇人员，其对医疗储蓄账户的供款率为年净收入的6%，35～45岁之间自雇人员的供款率为年净收入的7%，45岁及以上人员的供款率为年净收入的8%。

（3）健保双全计划（Medishield）

健保双全计划是1990年开始实施的，它是一个低成本的国家大病保险计划，旨在为那些患有长期或严重疾病的中央公积金会员及其家属提供高额医疗费用开支方面的保障。健保双全计划中保险费的缴纳可以从医疗储蓄账户中支付。那些想拥有更高程度保险的公积金会员可以从私人保险公司那里购买增进保险计划（enhancement plans）。私人保险公司可以把增进保险计划和健保双全计划合并为合并保险计划并签订统一的合同以便于收缴保险费和处理索赔。

（4）医疗基金（Medifund）

医疗基金计划是1993年4月1日实施的，它是政府为那些无力支付医疗费用的人提供医疗补助，从而为贫困群体构筑起医疗安全网络。医疗基金是由政府设立的一项捐赠基金，主要受益对象是那些通过自己及其家庭的所有资金来源都无法满足医疗支出的个人。医疗基金的补助部分只能在指定的医院和医疗机构使用，而且主要针对高补贴医疗服务，例如B2类和C类病房的支出都无法负担的个人。[①]

3. 住房保障

（1）公共建屋计划（Public Housing Scheme）

公共建屋计划允许公积金会员动用中央公积金储蓄购买住房和发展委员会（Housing

---

① 于洪. 外国养老保障制度[M]. 上海：上海财经大学出版社，2005.

and Development Board, HDB）的公寓以及按月支付他们购房的分期付款。从 2003 年 1 月起，中央公积金允许会员从银行贷款以购买 HDB 公寓。提取中央公积金储蓄购买住房和发展委员会的公寓有一个上限，这是为了鼓励公积金会员谨慎使用中央公积金储蓄购买住房，以使他们在公积金账户中有充足的储蓄以供养老。

（2）居住类财产计划（Residential Properties Scheme）

在居住类财产计划下，中央公积金会员可以使用他们的公积金储蓄购买私人居住类财产和执行共管公寓，也可以用公积金储蓄支付他们分期付款的房贷。

（3）多样财产计划（Using CPF for Multiple Properties）

从 2006 年 1 月 1 日起，已经动用中央公积金储蓄购买财产的公积金会员，如果想用中央公积金储蓄购买其他财产，则他必须在自己的普通账户和特别账户中对主要的最低存款计划留有足够的储蓄。这一政策变化也是为了保证能够有充足的中央公积金储蓄用于养老。

4. 家庭保障

（1）家属保护计划（Dependants' Protection Scheme）

家属保护计划是一种定期的人寿保险计划。它为在 60 岁之前永久残疾或死亡的公积金会员及其家属提供财力帮助。家属保护计划由大东生命保险有限责任公司（The Great Eastern Life Assurance Company Limited）和 NTUC INCOME 保险合作有限公司（NTUC INCOME Co-operative Limited）管理。参与家属保护计划的会员每年缴纳一定的保险费，缴纳保险费的多少取决于其年龄的大小。

（2）家庭保护计划（Home Protection Scheme）

家庭保护计划是一项强制性的抵押扣减保险计划，该计划为那些用于购买 HDB 公寓而用中央公积金储蓄来偿还贷款的公积金会员的家属提供保障。公积金会员可以在整个房贷期间或其达到 65 岁前用中央公积金储蓄来支付家庭保障计划的保险费，究竟是以“整个房贷期间”还是“以到达 65 岁前”为界取决于哪一个期限对于公积金会员来说更早。如果公积金会员永久残疾或死亡，住房和发展委员会将帮助其偿还巨额的房屋贷款。

（三）新加坡中央公积金管理体制

新加坡的中央公积金计划由中央公积金局统一管理，由劳工部制定有关政策并进行监督。中央公积金局具有半官方性质，它的主要任务是确保新加坡居民为养老而进行储蓄。中央公积金局有一个世界级的社会保障组织机构。这一组织机构为新加坡居民的养老保障安全提供了最好的国民储蓄计划。从内部组织机构看，中央公积金设立理事会，理事会成员由劳工部部长委任，理事会向劳工部部长负责。中央公积金局并不负责中央公积金资产的具体运营，而是交由新加坡政府投资公司投资运营。由此可见，新加坡中央公积金局只是一个行政机构，负责公积金的行政管理。[①]可见，新加坡中央公积金体制是一种政府集中管理的体制。该体制不存在大量私人运营机构的参与，避免了基金管理公司之间的恶性竞争，降低了基金管理公司的管理成本。而且，中央公积金委员会设有内部审计部，成员

① 甘行琼. 新加坡中央公积金制度考察[J]. 中南财经大学学报，1998（5）：22-25.

组成有各方面的代表，对于防止腐败和保障中央公积金的安全起到了较好的监督作用。

本章小结

1. 社会保险型社会保障制度起源于德国，随后为西欧、美国及日本等国家所效仿。第一次产业革命的发生为社会保险制度的产生提供了经济条件，社会矛盾的激化为社会保险制度的产生提供了社会条件，马克思主义和新历史学派为社会保险制度的产生提供了思想条件。1883年、1884年和1889年德国制定了带有强制性的社会保险制度，即《疾病社会保险法》、《工伤事故保险法》和《老年和残障社会保险法》，开社会保险制度之先河。多方责任共担来分散社会风险是社会保险模式的主要特征。

2. 国家福利型社会保障制度起源于英国，随后为瑞典、芬兰、冰岛、挪威、丹麦等北欧国家所效仿。第二次世界大战激发了人们对于和平的渴望，人们对于社会问题的认识开始逐步提高，这为国家福利型社会保障制度的产生提供了民意基础。第二次世界大战后资本主义发展迎来了黄金时期，物质财富大大增加，这为国家福利型社会保障制度的产生和全面发展提供了物质基础。第二次世界大战后东西方阵营的对抗为国家福利型社会保障制度的产生和发展提供了政治背景。福利经济学、凯恩斯主义、《贝弗里奇报告》对战后英国国家福利型社会保障制度的建设提供了思想条件。1948年英国工党政府首先宣布建成福利国家。强调国家在社会保障方面的责任、提供从“摇篮到坟墓”的全方位的社会保障是国家福利型模式的主要特征。

3. 强制储蓄型社会保障制度最先在新加坡产生，后来被拉丁美洲一些国家如智利所效仿。新加坡强制储蓄型中央公积金型社会保障制度的建立、扩张和完善的变迁过程不是偶然的，它是新加坡不同时期经济、政治、文化和社会因素综合作用的结果。在“效率优先、机会公平、激励工作”理念的指引下，凸显个人在社会保障中的责任是强制储蓄型社会保障制度的主要特征。

思考题

1. 世界上有代表性的社会保障模式有哪几种？它们各自产生的历史条件是什么？
2. 简述社会保险型社会保障制度的特征。
3. 简述国家福利型社会保障制度的特征。
4. 简述强制储蓄型社会保障制度的特征。

深度阅读

1. 姚玲珍. 德国社会保障制度[M]. 上海：上海人民出版社，2011.

本书是全面介绍德国社会保障制度的一本著作。全书内容包括了德国的养老保险制度、医疗保险制度、长期护理保险制度、住房保障制度、失业保险制度、工伤保险制度、家庭保障制度、其他社会保障制度，涉及到了德国各个具体社会保障制度及其项目在资金筹集、基金管理以及待遇发放等方面的内容。

2. 郑春荣. 英国社会保障制度[M]. 上海：上海人民出版社，2012.

本书是全面介绍英国社会保障制度的一本著作。全书内容包括了英国社会保障制度的建立与发展、社会保障计划的管理、国民养老保险缴费制度、基本国家养老金制度、附加国家养老金、私人养老金制度、公职人员养老保险制度、国民保健制度、就业政策与失业保险制度、家庭和儿童的社会福利与救助制度、低收入者的社会救助制度、患病和残疾人士的社会福利和救助制度、老人社会福利和救助制度、丧失亲人的抚恤制度、住房保障制度，涉及到了英国各个具体社会保障制度及其项目在资金筹集、基金管理以及待遇发放等方面的内容。

3. Linda Low & Aw Tar Choon. Social Insecurity in the New Millennium: The Central Provident Fund in Singapore [M]. Singapore. Marshall Cavendish Academic, 2004.

作者对新加坡 CPF 制度的发展和变革趋势作了全面的介绍，具体内容包括：最初的 CPF 制度，CPF 制度的起源、进化和发展的里程碑、内部推动：住房和资产提升、内部推动：健康和教育方面的人力资源发展、内部推动：议题和问题、外部驱动、对 CPF 制度的评论。读者从这本书中能够对以新加坡为代表的强制储蓄型社会保障制度有更好的了解和理解。

第四章 社会保障法律制度

法律制度对社会保障事业的发展至关重要，从某种意义上说，社会保障事业的发展就是一部社会保障法律制度的发展史。本章首先对社会保障法的相关内容如概念、特征、调整对象进行概述，其次介绍社会保障法的功能和原则，再次介绍社会保障法的发展历史，第四节介绍社会保障争议处理制度，最后一节对中国社会保险法的内容进行介绍。

第一节 社会保障法概述

一、社会保障法的概念

“社会保障”一词译自英文“social security”，又可译作“社会安全”。最早将其在立法中使用的是美国1935年的《社会保障法》。1938年，新西兰也在其相关法案中沿用了这一名称。此后英、美两国于1941年8月14日签署的《大西洋宪章》、1942年英国的《贝弗里奇报告》、国际劳工组织第26届大会于1944年5月10日通过的《费城宣言》，以及1948年联合国《人权宣言》中也先后使用该词。国际劳工组织积极推进国际性社会保障政策，1952年第35届国际劳工大会专门通过了《社会保障公约》，规定了社会保障的基本准则。在我国，《国民经济和社会发展第七个五年计划》中首次提出“我国将逐渐建立起具有中国特色社会主义的社会保障制度雏形”，从此，“社会保障”一词在我国开始广泛使用。

社会保障的目的是通过立法确立对遇到疾病、伤残、生育、年老、死亡、失业、灾害或其他风险的社会成员给予相应的经济、物质和服务的帮助。为了实现这个目的，国家必须通过立法建立起一整套的制度体系加以保证。社会保障法是调整社会保障关系的法律规范的总称。具体来说，社会保障法是指调整以国家、社会保障职能机构和全体社会成员为主体，为了满足全体社会成员的基本生活需要并不断提高其生活水平，以及解决某些特殊社会群体的生活困难而发生的社会关系的法律规范的总和。

社会保障法有形式意义与实质意义之分。形式意义上的社会保障法，是以“社会保障法”、“社会保险法”、“社会救助法”“社会优抚法”等为名称的法律，如美国的《社会保障法》和我国的《劳动保险条例》。实质意义上的社会保障法，是指有关社会保障关系的法律规范的总和。实质意义上的社会保障法不仅包括形式上的社会保障法，也包括其他法律、法规中有关社会保障的规范，还包括具有法律效力的关于社会保障问题的规章、决定、指示等规范性文件，以及最高人民法院有关社会保障的司法解释等。一般研究的社会保障法是实质意义上的社会保障法，而不限于形式意义上的社会保障法。[①]

二、社会保障法的特征

（一）社会性

社会性主要表现为社会保障法的权利和义务涉及全体社会成员。社会保障法属于社会法的范畴，因而社会性是社会保障法最主要的特征。其社会性主要体现在三个方面：第一，目的具有社会性。社会保障法的主要目的是通过保障社会成员的基本生活需要来实现社会的稳定和发展。第二，享受权利的主体具有普遍性。在权利方面，全体社会成员共同地、平等地享有社会保障的权利，从公民的出生到死亡，从特定的劳动者到不同身份的人都是社会保障的受益人。社会保障的权利由全体社会成员享有，而且随着经济的发展，可以享受保障的成员数目以及可以享受的社会保障项目会越来越多。按照我国《宪法》的规定，中国公民平等地享有社会保障的权利。在国际上，有些国家之间还订有社会保障待遇互惠协议，保护旅居国外的本国公民平等地享受旅居国社会保障的权利和待遇。第三，义务和责任的承担具有社会化趋势。社会保障制度的长久发展需要整个社会的参与。社会保障的义务与责任也是全社会承担。社会保障法规定，社会保障基金由国家、用人单位和社会成员三方共同负担。通过国家立法的形式，在社会保障的主要制度上实行强制的措施，要求国家、用人单位和社会成员等共同承担社会保障的义务，共同筹集社会保障资金，以多渠道的资金来源保证社会保障的正常运转，从而将责任和义务分散到整个社会，以资金来源的多渠道来保证社会保障的正常运转。[②]

（二）强制性与自愿性相结合

社会保障法本质上属于社会法，既不同于注重意思自治的私法，也不同于强调国家干预的公法，具有公法与私法相结合的特征。社会保障由国家通过立法强制实施。国家为了保障公民的基本生活需要而强制规定的一系列准则，明确规定国家（各级政府）、社会、个人及有关各方在社会保障中必须履行的义务，对于涉及全体社会成员基本保障权益的项目，包括社会保障项目的确立、社会保障资金的筹集和缴纳、社会保障的享受人群范围以及社会保障金的发放、社会保障待遇标准计算方式等社会保障法均以强制性规范形式进行规定，

---

① 刘畅. 社会保障概论[M]. 北京：北京大学出版社，2012.

② 徐波. 劳动和社会保障法学[M]. 厦门：厦门大学出版社，2012.

任何单位和个人没有任何选择的权利，无论其意愿如何，都必须严格遵守，不得任意改变和选择，否则会受到法律的制裁。社会保障的强制性是国家对社会经济生活实行国家干预的表现，也是社会保障制度得以存在和实施的保证。在社会保障制度中，对于一些临时性、突发性事件中的社会保障方式，除强制性规定外，还有一些自愿性规范，允许当事人选择适用，如救灾扶贫中的捐赠就是由社会成员自愿选择的。因此，社会保障法具有强制性与自愿性相结合、以强制性为主的特征。

（三）独立性与协调性相结合

社会保障法的调整对象是社会保障运行过程中产生的各种社会保障关系。随着市场经济的发展和社会文明的提高，这种关系范围不仅不会缩小，反而会发展和扩大，并且显现出与其他社会关系不同的独特的性质：社会保障关系只产生于社会保障活动过程之中，即只有在社会保障运行过程中所引发的各种社会关系才能形成社会保障关系；社会保障关系的当事人具有特殊性；社会保障关系主要表现为既不同于民事关系也不同于行政、刑事关系的一种权利和义务关系，并且这种权利和义务的内容一般由社会保障法直接加以规定，不能由当事人自由商定，其调整方法既有法律关系主体的权利、义务、实现形式和对违法行为的制裁形式，也有自己的特色。由于社会保障关系的特殊性和复杂性，使社会保障对象具有广泛性，社会保障的实施范围具有全民性，社会保障的内容非常丰富，社会保障问题表现出特殊性和解决的重要性。所有这些问题都决定了社会保障法既不能被其他法律部门所包容，也不能与其他法律部门相混淆。因此，社会保障法应当是一个独立的法律部门，使其自成体系并发挥专门的社会保障规范作用，这既是社会保障制度的内在要求，也是一个国家的社会保障法不断走向完整、全面、自成体系的需要。同时社会保障又涉及到满足社会成员生活的多种需求，因此事项庞杂，内容很多，而且不同的事项需要不同的法律方式进行调整，不可能用一部法律来规定全部社会保障事务。因而各国通常都制定多部社会保障方面的法律。在社会保障法律与其他法律之间、法律与法规之间、法规与法规之间，既有客观分工，各自规范着一定范围内的社会保障事务，又要互相协调；既不能重复交叉，又要能相互配合，共同构成一个完整的社会保障法制体系。

（四）安全性

社会保障以立法的形式，通过对社会保障的对象、范围、权利、义务等的规定，使符合条件的生存发生困难的社会成员的基本生活得以保障。社会保障制度是实现公民生存权以及其他基本人权的保障，也是社会稳定和经济发展的重要支柱。市场经济在某种意义上是一种风险经济，社会成员在社会生活和生产劳动过程中难免会遇到各种风险和事故。个人风险积聚到一定程度就会形成社会风险，最终导致社会的动荡与不安。而以规避和转移风险为目的建立起来的社会保障制度通过社会财富由富者向贫者、由强者向弱者的转移，所体现的是以社会利益为本位的思想。社会保障法正是通过各种立法，保障了人们在各种意外风险出现时的基本生活，保障了社会成员共同地分享社会发展成果。通过社会保障制度，能够有效调节收入分配，保护低收入阶层的利益，能够通过完善养老、医疗、失业、工伤、生育等方面的社会保险制度，使社会成员和劳动者在受到意外和风险时不至于生活没有着落。社会保障法的安全性特征不仅反映了国家在社会保障问题上的态度和所应承担的责任，同时也为社会成员提供了一种“安全感”，使人们保持一种社会心理上的平衡，为整个社会的安定创造良好的条件。因此，社会保障法是社会稳定的重要防线，是“社会安全网”和“社会减震器”。①

三、社会保障法的调整对象

社会保障法的调整对象是以国家、社会和全体社会成员为主体，为了满足全体社会成员的基本生活需要并不断提高其生活水平，以及解决某些特殊社会群体的生活困难而发生的社会关系。一言以蔽之，社会保障法的调整对象是社会保障关系。社会保障关系是指由社会保障工作引发的、在社会保障主体间形成的权利与义务关系。理解社会保障法的调整对象需要明确社会保障关系的特征、主体、内容以及类型。

（一）社会保障法所调整的社会保障关系的特征

社会保障关系的特征可以从三个方面来理解：第一，社会保障关系产生于社会保障活动的过程中。社会保障活动是产生社会保障关系的基础，没有社会保障活动就不会产生社会保障关系。第二，社会保障关系具有人身性和财产性相结合的特征。社会保障主要包括社会保险、社会救济、社会优抚和社会福利等内容。其中，社会保险、社会救济和社会优抚都是针对特定的社会群体，或者需要符合一定的条件，只有具备一定的主体身份才能享受相应的保障项目。即使是主体非常广泛的社会福利，仍有部分项目是为特殊群体如残疾人、孤寡老人等提供的，仍需要具有一定身份才能享受。因此，社会保障关系具有人身性。而社会保障的核心是给付，通过向特定对象提供物质帮助，满足其基本生活需求或提高其生活水平，从这个意义上说，社会保障关系是一种典型的财产关系。因此，社会保障关系是一种以人身关系为基础的财产关系，具有人身性和财产性相结合的特征。第三，社会保障关系具有权利义务的不对等性。这种权利义务的不对等性是指在社会保障关系中，既有无须履行义务的法定权利，也有不享受任何权利的法定义务。前者体现在社会救济、社会优抚和社会福利法律关系中，享受社会保障权利的公民不需要履行任何社会保障义务，如缴费义务，只要符合一定的条件或主体身份，即可享受社会保障权利。例如在社会救济关系中，只要公民生活在国家规定的贫困线和最低生活标准以下就可以获得救济。而在社会保险关系中，这种权利义务的不对等性体现得更为明显。用人单位对养老保险、失业保险、医疗保险、工伤保险和生育保险均负有缴费义务，但不享受任何社会保险待遇，而劳动者对工伤保险和生育保险没有缴费义务，仍可以享受工伤保险待遇和生育保险待遇。

① 孙光德、董克用. 社会保障概论[M]. 北京：中国人民大学出版社，2012.

（二）社会保障法所调整的社会保障关系的主体

从社会保障法的概念可以看出，社会保障关系的主体包括三方，即国家、社会和全体社会成员。第一，国家或政府是社会保障关系中不可缺少的主体。任何一个国家社会保障制度都离不开政府的参与。一方面，社会保障运作需要大量的资金，需要政府的财政支持，尤其在社会救济和社会福利中，政府财政是主要的资金来源；另一方面，社会保障制度的有序运作必须在政府的管理监督下进行。当然，政府是一个泛化的概念，社会保障项目的确立、社会保障的管理和运作、监督乃至争议的解决都要通过具体的社会保障机构以及国家的职能部门来操作。因而，在社会保障实施过程中，社会保障职能机构就始终代表着国家一方。第二，社会保障制度需要社会的参与和支持，因此，社会也是社会保障关系的主要主体。社会保障关系主体中的“社会”，在我国主要指用人单位和社会保障管理机构。在社会保险关系中，用人单位是主要的缴费主体。根据我国《社会保险法》的规定，我国目前的社会保险包括养老保险、医疗保险、工伤保险、失业保险和生育保险等五个保险项目，用人单位在这五个社会保险项目中都必须承担缴费义务，劳动者只需就养老保险、医疗保险和失业保险三个项目缴费，而且，用人单位的缴费比例也比劳动者个人缴费比例更高。同样，社会保障制度得以有序运行，离不开社会保障管理机构的参与。第三，基于社会保障法的社会性特征，全体社会成员都应当是社会保障关系的主体。从目前我国许多保障措施来看，无论是“国家、用人单位、劳动者三方负担”，还是“社会统筹与个人账户相结合”，都体现了力图使经济发展与社会公平兼顾的原则，所以社会和社会成员个人是社会保障制度的重要主体。特别是社会成员个人，其在社会保障关系中的主体身份具有双重性，不仅是社会保障的受益主体，而且在社会保险的一些项目上也是缴费主体。

（三）社会保障法所调整的社会保障关系的内容

我国与西方福利国家在社会保障的范围上是不一样的。西方福利国家的社会保障是社会福利的一部分，而我国社会保障制度本身包含了社会福利。社会福利是国家为改善和提高全体社会成员物质、精神生活而采取的措施，提供的设备和服务，社会福利是社会保障的最高境界。因此，在我国，社会保障关系的内容应包括保障公民最低生活和逐步提高公民生活水平两个方面。当然，由于社会福利具有普遍性和高水平的特点，它必须是在经济发展水平达到较高程度时才能充分实施，否则会导致“福利危机”，阻碍经济的发展。因此，在我国现阶段，经济发展水平还不足以实现高水平的社会福利，社会保障关系的内容主要体现为保障公民的基本生活需要，但应将逐步提高公民的生活水平作为未来社会保障制度的一个发展目标。

（四）社会保障法所调整的社会保障关系的类型

社会保障关系可以从不同的角度进行不同的划分。从内容上看，社会保障关系可分为社会保险关系、社会救济关系、社会福利关系和社会优抚关系。从主体上看，社会保障关系涉及国家、社会成员、社会保障管理机构、用人单位、劳动者等主体之间的社会保障关系；从体制上看，社会保障关系可以分为社会保障管理关系、社会保障资金筹集关系、社会保障给付关系、社会保障资金运营关系、社会保障监督关系等。概括地讲，社会保障关系就是在社会保障实施过程中国家、用人单位以及社会成员之间所发生的各种关系的总和。具体来说，社会保障关系包括以下几种类型：第一，社会保障管理关系。在社会保障管理的过程中必然会发生各种关系。如国家授权社会保障管理机构后，社会保障管理机构在行使职权的过程中，必然与用人单位和公民形成一种管理与被管理的关系，与其他行政机关形成一种协调关系；社会保障组织体系的确立，必然形成高层、中层和基层管理机构之间的关系；社会保障管理机构内部的职责分工，形成了具有决策权的主管机构与具体经办机构的关系。值得注意的是，在社会保障关系中社会保障管理机构始终是主体的一方。第二，社会保障基金筹集关系。社会保障是一种物质保障，必须具有相当的物质基础，社会保障的物质基础来源于社会保障基金的筹集。社会保障基金的筹集涉及全社会，在社会保障基金筹集过程中形成各种关系，如国家、用人单位、个人共同负担社会保险费用的关系，社会保障管理机构与用人单位在缴纳保险费过程中发生的关系等。第三，社会保障基金管理和运作关系。它是指社会保障基金管理和运作过程中发生的各种关系。如法律明确规定严禁挤占、挪用社会保障基金，在确保基金的安全使用下，社会保障管理机构必然和其他政府部门、银行、本部门的工作人员等发生各种关系。第四，社会保障给付关系。在社会保障给付中发生的各种社会关系是社会保障关系中最基本的一种关系。社会保障的终极目标只有通过社会保障给付才能实现；社会保障任何项目的实施都包含给付内容；社会保障管理机构与公民的关系主要是给付的实施与领受关系。可以说，社会保障给付关系构成社会保障关系的核心。第五，社会保障监督关系。社会保障要运用权力去组织管理，涉及利益分配要账目清楚。哪里有权力哪里就有监督，哪里有利益分配哪里就有监督，这样，在监督社会保障实施过程中会形成各种关系，如社会保障管理机构内部的监督关系，银行、审计等职能部门与社会保障管理机构形成的外部监督关系，广大公民和用人单位与社会保障管理机构形成的社会监督关系。第六，社会保障管理机构之间的关系。它是指社会保障职能机构由于职责划分的不同而形成的分工协作关系。包括社会保障资金的筹集机构、管理机构、运营机构和发放机构，它们应各自有明确的分工，但又在职能上相互衔接，构成一个统一运作的整体。第七，社会保障争议调解、仲裁和诉讼关系。为了保证社会保障的顺利进行，必须对之加以调解、仲裁和诉讼，因而在社会保障争议的调解、仲裁和诉讼过程中会形成各种关系。无论是调解、仲裁还是诉讼，争议双方的法律地位都是平等的，是平等主体间的调解、仲裁和诉讼关系。[①]

① 徐波. 劳动和社会保障法学[M]. 厦门：厦门大学出版社，2012.

第二节 社会保障法的功能和原则

一、社会保障法的功能

随着社会保障覆盖面越来越广，制度越来越完善，世界各国纷纷采取立法的手段以保证社会保障的良性发展。社会保障法在促进经济增长和社会进步的过程中发挥着重要的功能。概括起来，社会保障法具有以下四个功能：

(一) 社会保障法有利于促进市场经济的发展

社会保障制度是市场经济建立和发展的必要条件之一。社会保障法在促进市场经济发展方面发挥着重要的功能。第一，社会保障法具有保护和配置劳动力的功能。保护劳动力的再生产和合理配置劳动力资源是市场经济的客观要求。在市场经济条件下，出现优胜劣汰的竞争是不可避免的，这就必然会导致部分劳动者可能要退出劳动力市场，使其及家属失去收入而面临生存危机。此时，社会保障可以依法实施各种帮助，使这部分社会成员摆脱生存危机的困扰，维持其基本生活水平，从而使劳动力的再生产成为可能。同时，社会保障法还可以通过建立全社会统一的社会保障网络及健全的社会保险制度，解除社会成员因变换工作或家庭迁徙带来的后顾之忧，从而促进劳动力的合理流动，实现劳动力资源的有效配置，实现社会经济的正常运行。第二，社会保障法具有促进就业的功能。随着社会保障项目日益增多，社会保障给社会成员提供了更多的社会保障服务。社会保障制度的运作是一项覆盖全国的服务系统，需要大量的工作人员参加并提供各种服务，这直接提供了更多的就业机会。因此，我国在建立健全社会保障制度的同时，社会保障法关于推动和促进就业的功能也得到了发挥。第三，社会保障法具有平衡社会供求关系的功能。经济要保持健康的发展就要保持总需求与总供给的总体平衡。社会保障法规定了可以依法建立社会救助以及失业保障等社会保障项目后，这些保障项目就可以通过发挥“自动稳定器”的功能来平衡社会总供求关系。当经济发展强劲、失业率低时，社会保障支出会相应缩减，社会保障基金规模因此增大，抑制了社会需求的过度膨胀，最终使得社会的总需求与总供给达到平衡；当经济衰退、失业增大时，社会保障支出就会增加，通过失业给付及其他社保待遇的给付可以抑制个人收入减少的趋势，提高失业者和生活困难者的购买力，从而加大社会的有效需求，在一定程度上促进了经济的复苏。从这种意义上说，社会保障法具有调节市场经济中供求关系的蓄水池作用，能够在一定程度上调节经济过热或过冷的现象，促进国民经济良性循环。第四，社会保障法具有调节投资、融资的功能。社会保障资金具有较高的稳定性，社会保障基金经过长期的积累会形成庞大的资产，成为投资、融资的一大财源。国家通过立法规定社会保障基金的投资项目和投资比例，指导投资的方向，促使社会保障基金向国家基础设施和重点项目投资，社会保障法也因此成为国家对国民经济进行宏观调控的有效手段。可见，社会保障法在促进市场经济发展方面发挥着重要的作用。

（二）社会保障法有利于实现社会公平

社会公平是人类社会发展的不懈追求。社会公平体现在经济利益方面主要是社会成员之间没有过分悬殊的贫富差别。市场经济的基本特征之一就是竞争，有竞争就会有差异，竞争的结果就会出现贫富的两极分化，导致社会分配的不公平。要实现社会公平，需要借助国家力量对国民收入进行再分配。社会保障法以立法的形式，通过税收和强制投保等渠道筹措保障基金，然后由国家进行二次分配，通过社会保障基金在高收入者和低收入者之间的转移支付，使国民收入再分配向低收入者倾斜，从而缩小社会成员之间的收入差距，维持低收入者的基本生活，在一定程度上缩小贫富差距，弥补市场经济的缺陷，缓和社会矛盾，最终实现社会公平。社会保障法也因此被称为“社会公平的调节器”。

（三）社会保障法有利于维护社会稳定

社会稳定是一个国家发展的基本前提，没有社会的稳定，就没有经济的发展和社会的进步，而社会保障法则是社会稳定的重要防线。社会稳定离不开人们心态的稳定，心态的稳定又来源于人们的安全感。社会保障制度本身就是一种社会安全体系，健全和完善的社会保障能够为人们提供这种安全感。社会保障法通过对没有生活来源者、贫困者、遭遇不幸者和一切失去劳动能力或工作岗位的劳动者救助，满足其基本生活需要，消除社会成员的不安全感，以维护社会稳定。因此，社会保障法又被誉为“社会安全网”和“社会减震器”。20 世纪 70 年代，西方一些福利国家虽然在某一时期出现了很高的失业率，但其社会秩序却比较稳定，这在很大程度上归功于社会保障发挥的“安全网”作用。国际劳工组织在总结各国社会保障制度的作用时指出：“没有社会的安定，就没有社会的发展；没有社会保障，就没有社会的安定。”这一概括充分说明了社会保障具有维护社会稳定的功能。

（四）社会保障法有利于保障人权

人权是人的各种权利（包括经济、政治、社会、文化、人身的权利）的有机统一，其实质内容和目标是人的生存和发展。因此，生存权和发展权是人权之本。现代法治理念以保证公民基本人权为核心，而社会保障法是保障人权的基本手段。在现代社会中，一定的财产是人们生存、发展以及参与社会活动的基础，保障每个公民都能够拥有可以维持其基本生活需要的财产就成为公民的最基本人权。社会保障通过社会保险、社会救济满足了人们的基本生活需要，从而保障了其生存权。另外，社会保障法通过各种社会福利满足人们的文化、教育等精神生活方面的需要，以提高人们的生活质量和自身素质，从而保障其发展权。宪法作为法治国家的至高法典对此做出了纲领性规定。如我国《宪法》第 45 条规定：“中华人民共和国公民在年老、疾病或者丧失劳动能力的情况下，有从国家和社会获得物质帮助的权利。国家发展为公民享有这些权利所需要的社会保险、社会救济和医疗卫生事业。国家和社会保障残疾军人的生活，抚恤烈士家属，优待军人家属。国家和社会帮助安排盲、聋、哑和其他有残疾的公民的劳动、生活和教育。”社会保障法的目的主要是为了保障全体社会成员在遭受各种意外和风险时的基本生活，并通过举办各种福利事业提高全体社会成员的生活水平，从而保障全体社会成员的生存权和发展权。

（五）社会保障法有利于增进国民福利

社会保障的最初含义是“救贫”和“防贫”，即保证所有社会成员至少都能享有最低的生活水平。随着经济的发展和社会的进步，社会保障的内容在不断扩充。现代社会保障不仅承担着“救贫”和“防贫”的责任，而且还要为全体社会成员提供更广泛的津贴、基础设施和公共服务，从而使人们尽可能充分地享受经济和社会发展的成果，不断提高物质生活和精神生活的质量。

二、社会保障法的原则

社会保障法的原则是指贯穿于整个社会保障立法，对各项社会保障法律制度和全部社会保障法律规范起统率作用的基本准则。它全面反映社会保障法所调整的社会关系的客观要求，对社会保障法如何调整社会保障法律关系进行整体的指导和规范。社会保障法的原则是社会保障立法的灵魂。这里所说的社会保障法的原则是指整个社会保障立法的基本原则。社会保障法的各个分支，如社会保险法、社会救济法、社会福利法、社会优抚法等，在遵循基本原则的前提下，可分别确立若干特殊原则，以体现分支部门的不同特征和要求。

（一）社会保障水平与生产力发展水平相适应原则

社会保障发展水平受到一国经济发展水平的制约。在为有关社会保障的项目及标准立法时必须从本国发展的实际情况出发，考虑国家、社会及社会成员财力和物力的承受能力。具体地说：

第一，社会保障水平不宜定得过高，脱离实际。我国在总体上仍然处在社会主义初级阶段。虽然经过六十多年特别是近三十年的发展，我国生产力有了很大提高，各项事业有了很大进步，但总的说来，人口多，底子薄，地区间发展不平衡，生产力不发达的状况没有得到根本改变。我国的社会保障水平只能随着我国社会生产力水平的提高和现代化进程的推进而逐步提高。西方国家实行的高福利已经引发了许多社会问题，社会保障费用负担过重，形成庞大的预算赤字，我们要引以为鉴。

第二，社会保障水平不宜定得过低。在我国目前的条件下，社会保障应当能够保证社会成员在丧失或中断谋生能力时最基本的生存和生活需要。对于已经为社会贡献了一生的离退休人员，应当保障他们享受不低于原先的生活水平，并且随着社会经济的发展，该水平应与其他社会成员一样，逐步得到提高。过低的社会保障水平会损害劳动者的积极性，也不符合社会主义制度的要求。农村的社会保障问题涉及广大农民的切身利益，绝不可排斥在社会保障制度之外，而应当从社会生产力发展水平的实际出发，构筑农村社会保障体系，确定适当的社会保障水平。[①]

（二）权利与义务相统一原则

这项原则要求各社会保障主体既享受法定的权利，又承担法定的义务。社会保障立法在规定各社会保障主体的权利与义务时，应当注意权利与义务的平衡。因社会保障法调整社会保障关系而产生的社会保障法律关系实质上是一种权利义务关系。在这一关系中，享受权利的一方称为权利主体，承担义务的一方称为义务主体。当公民个人生活遇到困难而获得社会保障金时，他属于权利主体的地位。但公民取得权利主体地位有一定的先决条件，即必须按照社会保障法的规定，缴纳一定数量的社会保障费及履行有关的义务，此时他居于义务主体的地位。权利与义务相统一的原则并不意味着每个人所付出的社会保障费和所获得的社会保障金相等。社会保障并不纯粹是储蓄，它还是一种国民经济再分配和促进社会公平分配的手段。

（三）普遍性和选择性相结合原则

普遍性是指社会保障的覆盖对象是全体国民，强调一切社会成员均享有社会保障权利。而选择性则要求根据不同的社会成员制定不同的社会保障标准。世界各国的社会保障制度，有偏重于普遍性原则的，也有偏重于选择性原则的。如英国、瑞典、丹麦坚持普遍性原则。英国以建立典型福利国家为追求目标，在社会保障制度上强调普遍公平原则和政府的责任。1942 年，英国政府规定了建立社会保障的三条基本原则，即普遍性原则、按需保障原则和政府统筹原则。强调社会保障以全体公民为享受对象，以需要为标准，不应受其他限制，公民生活中一切必需的方面，都应纳入社会保障范围。政府根据社会保障项目的具体需要，通过国家预算，统一规划，统一领导，组织和协调社会保障的各方面的具体措施，以保证政策的贯彻落实。瑞典的《社会保险法》（1962 年）也强调实行普遍社会保障制度。所有瑞典公民以及工作居住在瑞典的非瑞典公民，都应受到保障。丹麦是世界上实行社会保障较早的国家之一，到 20 世纪 50 年代全面实行社会保障，成为“福利国家”。丹麦的社会保障以全体居民为实施对象，在全国实行统一的保障标准。美国的《社会保障法》强调选择性原则，即根据地区经济发展的不平衡，实行差别化的社会保障。

我国社会保障法律法规应当坚持普遍性和选择性相结合的原则。一方面，我国社会保障法通过普遍性原则确立全体公民的平等社会保障权利，落实《中华人民共和国宪法》第四十五条第一款关于“中华人民共和国公民在年老、疾病或者丧失劳动能力的情况下，有从国家和社会获得物质帮助的权利”的规定。把全体公民纳入保障范围，以保障公民的基本生活需要为基本要求，构建一个多层次的社会保障体系。另一方面，面对地区发展不平衡和不同人群保障不平衡的状况，我国社会保障法在坚持普遍性原则的同时还必须根据选择性原则，制定城乡有别，不同地区有别，不同行业、用人单位有别的保障标准。如在城镇实行的养老保险，可以在普遍适用基本养老金标准的同时允许企业根据其经济效益实行

① 刘畅. 社会保障概论[M]. 北京：北京大学出版社，2012.

补充养老保险。

（四）效率和公平相一致原则

这项原则要求社会保障既有利于提高社会效率，促进社会生产力发展，又有利于社会公平理想的实现。效率是公平的基础，任何损害效率的行为最终将损害公平。社会保障是对国民收入的分配和再分配，是国民收入的一种转移，这种转移的理论基础是社会公平。这是现代社会保障制度成为社会长期稳定、和谐发展和经济长期发展的维系、润滑、保障机制的根本要求。所以，社会保障是实现公平的一种政府机制，但是这种公平必须和经济发展的效果结合起来，否则，将阻碍经济的发展，不利于社会问题的解决。公平是社会保障制度追求的重要目标。公平不能狭义地理解为数量上的完全相等。公平是权利的平等，是机会的平等。实行社会保障制度，使全体社会成员有机会共享社会进步的成果，促进社会公平分配。社会保障制度有利于实现社会安定，发展经济，提高社会生产力。从受保障者来说，基本生活得到保障，解除了生存和生活的后顾之忧，将激励其劳动积极性，提高效率。当然，不能促进生产力发展的社会保障，哪怕非常公平，也将难以为继。在发达国家，随着福利国家制度的推行，社会保障对经济的负面效应逐渐显现出来。因为高福利制度体现了形式上的“公平”，却牺牲了经济效率。比如，保障项目的增多、待遇标准的提升使失业者的收入与在业者的收入相差不多，出现失业者不再愿意从事新工作的局面。效率与公平应当相结合、相一致。合理的制度可以保证公平与效率同时实现。鉴于此，人们开始强调社会成员个人在社会保障中的责任，以法律的形式规定社会成员个人对社会保障金的供给份额，建立社会保障金的获取及获取份额的多少与其是否缴纳社会保障费及缴纳多少有关的机制，体现多劳动、多贡献，社会保障待遇就高的分配方针，激发劳动者劳动的主动性，从而激励社会成员为获得更高的社会保障而努力劳动和积极缴纳社会保障费。

第三节 社会保障法的历史发展

一、世界社会保障法的历史发展

最早对社会保障进行专门立法的是英国，它从社会救助立法开始，其标志是英国1601年的《济贫法》。19世纪晚期，随着资本主义进入垄断阶段，开始出现社会保险立法的动向。1883年，俾斯麦时期的德国制定了世界上第一部社会保险法——《疾病社会保险法》。此后，又陆续推出了各个领域的社会保险法。受德国的影响，欧洲各国也纷纷出台了有关社会保险的立法。社会保险法律的出现标志着现代意义上的社会保障立法的真正展开。1935年，美国推出了一部综合性的《社会保障法》，标志着社会保障法的诞生。“二战”后，英国的贝弗里奇提出了战后实施社会福利计划的改革方案。英国政府根据他的提议推行《国民保险法》等6个法案，标志着社会保障立法向“福利国家”的方向发展。20世纪70年代末至80年代初，资本主义世界的社会保障出现了危机，发展中国家的社会保障也面临着机制和制度的重构。

（一）社会保障法的产生

在现代意义上的社会保障法正式产生以前，英国于1601年颁布《济贫法》，规定对贫民实施救济是每个济贫区的责任。该法的颁布标志着社会保障从分散走向统一，从临时性走向制度化，从随意性走向法律化。1795年，英国修改《济贫法》，在过去的基础上实行以家庭人口多少为津贴标准的“斯宾汉姆兰德制”。《济贫法》颁布实施以后，由于政府所拨救助款实际上流入了封建主和商人的腰包，1834年，英国国会通过了《济贫法修正案》，规定停止“院外救济”，成立中央济贫法实施委员会，实行中央督导制，从而避免了地方济贫管理中的腐败现象。

尽管《济贫法》完全是压制性的济贫方式，但仍有积极的历史意义。因为它毕竟是通过立法确定了济贫事业为政府职责的开端。这些济贫法律还保留着承认公共济贫责任的历史功绩，其宗旨在于对实际的饥饿问题做出反应，把社会动乱缩小到最低限度，从而使问题的尖锐性得到缓和。《济贫法》对稳定当时的社会和促进资本主义经济的发展起到了重要的作用，它也为后起的资本主义国家所重视，尤其为欧洲资本主义国家所效仿。比如，除了英国以外，瑞典也在1763年制定了《济贫法》，由政府征收济贫税、承担救济贫民的责任等。

（二）社会保障法的形成

现代意义上的社会保障法形成于19世纪下半叶的德国。当时的德国国内经济萧条，劳动人民生活贫困，阶级关系非常复杂，政治流派繁多，无产阶级的力量不断强大，新兴资产阶级尚显软弱，劳工问题是当时社会必须解决的主要问题。首相俾斯麦为了解决由于国内经济萧条、劳动人民生活贫困、工人运动风起云涌而形成的劳工问题，对内对外采取了强硬的铁血政策：一方面无情镇压工人运动；另一方面为平息劳工斗争而推行社会保险立法，实行包括社会保险、孤寡救济、劳资合作以及工厂监督在内的一系列社会政策措施，自上而下地实行各项经济和社会改革。于是，德国议会在1883年首次通过了《疾病社会保险法》，它标志着世界上第一部社会保险法律的诞生。此后德国又先后制定了《工伤事故保险法》（1884年）、《老年和残障社会保险法》（1889年）等社会保险法律。1911年，上述三部法律同时被确定为德意志帝国统一的法律文本，并另增《孤儿寡妇保障法》，形成了著名的《社会保障法典》。社会保障从此全面进入了国家立法阶段，试图通过国家直接干预和调节社会再分配来消除社会问题，缓和社会矛盾。由于这种以社会保险为主体内容的社会保障制度与工业化的进程相吻合，因此为欧洲多数国家所仿效并纷纷建立起比较完善的社会保险法律制度。比利时、波兰（1884年）、奥地利、捷克、斯洛伐克（1887年）、丹麦、瑞典、匈牙利（1891年）、挪威、芬兰（1895年）、英国、爱尔兰（1897年）、法国、意大利（1898年）、西班牙（1900年）、荷兰、卢森堡（1901年）、俄罗斯（1903年）、冰岛（1909年）等国家相继制定了有关社会保险法。其他欧洲国家均在19世纪末20世纪初颁布了有关社会保障法律。

世界范围内的大规模的社会保障法制化标志着社会保障法作为一项新兴的独立法律制度已经形成。对于德国的这一功绩，国际劳工组织评价：在社会政治历史上，没有比社会保险更能急剧地改变普通人的生活了。虽然德国社会保险立法有许多缺憾（例如，大多数是解决城市工人的养老、工伤、疾病保险，而没有失业保险的内容），但是社会保险作为社会保障的重要内容被通过立法形式确立下来是社会保障立法的一大进步，这给西方国家采取同样的措施提供了范例和启示（如英、法两国不仅效仿德国制定了社会保险法内容，而且增加了德国没有的失业保险）。另外，俾斯麦主导的社会保险原则现在仍为世界上许多国家采用。这些原则是：第一，必须集合多数人的经济力量共同负担少数遭遇风险者的损失即风险分担的原则；第二，社会保险必须实行强制性原则即凡在法律规定的范围内的对象必须参加；第三，保险费由政府、雇主、个人共同担当；第四，疾病保险和死亡保险实行均一保险费率；第五，保险对象以危险性最大、最容易发生意外事故的职业为首选范围；第六，保险待遇与个人缴费多寡有关；第七，各行各业都可以各自设立保险计划。

（三）社会保障法的发展

20 世纪 30 年代，资本主义世界发生了经济危机，造成了严重的经济后果。许多资本主义国家陆续进入了国家干预经济的时代。国家不仅把经济干预和调节的范围扩大到再生产的许多领域，而且扩大到了国民收入再分配领域，实行社会保障制度就是国家干预国民收入再分配的一种形式。最主要的代表国家是美国。

美国政府传统认为救济、福利等社会事业是由教会、慈善机构、社会群体来完成的。然而1929～1933 年的经济危机造成了严重的经济社会后果改变了这种认识。罗斯福总统上任后为了摆脱危机，缓和国内劳资矛盾，开始实行新政，实行国家干预社会经济生活的制度。新政的内容包括救济贫民和失业者，恢复工商业和农业，改革银行和投资控制以及改善劳资关系等。1935 年美国国会通过了《社会保障法》，该法是世界上第一部对社会保障进行全面系统规范的法律，其所确立的社会保障的普遍性和社会性原则成为世界各国社会保障立法的基本原则。其内容以老年社会保险和失业社会保险最为重要，主要包括：建立以“普遍福利”为核心的社会保障制度以消除人们对生活中各种未知事件的恐惧；社会保障主要包括老年救济、老年退休年金、失业保险和生育保险，实行强制性的多层次养老社会保险，开始由联邦政府承担养老金开支的一半，最终则由自给的保险年金所取代；对盲人、需要抚养的儿童和其他不幸者实行救济，社会保障是取代“家庭保障”的新社会政策；社会保险必须促进自我保障意识的建立，即保险资金取之于民，用之于民。此外，按照《社会保障法》的规定，联邦政府还要为母亲和儿童卫生机构、残疾儿童服务机构以及儿童福利机构提供资助。

美国的这部社会保障法在社会保障立法史上具有重要的历史意义，是世界上第一部对社会保障进行全面系统规范的综合性法律。它的内容广泛涉及社会救济、社会保险和社会福利等各个方面。它确定了社会保障的普遍性、社会性原则，为现代意义上的社会保障立法提供了目标和方向。据此，西方国家纷纷对原有社会保障立法进行补充和修订，到 20

世纪 40 年代，世界上已有 60 多个国家设立了工伤保险、医疗保险、家属津贴等社会保障项目，社会保障制度迅速发展。

（四）社会保障法的完善

第二次世界大战后，资本主义世界各国在经济上有了不同程度的发展。由于产业结构发生重大变革，发生了产业工人比例下降、工人白领化、雇员专业化等一系列社会结构性变化。重工业和其他一些劳动力集中的产业的衰落使大批工人失业或被迫改换工作。面对庞大的失业大军和日益严重的社会问题，社会保障法的发展进入了新的阶段，这一阶段以英国政府宣布建成“福利国家”为标志。

“福利国家”（Welfare State）一词首先由英国主教坎特伯雷 1941 年在其《公民与教徒》这本书中提出。第二次世界大战中，英国政府委托曾任劳工介绍所所长和伦敦经济学院院长的贝弗里奇教授负责制定战后实行社会保障的计划。贝弗里奇于 1942 年 11 月提出了《社会保险和相关服务》的报告，强调将社会保障作为国家责任确立下来，提出国家对于每一个公民“从摇篮到坟墓”即由生到死的全面广泛的社会保障计划，这就是著名的《贝弗里奇报告》。报告以消除贫困、疾病、肮脏、愚昧和怠惰懒散五大社会病害为目标，建议政府通过国民收入再分配来实施社会保障措施，制订以社会保险制度为核心的全面的社会保障计划。这个报告提出了一些具有革命性的观点：第一，福利制度由分散管理改为国家统一管理；第二，凡有收入的国民都必须参加社会保险，按同一标准缴费和享受保险给付；第三，保险给付标准以保障国民的基本生活为目标，享受以领取人的需要为准，不受其他条件限制；第四，国家制定公共救助法来保障无收入而不能参加社会保险的人，使他们达到法定的最低生活标准。《贝弗里奇报告》以实现充分就业和社会福利为目标来开展社会保障立法，形成了比较完整的社会保障体系。战后，英国政府按照贝弗里奇的设计，于 1946～1948 年间先后通过并实施了一系列重要的社会保障法规，其中主要有《家庭补助法》、《国民卫生保健服务法》、《工业伤害保障法》、《国民救济法》、《国民健康服务法》等。上述法律于 1948 年 7 月 5 日同时生效，英国工党政府即此宣布建成世界上第一个“福利国家”。在英国的影响下，世界各国纷纷进行社会保障立法。瑞典、丹麦、挪威、法国、联邦德国、奥地利、比利时、荷兰、瑞士、意大利、美国、澳大利亚、新西兰以及日本等经济发达国家纷纷按英国模式实施社会福利政策，建设自己的“福利国家”。

在这一时期，联合国主管劳动和社会事务的专门机构——国际劳工组织也积极促进各国社会保障事业的发展与合作。在它的推动下，社会保障在国际上得到了普遍承认，社会保障制度也广泛地为亚洲、非洲和拉丁美洲等国家和地区所接受。1952 年国际劳工组织在总结过去有关社会保障立法的基础上，制定了《社会保障最低标准公约》，该公约对退休待遇、疾病津贴、医疗护理、失业救济、工伤补偿、残疾津贴、子女补助、死亡补助等内容做了规定。该《公约》对协调各国社会保障立法，促进社会保障的发展起到了积极的作用。

（五）社会保障法的发展趋势

社会保障制度经历了 20 世纪初叶和中叶的蓬勃发展。到了 70 年代，在一些发达国家里，由于国家包揽的保障范围过广，标准高，社会保障开支增长率普遍高于本国经济的增长，财政负担加重，出现了所谓的“社会福利危机”和“福利困境”的现象。社会保障支出占国内生产总值的比重不断提高，社会保障开支在政府总支出中所占比重大幅度提高。庞大的社会保障开支成为各国财政上的沉重包袱，导致财政赤字。尤其是当经济发展速度随着1973年石油危机的出现一度下降时，有人认为这是社会保障造成的后果，有人甚至扬言要摧毁社会保障。国际劳工组织于1980年委派欧、美、大洋洲的10个国家的10位社会保障问题专家成立专门小组，负责调查分析工业发达国家社会保障现存的问题，并预测2000年社会保障的前景。这个小组的报告于1983年4月定稿。该报告对社会保障各种问题做了分析，对社会保障各种职责做了回答。报告认为，社会保障不仅仅是反对贫困，而且有着更为深远的目的，这就是必须维持生活水平和质量，增加个人的安全感。报告还认为，经济更加繁荣并不能取消社会保障，必须防患于未然，看到预防性措施的重要地位。报告中还认为，到2000年及2000年以后，在社会保障政策中应该得到优先发展的是预防与康复方面的服务；经济速度下降并非是社会保障所导致的，不同制度的、经济状况不同的国家均须依据各自情况建立社会保障制度。这项报告提出以后，许多国家对社会保障法律制度进行了改革。美国在1987年通过了社会保障制度改革方案。日本也在1982～1989年修改制定了老人保健法、残疾人福利法、健康保险法、国民养老金法、社会福利及护理福利法、生活保障法等法律制度。法国、德国、荷兰、加拿大、比利时等国家也先后在立法中对社会保障进行了改革。

从总体上看，这些国家社会保障法的改革与调整主要在于开源节流，即增加社会保障金的收入，减少社会保障金的支出。改革和调整的措施主要包括：提高或取消缴纳社会保险费的上限；提高社会保险费率；征收社会保障所得税；修改社会保障金的调整办法；建立社会保障基金。这些改革和调整都是为了完善社会保障制度而不是削弱或终结这项制度，在一定程度上缓解了“福利危机”。社会保障制度的负效应而引发的社会保障法律制度的改革和重建，并非让社会保障制度走入了死胡同，而是面临着发展的新机遇和新挑战。正如国际劳工组织所言：“所谓的社会保障‘危机’问题应当明确并且强调两个更深刻的要点。首先，危机的最主要原因是经济发展速度缓慢，失业问题严重，而既不是领取养老金人数的持续增加，也不是逐渐改进医疗技术的结果。其次，就社会保障存在的危机而论，不是社会保障结构的危机，而是经济基础由于运营不良而受到侵蚀所造成的危机，如果能找到可接受的方式，或能够克服缴纳社会保障费的心理障碍，社会保障的发展就能为现存的经济危机做出贡献。”

二、中国社会保障法的历史发展

（一）新中国成立前的社会保障立法

在旧中国，由于家族统治、社会制度不健全，社会保障立法并未受到重视，不存在全国性质的社会保障立法。但是国民政府统治时期，在国民党统治区和共产党领导的地区都制定过一些社会保障方面的法规或草案。中国共产党从开展革命斗争开始就提出了建立社会保障制度的主张，在革命根据地时期就出现了具有现代意义的社会保障制度。1922 年 8 月，在中国劳动组合书记部拟定的《劳动立法原则》中就有关于社会保险的内容。1926 年在第三次全国劳动大会上通过了《失业问题决议案》和《劳动法大纲决议案》，提出失业保障是工人应有的权利，国家设立劳动保险，保险费用由雇主或国家支出。1927 年第四次劳动大会通过了《产业工人经济斗争决议案》、《救济失业工人决议案》、《手工业工人经济斗争决议案》，提出对生、老、病、死、伤残等进行全面保障的社会保障要求。1929 年国民政府广东建设厅起草了《劳动保险草案》，主要对伤害保险和疾病保险进行了规定。1930 年 5 月在全国苏维埃区域代表大会上通过的《劳动保障法》中规定了“保障与抚恤”和“社会保险”。1931 年 12 月颁布的《中华苏维埃共和国劳动法》（1933 年修改）指出“社会保险对于一切雇佣劳动者不论他在国家企业、合作社或私人的企业，不论工作时间之短暂，及付给工资的形式如何，都得施及之”。该法在 1933 年进行了修订，进一步提出社会保险对于凡受雇佣的劳动者，不论他在国家企业或合作社企业、私人企业，以及在商店家庭内服务，不论他工作的性质及工作时间的长短，给付工资的形式如何，都要实行。该法同时对于管理机构以及项目和待遇也做了初步的规定。稍后颁布的《中国工农红军优待条例》、《红军抚恤条例》、《优待红军家属条例》等对有关社会保障工作进行了规定。在抗日战争时期，各抗日根据地制定了《劳动保护条例》等法律，对抗战军人及家属的保障和劳工保护问题做了具体规定。第二次国内革命战争时期，1948 年 7 月在哈尔滨举行了全国第 6 次劳动大会，通过了《关于中国职工运动当前任务的决议》，提出了有关社会保障的立法建议。同年颁布的《东北公营企业暂行劳动保险条例》在我国社会保险立法史上具有重要地位，是我国第一部劳动保险方面专门的单行法律。1949 年又颁布了这一条例的实施细则和劳动保险基金试行细则、劳动保险会计办理试行细则等。这些新中国成立前的社会保障立法活动为新中国社会保障法律制度的建设奠定了基础。

（二）新中国成立后的社会保障立法

新中国成立后，党和政府才能真正地从全国范围出发来制定和实施社会保障法规。在新中国成立初期，《中国人民政治协商会议共同纲领》规定要在企业中逐步实行社会保险制度，从此开始了中国社会保障立法的进程。新中国成立以来的社会保障法制建设，大体可以分为创立、停滞、修补、改革四个阶段。

1. 创立时期（1949～1966 年）

这一时期中国初步制定了包括《中华人民共和国劳动保险条例》在内的社会保障政策和法规，初步形成了我国社会保障政策与法规体系，包括社会保险、社会福利、社会救助和优抚安置四大部分的社会保障政策法规框架已经搭建完毕。1949 年颁布了《中国人民政治协商会议共同纲领》，为新中国社会保障体系建立提供了最基本的法律依据。1950 年颁布了《革命工作人员家属优待暂行规定》和五个关于军人优抚的条例，即《革命烈士家属优待暂行条例》、《革命残废军人优待抚恤暂行条例》、《革命军人牺牲、病故褒恤暂行条例》、《革命军人伤亡褒恤暂行条例》、《民兵民工伤亡抚恤暂行条例》。此外还颁布了有关政府工作人员、女工作人员及国家机关工作人员的相关社会保险规定。1951 年 2 月，政务院（国务院前身）颁布了《中华人民共和国劳动保险条例》，这一条例使暂时或长期丧失劳动能力的职工在生活上有了基本的保障。该《条例》对于生、老、病、死、伤残等情况的保险做了具体规定，并规定保险经费由企业负担，职工不缴纳保险金，劳动保险事业交由工会办理。在救济失业工人方面，政务院于 1950 年颁布了《关于救济失业工人的指示》，劳动部公布了《救济失业工人暂行办法》。1952 年，政务院发布了《关于劳动就业问题的决定》。这些法令对于当时解决失业工人的困难和促进失业工人的再就业起了积极的作用。1955 年颁布了《国家机关工作人员退休处理暂行办法》、《国家机关工作人员退职处理暂行办法》、《国家机关工作人员病假期间生活待遇试行办法》、《关于处理国家机关工作人员退职、退休时计算工作年限的暂行规定》，建立了国家机关和事业单位工作人员退休养老制度。1956 年通过了《高级农村合作社示范章程》，建立了农村“五保”制度。1960 年颁布了《关于全国农村卫生工作山西稷山现场会议情况的报告》及附件《关于人民公社卫生工作几个问题的意见》，建立了农村合作医疗制度。上述这些法规规章是当时中国社会保障制度实施的主要依据，构成了当时社会保障法规的基本框架，也为以后社会保障法律体系的进一步发展奠定了基础。这同时也反映了新中国成立初期中国社会保障法制建设的低层次性与分散性。

2. 停滞时期（1966～1977 年）

如果中国的社会保障法制建设沿着 20 世纪 50 年代开始的道路健康地发展下去，中国的社会保障法律制度或许已经走向成熟并趋向完善。但是，“文化大革命”使中国的社会经济制度和正常的经济秩序遭到破坏，社会保障制度也遭受到了严重的破坏，各管理机构被撤销，负责职工社会保险事务的工会被迫停止活动，负责社会保障行政管理的劳动部、民政部、卫生部、人事部门等长期处于瘫痪状态，社会保障工作基本无人管理，新中国成立以来建立的各种社会保障法律法规和制度实际被废止。1969 年，由财政部颁发的《关于国营企业财务工作中几项制度的改革意见（草案）》否定了《中华人民共和国劳动保险条例》中的有关规定，规定企业停止提取劳动保险金，企业的退休职工、长期病号工资及其他劳保开支改在营业外列支。这导致了中国的劳动保险制度蜕变为“企业保险制度”，从而为企业保险制度后来所带来的一系列弊端埋下了祸根。

3. 改革发展时期（1978～1990 年）

1978 年，党的十一届三中全会确定了改革开放的方针政策，我国的政治经济形势发生了根本性的变化，法制建设得到了重视。社会保障法制建设在这一时期也得到了一定程度的发展。在重建社会保障制度的同时，国家对社会保障法规进行了重新审议、修改和补充。1984 年，十二届三中全会通过了《中共中央关于经济体制改革的决定》，开始了以搞活国有企业为中心环节的经济体制改革，社会保障体制的改革也被提到议事日程。1985 年 9 月，在《中共中央关于制定国民经济和社会发展第七个五年计划的建议》中第一次明确提出了“社会保障”的概念，将社会保险、社会福利、社会救助、社会优抚等制度统一归并于社会保障制度中。国家对传统制度进行修正或完善，重建城镇劳动者的退休养老制度和统一军人抚恤优待制度，开始尝试着建立失业保险制度等。从 1978～1989 年，国务院先后制定了

《关于工人退休的暂行办法》、《关于安置老弱病残干部的暂行办法》、《关于军队干部退休的暂行规定》《国营企业职工待业保险暂行规定》、《退伍义务兵安置条例》、《军人抚恤优待条例》、《女职工劳动保护规定》等一批法规，社会保障立法在适应经济体制改革中全面铺开。

4. 改革完善时期（1990 年至今）

20 世纪 90 年代，我国加大了改革开放的步伐，并开始建立社会主义市场经济体制，社会保障制度也开始朝着社会化和制度化的方向发展，国家开始注重适应社会主义市场经济体制的社会保障法律制度的建设。在继续为国有企业改革做好配套工作的同时，明确了社会保障制度是我国社会主义市场经济框架的重要部分；在社会保障项目单项改革继续深化的同时，初步形成了我国社会保障制度改革的总体框架，明确了要建立适应社会主义市场经济的社会保障体系。从 1990 年开始，国家颁布了一系列的法律法规，如：《中华人民共和国社会保险法》、《中华人民共和国残疾人保障法》、《中华人民共和国未成年人保护法》、《中华人民共和国妇女权益保障法》、《中华人民共和国母婴保健法》、《中华人民共和国劳动法》、《中华人民共和国老年人权益保障法》、《关于企业职工养老保险制度改革的决定》、《国有企业职工待业保险规定》、《关于深化城镇住房制度改革的通知》、《城市居民最低生活保障条例》、《关于建立统一的企业职工基本养老保险制度的决定》、《关于建立城镇职工基本医疗保险制度的决定》、《关于建立新型农村合作医疗制度的意见》、《工伤保险条例》、《国务院关于开展城镇居民基本医疗保险试点的指导意见》、《国务院关于开展新型农村社会养老保险试点的指导意见》、《国务院关于开展城镇居民社会养老保险试点的指导意见》等。2010 年 10 月 28 日，在历经近三年时间、共四次审议之后，全国人大常委会表决通过了《社会保险法》，并于 2011 年 7 月 1 日起施行。《社会保险法》的立法宗旨：一是规范社会保险关系；二是维护公民参加社会保险和享受社会保险待遇的合法权益，使公民共享发展成果；三是促进社会和谐稳定。《社会保险法》在国家立法层面上确立了国家建立基本养老保险、基本医疗保险、工伤保险、失业保险、生育保险等社会保险制度，保障公民在年老、疾病、工伤、失业、生育等情况下依法从国家和社会获得物质帮助的权利。它确立了我国社会保险制度的基本方针："社会保险制度坚持广覆盖、保基本、多层次、可持续的方针，社会保险水平应当与经济社会发展水平相适应"，以法律规范化的形式建立起我国覆盖城乡全体居民的社会保险制度，凸显出养老医保"异地漫游"、养老保险"全国统筹"、社会保险保费强化征收、监管"盯牢"保命钱四大亮点，体现出统筹城乡的原则，突出了参保人员的合法权利，彰显了平等保障人民基本生存权利的精神。《社会保险法》以政策法律化、规范化的形式宣告了我国以政策为支柱的社会保险时期的结束以及以法律为支柱的社会保险时期的到来。

（三）新中国社会保障法的形式

所谓社会保障法的形式是指社会保障法律规范的表现形式，即有关社会保障的规范性法律文件。新中国社会保障法的形式包括以下几个层次或部分：

1. 宪法

宪法作为国家的根本大法是制定社会保障法律、法规和实行社会保障制度的基本依据。

2004年3月，十届全国人大二次会议通过的《中华人民共和国宪法》修正案首次将“国家建立健全同经济发展水平相适应的社会保障制度”载入宪法，表明国家已经明确了建立社会保障制度的目标。同时，现行《宪法》第44条规定：“国家依照法律规定实行企业事业组织的职工和国家机关工作人员的退休制度。退休人员的生活受到国家和社会的保障。”第45条还规定：“中华人民共和国公民在年老、疾病或者丧失劳动能力的情况下，有从国家和社会获得物质帮助的权利。国家发展为公民享受这些权利所需要的社会保险、社会救济和医疗卫生事业”，“国家和社会保障残废军人的生活，抚恤烈士家属，优待军人家属”，“国家和社会帮助安排盲、聋、哑和其他有残疾的公民的劳动、生活和教育”。《宪法》的这些规定，构成了中国社会保障法的基本渊源。

2. 法律

这里的法律专指由国家最高权力机关及其常设机关即全国人民代表大会及其常务委员会颁布的规范性文件。法律又分为基本法律和基本法律以外的其他法律，前者由全国人民代表大会制定和修改，比较全面地规定和调整国家及社会生活某一方面的基本社会关系；后者由全国人大常委会制定和修改，通常规定和调整基本法律调整的问题以外的比较具体的社会关系。2010年10月28日第十一届全国人民代表大会常务委员会第十七次会议通过，2011年7月1日施行的《中华人民共和国社会保险法》是我国第一部专门规定社会保险制度的法律。此外，1990年12月28日第七届全国人大常委会第十七次会议通过的《中华人民共和国残疾人保障法》、1992年4月2日第七届全国人民代表大会第五次会议通过的《中华人民共和国妇女儿童权益保护法》、1994年7月5日第八届全国人民代表大会常务委员会第八次会议通过的《中华人民共和国劳动法》、1996年8月29日第八届全国人大常委会第21次会议通过的《中华人民共和国老年人权益保障法》等都是我国社会保障领域的一些重要法律制度。

3. 行政法规

行政法规是国家最高行政机关即国务院制定的规范性法律文件。关于社会保障方面的行政法规已有多部，比如2004年颁布的《劳动保障监察条例》、2003年颁布的《工伤保险条例》以及1999年颁布的《社会保险费征缴暂行条例》等。

4. 地方性法规、自治条例和单行条例

地方性法规是由省、自治区、直辖市的人民代表大会及其常委会所制定的规范性法律文件。如1999年7月25日，浙江省第九届人民代表大会常务委员会第十四次会议通过《浙江省职工基本养老保险条例》。而根据宪法规定，民族自治地方的人民代表大会及其常委会有权依照当地民族的政治、经济、文化特点，制定自治条例和单行条例，如西藏自治区于1998年1月9日颁布的《西藏自治区实施（中华人民共和国残疾人保障法）办法》等。

5. 部门规章和地方规章

部门规章和地方规章统称为行政规章。部门规章是指国务院各部委和某些其他工作部门发布的规范性法律文件，如原劳动和社会保障部2005年2月1日开始实施的《关于实施〈劳动保障监察条例〉若干规定》，民政部2007年7月颁布的《伤残抚恤管理办法》等。地方法规是指省、自治区、直辖市人民政府，省、自治区人民政府所在地和国务院批准的较大的市以及经济特区市的人民政府制定的规章，如北京市2007年颁布的《北京市城乡无社会保障老年居民养老保障办法》等。社会保障的行政规章在一定程度上弥补了法律空白，但由于立法层次过低，影响了社会保障的可靠性和权威性。

6. 法律解释

法律解释是指国家机关的规范性解释，包括最高国家权力机关（全国人民代表大会及其常务委员会）的解释、最高国家行政机关（国务院）的解释、最高司法机关（最高人民法院、最高人民检察院）的解释，也包括地方国家权力机关和行政机关的解释。如1996年11月12日颁布的最高人民法院《关于实行社会保险的企业破产后各种社会保险统筹费用应缴纳至何时的批复》等。

7. 条约与协定

中国参加的国际组织（如国际劳工组织）所通过的国际条约与协定，经国家最高权力机关批准后即在中国生效，如1987年9月5日经第六届全国人民代表大会常务委员会批准的第69届国际劳工大会通过的第159号公约《(残疾人）职业康复和就业公约》等。经过立法机关批准或签署的公约，作为中国国内社会保障法的形式而存在，以保障其得以实施。

（四）现行社会保障立法存在的问题

虽然新中国社会保障法制建设历经半个多世纪，制定过多部社会保障方面的法律和法规，但从总体上看中国的社会保障法制建设还十分落后，这主要表现在以下几个方面：

1. 缺乏整体规划，体系残缺不全

一方面，从宪法中的有关规定直接到国务院及其职能部门颁布的各种与社会保障有关的行政性法规、规章、制度，中间没有相应的社会保障法律承上启下，形成的是一种断层的局面。另一方面，虽然颁布了几部与社会保障有关的法律，社会保险、社会救助、社会福利等基本理念已经形成，但是还没有相应的比较完善的法律，部分社会保障项目仅仅依靠有限的暂行办法或通知、规定来实施，很明显反映出中国的社会保障法律制度的建设不仅缺乏整体规划，还缺乏体系。社会保障法制体系的残缺不全造成的是社会保障运行过程中无法可依或法律依据不足的局面。

2. 社会保障的地方法规混乱

由于我国地区多样性的特殊国情和改革步伐渐进性等原因，社会保障制度改革及其立法走的是“中央试点指导，地方立法为主”的道路。这虽然在一定程度上有利于改革的进行，但其问题也是明显的。这种模式客观上形成了地区之间社会保障制度的不统一、法规混乱的现实状况。在没有权威性的社会保障基本法的情况下，地方法规具有较强的独立性，由此产生的后果就是社会保障的地方保护主义。社会保障的目的之一就是要用国民收入再分配过程中的平等来调节初次分配中的差别，从而减少社会矛盾，而地方保护主义显然与此相违背。

3. 法律责任和制裁措施缺失，体系功能弱化

在我国已经制定的社会保障法规中普遍存在着对于违反社会保障法的行为无明确的法律责任为依据做出相应制裁的现象，无法确保社会保障措施的有效实施。目前在社会保障

方面发生争议进行仲裁和提起诉讼时，由于社会保障法的立法层次低、立法滞后和已有法律规范的缺陷，仲裁机关和法院无法根据有效的法规对社会保障争议、纠纷进行仲裁和判决，部分争议处于无法可依的状态，违法者得不到法律制裁，逍遥法外。比如，针对现实中大量存在的挪用和挤占社会保障基金的不法行为，《劳动法》第 74 条规定："任何组织和个人不得挪用社会保险基金"，但条文中没有明确制裁措施。再比如，《刑法》中也只对挪用救灾、抢险、防汛、优抚、扶贫、移民、救助款物的行为做出刑法处罚，对挪用社会保险基金却没有详细规定。因此，我国社会保障体系功能弱化，不能产生较好的强制性作用，这是我国社会保障立法的明显缺陷。

4. 社会保障法的效力层次不高

社会保障是一个国家社会经济生活的基本问题之一，社会保障法应该成为一个独立的法律部门来规制社会保障法律关系。然而从目前我国社会保障立法的现状来看，正在实施的社会保障规范性文件主要都是由国务院或各部委制定的行政性法规或部门规章制度，其立法的效力层次较低，我国社会保障法律制度的权威性、稳定性较差。

第四节　社会保障争议处理制度

一、社会保障争议的概念

社会保障争议又称社会保障纠纷，即社会保障当事人之间围绕社会保障权利、义务发生的纠纷，通常围绕社会保障法律关系的建立和相应权利、义务的履行而展开。社会保障争议的主体是社会保障法律关系的主体。社会保障法律关系的主体包括社会保障主管部门、社会保障经办机构、用人单位、受保障人及其他有关单位。社会保障争议的内容涉及社会保障权利和社会保障义务。

二、社会保障争议的类型

社会保障争议主要划分为两类：（1）社会保障行政争议。劳动保障行政部门、社会保障经办机构等行政机关在依照法律、法规及有关规定经办社会保障事务过程中与公民、法人或者其他组织发生的争议。（2）社会保障劳动争议。单位与被保险人之间基于劳动关系产生的社会保障权利、义务争议。

之所以将社会保障争议作这样的划分，是由于在中国现行社会保障争议处理制度中因为争议的种类、主体不同而设置了不同的争议解决机构，采用了不同的法律制度、程序和处理原则。第一类争议属于行政争议，适用社会保障行政处理制度，即社会保障行政复议和行政诉讼。第二类争议属于劳动争议，比照适用劳动争议处理制度，即劳动争议调解、仲裁和诉讼。

三、社会保障行政争议处理方式[①]

（一）社会保障行政复议

社会保障行政复议是指当事人对实施社会保障管理职能的劳动保障行政部门、社会保险经办机构等行政机关和法律法规授权组织的行政处理决定有意见，向劳动保障行政机关提出要求重新处理的一种制度，是公民、法人或其他组织通过行政救济解决行政争议的一种方法。1999 年 4 月 29 日，第九届全国人民代表大会常务委员会第九次会议通过的《中华人民共和国行政复议法》明确规定，“申请行政机关依法发放抚恤金、社会保险金或者最低生活保障费，行政机关没有依法发放的”，公民、法人或其他组织可以提起行政复议。2001 年 5 月 8 日，原劳动和社会保障部颁发的《社会保险行政争议处理办法》对可以提起行政复议的行为进行了详细的界定：（1）没有依法办理社会保险登记、变更或者注销手续的；（2）没有按规定审核社会保险缴费基数的；（3）没有按规定记录社会保险费缴费情况或者拒绝查询缴费记录的；（4）违法收取费用或者违法要求履行义务的；（5）对经办机构核定的社会保险待遇标准有异议的；（6）不依法支付社会保险待遇或者对经办机构停止享受社会保险待遇有异议的；（7）认为经办机构未依法为其调整社会保险待遇的；（8）认为经办机构未依法为其办理社会保险关系转移或者接续手续的；（9）认为经办机构的其他具体行政行为侵犯其合法权益的。该办法规定，对于有上述（2）、（5）、（6）、（7）项情形之一的行为，公民、法人或者其他组织可以直接向劳动保障行政部门申请行政复议，也可以先向做出该具体行政行为的经办机构申请复查，对复查决定不服的，可再向劳动保障行政部门申请行政复议。申请人对劳动保障行政部门做出的行政复议决定不服的，可以依法向人民法院提出行政诉讼。

此外，1999 年 1 月，国务院颁布的《社会保险费征缴暂行条例》，规定缴费单位和缴费个人对劳动保障行政部门或者税务机关的处罚决定不服的，也可以依法申请复议。2010 年 12 月 20 日，《国务院关于修改〈工伤保险条例〉的决定》将《工伤保险条例》第 53 条改为第 55 条，修改为：有下列情形之一的，有关单位或者个人可以依法申请行政复议，也可以依法向人民法院提起行政诉讼：（1）申请工伤认定的职工或者其近亲属、该职工所在单位对工伤认定申请不予受理的决定不服的；（2）申请工伤认定的职工或者其近亲属、该职工所在单位对工伤认定结论不服的；（3）用人单位对经办机构确定的单位缴费费率不服的；（4）签订服务协议的医疗机构、辅助器具配置机构认为经办机构未履行有关协议或者规定的；（5）工伤职工或者其近亲属对经办机构核定的工伤保险待遇有异议的。新修改的《工伤保险条例》第 55 条取消了原有的工伤认定中的行政复议前置程序，代之以“有关单位或者个人可以依法申请行政复议，也可以依法向人民法院提起行政诉讼”，赋予工伤认定

① 孙光德、董克用. 社会保障概论[M]. 北京：中国人民大学出版社，2012.

具体行政行为的相对人选择的权利。从此，工伤患者有望进一步缩短获得工伤认定和赔偿的时间，适当简化了工伤处理程序。

（二）社会保障行政诉讼

社会保障行政诉讼是指公民、法人或其他组织认为实施社会保障管理职能的劳动保障行政部门、社会保险经办机构等行政机关和法律法规授权的组织的行政行为侵犯其合法权益，依法向人民法院请求司法保护，人民法院通过对被诉行政行为的合法性进行审查，从而解决特定范围内行政争议的活动。1989 年 4 月 4 日，第七届全国人民代表大会第二次会议通过的《中华人民共和国行政诉讼法》规定了行政诉讼的有关制度和程序。社会保障行政诉讼属于行政诉讼的一种，与其他行政案件一样，由法院行政审判庭进行审理。人民法院受理社会保障行政案件，应符合如下条件：（1）当事人资格合法。社会保障行政诉讼要由用人单位或劳动者提起，被告人只能是实施社会保障管理职能的劳动保障行政部门、社会保险经办机构等行政机关和法律法规授权的组织。（2）复议前置。当事人在提起社会保障行政诉讼之前，须先向行政机关申请复议，对复议决定不服或者在法定期间复议机关没有做出复议决定的，当事人才能到法院提起行政诉讼，但法律法规另有规定的除外。（3）有具体的诉讼请求和事实根据。（4）属于人民法院受理范围和受诉人民法院管辖。（5）原告起诉必须在法定的期间进行，否则法院可不予受理。

《行政诉讼法》还规定了处理社会保障行政诉讼的程序，并明确规定被告对做出的具体行政行为负有举证责任，应当提供做出该具体行政行为的证据和所依据的规范性文件。《行政诉讼法》规定，法院对被诉的具体行政行为是否合法进行审查，做出维持具体行政行为或撤销具体行政行为，要求行政机关履行法定义务或变更具体的行政处罚行为的判决。在行政诉讼审理过程中，法院对行政案件宣告判决或者裁定前，原告申请撤诉，或者被告改变所做出的具体行政行为，原告同意并申请撤诉的，要经过法院审查原告申请撤诉的理由和案件具体情况后，才能裁定是否准许撤诉。

四、社会保障劳动争议处理方式①

社会保障劳动争议是指劳动关系双方当事人因社会保障权利和义务而发生的纠纷，或两者之间关于社会保障权利和义务产生分歧而引起的争议。根据国务院 1993 年制定的《中华人民共和国企业劳动争议处理条例》第二条第二项的规定，中华人民共和国境内的企业与职工之间因执行国家有关工资、保险、福利、培训、劳动保护的规定发生的劳动争议适用该条例。因此企业与职工之间的社会保险争议，应当按照《中华人民共和国企业劳动争议处理条例》的规定进行处理。按照《中华人民共和国企业劳动争议处理条例》的规定，用人单位与劳动者之间发生社会保障劳动争议，当事人可以依法申请调解、仲裁、提起诉讼，也可以协商解决。应当根据合法、公正、及时处理的原则，依法维护当事人的合法权

① 孙光德、董克用. 社会保障概论[M]. 北京：中国人民大学出版社，2012.

益。劳动争议发生后，当事人应当协商解决；不愿协商或者协商不成的，可以向本企业劳动争议调解委员会申请调解；调解不成的，可以向劳动争议仲裁委员会申请仲裁。当事人也可以直接向劳动争议仲裁委员会申请仲裁。对仲裁裁决不服的，可以向人民法院起诉。

第五节　社会保险法

一、社会保险法的概念

社会保险法是调整社会保险法律关系的法律规范的总称，它是社会保障法体系的重要组成部分，在社会保障法体系中居于核心地位，是实现社会保险目标的基本纲领。社会保险法对社会保险项目体系、实施范围与实施对象、经费来源、待遇标准、发放办法等内容做出法律规定，并且明确社会保险机构的性质和职能、社会保险的组织形式与地位、社会保险的管理与监督等事项。社会保险目的是保障被给付者的基本生活需要，属于基本性的社会保障。它主要是通过向遇到各种风险的社会成员提供帮助而实现维护社会稳定、促进社会的进步发展。

二、社会保险法律关系

社会保险法律关系有广义和狭义之分。广义的社会保险法律关系是指社会保险关系的主体在社会保险活动中依据社会保险法形成的权利义务关系，具体包括社会保险资金筹集关系、社会保险待遇支付关系、社会保险监督关系以及社会保险争议解决关系等。狭义的社会保险法律关系则是指社会保险当事人之间依法形成的收取和缴纳社会保险费、支付和享受社会保险待遇的相互权利、义务关系。从具体内容上看，狭义的社会保险法律关系主要包括征缴主体、雇主和雇员基于社会保险费用的征缴而产生的法律关系以及给付主体、给付辅助机构与被保险人（包括被保险人之外的其他保险对象）基于社会保险待遇给付而发生的法律关系。

（一）社会保险法律关系的要素

社会保险法律关系的要素是指构成法律关系的必要条件，包括主体、客体和内容。

1. 社会保险法律关系的主体

社会保险法律关系的主体是指依法参加社会保险法律关系，享受社会保险权利和承担社会保险义务的人。具体包括：

（1）保险人。又称承保人，在我国称社会保险经办机构，它是依法经办社会保险业务的主体，主要包括社会保险费用征缴主体和社会保险待遇给付主体。我国当前的社会保险经办机构由劳动保障行政部门按照国务院有关规定设立，受劳动保障行政部门管理，在法律性质上属于相对独立的、事业性的、非营利性的法人机构。

保险人的主要职责有：

①社会保险登记。用人单位应当自成立之日起30日内凭营业执照、登记证书或者单位印章，向当地社保经办机构申请办理社保登记，社保经办机构应当自收到申请之日起 15日内予以审核，发给社会保险登记证件。用人单位应当自用工之日起30日内为其职工向社保经办机构申办社保登记。未办理社保登记的，由社保经办机构核定其应当缴纳的社会保险费。

②建档。即为用人单位建立档案，完整、准确地记录参加社会保险的人员、缴费等社保数据，妥善保管登记、申报的原始凭证和支付结算的会计凭证。

③个人权益记录。即应及时、完整、准确地记录参加社会保险的个人缴费和用人单位为其缴费的情况，以及享受社会保险待遇等个人权益记录，定期将个人权益记录单免费寄送个人。

④咨询服务。即应免费为用人单位和个人提供社会保险咨询等相关服务。

⑤社保待遇支付。即应按时足额支付社保待遇。

⑥公布和汇报社保基金情况。即应定期向社会公布参加社会保险情况以及社保基金的收入、支出、结余和收益情况，定期向社会保险监督委员会汇报社保基金的收支、管理和投资运营情况。

⑦社会保险稽核。稽核是指社保经办机构依法对社会保险费缴纳情况和社会保险待遇领取情况进行的核查。

⑧受理举报、投诉。对于属于本机构职责范围的，应依法处理；对于职责范围以外的，应书面通知并移交有权处理的部门处理。

⑨加强内部管理，即应建立健全业务、财务、安全和风险管理制度，完善社会保险信息系统。

（2）被保险人。亦称受保人，是指对社会保险标的享有保险利益，并享有社会保险待遇给付请求权的主体。一般指已由用人单位为其投保或已由本人投保社会保险的劳动者。根据被保险人资格取得方式，被保险人可以分为两种：强制被保险人和任意被保险人。强制被保险人是指依据法律规定必须参加社会保险的被保险人，其被保险人资格的取得是基于法律规定。任意被保险人是指符合法定条件，通过申请而取得参加社会保险资格的被保险人。

①被保险人的权利主要有：依法领取社会保险金和享受其他社会保险待遇，查询与本人有关的社会保险缴费记录，要求保险人提供社会保险咨询及其他服务，监督保险人和用人单位的社会保险工作，就与本人有关的社会保险争议提请仲裁、行政裁决、行政复议或提起诉讼。

②被保险人的义务有：依法按时足额缴纳社会保险费。

（3）投保人。亦称要保人，是指为被保险人建立社会保险关系，缴纳社会保险费用的主体。一般为用人单位，在有的情况下，劳动者也是投保人。

①投保人的主要义务有：按规定参加社会保险，为被保险人投办法定项目的社会保险，按期、足额向保险人缴纳保险费，就保险合同条款向被保险人作如实陈述，接受保险人的检查监督。

②投保人的主要权利有：向保险人查验本单位缴费记录，要求保险人提供社会保险咨询，监督保险工作，就与本单位有关的社会保险争议提请仲裁、行政裁决、行政复议或提起诉讼。

（4）受益人。受益人是基于同被保险人的一定关系而享有一定保险利益的主体。一般限于法定范围内的与被保险人存在亲属关系的主体。受益人的社会保险受益权并不是就被保险人所得保险待遇分享利益，而是有权在被保险人所得保险待遇之外，或者在被保险人死亡之后，按照法定项目和标准获得物质帮助。其保险待遇给付请求权是由被保险人的权利移转或延伸而来的。如劳动和社会保障部《因工死亡职工供养亲属范围规定》对被保险人因工死亡时，对其他可以请领工伤保险待遇的保险对象的资格的取得和丧失进行了规定。根据其规定，死亡职工供养亲属是指该职工的配偶、子女、父母、祖父母、外祖父母、孙子女、外孙子女、兄弟姐妹。

（5）社会保险辅助机构。社会保险辅助机构是指对社会保险制度的运行起协助作用的专业机构，如医疗保险和工伤保险中的定点医疗机构。医疗服务机构主要分为三类：主管机关指定的医疗服务机构、社会保险经办机构指定的医疗服务机构以及社会保险经办机构开设的医疗服务机构。

（6）监督人。监督人是指在社会保险法律关系的运行过程中享有监督权利和职责的主体。监督包括立法机关的监督、行政机关的监督、司法机关的监督，此外，社会保险还要接受工会的监督以及社会的监督，做到信息公开、透明。根据《社会保险法》第 6 条的规定：国家对社会保险基金实行严格监管。国务院和省、自治区、直辖市人民政府建立健全社会保险基金监督管理制度，保障社会保险基金安全、有效运行。县级以上人民政府采取措施，鼓励和支持社会各方面参与社会保险基金的监督。第 9 条规定：工会依法维护职工的合法权益，有权参与社会保险重大事项的研究，参加社会保险监督委员会，对与职工社会保险权益有关的事项进行监督。第 76 条规定：各级人民代表大会常务委员会听取和审议本级人民政府对社会保险基金的收支、管理、投资运营以及监督检查情况的专项工作报告，组织对本法实施情况的执法检查等，依法行使监督职权。第 80 条规定：统筹地区人民政府成立由用人单位代表、参保人员代表，以及工会代表、专家等组成的社会保险监督委员会，掌握、分析社会保险基金的收支、管理和投资运营情况，对社会保险工作提出咨询意见和建议，实施社会监督。

2. 社会保险法律关系的客体

社会保险法律关系的客体是指社会保险法律关系的权利、义务所指向的对象。社会保险法律关系的客体主要是社会保险费用征缴行为、社会保险待遇给付行为以及社会保险监督行为。

3. 社会保险法律关系的内容

社会保险法律关系的内容是指社会保险法律关系主体在社会保险活动中依法所享有的

权利、义务。社会保险法律关系的内容主要在两个方面，即社会保险费用缴纳请求权、社会保险费用缴纳义务以及社会保险待遇给付请求权、社会保险待遇给付义务。①

（二）社会保险法律事实

法律事实是法律规范所规定的，能够引起法律后果即法律关系产生、变更和消灭的现象。社会保险法律事实是指社会保险法律规范所规定的，能够引起社会保险法律关系产生、变更或者消灭的各个事实。社会保险法律事实以是否以权利主体的意志为转移的标准可以分为事件和行为：前者主要是指不以权利主体意志为转移的法律事实，主要包括保险事故和缴费年限；后者则是指以权利主体的意志为转移的法律事实，主要包括民事法律行为、行政行为以及行政合同。引起社会保险法律关系产生、变更或者消灭的事实往往不是单一事实，通常情形下，是由多个事实相结合而整体上所引发的，因此属于事实构成。②

（三）社会保险法律关系的性质

社会保险法是社会法，其性质具有公私兼容性，因此，社会保险法律关系也呈现公私兼容的属性。一方面，基于社会保险基础关系，被保险人对保险人享有社会保险待遇给付请求权，而保险人承担相应的给付义务，而该义务实际是由第三人——社会保险辅助机构来替代履行。该社会保险辅助机构替代履行的义务则是基于其与保险机构之间的行政行为或者行政合同关系，所以，被保险人的社会保险待遇给付请求权的产生以及社会保险辅助机构替代履行义务的产生都是基于公法上的关系。我国《社会保险费征缴暂行条例》等法律规定，社会保险争议应通过行政渠道寻求救济。由此可知立法者乃是将其定位为公法关系。另一方面，被保险人与社会保险辅助机构之间由于相应的辅助服务如医疗服务所形成的关系，与一般人在社会保险辅助机构接受相应服务形成的关系并无二致，所以其相互之间还具有私法上的关系。③

三、社会保险法律责任

（一）违反社会保险法的责任的概念及形式

1. 违反社会保险法的责任的概念

社会保险法与其他法律一样，以国家强制力为后盾，而法律责任就是法律强制力的体现，它是社会保险法得以贯彻实施的有力保障。违反社会保险法的责任是指社会保险关系主体因违反社会保险法律、法规而依法应当承担的法律后果。这一概念包含两个方面的内容：

第一，违反社会保险法的责任主体是指用人单位、劳动者以及社会保险经办机构、社

① 徐波. 劳动和社会保障法学[M]. 厦门：厦门大学出版社，2012.
② 徐波. 劳动和社会保障法学[M]. 厦门：厦门大学出版社，2012.
③ 徐波. 劳动和社会保障法学[M]. 厦门：厦门大学出版社，2012.

会保险行政部门等管理部门。承担法律责任的既可能是自然人，也有可能是法人和政府机关。

第二，上述主体必须是实施了违反社会保险法律、法规的行为，引起法律责任这一消极的法律后果。引起消极后果首先是主体违反了法律规范的事先规定。这些规定说明事先存在着社会保险关系主体的义务。它们包括作为基准法的《社会保险法》、《劳动法》和《劳动合同法》，也包括其他单行的社会保险法规，如《征缴条例》、《劳动保障监察条例》、《工伤保险条例》、《失业保险条例》等。其次是引起的消极后果要有违法的法律事实，即存在违法行为。这些违法行为可以以积极作为的方式表现，也可以以消极不作为的方式表现。最后，对于违反社会保险法的责任的追究，必须以国家强制力为保证，由有权的国家机关依法予以实施。

2. 违反社会保险法的责任的形式

根据法律调整和违法行为所侵害的社会关系性质、特点以及侵害的程度等，社会保险关系主体违反社会保险法应承担的法律责任有三种基本形式：行政责任、民事责任和刑事责任。

（1）行政责任

行政责任是指社会保险关系主体，主要是用人单位和社会保险行政部门实施了社会保险法律、法规所禁止的行为，引起行政法上必须承担的法律后果，依法应当给予的行政制裁。对违反社会保险法的行为人追究行政责任是由社会保险关系具有一定的行政隶属性特征所决定的。行政责任的形式分为行政处分和行政处罚两种。

行政处分是针对社会保险行政部门或有关部门的工作人员违反社会保险法律、法规，情节轻微，不够追究刑事责任而给予的一种行政制裁。制裁的种类、权限、程序由《行政机关公务员处分条例》规定。根据该规定，行政处分有警告、记过、记大过、降级、降职、撤职和开除六种形式，针对不同的违法行为及其程度予以适用。

行政处罚是指社会保险行政部门或有关部门，对相关违法部门和用人单位违反社会保险法律、法规，尚未构成犯罪的行为给予的一种行政制裁。根据《行政处罚法》的规定，行政处罚的种类主要有警告、罚款、没收违法所得、没收非法财物、责令停产停业、暂扣或者吊销许可证、暂扣或者吊销执照和行政拘留等形式。在《社会保险法》中规定的违反社会保险法适用的行政处罚主要为没收违法所得、吊销执业资格和罚款。

需要说明的是，《社会保险法》中多次提到的“责令改正”、“责令限期缴纳或补足社会保险金”以及“责令退回保险金”，该种方式有人认为是行政处罚，但也有人认为并不是独立的行政处罚种类，而是行政机关在行政管理过程中采取的一种行政管理措施，一般在实施行政处罚的同时附加使用。本书倾向于后一种观点。此外，滞纳金也是承担社会保险责任的一种形式，这种形式属于间接强制执行。

由于《社会保险法》在“法律责任”一章中较多地规定了用人单位和社会保险行政部门违反社会保险法的责任，因此，行政责任成为《社会保险法》及其相关法律、法规中社会保险关系当事人承担法律责任的主要形式。这在一定程度上体现了《社会保险法》作为社会法的特殊性。《社会保险法》强化相关部门和用人单位行政责任的方式有利于保护参保人的合法权益，有助于社会公平的实现，这与《社会保险法》的立法宗旨是相一致的。

（2）民事责任

民事责任是指在平等的法律关系中，一方当事人实施了违反社会保险法律、法规规定的行为，侵犯了另一方当事人的合法权益，或者造成一定的财产损失时应承担的具有经济赔偿性质的法律责任。在社会保险法律关系中，用人单位与劳动者是平等的民事主体，具有相应的民事权利和义务，如果有一方当事人不履行义务或不能完全履行义务，给对方当事人造成损失的，应当承担民事责任。至于用人单位和参保者与社会保险管理和经办机构等行政部门之间虽然存在管理与被管理的关系，但是，当行政部门及其工作人员因其违法行为给参保人和用人单位造成损失的，其亦应当承担赔偿责任。该赔偿责任的性质属于行政赔偿还是民事赔偿，有人认为属于民事赔偿，本书认为该赔偿是基于行政管理关系而发生的，因而属于行政赔偿责任。

（3）刑事责任

刑事责任是指社会保险有关管理和经办部门以及用人单位和个人违反社会保险法律、法规，情节后果严重，构成犯罪应当承担的法律责任。刑事责任是最严重的一种法律责任。追究刑事责任的主体只能是司法机关。一般而言，只有触犯了我国现行《刑法》的规定才承担刑事责任，但《社会保险法》中有些条款也体现了《刑法》的相关内容，因此行为人一旦违反这些规定，其社会危害性已超出行政制裁和民事制裁的范围，构成犯罪，就必然要承担刑事责任。

行政责任、民事责任和刑事责任是违反社会保险法责任的三种基本形式，也是社会保险法得以贯彻实施的重要保障。三种责任形式既可以单独适用，也可以对一种违反社会保险法的行为同时适用两种或三种责任形式。值得注意的是，在适用的过程中，要防止以刑代罚、以罚代赔等不合法现象的发生。①

（二）用人单位违反社会保险法的行为及处理

1. 用人单位不办理社会保险登记的行为及处理

《社会保险法》第 57 条规定：“用人单位应当自成立之日起三十日内……向当地社会保险经办机构申请办理社会保险登记。”这说明，用人单位进行社会保险登记是其法定义务，但是实践中一些用人单位从自身利益出发，拒不参加社会保险，逃避社会保险缴费义务，在损害了劳动者合法权益的同时，也将导致社会保险法制度实施的落空。为此，《社会保险法》第 84 条规定：“用人单位不办理社会保险登记的，由社会保险行政部门责令限期改正；逾期不改正的，对用人单位处应缴社会保险费数额一倍以上三倍以下的罚款，对其直接负责的主管人员和其他直接责任人员处五百元以上三千元以下的罚款。”

2. 用人单位拒不出具终止或者解除劳动关系证明的行为及处理

《社会保险法》第 50 条规定：“用人单位应当及时为失业人员出具终止或者解除劳动关系的证明，并将失业人员的名单自终止或者解除劳动关系之日起十五日内告知社会保险经

① 徐波. 劳动和社会保障法学[M]. 厦门：厦门大学出版社，2012.

办机构。失业人员应当持本单位为其出具的终止或者解除劳动关系的证明，及时到指定的公共就业服务机构办理失业登记。失业人员凭失业登记证明和个人身份证明，到社会保险经办机构办理领取失业保险金的手续。”《劳动合同法》第 50 条也规定了用人单位应当在解除或者终止劳动合同时出具解除或者终止劳动合同的证明并在 15 日内为劳动者办理档案和社会保险关系转移手续。

但在实践中，有的用人单位在解除或者终止劳动合同后故意刁难劳动者，不开具有关证明，甚至扣押劳动者的档案，影响了劳动者社会保险关系的转移接续和享受失业保险待遇。如果单纯给用人单位以处罚并不能解决失业人员的损失。为此，《社会保险法》规定这种情形按照《劳动合同法》第 89 条的责任规定处理，即用人单位未向劳动者出具解除或终止劳动合同的书面证明，由劳动行政部门责令改正；给劳动者造成损害的，应当承担赔偿责任。

用人单位拒不出具终止或者解除劳动关系证明的行为，给劳动者造成的损害包括两个方面，一是失业人员由于没有相关书面证明而不能领取失业保险金和享受失业期间相关医疗保险待遇的损失；二是失业人员由于没有相关书面证明而不能根据有关国家规定在再就业或者自主创业时享受税收等优惠政策造成的损失。对于这些损失由于都是因用人单位不按规定出具解除或者终止劳动合同的书面证明造成的，因此，理应由其承担赔偿责任。

3. 用人单位未按时足额缴费的行为及处理

社会保险费是社会保险基金的主要来源，用人单位能否按时足额缴纳社会保险费，关系到社会保险基金的安全和社会保险制度的有效运行。同时，用人单位依法按时足额为劳动者缴纳社会保险费也是其职工享受社会保险待遇的前提。《社会保险法》第 60 条规定了用人单位应当自行申报、按时足额缴纳社会保险费，非因不可抗力等事由不得缓缴和减免。实践中，有的用人单位社会保险法律意识淡薄，不愿承担缴费义务，甚至恶意欠费；还有一些没有生产能力、生产项目和效益收入的企业，因为不具备缴费能力，只申报却不缴费。

用人单位未按时足额缴纳社会保险费将影响社会保险基金的安全和社会保险制度的有效运行，甚至间接损害参保人的合法权益。因此，《社会保险法》第 86 条规定：用人单位未按时足额缴纳社会保险费的，由社会保险费征收机构责令限期缴纳或者补足，并自欠缴之日起，按日加收万分之五的滞纳金；逾期仍不缴纳的，由有关行政部门处欠缴数额一倍以上三倍以下的罚款。其中，责令限期缴纳或者补足的主体是社会保险费征收机构，而处以罚款的则是社会保险行政部门或有关行政部门。因为社会保险经办机构属于事业单位，没有行政处罚权。①

（三）社保经办机构违反社会保险法的行为及处理

1. 社保经办机构骗取社保基金支出的行为及处理

由于我国社会保险基金监管制度起步晚，相关法律、法规不够健全，尽管有《征缴条例》、《社会保险费征缴监督检查办法》和《社会保险稽核办法》等行政法规和部门规章对

① 徐波. 劳动和社会保障法学[M]. 厦门：厦门大学出版社，2012.

社会保险基金进行监督，但骗取社会保险基金支出的现象仍时有发生，尤其是社保经办机构由于直接处在社会保险工作的一线，对其利用职务之便骗取基金支出的可能性必须加强监督。

实践中，欺诈、伪造证明材料或者其他手段种类繁多，包括允许非参保人员以参保的名义就医，允许使用医疗保险个人账户基金购买保健品、化妆品及其他用品，提供虚假疾病诊断证明、病例、处方和医疗费票据等资料，弄虚作假将不符合工伤条件的人员认定为工伤职工等。由于骗取社会保险基金支出的行为一方面具有主观恶意，另一方面严重侵犯了社会保险基金的安全，需要加大对这类行为的处罚力度。为此，《社会保险法》第 87 条规定："社会保险经办机构……以欺诈、伪造证明材料或者其他手段骗取社会保险基金支出的，由社会保险行政部门责令退回骗取的社会保险金，处骗取金额二倍以上五倍以下的罚款。"该规定对骗取社保基金行为的惩处力度比《劳动保障监察条例》、《工伤保险条例》和《失业保险条例》的相关规定大大提高。这些条例规定：骗取社会保险待遇或者骗取社会保险基金支出的，其罚款金额均为骗取金额的一倍以上三倍以下。由于《社会保险法》是基本法律，其法律位阶高于上述条例，所以《社会保险法》实施后，上述条例中的罚款规定将不再执行，统一按照《社会保险法》的罚款额度进行执法。

2. 社保经办机构擅自更改社会保险费缴费基数、费率的行为及处理

《征缴条例》第 3 条规定：社会保险费的费基、费率依照有关法律、行政法规和国务院的规定执行，社保经办机构不得随意调整。缴费基数和费率决定了社会保险基金的收入，反映了国家的社会保险费的负担水平，应当由国家作出规定。社会保险费征收机构擅自更改社会保险费基数和费率，导致基金少收时损害社会保险基金的安全，多收时则会加重用人单位的负担，都是违法行为。为此，《社会保险法》第 90 条规定：社会保险法征收机构擅自更改社会保险费缴费基数、费率，导致少收或多收社会保险费的，由有关行政部门责令其追缴应当缴纳的社会保险费或者退还不应当缴纳的社会保险费；对直接负责的主管人员和其他直接责任人员依法给予处分。另外，《失业保险条例》第 30 条规定：劳动保障行政部门和社保经办机构的工作人员滥用职权、徇私舞弊、玩忽职守，造成失业保险基金损失的，由劳动保障行政部门追回损失的失业保险基金；构成犯罪的，依法追究刑事责任；尚不构成犯罪的，依法给予行政处分。

因此，社保经办机构擅自更改社会保险费缴费基数、费率的法律责任承担形式有三种：一是有关行政部门责令其追缴或者退还少收或多收的社会保险费；二是对直接负责的主管人员和其他直接责任人员给予行政处分。由于社保经办机构工作人员属于参照《公务员法》管理的工作人员，根据《公务员法》的规定给予包括警告、记过等形式在内的处分；三是社保经办机构的工作人员滥用职权、徇私舞弊、玩忽职守，造成社会保险基金损失，构成犯罪的，依法追究刑事责任。

3. 社保经办机构隐匿、转移、侵占、挪用社保基金或者违规投资运营行为及处理

社会保险基金是社会保险制度的经济物质基础，其安全运行与否关系到一国的经济和社会稳定。《社会保险法》第 69 条规定：社会保险基金在保证安全的前提下，按照国务院规定投资运营实现保值、增值。社会保险基金不得违规投资运营，不得用于平衡其他政府

预算，不得用于兴建、改建公共场所和支付人员经费、运行费用、管理费用，或者违反法律、行政法规的规定挪作其他用途。隐匿、转移、侵占、挪用社会保险基金或者违规投资运营将造成社会保险基金流失，影响社会保险基金的安全和支付能力，因此，必须承担相应的法律责任。

按照《社会保险法》第91条的规定，隐匿、转移、侵占、挪用社会保险基金或者违规投资运营行为的法律责任承担方式有四种：一是责令追回，使被隐匿、转移、侵占、挪用的社会保险基金或者违规投资运营的社会保险基金恢复到原来状态。有权责令追回的主体是社会保险行政部门、财政部门和审计机关。二是没收违法所得，将侵占、挪用、违规投资所得的收益、利息收归国有。三是对直接负责的主管人员和其他直接责任人员依法给予处分。四是可能构成犯罪的，依法追究刑事责任。

4. 社保经办机构泄露用人单位和个人信息的行为及处理

用人单位信息可能关系到用人单位的商业秘密，而个人信息可能关系到个人隐私，这些信息一旦泄露到社会将会影响用人单位的经济利益和个人的正常生活。同时，如果这些信息被不法分子利用，就容易侵犯个人隐私甚至引发社会安全事件。在社会保险登记、社会保险费征收等过程中，社会保险经办机构及其工作人员掌握了大量的用人单位和个人信息，为了加强信息安全，《社会保险法》第81条规定了社会保险经办机构及其工作人员应当依法为用人单位和个人的信息保密，不得以任何形式泄露。对于泄露用人单位和个人信息的，《社会保险法》第92条规定了两项法律责任：一是对直接负责的主管人员和其他直接责任人员给予处分；二是给用人单位或者个人造成损失的，应当承担赔偿责任。承担赔偿责任的前提是能够证明损失的造成是由社会保险经办机构及其工作人员造成的。此外，《刑法》第253条还规定了泄露用人单位和个人信息的刑事责任：国家机关或者金融、电信、交通、教育、医疗等单位的工作人员，违反国家规定，将本单位在履行职责或者提供服务过程中获得的公民个人信息，出售或者非法提供给他人，情节严重的，处3年以下有期徒刑或者拘役，并处或者单处罚金。

5. 社保经办机构及其工作人员其他违反社会保险法的行为及处理

为促使社保经办机构及其工作人员更好地履行有关社会保险法的法定职责、维护参保人的合法权益和社保基金的安全运行，同时也为了使违反社会保险法的责任落到实处，有必要对社保经办机构及其工作人员的行为进行约束和界定。为此，《社会保险法》第89条规定了以下行为为违反社会保险法的行为：

一是未履行社会保险法的法定职责；

二是未将社会保险基金存入财政专户；

三是克扣或者拒不按时支付社会保险待遇；

四是丢失或者篡改缴费记录、享受社会保险待遇记录等社会保险数据、个人权益记录；

五是有违反社会保险法律、法规的其他行为。

对于上述违法行为，社保经办机构及其工作人员应承担的法律责任有三种形式：一是由社会保险行政部门责令改正；二是对因上述违法行为给社会保险基金、用人单位或者个人造成损失的，依法承担赔偿责任；三是对直接负责的主管人员和其他直接责任人员依法给予行政处分。此外，如果社会保险经办机构及其工作人员触犯了刑法，还将依法追究其刑事责任。其刑事责任可能涉及的罪名包括滥用职权罪、玩忽职守和受贿罪等。[①]

（四）其他主体违反社会保险法的行为及处理

1. 社会保险服务机构违反社会保险法的行为及处理

基本医疗保险的目的是最大限度地满足人民群众的基本医疗需求，医疗机构、药品经营单位是医疗服务的提供方，应当为参保人员提供合理、必要的医疗服务。因此，《社会保险法》第31条规定，社会保险经办机构根据管理服务的需要，可以与医疗机构、药品经营单位签订服务协议，规范医疗服务行为。一方面，这些机构的功能在社会保险中不可或缺；另一方面，其医疗服务活动必须依法进行。如果其利用医疗服务活动骗取社会保险基金的支出、侵吞社会保险基金的，按照《社会保险法》第87条的规定，除了责令退回骗取的社会保险金，并处骗取金额两倍以上五倍以下的罚款外，还应由社会保险经办机构与其解除服务协议。对于直接负责的主管人员和其他直接责任人员是医师的，还要吊销其职业资格。

2. 税务部门擅自更改社会保险费缴费基数、费率的行为及处理

鉴于我国目前的社会保险费征收机构尚未实现完全统一，有些地方的工伤和生育保险不是由社会保险经办机构征缴，而是由税务部门征缴的，因此，如果税务部门发生擅自更改社会保险费缴费基数、费率的行为，则按照上述《社会保险法》第90条对社会保险经办机构相同行为的处罚进行处理。

3. 其他主体主要是个人骗取社会保险待遇的行为及处理

目前，我国社会保险改革不断深化，随着社会保险覆盖面日益扩大，社会保险基金面临欺诈的风险也增大。实践中，以欺诈、伪造证明材料或者其他手段骗取社会保险待遇的形式多样，如有的伪造身份证明或冒用他人身份证明骗取养老保险金；有的伪造、编造档案年龄、特殊工种年限和病历等办理提前退休；有的伪造、编造人事档案，以增加视同缴费年限；甚至出现了已经去世的人仍在领取养老保险待遇的案例。骗领、冒领社会保险基金等欺诈行为的屡屡发生直接影响了社会保险基金的安全。为此，《社会保险法》第88条规定：以欺诈、伪造证明材料或者其他手段骗取社会保险待遇的，由社会保险行政部门责令退回骗取的社会保险金，处骗取金额两倍以上五倍以下的罚款。该规定比《劳动监察条例》、《工伤保险条例》和《失业保险条例》中的骗取社会保险待遇或社会保险基金支出行为处一倍以上三倍以下的罚款标准更高，处罚力度更大。

4. 社会保险行政部门和其他有关行政部门及其工作人员泄露用人单位和个人信息的行为及处理

除了社会保险经办机构在开展社会保险业务的过程中能够获取用人单位和个人的信息外，在社会保险监督检查等过程中，社会保险行政部门、卫生行政部门、审计部门等有关行政部门及其工作人员也接触了大量的用人单位和个人的信息，因此，这些主体也应当依法为用人单位和个人的信息保密，不得以任何形式泄露。如果泄露，其承担的法律责任与

---

① 徐波. 劳动和社会保障法学[M]. 厦门：厦门大学出版社，2012.

社会保险经办机构相同。

5. 国家工作人员滥用职权、玩忽职守、徇私舞弊的行为及处理

国家工作人员在社会保险管理和监督工作中起着非常重要的作用，如果他们滥用职权、玩忽职守或徇私舞弊，将使社会保险制度的有效实施存在危机。这里的国家工作人员不仅指社会保险行政部门的国家工作人员，还包括卫生行政部门、财政部门、审计机关等机构的国家工作人员。滥用职权是指违反法定职权和程序，滥用、超越职权的行为，如社会保险费征收机构违法减免用人单位应当缴纳的社会保险费。玩忽职守是指不履行法律所赋予的职权，构成违法失职行为，如经办机构工作人员缺乏责任心，对工作马虎，疏于管理，造成社会保险基金被挪用或流失。徇私舞弊是指为了个人私利或亲友私情，不按法律、法规的规定办事，给社会保险基金造成损失。对于国家工作人员在社会保险管理、监督工作中的上述行为，应当依照《公务员法》给予行政处分。构成犯罪的，依法追究刑事责任。[①]

本章小结

1. 社会保障法是调整社会保障关系的法律规范的总称。具体来说，是指调整以国家、社会保障职能机构和全体社会成员为主体，为了满足全体社会成员的基本生活需要并不断提高其生活水平，以及解决某些特殊社会群体的生活困难而发生的社会关系的法律规范的总和。社会保障法的内容由社会风险覆盖事项和社会保障关系覆盖事项构成。社会风险覆盖事项包括生育、疾病、失业、职业伤害、年老/死亡和家庭困难；社会保障关系覆盖事项包括资金筹集与运营、制度管理与监督、待遇支付、争议处理等。

2. 社会保障法有利于促进市场经济的发展、有利于实现社会公平、有利于维护社会稳定、有利于保障人权、有利于增进国民福利。社会保障法要坚持社会保障水平与生产力发展水平相适应原则、权利与义务相统一原则、普遍性和选择性相结合原则、效率和公平相一致原则。

3. 社会保障法的历史发展进程是和整个社会保障制度发展进程相适应的。新中国社会保障法的形式包括：宪法，法律，行政法规，地方性法规、自治条例和单行条例，部门规章和地方规章，法律解释，条约与协定。

4. 社会保障争议又称社会保障纠纷，即社会保障当事人之间围绕社会保障权利、义务发生的纠纷，通常围绕社会保障法律关系的建立和相应权利、义务的履行而展开。社会保障争议的主体是社会保障法律关系的主体。社会保障争议的类型主要为社会保障行政争议和社会保障劳动争议两类。

5. 社会保险法是调整社会保险法律关系的法律规范的总称，它是社会保障法体系的重要组成部分，在社会保障法体系中居于核心地位，是实现社会保险目标的基本纲领。社会保险法律关系的要素是指构成法律关系的必要条件，包括主体、客体和内容。社会保险法

① 徐波. 劳动和社会保障法学[M]. 厦门：厦门大学出版社，2012.

律事实是指社会保险法律规范所规定的，能够引起社会保险法律关系产生、变更或者消灭的各个事实。违反社会保险法的法律责任是指社会保险关系主体因违反社会保险法律、法规而依法应当承担的法律后果。违反社会保险法应承担的法律责任有三种基本形式：行政责任、民事责任和刑事责任。

思考题

1. 社会保障法的特征有哪些?
2. 社会保障法的调整对象包含的内容有哪些?
3. 简述社会保障法的功能。
4. 社会保障法应遵循哪些原则?
5. 我国社会保障立法存在的问题有哪些?
6. 简述社会保障行政争议和劳动争议的处理方式。
7. 违反社会保险法的责任的形式有哪些?

深度阅读

1. 杨燕绥.社会保险法[M]. 北京：人民出版社，2012.

全书从法学视角，描述概念、梳理问题、分析案例、释译法条，系统阐述社会保障，分理论篇、制度篇和执行篇三部分。理论篇从探讨社会保障的概念、制度安排、立法原则、体系结构入手，阐明了社会保障法律关系的概念、社会保障法律关系要素及法律事实，以及国外社会保障立法情况。在此基础上制度篇分章节探讨了基本生活保障法、职业安全保障法、健康保障法、住房保障法、养老保障法等具体社会保障法律制度。执行篇主要探讨了社会保障公共服务法、社会保障基金管理法、社会保障权益保护等重要问题。

2. 黎建飞. 劳动与社会保障法教程[M]. 北京：中国人民大学出版社，2013.

本书从基本原理入手，系统分析了劳动与社会保障法的各项制度内容。就劳动法而言，作者详细阐述了劳动法的调整对象、劳动者的权利义务以及国家、用人单位和工会在劳动关系中的职责，并详尽阐述了劳动就业法、劳动合同法、劳动条件法、劳动保护法、劳动争议处理法、劳动监察法等劳动法的子系统。就社会保障法而言，作者根据我国对社会保障制度体系的划分标准，详细阐述了社会保险法、社会救济法、社会优抚法、社会福利法的内容，并对我国社会保障制度中出现的问题与对策提出了自己的思考。

第五章
社会救助制度

社会救助是人类历史上最早出现的福利制度安排，它是对因自然灾害或其他经济、环境、社会等原因而无法维持最低生活水平的社会成员，由政府主导所进行的通过提供款物接济和扶助的一种生活保障政策。它的主要功能是为了满足贫困者及其家庭成员基本生活需要而提供的最低生活保障。在实践中，社会救助一方面依然保留并将继续保留救灾、济贫等传统项目，另一方面也在根据社会经济发展的需要不断增加新的救助项目，其内容在不断丰富和完善。

第一节　社会救助概述

一、社会救助的含义和作用

（一）社会救助的含义

社会救助是指国家和其他社会主体依法对遭受自然灾害、失去劳动能力或者其他低收入公民给予物质帮助或精神救助，以维持其基本生活需求，保障其最低生活水平的各种措施。

社会救助的含义包括：(1) 对每一个公民来说，社会救助是他们应享受的权利，对于国家和社会来说，社会救助是他们应负的社会义务，这种权利和义务是通过立法确定的；(2) 公民只有因自然灾害或社会经济等原因造成生活困难，不能维持最低的生活水平时才发生作用；(3) 这一项目的受益者通常是无权享受社会保险的穷人，通常包括城乡居民中的灾民和生计发生严重困难的人以及那些在享受了社会保险以后仍然生活在贫困线以下的个人和家庭；(4) 资金主要来源于财政预算拨款、税收减免或社会捐赠。总之，社会救助具有在权利和义务方面的单向性，资金来源的单一性，享受对象的特殊性等特点。

（二）社会救助的作用

社会救助与社会保险一样在社会生产和扩大再生产过程中起着重要作用：

其一，保障困难群体的最低生活需求。社会救助的最根本目的是扶危济困，帮助处于困境中的社会成员减轻他们的困难程度，使他们尽快摆脱困难处境。

其二，有利于稳定社会秩序。困难群体的最低生活需求得到满足有利于增强社会关系的和谐度，这为社会稳定创造了一定的条件。社会关系，尤其是经济关系的协调与和谐可以促进政治的稳定。这样，社会的各项改革才能深入下去，经济才能实现可持续发展。

其三，有利于熨平经济周期。社会救助通常在财政政策中被当作自动稳定器来使用。当经济过热的时候，用于社会救助的支出会自动地减少，从而抑制经济过热的程度。当经济不景气的时候，用于社会救助的支出会自动地增加，从而抑制经济衰退的程度。可见，社会救助具有一定的自动熨平经济周期的作用。

二、社会救助的历史发展①

（一）社会救助的萌芽

社会救助是社会保障制度中最古老的项目。一般认为，它起源于原始社会末期人类出于恻隐之心或宗教信仰而对贫困者施以援手的慈善事业。在美国的《社会工作百科全书》中提到了这样一些历史事实：公元前 1750 年，巴比伦汉谟拉比国王发布的公平法典中包括了要求人们在困难时互相帮助的条款；公元前 1200 年的以色列，犹太人就被告之，上帝要求他们帮助贫困者和残疾人；公元前 500 年，希腊语中意为“人类博爱行为”的慈善事业在希腊城邦国家里被制度化，以鼓励公民为公益事业捐款并且在供贫民使用的公用设施中备有食物、衣服和其他物资；几乎同时期，中国的孔子在《论语》中宣称人是通过“仁”这种表示爱心的方式来相互约束的社会人，“仁”通常表现为全心全意地帮助贫困者；公元前 100 年，罗马帝国确立了所有罗马公民在贫困时可得到贵族家族分发的谷物的传统。

从历史渊源看，西方国家虽然早已废除了《济贫法》，但是《济贫法》的遗风犹存。在社会救助制度历史上，它被认为是社会救助立法方面的一个重要里程碑。《伊丽莎白济贫法》所建立的社会救助制度，确立了现代国家干预社会问题的基本立场，即管制、改造和救济相结合，直到 19 世纪这一立场仍深刻地影响着西方国家的社会救济和社会管理。直到德国俾斯麦政府创建了社会保险制度后，以预防为主对付社会经济风险的新的社会保障手段很快在欧洲各工业国迅速流行开来。②到 20 世纪 20 年代，欧洲各工业国在不同程度上都已建立了社会保险制度，社会救助从观念到形式也相应地经历了一些重大转变。

中国的济贫思想可谓源远流长。在两千多年前的春秋战国时期，诸子百家就对济贫思想及其问题有着不同的表述。其中最为著名的是儒家的“民本”、“仁政”（主张政府积极介

① 乐章. 社会救助学[M]. 北京：北京大学出版社，2008.

② 陈溪. 我国流浪乞讨人员社会救助措施的法律思考[D]. 吉林大学. 2004:31.

入）和“大同”（提倡民间互助互济）思想。尽管其目标重在社会控制，但确实精辟地概括出政府救助和社会援助这两种社会救助思路。墨子则主张“兼相爱、交相利”，提倡“天下之人皆相爱，强不执弱，众不劫寡，富不侮贫，贵不敖贱，诈不欺愚”，“有力者疾以助人，有财者勉以分人，有道者劝以教人”，“若此，则饥者得食，寒者得衣，乱者得治。若饥则得食，寒则得衣，乱则得治，此安生生”。墨家“兼爱”思想的重点是建立在“爱心”基础上的互助互济，是最具“社会性”的济贫思想。道家则主张“无为而治”。老子认为：“故圣人言：我无为而民自化，我好静而民自正，我无事而民自富，我无欲而民自朴。”庄子主张：“上必无为而用天下，下必有为为天下用，此不易之道也。”在济贫方面，道家实际上主张政府不要干预，宁愿以天地为宗，听其自然，崇尚以“道德”治天下。中国的儒家思想自汉朝开始就长期处于正统地位，故它对中国济贫制度的影响至深。中国古代济贫思想的一个显著特点就是国家的积极介入。济贫在实践上主要是以丰补歉式的储粮度荒。如汉朝就有由朝廷兴办的名为“常平仓”的仓储制度；到了隋朝，又有了以地方劝募为主的“义仓”；南宋年间出现了主要由社区管理、居民普遍加入的带有一定保险性质的“社仓”。除了这些仓廒制度之外，中国古代还有济贫、养老和育幼等慈善事业，最早可追溯到南北朝的六疾馆和孤独园。更为著名的则是唐宋年间的悲田养病坊，这种慈善机构最初为佛教寺院所兴办，后在官方扶持下得到了较大的发展，最后完全转到官府手中，改称“福田院”或“居养院”。宋朝年间出现了完全由民间乃至个人兴办，而且没有宗教背景的慈善事业，如范仲淹的“义田”和刘宰的“粥局”。前者是一个以庇护和造福宗族为宗旨的“家庭扩大化”模式的慈善事业；而后者则以社区居民为对象，以社区组织的方式进行慈善活动。这些组织主要为乡绅所掌握，并得到官府的认可和支持。明朝年间出现了最早的以民间互助为主的慈善社团——同善会。上述种种济贫实践在中国一直延续到现代，儒家的国家积极干预思想也一直得到贯彻。

从时间上看，中国历史上国家介入济贫发端于汉朝，比英国的伊丽莎白济贫立法要早一千多年。但是，在儒家的济贫思想中，注重的是社会整体和国家控制，而较少强调个人权利和国家义务。同时，中国古代的济贫实践在传统上较为注重运用政府行政手段，而没有采用立法手段。真正开启现代社会救助制度先河的是16世纪在欧洲出现的国家济贫制度（Poor Relief by State），1601年英国伊丽莎白一世制定的济贫法案，后世称《伊丽莎白济贫法》（The Elizabeth Poor Law）。

（二）社会救助的发展

工业化之前，所有的社会救济行为均具有下列特性：(1) 恩赐性。宗教慈善事业以及民间其他的互济行为均带有施恩的色彩，我国古代关于“赐田”、“施粥”、“施舍”的记载足以见其恩赐性。(2) 惩戒性。在工业化社会之前的人类历史中，占主流地位的意识形态和社会观念没有把对贫困者的救济看成是社会不可推卸的责任和贫困者应享有的权利。甚至，中世纪的受救济者在接受救济的同时要受到鞭打、切耳、关进牛栏等惩罚。(3) 非正式性。古代的社会救助无论是从救济对象上，还是救助标准上都具有随意性、非正式性，面对大面积的贫困，政府和一些慈善者只能提供极为有限的物资。

19世纪以来，西方社会已经完成了农业社会向城市社会的转变，城市流浪贫困群体主要是城市中的居民。随着失业保险制度、社会养老保险制度和医疗保险制度等社会保障制度的施行，国家基本上可以从积极预防的角度解决城市劳工群体的就业、养老和医疗等主要的人生风险，从而避免了大规模的城市流浪贫困人口的出现。社会救助则成为社会保险之外，由国家提供的化解居民基本生活所面临风险的最后一道安全网。

第二次世界大战后，西方国家社会政策又提升到福利国家的层次，开始把公民的社会权利作为继人身权利、政治权利之后的第三大权利并且逐步得到社会承认。西方国家普遍建立各种儿童福利制度、家庭津贴、年金制度以及医疗服务、公办教育、社会救济等全面的社会福利体制。社会承认国家和社会有责任和义务对社会弱者予以照顾，公民有权利享受社会福利。社会不再把流浪贫困等仅仅归结为个人原因，也不再实施对流浪乞讨人员的谴责和改造，社会对他们更多的是关怀和救助。

随着现代社会保障制度的发展，惩戒性的"济贫"行为逐渐被抛弃，贫民救济在概念上也逐渐被"社会救助"或"社会援助"所取代，"保障机会均等"、"缩小贫富差距"、"保证最低所得"等现代社会救助观念也日益深得人心并贯彻于各国的社会政策之中。值得注意的是，从"贫民救济"到"社会救助"并不是一个简单的概念替换，而是一种观念上的飞跃，其重要意义在于：第一，通过新的权利立法，公开承认贫困现象主要是由于社会原因造成的，一方面国家和社会对克服贫困负有责任；另一方面贫困者从国家和社会获得救助是自己的权利，不必带有任何附加条件。第二，社会救助强调建立被救助者的个案资料，以对症下药，根治贫困。第三，社会救助不但重视应急补救措施，而且尤其强调积极主动的援助扶持，如开发性扶贫等。也就是说，社会救助的目标越来越指向让每个社会成员都能获得生存和发展的最基本的条件。公民因维持不了最低生活水准而获得社会救助是公民生存权利的体现，每个公民都有权获得。政府不仅有责任关心贫困者的生活，而且有责任消除贫困的根源。国外有的学者将这种权利的实现称为"特定的平均主义"，即社会不仅要求一般购买力的分配，而且要求特殊物品、服务以及权利的分配，如获得最低水平的食品、医疗服务，以及住房的权利应该看做一项不可转让、不可交换的权利。在我国，公民的此项权利已明载于《中华人民共和国宪法》，对于维持不了最低生活水准的公民，如果经过申请、调查、确认，仍然享受不到社会救助，有权利提出申诉。

20世纪七八十年代，西方世界的经济进入"滞胀"时期，贫困问题日趋严重，社会救助制度的作用日益突出。负所得税制理论也是在这样的背景下提出来的。根据美国经济学家劳埃德·雷诺兹在《微观经济学》一书中的介绍，"超过一定收入水平的家庭交给政府所得税"，"收入低于一定水平的家庭，则从政府取得现金支付"，"负值和正值的税金，由国内税务局管理。这种不论其个人特征如何给一切贫困者有保证的最低的收入"的现金转移支付方式，即是"负值所得税"制度的基本思路。"负值所得税"制度为社会救助提供了经济上的有力保障，对进一步推进各国社会救助事业的发展具有重要意义。

综上所述，我们可以得出这样的结论：当今世界，市场经济国家都普遍建立了社会救助制度，它是一张确保最低生活标准的安全网，以保护每一个社会成员在因为各种主观的或客观的原因导致生计断绝时不至于陷入无助的深渊。社会救助由此成为一项维护社会稳定的基本的社会措施与社会政策。

第二节　社会救助的基本内容

一、社会救助的对象

各国的社会救助制度对社会救助对象通常都会有明确的规定，即只有自我保障有困难而且确实需要国家与社会给予救助才能摆脱生存危机或困境的社会成员才能成为社会救助的对象。国际劳工组织认为，在工业化国家，所谓享有最低生活水平救助的对象是指那些收入相当于制造业工人平均工资30%的家庭和个人。欧洲经济合作委员会认为，如果一个成年人本人可支配收入（交所得税和保险税后）低于平均收入水平的50%，则属于救助对象。各国一般是通过家庭财力（包括收入状况与资产状况）审查和就业（有劳动能力的人）审查来确认申请人领取社会救助金的资格。

由于各国情况不同，加之社会救助体系日益发达，各国在救助对象上也各有不同的划分和偏重。如英国社会救助对象主要分为四类：无固定职业或就业不充分，无力定期缴纳社会保险费，因而无权享受社会保险者；有权领取社会保险津贴，但不足以维持最低生活者；领取社会保险津贴期限已满，却无其他收入者；未参加社会保险，生活又无着落者。

中国社会救助的对象主要包括三部分人：一是“三无”人员，即无依无靠、无生活来源、无法定抚养人的社会成员，这一群体大多属于长期被救助即定期救助的对象，主要包括孤儿、孤老及无劳动收入和社会保险的劳动者、长期患病者以及未参加养老保险又无子女的丧偶老人。二是灾民，这类社会成员有劳动能力也有生活收入来源，但由于遭受意外灾祸侵袭而使生活一时陷入困境，他们需要国家和社会给予相应的援助。三是贫困人口，有生活来源和相应的收入，但生活水平低于或仅相当于国家规定的最低标准的社会成员，这类人群也属于社会救助的对象。

二、社会救助体系分类[①]

社会救助体系按照不同的划分标准，可以做不同的分类。

（一）依据救助的内容分类

依据救助的实际内容，社会救助可分为生活救助、灾害救助、失业救助、住房救助、医疗救助、教育救助、法律援助、扶贫开发等。

① 郑功成. 社会保障概论[M]. 上海：复旦大学出版社，2009.

生活救助是指对家庭人均收入低于贫困线或当地最低生活保障标准的贫困人口实行差额补助的一种社会救助。中国的最低生活保障制度即是一种生活救助，它是国家和社会为生活在最低生活保障线之下的社会成员提供满足最低生活需要的物质帮助的一种社会救助制度安排。其最显著的特点就是解决保障对象的最低生活保障问题。最低生活保障制度不仅在我国社会救助体系中占据着最重要的地位，而且也是我国整个社会保障体系中的重要组成项目。

灾害救助是指当社会成员遭受自然灾害侵袭而造成生活困难时，由国家和社会紧急提供援助的一种社会救助，其目的在于帮助社会成员渡过灾害发生带来的生活困难。灾害救助包括现金救助和实物救助等。

失业救助是与失业保险制度相配套的制度安排，其救助对象是失业救济金低而无法维持基本生活或失业期满仍未找到工作而生活陷入困境者。失业保险与失业救助是许多国家的社会保障中都包含的内容。

住房救助是指政府向低收入家庭和其他需要保障的家庭提供住房租金补贴或以低廉租金配租住房的一种社会救助。其实质就是由政府承担住房市场费用与居民支付能力之间的差额，解决居民因住房支付能力不足而居无定所的问题。中国的廉租房政策实际上就是一种住房救助政策。

医疗救助是对贫困人口中因病而无经济能力进行治疗的人实施专项帮助和支持的一种社会救助。其特点是在政府主导下，社会广泛参与，通过医疗机构实施，旨在帮助受助对象恢复健康。

教育救助是国家和社会为保障适龄人口获得接受教育的公平机会而对贫困地区和贫困家庭子女提供物质援助的一种社会救助。其特点是通过减免学杂费用、资助学杂费等方式帮助贫困人口完成相关阶段的学业，以提高其文化素质。

法律援助是指国家在司法制度运行中对因贫困及其他原因导致的难以通过一般意义上的法律手段保障自身基本社会权利的社会成员，通过减免收费、提供法律帮助等实现其司法权益的一项社会救助。与其他社会救助项目不同的是，法律援助是以司法救济的形式出现的，其直接目的是为了实现司法的公正与正义。法律援助的主要内容包括诉讼费的减免、免费提供律师、公证和法律咨询服务等。

扶贫开发是指国家和社会通过政策、资金、物质、技术、信息、劳务、就业等方面的外部投入，对贫困地区和贫困农户给予一定的扶持，使其通过发展生产，增加收入，进而减轻贫困地区的贫困程度，促使贫困人口逐渐摆脱贫困的政策体系。它与其他社会救助相比，主要是面向区域而不是直接面向贫困家庭与个人，但追求的目的仍然是社会救助要达到的目标，并且同样需要运用政府的公共权力与公共资源，从而仍然可以纳入到现代社会救助体系中来。

（二）依据救助的手段划分

依据救助的手段，社会救助可以划分为现金救助、实物救助、服务救助以及以工代赈等。

现金救助是指以发放现金的形式为救助对象提供帮助的社会救助形式。费用的减免或核销其实也是现金救助。现金救助的优点是受助者可以根据自己的需要来将其转换为各种物质或服务。在社会救助中，现金救助的形式最为广泛，它是现代社会救助的主要形式。

实物救助是指以发放物资的形式为救助对象提供帮助的社会救助形式，它是一种传统的救助形式。实物救助的优点是所发的物资可以直接消费，救助的效果比较快捷。因此，在现代社会它主要在灾害救助中被经常采用。不过，实物救助需要讲究针对性，并非是任何救助项目均可以采用的。

服务救助是指针对特殊的救助对象提供生活照顾和护理等服务。主要包括对高龄老人的护理服务、对孤儿的关爱和照顾等。

以工代赈是指政府运用赈济资金为有劳动能力的人提供相应的工作或就业机会并发放劳动报酬的方式实现对救助对象的救助。在灾害救助与扶贫开发中，以工代赈就是一种被国内外较为广泛采用的救助手段。

实际上，许多救助项目在实践中并不限于使用上述一种手段，而可能是两种或多种救助手段同时采用。如灾害救助就几乎包括了上述四种救助手段。

（三）依据救助持续的时间分类

依据救助持续的时间，社会救助可以划分为定期救助和临时救助。

定期救助是指在时间上具有连续性的社会救助，它一般表现为在相对较长的一段时间里社会救助管理机构按规定连续地、定时地为救助对象提供援助。如对孤寡老人、孤残儿童以及长期生活在贫困线或最低生活保障线之下的社会成员的救助等均采取定期救助。

临时救助是指在时间上没有连续性，或者救助时间比较短的社会救助，它是为解决社会成员临时的生活困难而进行的社会救助。这种救助的条件往往是短期的或者临时的。因此，当救助条件消失之后，救助的必要性也就不复存在。临时救助主要包括各种灾害救助和失业救助等，其特征是短期性和非连续性。

三、社会救助标准及其测量方法

实行社会救助的目的是保障社会成员享有最低生活水平，这种生活水平不能凭主观判断，而必须科学界定，否则，社会救助的功能就不可能得到应有的发挥。同时，由于贫困救助或者低收入家庭救助是各国社会救助的主体，因此对救助标准的确定亦以社会成员的收入状况与生活状况的贫困状态为主要依据来界定。

（一）社会救助的标准

一般来说，社会成员的贫困状态有绝对贫困与相对贫困之分。所谓绝对贫困是指社会成员不能保证维持生命所需的最低限度的饮食和居住条件的生活状态，或者称为赤贫状态。所谓相对贫困则是指社会成员只能享有相对于当时、当地生活水平而言数量极少的消费和服务，它并非是缺衣少食、受冻挨饿，而只是相对于其他居民群体拥有的消费品和服务数量少才有的“贫困”。从社会发展阶段来看，发展中国家的贫困大多是绝对贫困，发达国家的贫困基本上属于相对贫困。农业社会的贫困大多数属于绝对贫困或赤贫状态，而进入工业化社会后，随着生产力的迅速发展和国家对收入分配的调节力度的强化，社会成员的生活水平也会随着经济增长而日益得到普遍性的提高，昔日的绝对贫困或赤贫现象会越来越少，此时的贫困便具有相对贫困的意义了。正因为如此，现代社会举办的社会救助，其目标主要是针对相对贫困，即经过社会救助力求使属于这一群体的社会成员能够享有更加公平的生活保障。

社会救助的目标在于保障被救助者享有当时当地的最低生活标准。有效的最低生活标准应该能满足以下四方面的需求：(1) 基本的日常生活开支（不包括住房），如衣着、食品、水电、燃气等。(2) 定期但非日常的生活开支，如特殊的饮食、医疗、取暖。(3) 住房支出，如租金、购房贷款利息等。(4) 不定期的必要开支，如家具和家用电器的更换或维修、孕妇开支、丧葬开支等。当然，这些支出并非只以一种形式的救助金来实现。通常社会救助制度的结构是由基本救助金提供应对日常生活开支的经济帮助，其他的救助金则提供非必需的或临时性开支的经济援助。同时，由于不同人群的最低生活需求是不同的，如老年人、儿童、成年人维持最低生活的消费支出就不同，在确定救助标准时还需要按照贫困人群的不同特点，适当地调整救助标准的结构，形成多层次的救助体系。总的来说，最低生活标准主要受以下四个因素的影响：一是一定时期的社会生产力水平。它决定着社会的富裕程度，也决定着一定时期政府实施社会救助计划的财政实力，它与社会救助的标准成正相关关系。二是一定时期的社会平均收入水平。它表明该时期满足社会基本生活所要求的收入量。一般情况下，社会救助标准应该略低于社会平均收入水平，但必须以社会平均收入水平作为标准制定的重要参考因素，在平均收入水平的基础上根据实际情况向下调整一定幅度。三是消费品价格指数。它是将收入转化为实际消费能力的最重要的制约因素，在收入水平一定的情况下，消费品价格指数高，通常收入所能转化为消费的能力就弱一些，反之就强一些。因此，确定社会救助标准必须考虑消费品价格指数因素。四是贫困人口的数量。在经济发展所能提供的济贫资金一定的情况下，贫困人口的数量制约着政府和社会对贫困人口的供养能力，进而制约着社会救助的标准，它与贫困人口的数量成反比关系。上述四个因素是各国决定社会救助标准时必须加以考虑的宏观因素。

（二）社会救助标准的测量方法①

社会救助的目标在于保障被救助者享有当时当地的最低生活标准。这一最低生活标准通常是通过不同测算办法得出的贫困线来衡量的。因此，社会救助标准的测量方法也就转换成了对贫困线的测量方法。贫困线的测定各国各地区不尽相同，目前主要使用的有以下四种：

1. 预算指标法

预算指标法也就是一般所说的“市场菜篮子法”。它是根据社会所公认的维持一个人的

① 郑功成. 社会保障概论[M]. 上海：复旦大学出版社，2009.

生存和发展需要必不可少的、最基本的生活需求，并按照市场价格来计算购买这种需求需要多少钱，这个所需金额就是贫困线。低于这一基准的人群就是贫困人口。1978年，美国人率先提出一整套划定贫困标准的具体生活消费指标，包括食品、房租、衣服、家具、交通、卫生保健、水暖电气、税收和文化娱乐，依据市场上这些生活必需品和有关服务项目的价位，计算出维持人们生存和发展所必不可少的基本需求的开支，从而得出最低生活保障线。1990年，世界银行也提出一个设想，以人们日常最起码消费支出的总费用作为划定贫困的标准，具体包括人们的食品、生活必需品和参与社会日常生活的费用。在中国，各个地区的最低生活保障线标准不一样，同一个城市生活在市区与生活在郊区或郊县的最低生活保障线标准不一样，也是因为市场价格与生活要素的差异所致。

2. 恩格尔系数法

德国统计学家恩格尔认为，用于食物的支出在全部支出中所占的比例能够很好地衡量贫困程度。在19世纪，恩格尔在对英、法、德、比等工人家庭的生活收支研究的基础上得出一个定律，即如果食品支出占家庭总支出的比例很高，意味着家庭生活水平很低，收入只能维持现有生产力水平下的最低生活。反之，如果食物支出比例很低，则意味着家庭用于满足其他生活需求的收入很多，生活状况肯定较好。这种食物支出与家庭支出逆向相关的情况被称为“恩格尔定律”。根据恩格尔定律，国际上较为公认的标准是，凡是食物支出占到家庭支出59%以上比例的，属于绝对贫困的家庭；这一比例介于40%～59%之间的，则进入小康生活水平；这一比例下降到20%～40%时，家庭生活便上升到富裕行列；这一比例降到20%以下时，则属于极富裕阶层。因此，可以把食物支出除以恩格尔系数可以得到家庭总支出。如果这时的恩格尔系数是绝对贫困家庭的恩格尔系数，则该家庭总支出所对应的金额就是贫困线。比如在美国，只要家庭开支中有三分之一由于购买食物以果腹便被视为贫困家庭和贫民，便会给予社会救助。它推出的贫困线便以此项食物支出的绝对额乘以3，得出最低收入标准。凡是收入等于或低于这一水平的家庭或个人，便有权享受救助。

3. 国际贫困标准法

国际贫困标准法是由欧洲经济合作与发展组织提出的一种收入比例法，它根据一个国家或地区社会的平均收入水平来确定最低标准。欧洲经济合作与发展组织认为，社会的平均收入水平在一定程度上反映了一定生产力水平下满足社会成员基本生活需要所要求的平均消费价格。这种消费价格是社会的平均水平，是基于最高和最低之间的消费水平。社会救助是以满足最低生活消费为目的的，这种最低消费水平的确定可以一定时期社会平均收入水平为依据，向下进行一定比例的调整。一般情况下，最低社会标准相当于社会平均收入的50%～60%。

4. 生活形态法

生活形态法也称“剥夺指标法”。它是从人们的生活方式、消费行为等“生活形态”入手，提出一系列有关贫困家庭生活形态的问题让被调查者回答，然后选择出若干“剥夺指标”并据此及被调查者的实际生活状况来确定“贫困门槛”，从而确定哪些人属于贫困者，再分析他们被剥夺的需求以及消费和收入来求出贫困线，也就是最低生活保障线。这种方法实际上是以当地大多数人的主观判断来确定贫困者的，并以此为基础作进一步调查确认，然后进行救助。这种方法带有较强的主观性。

以上四种方法各有特色，具体到某个国家或地区采用哪一种方法或是兼用几种方法，要根据该国或该地区的基本情况来决定。因此，地域性是确定救助标准的一个非常重要的因素。一般来说发达国家或地区的救助标准多采用收入比例法，保障水平相对较高，发展中国家和欠发达地区多根据基本需要，采用绝对贫困标准，保障水平较低。

第三节　中国的社会救助制度

一、生活救助

中国社会救助制度中的生活救助制度主要是指最低生活保障制度。它是社会救助制度的重要组成部分。

（一）最低生活保障的含义及其基本原则[①]

最低生活保障是指国家和社会为生活在最低生活保障线之下的社会成员提供满足最低生活需要的物质帮助的一种社会救助制度安排。最低生活保障的根本目标就是运用国家财力帮助那些低于当地最低生活保障线的贫困人口摆脱生活困境，使其达到最基本的生活水平。

作为“最后一道安全网”，最低生活保障制度的确立及其实施必须遵循一定的原则，包括生存保障原则、普遍性原则、与当地实际生活水平相联系原则、维护受助者尊严原则等。

1. 生存保障原则

生存权是最低生活保障制度产生的基本出发点和立足点。生存权不仅是公民在现代生活中最重要的权利，也是公民享受其他合法权益的基础。因此，保障全体国民的生存权是国家和社会的自然职责与基本义务。最低生活保障制度就是为保障国民生存权而建立的社会保障制度。虽然各国或各地区确定的保障标准有所差异，但是能够维持受助者最低生活水准的原则却是一致的。换言之，贫困人口在获得最低生活保障救助后，能够避免挨饿受冻，并能够享受最起码的生活条件。

2. 普遍性原则

尽管最低生活保障的对象是低于最低生活保障线的个人和家庭，但这一标准是开放的，社会成员不论其身份地位、有无职业，不问其性别年龄，只要生活陷入困境，都是最低生活保障的救助对象。也就是说，在最低生活保障制度下，全体社会成员一律平等。因此，

① 郑功成. 社会保障概论[M]. 上海：复旦大学出版社，2009.

它所起的“保底”作用是全体社会成员普遍使用的标准。

3. 与当地实际生活水平相联系原则

确定科学合理的最低生活保障标准直接关系到最低生活保障制度的有效性。在中国这样一个幅员辽阔且经济发展不均衡的国家，制定一个全国统一的农村或城镇贫困线是不可行的。最低生活保障线要因地制宜，采取与当地实际生活水平相适应的原则。我国居民最低生活保障标准由地方政府自己确定，在制定过程中要遵循“既要保障贫困群体的最基本生活，又要克服依赖思想”的原则。保障标准既不能过高也不能过低，要采取适度的原则，起到真正解除贫困人口的生存危机，又防止懒惰的存在。

4. 维护受助者尊严原则

在历史上，总把对贫困者的救助视为一种恩赐、施舍与怜悯，受助者以牺牲人格尊严为代价。然而，社会救助之所以在现代社会被上升到法律规范的层面，其所体现的恰恰是国家与社会对解决贫困问题的责任与义务，而接受救助则是社会成员在遭遇生活困境时应当享受的法定权益，这一制度的核心价值在于平等，即救助者与受助者的地位是完全平等的。因此，在实施最低生活保障制度时，不能损害个人尊严。否则，将会产生与建立这一制度的初衷相反的效果。

（二）城市居民最低生活保障制度

1. 城市居民最低生活保障制度发展历程

伴随着城市经济体制改革以及产业结构调整的深入，城市中出现了大量的贫困群体。城市贫困群体的出现与扩大成为当时一个突出的经济和社会问题。而原来在计划经济时期形成的以“三无”人员为救助对象的社会救济制度难以发挥作用，这致使城市贫困群体的生存出现了危机。由于传统的社会救济保障范围窄、保障标准低，且大多属于临时救助，难以满足贫困群体的现实需求，因此亟待建立城市居民最低生活保障制度。城市最低生活保障是从地方试点的基础上逐步建立起来的，其发展历程可以分为四个阶段：

（1）创立阶段（1993～1995 年）

在经济体制改革推进、城市贫困人口规模增加及传统的社会救助作用有限的社会背景下，上海率先开始建立城市居民最低生活保障制度，这标志着最低生活保障制度开始试点。为了解决城市贫困居民的基本生存问题，1993 年 5 月 7 日，上海市民政局、财政局、劳动局、人事局、社会保险局、市总工会联合发布《关于本市城镇居民最低生活保障线的通知》，宣布自 1993 年 6 月 1 日起在全市范围内实施低保制度，标准为月人均 120 元。[①]在 1994 年召开的第十次全国民政会议上，民政部肯定了上海的经验，提出了“对城市社会救济对象逐步实行按当地最低生活保障线标准进行救济”的改革目标，并部署在东部沿海地区进行试点。到 1995 年年底，全国已经建立低保制度的城市除上海、厦门、青岛、大连、福州和沈阳外，又有 6 个城市建立了这项制度，分别是广州、本溪、抚顺、丹东、海口和无锡。[②]在这一阶段，最低生活保障制度的最初创建和实施基本上局限于少数城市中。

① 多吉才让. 中国最低生活保障制度研究与实践[M]. 北京：人民出版社，2001.
② 多吉才让. 中国最低生活保障制度研究与实践[M]. 北京：人民出版社，2001.

（2）推广阶段（1995～1999年）

1995年5月，民政部召开全国城市居民最低生活保障线工作会议，号召将这项制度推向全国。此后，经过一年多的努力，到1997年5月，全国已有206个城市建立了最低生活保障制度，约占全国建制市的1/3。在这一阶段，制度的创建和推行已经成为中央政府民政部门的有组织行为。1997年9月，国务院发布了《关于在全国建立城市居民最低生活保障制度的通知》（国发［1997］29号），明确要求在1998年底以前全国地级以上城市均要建立城市居民最低生活保障制度，1999年底以前全国县级市和县政府所在地的镇均要建立起这项制度，使非农业户口的居民得到最低生活保障。《关于在全国建立城市居民最低生活保障制度的通知》（国发［1997］29号）的发布有力地推动了最低生活保障制度在全国的实施。1997年，有275个市、204个县政府所在地的城镇都建立了城市居民最低生活保障制度，200多万城镇贫困人口的基本生活得到保障。①到1998年底，中国已经有4个直辖市、204个地级市、373个县级市和1121个县都建立了最低生活保障制度，分别占直辖市总数、地级市总数、县级市总数和县总数的100%、90%、85%和90%。②

（3）规范阶段（1999～2003年）

1999年10月1日，国务院颁布了《城市居民最低生活保障条例》，共17条，包括低保制度的管理体制、保障对象的范围、保障标准的确定及调整、审批程序、资金来源、法律责任等内容。这一条例还规定了政府对建立最低生活保障制度的财政责任与管理责任。《条例》的颁布与实施标志着城市居民最低生活保障制度进入了法制化的发展轨道，开启了中国社会救助制度发展进程中的一个重要里程碑。截止到1999年9月底，全国668个城市和38个县政府所在地的建制镇已经全部建立起最低生活保障制度。全国享受最低生活保障待遇的城市居民为282万人，其中：传统的民政救济对象占21%，新增加的救助对象占79%。1999年1～10月，全国共支出最低生活保障金15亿元。在1999年1月1日中华人民共和国成立50周年前后，全国各地按照中央的统一要求，普遍将当地的最低生活保障标准提高30%。③2002年2月4日，中共中央办公厅、国务院办公厅发出《关于进一步安排好困难群众生产和生活的通知》，民政部也进一步加强了督查工作的力度，对各地的应保人数、资金安排和管理情况进行了一次全面的排查。低保资金由此全部纳入了包括中央财政在内的各级政府财政预算，具有了稳定的经费来源。2002年，中央财政拨款46亿元，省级及省以下地方财政安排预算资金62.7亿元，全年列入各级财政预算的低保资金为108.7亿元。保障对象迅速增加，2002年的保障对象为2064.7万人，截至2002年7月，全国城镇低保已实现了应保尽保。2002年5月，朱镕基总理在第十一次全国民政会议上的讲话中再次强调，要切实加强城市居民最低生活保障制度，尽快落实应保尽保；要加大财政投入，加强对低保资金使用的监管；要努力实现低保工作的规范化、社会化和信息化。④在这一阶段，城市居民最低生活保障制度运行有了法律依据，各地的低保工作进入规范化运行阶段。

① 2000年民政工作统计公报.
② 2000年民政工作统计公报.
③ 郑功成. 社会保障学[M]. 北京：中国劳动社会保障出版社，2005.
④ 张浩淼. 中国最低生活保障：制度变迁的转折点与决定因素[J]. 改革与战略,2008（11）：15-22.

（4）完善阶段（2003 年～）

在这一阶段，城市低保制度实现了跨越式的发展并进一步完善。从 2003 年起，完善城市低保制度的重点走向了“配套措施”和“分类救助”。所谓“配套措施”是指以保证公民的发展权为目的，政府在医疗、教育、住房等方面给低保对象提供的优惠政策。所谓“分类救助”是将保障对象分为重点保障对象、特殊保障对象、基本保障对象，采取不同的救助手段进行救助。2004 年，民政部颁布了《关于进一步加强和规范城市居民最低生活保障工作的通知》，积极推进“分类施保”，切实解决低保家庭的特殊困难，规范低保范围，切实做到应保尽保，规范低保标准，科学合理确定保障水平。2008 年 8 月，国务院法制办公室公布的《中华人民共和国社会救助法（征求意见稿）》中规定了专项救助的具体措施，与最低生活保障法律制度相衔接。2010 年，民政部下发了《关于进一步加强城市低保对象认定工作的通知》，进一步完善低保对象认定制度，进一步规范低保对象认定条件，进一步改进低保对象认定方法，做好低保对象认定排查工作。2011 年民政部《关于进一步规范城乡居民最低生活保障标准制定和调整工作的指导意见》，对深刻认识规范城乡低保标准制定和调整工作的重要意义、准确把握城乡低保标准制定和调整的指导思想和基本原则、科学确定城乡低保标准制定和调整的方法、认真做好城乡低保标准的制定和调整工作作出了部署。2012 年底，全国共有城市低保对象 1114.9 万户、2143.5 万人。2012 年，各级财政共支出城市低保资金 674.3 亿元，比上年增长 2.2%。2012 年，全国城市低保人均标准 330.1 元/月，比上年增长 14.8%。2012 年，全国城市低保月人均补助水平 239.1 元。

2. 城市居民最低生活保障制度的内容

（1）救助对象

中国城镇居民最低生活保障制度规定的救助对象须具备三个条件：户籍条件（前提条件）、家庭收入（基本条件）和家庭财产（重要依据）。1999 年，国务院颁布的《城市居民最低社会保障条例》第 2 条规定：“持有非农业户口的城市居民，凡共同生活的家庭成员人均收入低于当地城市居民最低生活保障标准的，均有从当地人民政府获得基本生活物质帮助的权利。前款所称收入，是指共同生活的家庭成员的全部货币收入和实物收入，包括法定赡养人、抚养人或者抚养人应当给付的赡养费、扶养费或者抚养费，不包括优抚对象按照国家规定享受的抚恤金、补助金”。

2010 年，民政部下发了《关于进一步加强城市低保对象认定工作的通知》（民函[2010] 140 号）规范了户籍的认定：在取消农业户口和非农业户口划分的地区，原则上可将户籍所在地为城镇行政区域且居住超过一定期限、不拥有承包土地、不参加农村集体经济收益分配等作为申请城镇低保的户籍条件。对于户口不在一起的城市家庭，应首先将户口迁移到一起，然后再申请低保。因特殊原因无法将户口迁移到一起的，应由户主在其户籍所在地提出低保申请，其他家庭成员分别提供收入证明。原则上，户籍不在本地的家庭成员应申请享受其户籍所在地的低保待遇；特殊情况也可随户主一起申请享受居住地的低保待遇。申请享受居住地低保待遇的，应由其户籍所在地乡镇（街道）政府或村（居）民委员会出具未享受低保待遇的证明。

《关于进一步加强城市低保对象认定工作的通知》进一步明确了家庭收入。家庭收入是指共同生活的家庭成员在规定期限内的全部可支配收入，包括扣除缴纳的个人所得税及个人按规定缴纳的社会保障性支出后的工资性收入、经营性净收入、财产性收入和转移性收入等。家庭人均月收入是否低于当地低保标准是能否享受低保待遇的基本条件。

《关于进一步加强城市低保对象认定工作的通知》进一步规范、细化了低保对象的认定条件，增加了“将家庭财产作为认定城市低保对象的重要依据”内容，并对家庭财产做了如下规定：家庭财产指共同生活的家庭成员所拥有的有价证券、存款、房产、车辆等资产。对于拥有大额存款、有价证券、多套房产、机动车、经营性资产等财产的家庭，各地应根据财产类型规定不同的条件，并依据这些条件来认定低保对象。

（2）资金来源

城市居民最低生活保障制度的有效运行需要资金的持续供给作为必备条件。社会救助资金绝大部分来自于政府财政，政府财政资金安排大致存在三种模式：中央财政负担、地方财政负担、中央财政和地方财政共同负担。中央财政负担是指社会救助资金主要由中央财政拨款，地方财政负担是指救助资金主要由地方政府拨款，而大部分国家采用了中央财政和地方财政共同负担的方法。

1999 年 9 月国务院颁布并于同年 10 月 1 日实施的《城市居民最低生活保障条例》第五条规定：城市居民最低生活保障所需资金，由地方人民政府列入财政预算，纳入社会救济专项资金支出项目，专项管理，专款专用。国家鼓励社会组织和个人为城市居民最低生活保障提供捐赠、资助；所提供的捐赠、资助，全部纳入当地城市居民最低生活保障资金。这一规定表明，最低生活保障制度是以地方政府为筹资责任主体的社会救助制度，地方政府财政应当承担全部责任。社会捐献构成了最低生活保障制度的补充供款渠道。

2000 年，国务院明确提出：“各级财政要积极支持完善城市居民最低生活保障制度工作，努力增加投入，确保资金到位，对财政确有困难的地区，中央财政酌情给予支持。”从 2001 年开始，中央财政对低保制度资金投入开始常规化，财政补贴的比例由 20%上升到 50%，对西部经济发展落后的地区，中央财政的补贴甚至占到当地救助资金的 70%。中央财政对地方低保资金的补助金额一般随着各地最低生活保障标准的提高和保障人数的增加而逐年增加，中央财政对地方低保的补助金额是根据各地低保对象的人数、保障标准以及地方财政困难程度等因素综合考虑，但对具体的比例和资金下拨的时间没有明确的规定。

（3）保障标准

我国城镇居民最低生活保障待遇实行全额补助和差额补助制度，即根据受助者是否具有劳动能力和其他指标来划分。对于具有劳动能力的受助者，其真正从政府那里得到的救助金，并不是以当地的最低生活保障标准表现出来的现金金额，而是以低保标准减去家庭人均收入后得到的“差额”，再乘以家庭成员的人数。

《城市居民最低生活保障条例》第六条规定：城市居民最低生活保障标准，按照当地维持城市居民基本生活所必需的衣、食、住费用，并适当考虑水、电、燃煤（燃气）费用以及未成年人的义务教育费用确定。直辖市、设区的市的城市居民最低生活保障标准，由市人民政府民政部门会同财政、统计、物价等部门制定，报本级人民政府批准并公布执行；县（县级市）的城市居民最低生活保障标准，由县（县级市）人民政府部门会同财政、统计、物价等部门制定，报本级人民政府批准并报上一级人民政府备案后公布执行。城市居民最低生活保障标准需要提高时，依照前两款的规定重新核定。2011 年 5 月，民政部会同国家发展改革委、财政部、国家统计局印发《关于进一步规范城乡居民最低生活保障标准制定和调整工作的指导意见》（民发[2011]80 号）。该《意见》要求各地科学确定低保标准的制定和调整方法，可以采用“基本生活费用支出法”、“恩格尔系数法”或“消费支出比例法”。

由于经济发展和居民生活水平的不断提高以及通货膨胀等因素的影响，最低生活保障的标准也应随之提高，保障标准呈现不断增长的态势。2003 年，全国城镇低保标准是每人每月 149 元，2011 年增加到每人每月 296 元，八年间增幅达 147 元，低保标准基本上在 2003 年的水平上翻了一番。其中，增幅最大的年份是 2010～2011 年，增长率达到 17.9%。一些地区建立了正常的调整机制，以确保最困难群体的最起码生活能够在这一制度下真正得到保障。

（4）申领程序

社会成员享受最低生活保障待遇的权利，需要经过相应的四道严格的程序。

首先是主动申请。《城镇居民最低生活保障条例》第七条规定：申请享受城市居民最低生活保障待遇，由户主向户籍所在地的街道办事处或者镇人民政府提出书面申请，并出具有关证明材料，填写《城市居民最低生活保障待遇审批表》。2010 年，民政部下发的《关于进一步加强城市低保对象认定工作的通知》（民函[2010]140 号）中进一步规定，由街道、乡镇低保经办机构直接受理低保申请。受街道或乡镇低保经办机构委托受理低保申请的社区居民委员会，要将申请人提交的所有材料以及家庭经济状况调查结果全部上交到街道或者乡镇低保经办机构，不得自行作出不予受理或不符合低保条件的决定。

其次是接受调查。管理审批机关为审批城市居民最低生活保障待遇的需要，通过入户调查、邻里访问以及信函索证等方式对申请人的家庭经济状况和实际生活水平进行调查核实。申请人及有关单位、组织或者个人应当接受调查，如实提供有关情况。

再次是民主评议。对于低保申请人，由社区居民委员会成员、街道及社区低保工作人员、居民代表以及驻社区人大代表、政协委员等（总人数不得少于 7 人）进行民主评议，并当场公布评议结果。

最后是张榜公示。一般情况下，公示的范围限于低保申请人所居住的社区居委会，公示的内容限于拟批准享受低保的户主姓名、家庭人口数及享受金额。县级民政部门还通过随机抽查制度（对于家庭收入无变化或者变化不大的家庭每年复核一次；对于收入处于经常变动状态的家庭半年复核一次，抽查数量要求应分别不少于新申请低保家庭总数和已有低保家庭总数的 20%），对低保对象实行动态管理。

（三）农村居民最低生活保障制度

1. 农村居民最低生活保障制度的发展历程

在城市居民最低生活保障制度改革的进程中，一些地方也开始了农村居民最低生活保障制度的探索。农村最低生活保障制度的探索始于 20 世纪 90 年代后期。经过十多年的发展，农村最低生活保障制度已经进入全面发展的新阶段。农村最低生活保障制度经历了试点、推广和完善三个阶段。

（1）第一阶段：试点阶段（1994～1996 年）

1994 年召开的第十次全国民政会议提出，到上世纪末，“在农村初步建立起与经济发展水平相适应的层次不同，标准有别的社会保障制度”。自此以后，农村最低生活保障的试点相继在山西、山东、浙江、河北等省开展。同年，山西省阳泉市颁布了《阳泉市农村社会保障试行办法》，县、乡、村根据各自经济发展的不同状况，确定基本保障线，对生活在基本保障线以下的贫困户，以户建档，逐年核定，实行救助，使其生活水平达到基本保障线。

广西壮族自治区武鸣县于 1995 年制定的农村最低生活保障制度已基本具备最低生活保障制度的框架。它规定“凡该县农村户口的孤老、残、幼或因病、灾等特殊情况造成家庭经济收入达不到最低生活标准的村民，即为保障对象。保障线的标准是每人每月 40 元，五保对象每人每月 65 元。保障资金为县和乡镇分级负担，县财政负担 65%，乡镇财政负担 35%”。

1996 年 1 月召开的全国民政厅局长会议首次明确提出了改革农村社会救助制度，积极探索农村居民最低生活保障制度的任务。会后确立了山东烟台市、河北平泉市、四川彭阳市及甘肃永昌市等发达、中等发达和欠发达三种不同类型的农村社会保障体系建设的试点县市。

（2）第二阶段：推广阶段（1997～2005 年）

1996 年年底，民政部在总结各地试点的基础上正式印发了《关于加快农村社会保障体系建设的意见》和《农村社会保障体系建设指导方案》。《意见》要求积极稳妥地建立农村居民最低生活保障制度。《方案》就这项新的制度建设提出了原则性意见，主要就保障对象、保障标准、资金来源、分担比例、保障内容等方面做了规定。《意见》和《方案》的出台对农村最低生活保障制度建设试点在全国开展起到了指导作用，试点范围扩大到全国 256 个市县。到 2001 年年底，344 万农民享受到了最低生活保障，受助人口占农业人口的 0.4%；2002 年召开的十六大提出：有条件的地方，探索建立农村养老、医疗和最低生活保障制度。此后的十六届四中全会和建设社会主义新农村有关文件也提出了同样的要求。十六大以来，农村最低生活保障的制度建设明显提速，2004 年有 1204 个县（市）建立了农村最低生活保障制度，占全国县（市）的 47%，496 万农民享受到了最低生活保障，占全国农村人口的 0.5%左右。①

（3）第三阶段：建立和完善阶段（2006 年～）

2006 年 12 月召开的中央农村工作会议首次明确提出要“在全国范围内建立农村最低生活保障制度。各地应根据当地经济发展水平和财力状况，确定最低生活保障对象范围、标准，鼓励已建立制度的地区完善制度，支持未建立制度的地区建立制度，中央财政对财政困难地区给予适当补助”。

---

① 2004 年民政事业发展统计公报.

2007 年 5 月 23 日，国务院召开常务会议，研究部署在全国建立农村最低生活保障制度工作。这标志着农村最低生活保障已基本完成试点探索的过程，进入了全面推进的新阶段。2007 年 7 月 11 日，国务院颁布《关于在全国建立农村最低生活保障制度的通知》（国发[2007]19 号），提出“建立农村最低生活保障制度的目标是：通过在全国范围建立农村最低生活保障制度，将符合条件的农村贫困人口全部纳入保障范围，稳定、持久、有效地解决全国农村贫困人口的温饱问题”。这标志着我国统一的农村最低生活保障制度得以建立。

随着农村最低生活保障制度的建立，全国农村居民最低生活保障人数已由 2006 年的 1593.1 万人增加到 2010 年的 5214 万人，四年间增长了 227%。2010 年全国共发放农村低保资金 445 亿元人民币，其中中央补助资金 269 亿元人民币；全国农村低保平均标准为 117 元人民币/人、月，月人均补助水平为 74 元人民币。不过，由于采用《通知》这一较低层级的立法形式，特别是建立农村最低生活保障制度实行“地方人民政府负责制，按属地进行管理”、“农村最低生活保障资金的筹集以地方为主”等，这表明目前的农村最低生活保障制度在很大程度上还具有过渡性、探索性，建立统一、规范的农村最低生活保障制度尚任重道远。

2. 农村居民最低生活保障制度的内容

2007 年 7 月 11 日，国务院《关于在全国建立农村最低生活保障制度的通知》（国发[2007]19 号）的目标是通过在全国范围建立农村最低生活保障制度，将符合条件的农村贫困人口全部纳入保障范围，稳定、持久、有效地解决全国农村贫困人口的温饱问题。农村最低生活保障制度的主要内容有：

（1）保障对象

农村最低生活保障的对象是家庭年人均纯收入低于当地最低生活保障标准的农村居民，主要是因病残、年老体弱、丧失劳动能力以及生存条件恶劣等原因造成生活常年困难的农村居民。

（2）资金来源

农村最低生活保障资金的筹集以地方为主，地方各级人民政府要将农村最低生活保障资金列入财政预算，省级人民政府要加大投入。地方各级人民政府民政部门要根据保障对象人数等提出资金需求，经同级财政部门审核后列入预算。中央财政对财政困难地区给予适当补助。

（3）保障标准

农村最低生活保障标准由县级以上地方人民政府按照能够维持当地农村居民全年基本生活所必需的吃饭、穿衣、用水、用电等费用确定，并报上一级地方人民政府备案后公布执行。农村最低生活保障标准要随着当地生活必需品价格的变化和人民生活水平的提高适时进行调整。

（4）申领程序

首先是主动申请。申请农村最低生活保障，一般由户主本人向户籍所在地的乡（镇）人民政府提出申请；村民委员会受乡（镇）人民政府委托，也可受理申请。

其次是审核、审批。受乡（镇）人民政府委托，在村党组织的领导下，村民委员会对申请人开展家庭经济状况调查、组织村民会议或村民代表会议民主评议后提出初步意见，报乡（镇）人民政府；乡（镇）人民政府审核后，报县级人民政府民政部门审批。乡（镇）人民政府和县级人民政府民政部门要核查申请人的家庭收入，了解其家庭财产、劳动力状况和实际生活水平，并结合村民民主评议，提出审核、审批意见。在核算申请人家庭收入时，申请人家庭按国家规定所获得的优待抚恤金、计划生育奖励与扶助金以及教育、见义勇为等方面的奖励性补助，一般不计入家庭收入，具体核算办法由地方人民政府确定。

再次是民主公示。村民委员会、乡（镇）人民政府以及县级人民政府民政部门要及时向社会公布有关信息，接受群众监督。公示的内容重点为：最低生活保障对象的申请情况和对最低生活保障对象的民主评议意见，审核、审批意见，实际补助水平等情况。对公示没有异议的，要按程序及时落实申请人的最低生活保障待遇；对公示有异议的，要进行调查核实，认真处理。

最后是资金发放。最低生活保障金原则上按照申请人家庭年人均纯收入与保障标准的差额发放，也可以在核查申请人家庭收入的基础上，按照其家庭的困难程度和类别，分档发放。要加快推行国库集中支付方式，通过代理金融机构直接、及时地将最低生活保障金支付到最低生活保障对象的账户。

二、灾害救助

灾害救助是指由于自然灾害侵袭而对社会成员造成伤亡、财产损失、生活困难时，由国家和地方政府提供紧急帮助的一种社会救助行为。

我国是世界上自然灾害较为严重的国家之一，自然灾害种类众多，发生频率较高、分布范围广泛并且造成严重损失。频繁的突发性自然灾害已成为影响我国经济发展的障碍，也逐渐成为影响我国政治甚至社会稳定的消极因素。灾害救助制度在挽救灾害对经济生活的破坏所做的抢救或者紧急救援工作中发挥着重要作用。

（一）灾害救助的主要形式

1. 国家救助

国家救助是指由国家在短时间内调集大量的人力、物力和财力来应对灾害，一般是向灾区紧急赠送食品、药品、衣物、资金等，以解决应急之需。这在灾害救助中属于事后救助，是灾害救助中最常见的形式。

2. 互助自救

互助自救是指在灾害发生后除了从国家、国际社会获得紧急援助外，还可以发挥非灾区居民向灾区居民提供帮助的积极作用，也可以动员受灾居民积极展开生产自救。互助救援和生产自救是灾害救助中的一种重要形式。

3. 国际援助[1]

国际援助这一救灾形式体现了灾害救助的开放性。它主要是指国际组织、国家、国际友人等向灾区提供的物资、技术以及资金等方面的援助。从20世纪80年代初我国打破以往谢绝外援的做法，正式向外呼吁人道主义的救灾援助。目前，我国的灾害救助已经不再局限于内向型发展模式，而是朝着外向型的发展模式拓展。

4. 灾害预警

随着科学事业的迅速发展，国内外对自然灾害的预先警告越来越重视。预警服务用于防灾抗灾，对于减少灾害损失具有重大作用。在2003年的“非典型肺炎”病毒的预警机制上暴露出中国在灾害预警制度建设和管理监督上的严重问题。由于预警机制失灵给人民生命财产造成巨大的损失，甚至直接影响了整个国家在国际上的声誉。

5. 灾害预防

灾害预防是灾害救助中的积极性手段，属于事前救助。中国历史上有仓储说、水利说和林垦说，主要是积极发展农业，存储充足以防粮荒，兴修水利，保持土壤植被，防止自然灾害发生。中国当前主要进行了江河治理、兴修农田水利、植被造林、保持水土和防止病虫害等工作，提高了抵御灾害的能力。

（二）灾害救助款物的筹集、管理和使用

1. 灾害救助款物的筹集

灾害救助款物的筹集主要来自于三个渠道：

（1）国家拨款

国家拨款主要包括两部分：一部分是财政专项救助款，由中央财政和地方财政在当年预算中列支；另一部分是救灾预备金，即每年年初由同级财政划拨一笔救灾专用款给民政部门，专户储蓄，由民政部门掌握，根据实际情况调剂使用。

（2）接受救灾捐赠款物

在比较大的灾害发生后，社会各界通常会通过一定渠道向灾区捐赠款物。这是灾害救助款物筹资的渠道之一。

（3）其他合法渠道筹集的款物

比如福利彩票等事业筹集的资金等。

2. 灾害救助款物的使用

（1）国家财政拨付的灾害救助款的使用原则

国家每年对于解决灾民吃饭、穿衣、住房、治病等方面的困难都投放大量资金和物资。为保证这些资金和物资的有效管理和正确使用，国家规定了灾害救助款的使用原则：一是实行专款专用、重点使用的原则；二是生活救济与扶持生产自救相结合的原则。

（2）救灾捐赠款物的使用原则

接受的救灾捐赠款物均属于救灾专用的资金和物资。其中捐助款同国家救助款性质基

① 胡务. 社会救助概论[M]. 北京：北京大学出版社，2010.

本相同，捐赠物资同国家分配和调拨的救灾物资均只能用于指定灾区的灾民。其使用原则如下：

一是捐赠款物必须全部、无偿分配给灾区，无偿用于解决灾民的基本生活问题，不能变相收费或变现转卖；

二是专款专物专用，严格限定使用范围和用途，不许贪污、挪用、滥用和徇私舞弊；

三是捐赠款物必须严格按协议和捐赠者的意愿安排使用，对于没有协议和没有明确意愿的款物，要根据灾害分布情况统筹安排；

四是实行重点使用，不得搞任何形式的平均发放，首先要保证对重灾区和重灾民的救助，重点解决灾民最基本、最急迫的困难。

3. 救灾款物的管理与监督

救灾捐赠款物同政府救灾款物一样，受到国家有关法律的保护，任何单位和个人贪污、挪用救灾款物都要受到严厉的制裁。为防止发生上述情况，要加强其管理和监督。

（1）管理部门

民政部是负责组织救灾工作，掌握和发布灾情，拨发救灾款物，组织接受、分配国内外救灾捐赠的部门。民政部内设救济司负责管理拨发救灾款物，接受、分配国内外捐赠和国外援助的救灾款物。省、市、县各级民政部门是同级政府主管救灾工作的职能部门。经国务院批准成立的“中国抗灾救灾协会”和红十字会共同接受国际民间组织的救灾援助。

（2）监督机制

灾害救助离不开监督工作。灾害救助过程中的监督机制主要包括审计监督、监察监督、海关监督、舆论监督、基层监督、捐赠者监督等。

三、特殊救助

（一）城市生活无着的流浪乞讨人员救助制度

2003 年 6 月 20 日颁布的《城市生活无着的流浪乞讨人员救助管理办法》和为其配套出台的《城市生活无着的流浪乞讨人员救助管理办法实施细则》对救助的范围、措施、管理制度、救助理念、宗旨等作了大量调整，这标志着我国城市流浪乞讨人员救助管理工作的变革与社会的文明与进步。救助的宗旨是为了对在城市生活无着的流浪、乞讨人员实行救助，保障其基本生活权益，完善社会救助制度。城市生活无着的流浪乞讨人员救助制度主要内容有：

1. 救助对象

救助对象是城市生活无着的流浪乞讨人员。这类人员是指因自身无力解决食宿，无亲友投靠，又不享受城市最低生活保障或者农村五保供养，正在城市流浪乞讨度日的人员。

2. 救助标准

救助站为受助人员提供的食物和住处应当能够满足受助人员的基本健康和安全需要。受助人员食宿定额定量的标准由省级人民政府民政部门商财政部门具体规定。

3. 救助措施

救助站应当根据受助人员的需要提供符合食品卫生要求的食物；提供符合基本条件的住处；在站内发急病的，及时送医院救治；帮助其与亲属或所在单位联系；对没有交通费返回其住所地或者所在单位的，提供乘车凭证。

4. 救助程序

流浪乞讨人员向救助站求助时，首先应当提供本人情况，包括姓名、年龄、性别、居民身份证或者能够证明身份的其他证件、本人户口所在地、住所地；是否享受城市最低生活保障或者农村五保供养；流浪乞讨的原因、时间、经过；近亲属和其他密切亲戚的姓名、住址、联系方式；随身携带物品的情况。

救助站应当向救助的流浪乞讨人员告知救助对象的范围和实施救助的内容，询问与求助需求有关的情况，并对其个人情况进行登记。属于救助对象的，应当及时安排救助；不属于救助对象的，不予救助并告知原因。对因年老、年幼、残疾等原因无法提供个人情况的，救助站应当先提供救助，再查明情况。

（二）农村五保供养制度

2006年1月21日，国务院修订并发布《农村五保供养工作条例》，正式通过法规的形式对五保供养的性质、对象、内容、形式等做出了明确规定，对完善五保供养制度具有重要的意义，使农村五保供养的建设工作进一步走向规范化、制度化的道路。农村五保供养制度的主要内容有：

1. 五保供养的对象

老年、残疾或者未满16周岁的村民，无劳动能力、无生活来源又无法定赡养、抚养、扶养义务人，或者其法定赡养、抚养、扶养义务人无赡养、抚养、扶养能力的，享受农村五保供养待遇。

2. 五保供养的内容

所谓五保就是在五个方面予以保障。但是，这五个方面的保障内容和标准在不同的历史时期也是不同的。

目前，五保供养的具体措施为：保吃、保穿、保住、保医、保葬（未成年人保教）五个方面。具体规定为：供给粮油、副食和燃料；供给服装、被褥等用品和零用钱；提供符合基本条件的住房；及时治疗疾病，对生活不能自理者提供照料；妥善办理丧葬事宜，农村五保供养对象未满16周岁或者已满16周岁仍在接受义务教育的，应当保障他们依法接受义务教育所需费用。农村五保供养对象的疾病治疗，应当与当地农村合作医疗和农村医疗救助制度相衔接。

3. 五保供养的形式

农村五保供养对象可以在当地的农村五保供养服务机构集中供养，也可以在家分散供养。农村五保供养对象可以自行选择供养形式。集中供养的农村五保供养对象，由农村五保供养服务机构提供供养服务；分散供养的农村五保供养对象，可以由村民委员会提供照料，也可以由农村五保供养服务机构提供有关供养服务。乡、民族乡、镇人民政府应当与村民委员会或者农村五保供养服务机构签订供养服务协议，保证农村五保供养对象享受符合要求的供养。村民委员会可以委托村民对分散供养的农村五保供养对象提供照料。

4. 五保供养的经费来源和标准

农村五保供养资金在地方人民政府财政预算中安排。有农村集体经营等收入的地方，可以从农村集体经营等收入中安排资金，用于补助和改善农村五保供养对象的生活。农村五保供养对象将承包土地交由他人代耕的，其收益归该农村五保供养对象所有。具体办法由省、自治区、直辖市人民政府规定。中央财政对财政困难地区的农村五保供养在资金上给予适当补助。

农村五保供养标准不得低于当地村民的平均生活水平，并根据当地村民平均生活水平的提高适时调整。农村五保供养标准，可以由省、自治区、直辖市人民政府制定，在本行政区域内公布执行，也可以由设区的市级或者县级人民政府制定，报所在的省、自治区、直辖市人民政府备案后公布执行。

5. 五保供养的申请程序

享受农村五保供养待遇，应当由村民本人向村民委员会提出申请；因年幼或者智力残疾无法表达意愿的，由村民小组或者其他村民代为提出申请。经村民委员会民主评议，对符合五保供养对象规定条件的，在本村范围内公告；无重大异议的，由村民委员会将评议意见和有关材料报送乡、民族乡、镇人民政府审核。乡、民族乡、镇人民政府应当自收到评议意见之日起20日内提出审核意见，并将审核意见和有关材料报送县级人民政府民政部门审批。县级人民政府民政部门应当自收到审核意见和有关材料之日起20日内作出审批决定。对批准给予农村五保供养待遇的，发给《农村五保供养证书》；对不符合条件不予批准的，应当书面说明理由。乡、民族乡、镇人民政府应当对申请人的家庭状况和经济条件进行调查核实；必要时，县级人民政府民政部门可以进行复核。申请人、有关组织或者个人应当配合、接受调查，如实提供有关情况。

四、专项救助

（一）住房救助

住房救助是一个专项社会救助项目，它对于保障低收入者最低住房安全有着不可替代的作用。

1. 住房救助的含义

住房社会救助是指政府向低收入家庭和其他需要保障的特殊家庭提供现金补贴或直接提供住房的一种社会救助项目，是针对住房弱势群体的一种社会救助形式。其实质和特点就是由政府承担住房市场费用与居民支付能力之间的差额，解决部分居民住房支付能力不足的问题。

住房救助有以下几层含义：首先，针对的对象是住房弱势群体。住房弱势群体是指某些由于缺乏经济基础并依靠自身的力量无法维持个人及其家庭最基本的住房水准，需要由国家和社会给予支持和帮助的，被排除在社会经济发展进程之外，不能充分享受到社会经济发展成果的社会群体。因此，住房弱势群体是一个在住房资源分配上具有经济利益的贫困性、住房质量的低层次性和承受力的脆弱性的特殊社会群体。其次，住房弱势群体无法依靠自身力量在短期内解决住房问题。究其原因是自身的就业技能、劳动能力等综合素质在社会中处于劣势地位，收入较低，无法通过住房市场解决住房困难，即使未来想要买房，也难以通过自身的收入提高来实现，因而需要政府的救助。最后，住房救助是改变住房弱势群体住房状况的可行方法之一。最低收入家庭和住房弱势群体有着紧密的联系，在一定条件下，我们把最低收入家庭作为界定住房弱势群体的标准，但不完全一致。住房弱势人群不仅收入困难还包括住房困难，两者缺一不可，他们在社会、政治、经济生活中往往也处于弱势的地位，如果我们不对他们多一点重视，他们的利益很难被政府所重视，从而遭受不公平的对待。住房救助这种积极主动的方式恰恰让住房弱势群体得到了一种公正的对待，使其住房状况受到关注并得到一定程度的缓解。

2. 城镇廉租住房制度

现行城镇住房救助制度是通过廉租住房制度来实施的。廉租住房是政府以租金补贴或实物配租的方式向城市低收入住房困难家庭提供租金相对低廉的住房。

（1）廉租住房制度的产生与发展

1998 年 7 月 3 日，国务院发布《关于进一步深化城镇住房制度改革加快住房建设的通知》（国发[1998]23 号），明确提出要停止住房实物分配，逐步实行住房分配货币化，建立和完善以经济适用住房为主的多层次城镇住房供应体系。从此，我国住房进入了商品化、货币化的新阶段，住房救助问题变得更加迫切。

在住房救助方面，国务院《关于进一步深化城镇住房制度改革加快住房建设的通知》（国发[1998]23 号）首次提出廉租住房制度，即“最低收入家庭租赁由政府或单位提供的廉租住房，中低收入家庭购买经济适用住房”。为建立和完善多层次的住房供应体系，解决城镇最低收入家庭的住房问题，1999 年 4 月，根据国发[1998]23 号文件精神，建设部制定了《城镇廉租住房管理办法》，提出“提供租金相对低廉普通住房”，就廉租住房的来源、管理、定价、申请等作出明确规定，初步确立了廉租住房政策框架。2003 年，国务院发布《关于促进房地产市场持续健康发展的通知》（国发[2003]18 号），提出“货币补贴为主，实物配租和租金减免为辅”的保障方式。该《通知》指出经济适用住房是具有保障性质的政策性商品住房，对于廉租住房提出以财政预算资金为主，多渠道筹措资金，形成稳定的住房保障资金来源。2003 年 12 月，建设部出台了《城镇最低收入家庭廉租住房管理办法》，最低收入家庭住房保障新机制得以启动。2005 年，建设部下发了《城镇廉租住房租金管理办法》和《城镇最低收入家庭廉租住房申请、审核及退出管理办法》，进一步完善了廉租住房制度。2007 年 10 月 30 日，财政部出台《廉租住房保障资金管理办法》，规定廉租住房保障资金实行专项管理、分账核算、专款专用，明确了廉租住房保障资金来源的八大渠道。2007 年 11 月 27 日，建设部等部门联合发布《廉租住房保障办法》，对廉租住房制度建设中群众和地方政府普遍关心的问题做出了明确的规定，廉租住房保障办法得到进一步的完善和规范。

（2）廉租住房制度的保障对象

2007 年 11 月 27 日，建设部等部门联合发布《廉租住房保障办法》，规定廉租房制度的保障对象是城市低收入住房困难家庭。

（3）廉租住房制度的保障方式

《廉租住房保障办法》第五条规定：廉租住房保障方式实行货币补贴和实物配租等相结合。货币补贴是指县级以上地方人民政府向申请廉租住房保障的城市低收入住房困难家庭发放租赁住房补贴，由其自行承租住房。实物配租是指县级以上地方人民政府向申请廉租住房保障的城市低收入住房困难家庭提供住房，并按照规定标准收取租金。

（4）廉租住房制度的资金来源

《廉租住房保障办法》第九条规定：廉租住房保障资金采取多种渠道筹措。廉租住房保障资金来源包括：①年度财政预算安排的廉租住房保障资金；②提取贷款风险准备金和管理费用后的住房公积金增值收益余额；③土地出让净收益中安排的廉租住房保障资金；④政府的廉租住房租金收入；⑤社会捐赠及其他方式筹集的资金。第十条规定：提取贷款风险准备金和管理费用后的住房公积金增值收益余额，应当全部用于廉租住房建设。土地出让净收益用于廉租住房保障资金的比例，不得低于 10%。

（5）廉租住房制度实施的房屋来源

《廉租住房保障办法》第十二条规定：实物配租的廉租住房来源主要包括：①政府新建、收购的住房；②腾退的公有住房；③社会捐赠的住房；④其他渠道筹集的住房。第十三条规定：廉租住房建设用地，应当在土地供应计划中优先安排，并在申报年度用地指标时单独列出，采取划拨方式，保证供应。第十四条规定：新建廉租住房应当采取配套建设与相对集中建设相结合的方式，主要在经济适用住房、普通商品住房项目中配套建设。新建廉租住房应当将单套的建筑面积控制在 50 平方米以内，并根据城市低收入住房困难家庭的居住需要，合理确定套型结构。

（6）廉租住房的申请与核准

《廉租住房保障办法》对廉租住房的申请与核准进行了全面规定。

①申请廉租房应提供的材料

包括：家庭收入情况的证明材料；家庭住房状况的证明材料；家庭成员身份证和户口簿；市、县人民政府规定的其他证明材料。

②申请廉租住房的程序

申请廉租住房保障的家庭，应当由户主向户口所在地街道办事处或者镇人民政府提出书面申请；街道办事处或者镇人民政府应当自受理申请之日起 30 日内，就申请人的家庭收入、家庭住房状况是否符合规定条件进行审核，提出初审意见并张榜公布，将初审意见和申请材料一并报送市（区）、县人民政府建设（住房保障）主管部门；建设（住房保障）主管部门应当自收到申请材料之日起 15 日内，就申请人的家庭住房状况是否符合规定条件提出审核意见，并将符合条件的申请人的申请材料转同级民政部门；民政部门应当自收到申请材料之日起 15 日内，就申请人的家庭收入是否符合规定条件提出审核意见并反馈同级建设（住房保障）主管部门；经审核，家庭收入、家庭住房状况符合规定条件的，由建设（住房保障）主管部门予以公示，公示期限为15日；对经公示无异议或者异议不成立的，作为廉租住房保障对象予以登记，书面通知申请人，并向社会公开登记结果。经审核，不符合规定条件的，建设（住房保障）主管部门应当书面通知申请人，说明理由。申请人对审核结果有异议的，可以向建设（住房保障）主管部门申诉。

③对廉租住房申请者相关情况的核实

建设（住房保障）主管部门、民政等有关部门以及街道办事处、镇人民政府，可以通过入户调查、邻里访问以及信函索证等方式对申请人的家庭收入和住房状况等进行核实。申请人及有关单位和个人应当予以配合，如实提供有关情况。

④廉租住房保障待遇的落实

建设（住房保障）主管部门应当综合考虑登记的城市低收入住房困难家庭的收入水平、住房困难程度和申请顺序以及个人申请的保障方式等，确定相应的保障方式及轮候顺序，并向社会公开。对已经登记为廉租住房保障对象的城市居民最低生活保障家庭，凡申请租赁住房货币补贴的，要优先安排发放补贴，基本做到应保尽保。实物配租应当优先面向已经登记为廉租住房保障对象的孤、老、病、残等特殊困难家庭，城市居民最低生活保障家庭以及其他急需救助的家庭。对轮候到位的城市低收入住房困难家庭，建设（住房保障）主管部门或者具体实施机构应当按照已确定的保障方式，与其签订租赁住房补贴协议或者廉租住房租赁合同，予以发放租赁住房补贴或者配租廉租住房。发放租赁住房补贴和配租廉租住房的结果，应当予以公布。

（二）教育救助

当政府把教育救助列为社会救助的重要内容并将其纳入法规、政策体系而成为政府职责时就形成了教育救助制度。

1. 教育救助的含义

教育救助是指国家、社会团体和个人为保障适龄人口获得接受教育的机会，从物质和资金上对贫困地区和贫困家庭子女在不同阶段提供教育援助的一项社会救助。教育救助的实施主体是国家、社会团体和个人。在我国主要是指教育行政管理部门，即各地教育厅局，社会慈善团体以及积极参与慈善事业的个人。教育救助的客体通常分两个层面：一是对贫困家庭子女的整体救助。二是对贫困地区的整体救助。除此之外，也不应忘记对贫困落后国家的救助，即国际间的教育援助。

2. 教育救助的基本政策

（1）义务教育阶段的“两免一补”政策

“两免一补”政策，即免费提供教科书（免书本费）、免杂费，补助寄宿生生活费。2001年5月29日，国务院发布了《关于基础教育改革与发展的决定》，首次提出两免一补制度。2005年，国家开始将两免一补制度推广至享受城市低保政策家庭的学生以及就读于城市的农民工子女。2006年6月29日新修订的《义务教育法》第2条规定：“实施义务教育，不收学费、杂费。”这从法律上明确了义务教育免费的性质。目前，我国城乡已经全面落实了免费义务教育。全国中小学义务教育学杂费的免除标志着我国现阶段义务教育已成为一种教育福利。面向城乡家庭经济困难学生的“一补”是我国义务教育阶段主要的教育救助制度。

（2）非义务教育阶段的教育救助政策

第一，普通高中的教育救助政策。

1996 年 12 月 16 日，国家教育委员会、国家计划委员会、财政部发布了《普通高级中学收费管理暂行办法》，其第 2 条规定：“高中教育属于非义务教育阶段，学校只能向学生收取学费和住宿费。”第 7 条规定：“对于家庭经济困难的学生应酌情减免收取学费。”2010 年 9 月 19 日，财政部、教育部发布了《关于建立普通高中家庭经济困难学生国家资助制度的意见》（财教[2010]356 号）。该《意见》对新时期我国普通高中家庭经济困难学生国家资助制度做出了全面部署。该《意见》规定：按照“加大财政投入、经费合理分担、政策导向明确、多元混合资助、各方责任清晰”的基本原则，建立以政府为主导，国家助学金为主体，学校减免学费等为补充，社会力量积极参与的普通高中家庭经济困难学生资助政策体系，从制度上基本解决了普通高中家庭经济困难学生的就学问题。该《意见》提出的建立普通高中家庭经济困难学生国家资助制度的主要内容包括：首先，建立国家助学金制度。从 2010 年秋季学期起，中央与地方共同设立国家助学金，用于资助普通高中在校生中的家庭经济困难学生，资助面约占全国普通高中在校生总数的 20%。国家助学金平均资助标准为每生每年 1500 元，具体标准由各地结合实际在 1000 元～3000 元范围内确定，可以分为 2～3 档。其次，建立学费减免等制度。普通高中要从事业收入中提取一定比例的经费，用于减免学费、设立校内奖助学金和特殊困难补助等。再次，鼓励社会捐资助学。要进一步落实、完善鼓励捐资助学的相关优惠政策措施，积极引导和鼓励企业、社会团体及个人等面向普通高中设立奖学金、助学金。

第二，普通高等学校教育救助政策。

1995 年，国家教委发布了《关于对普通高等学校经济困难学生减免学杂费有关事项的通知》。2007 年 5 月 9 日，国务院办公厅转发教育部等部门《关于〈教育部直属师范大学师范生免费教育实施办法（试行）〉的通知》。2007 年 5 月 13 日，《国务院关于建立健全普通本科高校高等职业学校和中等职业学校家庭经济困难学生资助政策体系的意见》（国发[2007]13 号）对新时期建立健全普通本科高校、高等职业学校和中等职业学校家庭经济困难学生资助政策体系做出了全面部署。建立健全家庭经济困难学生资助政策体系的主要内容包括：第一，完善国家奖学金制度。中央继续设立国家奖学金，用于奖励普通本科高校和高等职业学校全日制本专科在校生中特别优秀的学生，每年奖励 5 万名，奖励标准为每生每年 8000 元，所需资金由中央负担。中央与地方共同设立国家励志奖学金，用于奖励资助普通本科高校和高等职业学校全日制本专科在校生中品学兼优的家庭经济困难学生，资助面平均约占全国高校在校生的 3%，资助标准为每生每年 5000 元。国家励志奖学金适当向国家最需要的农林水地矿油核等专业的学生倾斜。第二，完善国家助学金制度。中央与地方共同设立国家助学金，用于资助普通本科高校、高等职业学校全日制本专科在校生中家庭经济困难学生和中等职业学校所有全日制在校农村学生及城市家庭经济困难学生。对普通本科高校和高等职业学校而言，国家助学金资助面平均约占全国普通本科高校和高等职业学校在校生总数的 20%。对中等职业学校而言，国家助学金资助所有全日制在校农村学生和城市家庭经济困难学生。国家助学金资助标准为每生每年 1500 元，国家资助两年，第三年实行学生工学结合、顶岗实习。第三，进一步完善和落实国家助学贷款政策。大力开展生源地信用助学贷款。要进一步完善和落实现行国家助学贷款政策，制定与贷款风险和管理成本挂钩的国家助学贷款风险补偿金使用管理办法。对普通本科高校和高等职业学校全日制本专科生，在校期间获得国家助学贷款、毕业后自愿到艰苦地区基层单位从事第一线工作且服务达到一定年限的，国家实行国家助学贷款代偿政策。第四，从 2007 年起，对教育部直属师范大学新招收的师范生，实行免费教育。第五，学校要按照国家有关规定从事业收入中足额提取一定比例的经费，用于学费减免、国家助学贷款风险补偿、勤工助学、校内无息借款、校内奖助学金和特殊困难补助等。

（三）医疗救助

1. 城镇医疗救助制度的内容

2005 年，国务院办公厅转发了民政部、卫生部、劳动保障部和财政部《关于建立城市医疗救助制度试点工作意见》，《意见》全面规定了城镇医疗救助制度的基本内容。

（1）救助对象

城镇医疗救助的对象主要是城市居民最低生活保障对象中未参加城镇职工基本医疗保险人员、已参加城镇职工基本医疗保险但个人负担仍然较重的人员和其他特殊困难群众。

（2）资金筹集

通过财政预算拨款、专项彩票公益金、社会捐助等渠道建立基金。

（3）基金管理

地方财政每年安排城市医疗救助资金并列入同级财政预算，中央和省级财政对困难地区给予适当补助。城市医疗救助基金纳入社会保障基金财政专户，专项管理、专款专用，不得提取管理费或列支其他任何费用。民政、财政、监察、审计等部门要加强对基金使用情况的监督检查，发现问题及时纠正，并及时向当地政府和有关部门报告。要定期向社会公布医疗救助基金的筹集和使用情况，接受有关部门和社会监督。对虚报冒领、挤占挪用、贪污浪费等违法违纪行为，按照有关法律法规严肃处理。

（4）待遇支付

对救助对象在扣除各项医疗保险可支付部分、单位应报销部分及社会互助帮困等后，个人负担超过一定金额的医疗费用或特殊病种医疗费用给予一定比例或一定数量的补助。具体补助标准由地方政府民政部门会同卫生、劳动保障、财政等部门制定。对于特别困难的人员，可适当提高补助标准。

2. 农村医疗救助制度的内容

2003 年，民政部、卫生部、财政部颁布了《关于实施农村医疗救助的意见》，《意见》全面规定了农村医疗救助制度的基本内容。

（1）救助对象

农村五保户、农村贫困户家庭成员以及地方政府规定的其他符合条件的农村贫困农民。

（2）资金筹集

各地要建立医疗救助基金，基金主要通过各级财政拨款和社会各界自愿捐助等多渠道筹集。

（3）基金管理

地方各级财政每年年初根据实际需要和财力情况安排医疗救助资金，列入当年财政预算。中央财政通过专项转移支付对中西部贫困地区农民贫困家庭医疗救助给予适当支持。中央具体补助金额由财政部、民政部根据各地医疗救助人数和财政状况以及工作成效等因素确定。医疗救助资金纳入社会保障基金财政专户。各级财政、民政部门对医疗救助资金实行专项管理，专款专用。

（4）待遇支付

第一，开展新型农村合作医疗的地区，资助医疗救助对象缴纳个人应负担的全部或部分资金，参加当地合作医疗，享受合作医疗待遇。因患大病经合作医疗补助后个人负担医疗费用过高，影响家庭基本生活的，再给予适当的医疗救助。第二，尚未开展新型农村合作医疗的地区，对因患大病个人负担费用难以承担，影响家庭基本生活的，给予适当医疗救助。第三，国家规定的特种传染病救治费用，按有关规定给予补助。第四，医疗救助对象全年个人累计享受医疗救助金额原则上不超过当地规定的医疗救助标准。对于特殊困难人员，可适当提高医疗救助水平。

本章小结

1. 社会救助是指国家和其他社会主体依法对遭受自然灾害、失去劳动能力或者其他低收入公民给予物质帮助或精神救助，以维持其基本生活需求，保障其最低生活水平的各种措施。社会救助是社会保障制度中最古老的项目。

2. 各国的社会救助制度对社会救助对象通常都会有明确的规定，即只有自我保障有困难而且确实需要国家与社会给予救助才能摆脱生存危机或困境的社会成员才能成为社会救助的对象。中国社会救助的对象主要包括三部分人：一是“三无”人员，二是灾民，三是贫困人口。社会救助体系按照不同的划分标准可以做不同的分类。社会救助的目标在于保障被救助者享有当时当地的最低生活标准。从实施社会救助已久的发达国家的经验来看，确定最低生活标准的具体方法主要有以下几种：预算指标法，恩格尔系数法，国际贫困标准法，生活形态法。

3. 中国的社会救助大致包括生活救助、灾害救助、特殊救助和专项救助几个方面。其中生活救助主要包括城乡居民的最低生活保障制度。灾害救助主要有国家救助、互助救助、灾害预警、灾害预防四种形式。特殊救助主要包括城市生活无着的流浪乞讨人员救助制度和农村五保供养制度。专项救助主要包括住房救助、教育救助和医疗救助等。

思考题

1. 社会救助的含义和特征是什么？
2. 社会救助标准的测量方法有哪些？
3. 最低生活保障的原则是什么？
4. 试述城乡居民最低生活保障制度的内容。
5. 试述农村五保供养制度的内容。
6. 廉租住房制度的资金来源有哪些？
7. 试论述中国社会救助制度体系的基本构成和内容。

深度阅读

1. 冯英、聂文倩. 外国的社会救助[M]. 北京：中国社会出版社，2008.

社会救助制度是社会保障的最低层次，是社会最弱势群体的“生命线”，是政府为社会设立的最后一道安全网。社会救助制度与人权问题密切相关，是保障生存权的重要手段。同时，它对社会的稳定及社会的进步与发展具有积极的意义。本书分 11 个章节，介绍了包括瑞典、法国、智利、日本、韩国、澳大利亚等在内的 11 个国家的社会救助，并对其历史沿革、社会救助制度的主要内容、社会救助的相关法规、社会救助的特点等内容作了详细的阐述。

2. 乐章. 社会救助学[M]. 北京：社会科学文献出版社，2008.

社会救助是社会保障体系中的一个重要组成部分，与社会保险等其他社会保障项目相比，其历史更为悠久，更能直接地面对贫困群体，因而成为社会安全网中的最后一道防线。社会救助制度的建立与完善也是近年来我国社会政策发展与社会保障改革过程中凸现出的一个重大问题。本教材以社会救助制度结构为主线，全面介绍社会救助理论基础、制度框架及其实践经验，分别就社会救助中的一些基本范畴，如生活救助、灾害救助、扶贫开发、专项救助、特殊救助、社会互助和国际援助等，进行专门的分析探讨，并进一步对社会救助的国际比较、社会救助基金及其管理等基本问题展开系统的阐述。本教材吸收了最新的社会保障与贫困的相关理论，反映了国内外有关社会救助研究的最新进展，密切关注我国社会救助制度建设的最新成就，注重国内社会救助制度发展所面临的问题与解决途径，力求内容充实、切合实际。

3. 陈良瑾. 社会救助与社会福利[M]. 北京：中国劳动社会保障出版社，2009.

全书对社会救助与社会福利从历史沿革到现状描述；从理论解析到实践经验；从概念界定到内容详说；从制度安排到政策举措；从管理体制到运行机制；从成就认定、特点概括、问题揭示到未来走向等都进行了比较完整的表述，特别是对改革开放以来中国的社会救助与社会福利在体制改革、制度创新和体系建构方面作了重点说明。

第六章 养老保险制度

养老保险作为社会保障制度中最重要的组成部分，在为退休人员提供经济保障上发挥着重要作用。养老保险制度的建设与完善对维护国家的长治久安和经济的可持续发展都必不可少。经过60多年的发展，我国现在已经建立起了城镇职工、城镇居民和农村居民养老保险制度，在制度方面实现了养老保险的全覆盖。在全球人口老龄化日益严峻的形势下，养老保险的财务危机愈发明显，养老保险如何实现可持续发展也是各国在探寻的重要问题，各国也因此纷纷进行养老保险制度改革。我国也在不断地进行养老保险的改革以适应社会经济发展的需要。本章主要介绍养老保险的含义、特征、养老保险基金的筹集、管理和支付、养老保险模式以及中国基本养老保险制度的改革与发展。

第一节 养老保险概述

养老保险是社会保险五大险种中最重要的险种之一，是保障老年人基本生活的重要社会政策。世界上绝大多数的国家都已建立了养老保险制度。我国也不断进行了养老保险制度的改革以更加适应社会主义市场经济的发展。本节主要介绍养老保险的含义、特征、原则、养老保险基金的筹资、管理和给付。

一、养老保险的含义和特征

（一）养老保险的含义

养老保险是指劳动者在达到国家规定的退休年龄，或因年老完全丧失劳动能力退出劳动领域后，由国家和社会依法给予一定的物质帮助以维持其老年基本生活的一种社会保险制度。这一概念主要包含以下三层含义：

1. 养老保险是在法定范围内的人口退出社会劳动生活后才发生作用的。通常法定的退休年龄界限是衡量退出社会劳动生活的标准。

2. 养老保险的目的是为保障老年人的基本生活需求，为其提供稳定可靠的生活来源。

3. 养老保险是以社会保险为手段来达到保障的目的。养老保险是世界各国较普遍实行的一种社会保障制度。

（二）养老保险的特征

养老保险是社会保险体系的重要组成部分，除了具备社会保险强制性、互济性和普遍性等共同特征外，还具有以下主要特征：

1. 参加保险与享受待遇的一致性。其他社会保险项目的参加者不一定都能享受相应的待遇，而养老保险待遇的享受人群是最确定、最普遍的。因为几乎人人都会进入老年，都需要养老。参加养老保险的特定人群一旦进入老年，都可以按规定享受养老保险待遇。

2. 保障水平的适度性。养老保险的基本功能是保障劳动者在年老时的基本生活，这就决定了其保障水平要适度，既不能过低，也不能过高。一般来说，养老保险的整体水平要高于贫困救济线和失业保险金的水平，低于社会平均工资和个人在职时的收入水平。

3. 享受期限的长期性。参加养老保险的人员一旦达到享受待遇的条件或取得享受待遇的资格就可以长期享受待遇直至死亡。其待遇水平基本稳定，通常会根据经济发展状况而动态调整以保障待遇水平不会下降。

4. 保障方式多层次。广义的养老保险，不仅包括国家法定的基本养老保险，还包括用人单位建立的补充养老保险（企业年金）、个人自愿参加的储蓄性养老保险等。建立和完善多层次的养老保险体系已成为一种国际趋势。

5. 与家庭养老相联系。养老保险的产生和发展逐步取代了传统家庭养老的部分甚至大部分功能。养老保险保障程度较低时，家庭养老的作用更大一些；养老保险保障程度较高时，家庭养老的作用就相应减弱。但养老保险并不能完全替代家庭养老。几乎所有国家的宪法或法律都规定了公民有赡养老人义务的原则。因此，养老保险与家庭养老是相互联系、相得益彰的统一体。[①]

二、养老保险制度的建制原则

养老保险是社会保障制度中最重要的组成部分。在制定这一制度时必须遵循以下基本原则：

（一）享受养老保险待遇的同时免除劳动义务的原则

养老保险的对象是因为年老丧失劳动能力而退出社会劳动领域的人。对于这类被保险人，国家一方面通过法律规定免除他们的劳动义务，另一方面通过法律保证他们获得物质生活帮助的权利。根据这一原则，凡符合老年养老保险资格条件的被保险人，在其达到法

① 张左己. 领导干部社会保障知识读本[M]. 北京：中国劳动社会保障出版社，2002.

定退休年龄后，不论其实际劳动能力如何，都可免除社会劳动的义务而享受退休待遇。

（二）切实保障基本生活需要的原则

养老保险必须要保证被保险人获得基本生活保障，养老金的给付水平要适度，通常要考虑以下两个因素：通货膨胀率，收入增长率。因此，要切实保障老年人的基本经济生活，则养老金通常要根据通货膨胀率进行调整，或者根据收入增长率进行调整，或者根据通货膨胀率和收入增长率的加权进行调整。只有这样，养老金的实际购买力才不会下降，才不会影响到退休人员的实际生活水平。

（三）分享社会经济发展成果原则

养老金的给付还应随着社会经济的发展而不断提高。这是因为社会生产的成果是一代代积累起来的，没有上一代劳动者的积累就没有现代社会的发展成果。退休人员在他们年轻时贡献了自己的力量，为社会创造了价值。因而现在社会的发展成果包含了退休人员过去的劳动贡献，他们理所当然地应该享有其中一部分社会发展成果。

（四）权利与义务相对应的原则

养老金的给付还应与劳动者缴纳养老保险费的状况相联系，即养老金的给付与缴费数额、缴费时间长短相联系。这一原则一方面能够增强劳动者的自我保障意识，另一方面又体现了“公平与效率”的统一性。

三、养老保险与人寿保险的区别

（一）两者的性质不同

养老保险具有社会保险的强制性特点，它是由国家立法强制推行实施的，是法定保险。人寿保险属于商业保险的范畴。参加商业人寿保险是自愿性的，投保人可以根据自己的需求自愿选择参加，通过同保险公司签订合同来实施，是约定保险。

（二）两者的目的不同

养老保险的目的是保障劳动者的基本生活水平以使得老年人口能实现他的生存权利。人寿保险是一种以盈利为直接目的的企业经营活动，它的保险金待遇只考虑缴纳保费的多少，而不管是否能够维持被保险人的基本生活需要，也不与劳动者曾经做出的社会贡献相联系。

（三）两者的组织机构不同

养老保险由政府出面筹划，指定一个部门或委托专门的机构经办，是政府行为，具有非营利性。人寿保险由商业保险公司经营，是企业行为，完全按照市场规则在平等的基础上开展竞争。

（四）两者的保险方法不同

两者的保险方法不同主要表现在：第一，被保险人的身份条件和享受待遇标准不同。养老保险的被保险人只能是法律规定范围内的社会成员，而商业人寿保险是为全体公民开办的，只要有缴纳保险费的能力都可以自愿投保。第二，保险的实施方式不同。养老保险是由国家强制实施的，个人应当享受的保险待遇由国家法令规定，没有选择余地。而人寿保险则是在国家法令保护之下，由公民个人自愿参加，其待遇水平取决于投保人缴纳保费的多少。第三，保险支付条件不同。养老保险是以被保险人达到规定年龄后继续生存为保险支付条件，一旦死亡支付立即终止；而人寿保险除生存保险外，还有死亡保险和生死保险。死亡保险是按契约以被保险人的死亡为支付保险金条件的人寿保险，生死保险是指契约规定生效后，不论被保险人生存或死亡均给付保险金的人寿保险。

四、养老保险基金的筹资、给付和投资运营管理

（一）养老保险基金的筹集和支付模式

养老保险基金筹集和支付模式主要有三种形式：现收现付式、完全积累式和部分积累式。

1. 现收现付模式

现收现付模式是通过以支定收使养老保险基金收入与支出在年度内大体平衡的养老保险基金筹资模式。现收现付主要在社会统筹的养老保险运行模式中采用。它运行的基本原理是：在长期稳定的人口结构下，由制度内生产性劳动人口负担已经退出劳动力市场的老年人口的养老费用，而现有的生产性劳动力人口的养老费用则由下一代生产性劳动人口负担。维持这种机制运行的基本约束条件是长期相对稳定的人口年龄结构。

现收现付模式有如下特点：

（1）以支定收，无基金积累，实际上是通过代际间收入进行转移支付，即工作的一代供养退休的一代。通过收入调节与再分配实现养老保险的互助互济。

（2）收支关系简单，不留基金积累，无资金贬值风险与资金保值增值的压力。

现收现付模式的局限性表现在：

（1）不能适应人口老龄化的趋势。在人口老龄化的背景下，生产性人口和老年人口的比例失调。为了维持制度的运行，在职劳动者的缴费将增多，导致在职劳动者的经济负担日益加重。

（2）现收现付制存在着某些不利于经济发展的因素，如过高的缴费率将直接影响企业的竞争力，会对储蓄和劳动力市场供求产生不同程度的影响，这会不同程度地影响经济发展。

2. 完全积累模式

完全积累模式是通过预提积累方式筹集保险基金，未来养老金的待遇水平与过去所积累的保险基金有直接的关系。具体来说，一方面，预提积累的缴费比例在估计一定的人口、经济发展状况及其他因素的基础上进行精算确定，积累的基金数额构成养老保险金给付的基础；另一方面，保险金给付数额最终取决于积累规模和投资收益。基金完全积累制强调的是劳动者个人不同生命周期的收入再分配，即将劳动者工作期间的部分收入转移到退休期间使用。利率水平、稳定的金融市场是基金完全积累制筹资模式运行的重要条件。

完全积累模式有如下特点：

（1）预提积累保险基金有利于实现对老龄化社会下老年人口的基本经济保障。

（2）强调劳动者的自我保障，激励机制强，透明度高。

（3）有利于增加储蓄和资金积累，促进资本市场的发展，进而对经济发展具有重要推动作用。

完全积累制筹资模式的局限性表现在：

（1）对于长期的养老保险计划而言，积累的养老保险基金容易受到通货膨胀的影响，如何实现基金的保值增值具有一定的难度。

（2）养老保险基金容易受到政府行为的干预，如将基金用于弥补财政赤字等。基金在金融市场上的投资存在较大的风险性，若管理不善可能严重影响养老保险基金的支付能力。

3. 部分积累制模式

部分积累制是一种介于现收现付制和完全积累制之间的混合模式。部分积累制有几种形式，一种是在原有的现收现付制的基础之上，提高养老保险缴纳比例，除了支付当年的养老金外，还可以进行适度规模的积累，用于满足若干年后养老金增长的需求。另一种是在引入个人账户的基础上，保留部分社会统筹互助调剂的机制。还有一种是在多层次的养老保险模式中，第一层次的基本保险采用现收现付制模式，第二、三层次保险采用完全积累制模式，在多层次养老保险模式框架内实行部分积累模式。

作为一种混合模式，部分积累制具有一定的优势，它吸收了现收现付制和完全积累制两种模式的长处，将激励机制和统筹互济有机地结合起来，有利于避免单纯采用一种模式的弊端，尤其是能够有效地应对人口老龄化对养老保险财务机制的挑战，如果能妥善实施基金管理和投资运营还有助于促进经济的发展。但部分积累制运作方式的选择以及如何实现新旧模式的平稳过渡在实践中有一定的难度。

（二）养老保险基金的投资运营管理

养老保险制度尤其是完全积累制养老保险和部分积累制养老保险将会积累一定规模的养老保险基金。养老保险基金如何保值增值，如何有效监管是养老保险基金投资运营管理的重要内容。

1. 养老保险基金的投资运营原则

养老保险基金作为一种具有特定用途的专项基金，既要实现保值又要实现增值的目标。为此，养老保险基金就要进行市场化运营。世界各国在养老保险基金的运营中都采取审慎的态度。养老保险基金与一般的基金运营不同，它具有投资周期长、投资空间大和资金规模大的特点。养老保险基金运营要兼顾安全性、收益性和流动性原则。

（1）安全性原则

它是养老保险基金投资的最基本原则，是指养老保险基金投资要做到规避风险，确保投资本金及时、足额地收回，并取得预期的收益。养老保险基金的投资不应单纯地追求回报率的最大化，而应在保证资金安全的基础上去追求稳定的投资收益，即以养老保险基金的保值为其资金运营的首要任务，并在此基础上实现增值的目标。因为养老保险基金的有效运营担负着特殊的社会政治使命，它不但关系到老年人员的养老保障能否得到保证，而且还关系到整个社会的和谐与稳定。所以养老保险基金不可全部投入到风险较大的项目中。如果全部投入到风险较大的金融资产中，一旦出现投资失败就会危及养老保险的经济基础，影响社会公众对养老保险制度的信心。

（2）流动性原则

养老保险金支付的持续性要求基金投资具有流动性。养老保险基金的流动性原则是指所投资的资产在不发生价值损失的条件下具有随时融通、变现及周转的能力，以保证及时、足额地支付有可能的养老金待遇需求。从稳定与风险分散的角度看，投资运营的流动性对投资多样化提出了要求。如果资金因投资而冻结于某项固定用途而无法脱手兑现时，势必影响养老保险基金的支付能力，养老保障体系整体的安全性就会受到影响。因此，流动性要求根据养老金给付的需要，妥善地计划、精确地测算需要变现的额度，确保在资金融通方面的灵活性。从理论上讲，收益性与流动性是反向的，流动性好的收益性一般差些，流动性差的收益性相对好些。

（3）盈利性原则

盈利性原则指养老保险基金投资要确保得到一定的收益回报。养老保险基金的保值增值归根结底依赖于投资的收益，没有收益，就不能够保值，更谈不上增值。获得较高的收益是养老保险基金投资的直接目的。养老保险基金在符合安全性原则的前提下实现最大的投资效益才能确保基金的保值增值和实现养老保险的战略目标。养老保险基金有效投资收益的实现不仅有利于抵御通货膨胀对养老保险基金的侵蚀，而且能减轻企业和劳动者个人的负担，真正实现养老保险基金的运营目标。收益性原则作为养老保险基金进行投资运营的原则之一是养老保险基金不断积累扩大的根本手段。

2. 养老保险基金的投资运营方式

世界各国的经验表明，依照养老保险基金投资的原则，养老保险基金可以选择多种投资方式以实现保值增值。

（1）存入银行

存入银行是指将养老保险基金以活期存款、定期存款、大额定期存款及保值储蓄存款等形式存入银行，以获得稳定的利息收入。这种投资方式的特点是风险低，安全可靠，具有完全的资产流动性。但是，在银行存款利率受到管制并长时间保持固定不变的情况下，养老保险基金存入银行会面临通货膨胀的风险，其收益率较低甚至有可能变成负值，贬值风险大。如果利率放开自由浮动，则又会面临市场风险。就投资运营的角度来看，银行存款不会带来真正意义上的收益，很难达到保值增值的目的。

（2）购买国债

国债是指中央政府为筹集财政资金而发行的一种政府债券，是中央政府向投资者出具的、承诺在一定时期支付利息和到期偿还本金的债权债务凭证。由于有政府信用作担保，因此国债又被称为“金边债券”或“零风险债券”。国债在各类债券中信誉最高，资信可靠，投资风险较小，还本付息按时可靠，投资者可以如期地收回本金和利息，收益率一般高于同期银行存款利息，可以获得固定的预期收入，有较好的流动性。因此，国债是一种比较理想的投资工具。另外，养老保险基金对国债市场的介入对于弥补财政赤字、拉动经济发展都能够起到积极的作用。因而大多数国家都鼓励甚至限定养老保险基金用于购买国债。

（3）购买金融债券和企业债券

金融债券和企业债券的债券利率事先确定、收益可以很精确地预期，但易受市场利率的影响，安全性比政府债券差。金融债券的目的是为了给效益好的贷款项目融资，利率一般都比较高；企业债券通常又称为公司债券，是企业依照法定程序发行的，因种类、期限不同，利率也不一样，但和金融债券一样，利率都普遍高于同期银行储蓄存款利率。在企业破产时，公司债券的索取权优先于股票，所以，投资企业债券和金融债券的风险小于股票。投资金融债券、企业债券往往有固定的期限，其及时兑现性比较差。

（4）购买股票

股票是股份制公司为筹集资本所发行的载明一定股份或面额的证书。股票代表的是对股票发行单位（股份公司）资产的所有权，投资股票的红利收益不同于债券利息，这种收益不是事先确定的，而是随着公司的经营状况的变化而不断变化。如果公司的经营规模壮大，经营状况较好，股票所代表的资产实际价值就会增加，使得资产能够保值增值。如果企业经营得差，股票所代表的资产实际价值就会下降。股票投资具有收益率高、风险性高的特点。由于金融市场是无法预测、波动性较大的市场，因此投资股票承担的经营风险较大，各国都对养老保险基金进入股票市场持比较审慎的态度。即使允许其投资股市，一般也都明确限定投资比例以规避市场风险。

（5）投资基金

投资基金是一种大众化的信托投资工具，是一种利益共享、风险共担的证券投资方式。它是由基金公司或其他发起人向投资者发行的受益凭证。通过发行基金，基金公司将投资者手中的资金集中起来，委托具有专业知识和投资经验的专家进行管理和运作，并由良好信誉的金融机构充当所募集资金的信托人或保管人。证券投资基金作为一种投资工具，其最大的优势在于专家理财、组合投资、规避风险、收益较高而且稳定。随着基金品种的多样化及规模的不断扩大，证券投资基金可以作为养老保险基金重要的投资工具。在养老保险基金进入资本市场的初期，通过购买投资基金，合理进行投资组合能够有效地分散证券市场的非系统性风险。

（6）政府项目

在国家政策允许的情况下，养老保险基金应该有选择性地投资于一些建设项目上，特别是投资于符合政策导向的项目上，如基础设施建设、房地产开发、社会福利设施等项目。

基础设施建设具有生产周期过长，占用资金数量大，流动性差的特点。养老保险基金作为一种长期稳定的资金，如果投资到基础设施建设上就会获得长期、稳定的投资回报。在通货膨胀时基础设施投资还可以使资产免受货币贬值的影响。养老保险基金对医院、住宅、供水、居住环境、福利设施等不动产项目的投资能很好地体现基金本身的社会性。

（7）投资于生产与流通领域

由于养老保险基金来源稳定并且充足，利于进行长期投资，所以可以适当进入生产和流通领域，以期取得投资收益。生产流通领域的预期收益率一般都要高于银行同期存款利率，但是由于存在着极大的投资风险，其投资的安全性也大打折扣。在实际投资中，大多数国家一般都选择流通好、变现快的短期项目或者效益好、稳定安全的中长期项目。

（8）投资海外市场

随着养老保险基金结余规模的扩大，在国内资金运营吸纳能力有限的情况下，养老保险基金的增值要求使得向国际资本市场投资成为可能。国际投资与国际分散化可以扩大投资范围、优化投资组合、促使资产的国际多样化，有助于更加迅速有效地规避和控制投资组合风险，特别是系统性风险。[①]近年来，以智利为代表的国家在海外投资中获取的高收益为其他国家提供了很好的经验。对海外资本市场的涉足扩展了养老保险基金的投资渠道，同时也对养老保险基金的投资运营提出了全新的挑战。

3. 养老保险基金投资监管的基本原则

养老保险基金投资监管的原则是指在监督和管理养老保险基金投资的过程中，对各方面都具有普遍意义的基本准则和指导思想。它体现了监管的本质和根本价值，对监管活动具有根本性的指导意义和统率作用。对养老保险基金投资进行监管必须建立在科学理性的判断的基础之上，同时要遵循一定的原则。只有这样，监管才能达到预期的效果。一般说来，养老保险基金投资监管的原则主要包括以下几个：

（1）依法监管原则

依法监管是指监管必须依据法律，不得与法律相抵触。在法制社会中，依法监管乃是最重要的原则。它具体是指：第一，监管主体地位的确立和监管权力的取得源于法律。有关的监管法要对监管机关的法律地位和职责权限做出明确的规定，以充分维护和保障监管主体的有效权威。第二，监管主体应依法行使监管职权。监管主体必须在法律授权的范围内行使权力，其监管行为不仅要符合监管实体法的规定，而且要符合监管程序法的规定。不得逾越权限，不得滥用权力，不得侵犯基金运营机构的合法权益。第三，法律也为基金运营机构的投资行为提供可供遵循的依据或标准，基金运营机构必须依法受到监管机构的监督和管理。

（2）合理监管原则

合理监管是指在监管过程中要客观、适度、符合理性，它是对监管过程中出现的监管者自由裁量权的必要限制。它是以依法监管为前提的，是依法监管的补充。在监管过程中，不仅有法律规范在起作用，而且还有技术的、经济的、道德的和其他的规范在起作用。在

① 翟一春. 我国养老保险基金投资问题研究[D]. 复旦大学，2008: 67.

没有法律规定的情况下，监管主要遵循的就是合理性原则。合理监管的具体内容包括：第一，监管行为应符合监管的目的、宗旨和基本精神。监管主体在做出某种行为时，必须注意权利与义务、基金运营机构的利益与投保人利益之间的平衡。第二，监管行为应建立在正当的基础之上，即只考虑与养老保险基金投资监管相关的因素，不相关的因素应当排除在外。第三，监管行为的内容必须符合客观规律，合乎情理，为一般人所能理解并得到普遍的遵守。第四，监管行为应有合理的步骤和方式，即监管程序也应合理。

（3）适度监管原则

适度监管是指监管主体的监管行为必须以尊重市场经济运行的基本经济规律为前提，不得损害市场调节经济的规律性，不得通过监管而压制基金运营机构的竞争和发展活力。因此，在监管的时候，第一，要摒弃监管万能的思想，监管者要充分尊重市场经济机制的作用和规律；第二，要进行宏观调控，避免对基金监管的直接微观管制，为基金的发展与创新提供良好环境。实现宏观调控目标的手段主要包括政策引导、杠杆引导、信息引导、市场准入、行政指导和法律规范。为减少微观管理情况的发生，监管者应为基金运营机构设计安全稳健和预防风险的指标体系，以准确反映风险暴露情况并使之制度化、法制化，使基金运营机构对于其稳固安全的风险状况有一个准确的把握，提高自身抵抗风险、增强安全性的能力和意识。

（4）有效监管原则

有效监管是指监管机构要用负担最小的方式达到监管目标，降低监管成本。有效监管原则主要表现在两个方面：第一，金融体系的效益性。监管机构应当考虑基金运营机构自身运作的效益性要求，通过创造公平竞争的外部环境，规范市场竞争，通过市场准入与退出的必要管制，选择经营状况良好的基金运营机构，促进良性竞争，提高基金行业的运行效率。第二，监管自身的效益性。监管本身也是需要付出成本的一项活动，提高监管自身的效率也有助于增加社会福利。

（三）养老保险金的给付

养老保险金的给付指的是职能部门按照国家政策规定的条件、项目、标准等，运用一定的方式，为保障范围内的人员支付养老金的制度安排。养老保险金的给付是养老保险资金筹集的目的。

1. 养老保险金给付的条件

确定被保障对象是否达到领取养老金的资格是养老金给付的前提条件。一般来说，需要满足的条件主要有政府规定的法定退休年龄、一定的缴费年限和相应的工龄。除此之外还包括一些与就业或缴费无关的条件，如被保险人必须是永久居民或在国内居住一定年限等。

（1）退休年龄

退休年龄是国家根据社会经济发展需要、人口预期寿命和劳动力就业等情况对劳动者退出劳动领域的年龄所作出的规定。退休年龄通常是劳动者退出劳动领域开始领取养老金的年龄。我国在50年代初期建立养老保险制度时将退休年龄定为男性60岁，女工人为50

岁，女干部为55岁，这种规定一直延续至今。随着人口老龄化程度的加剧和养老保险支出的大幅攀升，提高退休年龄已经成为世界养老保险改革的一个重要内容。

（2）工龄条件

工龄也是发放养老保险金的重要条件之一。工龄是劳动者以工资收入作为其主要生活来源的劳动年限。各国对工龄的规定并不一致，短的为15年，长的有达40年之久的。只有达到一定的工作年限，才能获得养老保险金。采用工龄年限的国家主要有前苏联、中国改革前的养老保险制度和东欧国家。

（3）最低缴费年限

作为领取养老金的一个资格条件，养老保障制度要求就业者缴费满一定年限后方可领取养老金。如果达不到缴费年限，通常的做法是将养老账户中的储存额一次性全部付给退休者。实行缴费确定模式不规定最低缴费年限，因为个人积累得多，则领取的养老金就多，积累得少，则领取的养老金也少。世界上绝大多数国家如法国、德国等均采用最低缴费年限这种做法。例如，法国规定养老金的给付条件是年满60岁，缴费年限为37.5年，如果达不到37.5年，则减发养老金。我国《国务院关于完善企业职工基本养老保险制度的决定》（国发[2005]38号）规定，职工达到法定退休年龄，缴费15年才可以获得基础养老金。

（4）居住年限

被保险人必须达到规定年龄并符合居住国规定的居住期限才能领取养老金。采用这种方法的国家主要有新西兰、加拿大、冰岛、瑞士、瑞典和丹麦等。例如，丹麦政府规定，享受国民年金的条件是67岁之前在丹麦连续居住5年的本国公民。加拿大政府规定，国民年金的享受条件是年满65岁，18岁后在加拿大每居住一年，可领取养老金的1/40。新西兰规定，居民年满65岁，并在最近的20年内居住在本国境内者才有权领取养老金。

2. 养老保险金的给付水平

养老保险金给付水平是指退休人员获得养老金保障的程度和水平。养老保险制度不同，确定养老保险金给付水平需要考虑的因素也不同。现收现付制和基金积累制运行模式下决定养老保险金水平的因素是不同的。

（1）现收现付制下养老保险金给付水平

现收现付制下养老保险金给付水平主要取决于以下三方面的因素。

①养老保险的负担系数。确定养老保险金给付水平，需要考虑退休人员数量与在职人员数量之比。即制度抚养比，通常用百分比表示，即100名在职人员负担多少退休人员。退休人员与在职人员之比越大，在职人员的负担越重，养老保险金的给付水平就越低；相反，养老保险金的给付水平就越高。

②养老金替代率。养老金替代率是衡量劳动者退休前后生活保障水平差异的一项基本指标，它是指退休者领取的养老金占其退休前某一时期平均工资收入的百分比，养老金替代率的高低反映出养老保险金的给付水平。养老金替代率过高，容易引发提前退休。大批劳动者退出生产领域：一方面直接减少了养老保险的缴费人数，使养老保险金的收入减少；另一方面，大批提前退休者从缴费者变为养老保险的享受者，扩大了养老保险金的支出规模。养老金替代率过低则不能保障退休人员的基本生活，容易使他们陷入贫困。因此，确

定合适的养老金替代率成为各国养老保险制度设计的关键问题之一。国际经验表明，如果养老保险替代率大于 70%，退休后可维持退休前的生活水平；如果达到 60%～70%，即可维持退休前基本生活水平；如果低于 50%，则生活水平较退休前大幅下降。

③基期工资。基期工资是退休人员领取养老金的起算标准。基期工资可以按退休人员退休前一年或若干年的平均工资来确定，也可以按退休人员全部工作期的平均工资来确定，也可以采取其他的确定办法。比如，2005 年国务院发布了《国务院关于完善企业职工基本养老保险制度的决定》（国发[2005]38 号）规定，企业职工基本养老金由基础养老金和个人账户养老金组成。退休时的基础养老金月标准以当地上年度在岗职工月平均工资和本人指数化月平均缴费工资的平均值为基数，缴费每满 1 年发给 1%。在这里，当地上年度在岗职工月平均工资和本人指数化月平均缴费工资的平均值即为基础养老金的基期工资。

（2）完全积累制下养老金的给付水平

完全积累制养老金给付水平的确定是根据职工个人的缴费率、养老保险基金的实际投资收益率来确定的。完全积累制下的养老保险金给付水平应考虑以下因素。

①缴费率。政府规定的缴费率的高低决定了个人账户积累的多少。缴费率越高，表明个人账户的积累越多，参保人退休后的养老金给付就越多。反之，缴费率越低，个人账户的积累就越少，参保人退休后的养老金给付就越少。缴费率和养老金的给付之间呈正相关关系。

②缴费年限。一般来说养老保险的缴费年限少则十几年，多则四十多年。缴费年限越长，参保人未来领取的养老金就越多；反之，则领取的养老金就越少。缴费年限与养老金的给付呈正相关关系。

③个人账户基金的投资收益率。个人账户基金的投资收益率是影响养老金给付的重要变量。养老保险基金的实际投资收益率等于名义投资收益率减去通货膨胀率。如果名义投资收益率低于通货膨胀率，养老金的实际收益率就会降低，养老金的实际给付水平就会降低。相反，养老金的实际给付水平会随着实际收益率的提高而提高。

④退休人员的平均预期寿命。退休人员的平均预期寿命越长，他们单位时间内从个人账户中领取的养老金就越少；反之，预期寿命越短，他们单位时间内从个人账户中领取的养老金就越多。退休职工的平均预期寿命与养老金给付之间是负相关关系。

3. 养老保险金的给付方式

养老金的给付方式一般可以分为三种：绝对金额制、统一比例制和薪资比例制。

（1）绝对金额制

绝对金额制是指有关管理部门根据缴费人及其供养的直系亲属，按不同标准划分为若干种类，对每一种类的人按同一金额发放养老金，与缴费人退休前工资收入水平无关。普通国民保险或家庭补贴大多采用这种给付方式。

（2）统一比例制

统一比例制是指按工资收入的一定比例或某一确定标准来给付。也就是说，参保人退休前的养老保险缴费与其退休后获得的养老保险资金的给付之间没有多大联系，这种支付制度即为统一比例制。

（3）薪资比例制

薪资比例制是指以缴费人退休前某一段时期内的平均工资或最高工资数额为基数，根据职工的工龄或缴费年限确定养老金替代率，然后以这一比例为依据记发养老金。有的养老金按照工龄记发。例如，我国在养老保险改革前的养老金给付是按照工龄的长短记发的。工龄在10～15年、15～20年、20年以上三个档次的，退休后的养老金分别按本人标准工资的60%、70%和75%记发。也有按照缴费年限记发的。美国私人退休金计划就采取与职工缴费年限相联系的给付方式。中国城镇职工基础养老金记发就考虑了职工的缴费年限。

4. 养老金给付的指数化调节机制和调整依据

指数化调节机制是指养老金的给付随着工资指数或物价指数的变动而变动。实行养老金指数化调节机制的目的，一方面是不使退休人员的生活水平因通货膨胀而降低或陷入贫困，另一方面是让退休人员共享社会经济发展的成果。指数化调节机制最早产生于实施全面保障计划的北欧国家。丹麦在1930年的《社会保障法案》中就规定了建立养老金的自动调整机制。瑞典在1950年建立了指数化调节机制。德国1957年建立了对老年人口保障程度的总工资指数调整机制。自20世纪70年代以来，西方工业化国家普遍建立起指数化调整机制。美国1972年在社会保障修正法案中增加了依据居民消费价格指数（CPI）自动调整养老金的方案。目前，世界上大致形成两种指数化调整机制：自动化指数调节机制和非自动化指数调节机制。

（1）自动化指数调节机制

自动化指数调节机制也称动态化调整机制，即养老金的给付随着物价水平或工资水平的变化自动调整。价格指数是反映各个时期居民消费平均变化的动态指标，能够反映生活成本的变化，是通货膨胀的晴雨表。比如，按照社会保障修正案的规定，美国从1975年开始采用根据消费价格指数的变动情况每年自动地调整养老金的给付并运行至今。

（2）非自动化指数调节机制

非自动化指数调节机制是指退休人员领取的养老金不是每年自动进行指数化调整，而是政府在特殊时期采取调剂政策进行调整。目前，有一些国家采取临时补贴的政策来缓解物价上涨对养老金收入的冲击。在我国，为了保障退休人员的生活，政府多次采取非自动化的调整机制对养老金给付水平进行调整。

（3）养老金指数化调整的依据

第一，依据价格指数进行调整。价格指数调节是根据物价指数（通常是消费者价格指数CPI）的变化来调整养老金的给付。目前采用这种调节方式的国家较多，包括日本、英国、美国等。采用价格指数调整养老金通常是为了抵御通货膨胀风险，保证基本养老金的实际购买力。这一机制的缺点在于：这种调整方式会使退休者的养老金水平实际购买力始终维持在退休初期的生活水平，没能随着经济增长、在职人口生活水平的提高而提高，老年人没有分享到经济增长的成果。

第二，依据工资指数进行调整。工资指数调节机制是根据工资增长率的变化来调整养老金。采用这种方式对养老金给付进行调整的国家主要有德国、法国、意大利等。采用工资指数调整养老金能使已退休者同在职者一同分享一部分经济增长的成果。但这种调整方式存在的问题是：养老金的调节可能与通货膨胀率之间的关系不一致，从而使养老金调整的初衷无法实现。

第三，同时依据物价指数和工资指数进行调整。采用这种方式对养老金给付进行调整的国家有瑞典、瑞士等。这种方式可以说是对上述两种机制的综合。这种调整机制可以有多种形式。如瑞士公共养老金的调整机制是：瑞士每2年进行一次调整，并且在1月1日进行。其调整的基础是一半工资指数与一半物价指数相加后的指数。这种机制一方面使已退休者的养老金避免由于通货膨胀而发生贬值，另一方面，退休者可以同在职者分享经济增长的成果。

第二节 养老保险模式

各国由于在经济发展水平、政府财力以及老龄化等方面存在差异，养老保险模式也各不相同。从世界各国已经实行的养老保险制度的实践来看，可以把养老保险划分为四种模式：普遍保障模式、收入关联模式、多层次模式和强制储蓄模式。

一、普遍保障的养老保险模式

普遍保障的养老保险模式是指国家为老年人提供均一水平的养老金，以保障其最低生活水平的养老保险计划。这种模式遵循的原则是：对不能依靠自身劳动满足自己基本生活需要的老年人普遍提供最低水平的养老保障。北欧国家、英国、澳大利亚、新西兰等国均采用此种养老保障模式。普遍保障模式的特点是：

（一）实施范围广

普遍保障的养老保险覆盖全体国民，在本国侨居一定年限的外国人也包括在保障范围之内，是一种涉及范围广、覆盖面宽、人人皆享受的养老保障模式。

普遍保障的养老保险作为人人皆有的养老保障模式，与是否是工薪劳动者、退休收入如何、是否有稳定的职业和收入、对社会的贡献大小、家庭经济状况以及投保时间等均无关系，凡达到退休年龄，都为其提供均一水平的养老金。对这种养老金的给付有的国家采用绝对金额给付。如英国1991年规定，无论男女老年人，一律按照每周46.9英镑的绝对金额给付。有的国家采取按基数的一定比例给付。如瑞典，单身者的基本年金是一个“基数”的96%，夫妻双方都领取基本年金的，则领取“基数”的155%。只领取基本年金的人通常免税。“基数”的多少根据工资水平和物价水平不断进行调整。1957年9月，一个“基数”相当于4000克朗，1979年1月调整到13100克朗，到1990年增加到29700克朗。[①]

① 樊天霞、徐鼎亚. 美国、瑞典、新加坡养老保险制度比较及对我国的启示[J]. 上海大学学报（社会科学版），2004（3）：84-89.

（二）资金主要来源于国家财政

国家财政资助是普遍保障模式养老金给付的主要资金来源。瑞典的基本年金主要来源于国家的税收，集中财力帮助老年人；丹麦养老金基金的 90%由国家财政提供。自 20 世纪 70 年代以来，随着工业化国家社会保障制度出现危机，普遍保障模式开始逐渐降低国家财政资助的比例，逐步通过发展企业补充养老保险计划来增大企业和个人对养老保险的责任。

实际上，普遍保障模式也只是提供最低生活保障需求。尽管它具有覆盖面广、透明度高、能够充分体现社会公平等优点，但是由于它所提供的保障水平有限，许多实施普遍保障模式的国家通过发展企业补充养老保险计划和个人储蓄性养老保险计划来保障老年劳动者的基本生活。随着全球性养老保险改革的发展，普遍保障的养老保险模式已逐步向以普遍保障为核心的多层次养老保险模式过渡。

二、收入关联的养老保险模式

收入关联的养老保险模式是指通过社会保险机制为工薪劳动者建立的退休收入保险计划，它强调劳动者缴费和退休后获得的养老金之间的关联关系。世界上绝大多数的国家采用的是收入关联的养老保险模式。它具有如下特点：

（一）实行三方负担的财务机制

这是养老保险基金筹资的典型特点。养老保险通过国家、企业和个人三方负担的方式筹集养老保险基金。按照社会保障法的规定，企业和个人必须按照工资或收入的一定比例缴纳养老保险费，养老金的给付直接与缴纳养老费的多少挂钩。企业、个人的缴费比例各国有所不同，或是企业和个人缴纳相同比例，或是企业缴纳的比例高于个人的比例。

缴费工资基数一般规定最低限和最高限。各个国家在养老保险中发挥的作用也不完全一样。一种情况是国家直接从政府支出中划拨一定数额的资金进入社会保险基金，比如日本、德国就是这样；另一种是国家不明确规定政府的出资额，只是在养老保险基金出现收支失衡时，政府作为最后的出资人承担养老保险责任，比如美国就是这样。还有国家资助是以税收、利息、政策优惠等形式体现。收入关联的养老保险模式通过三方负担的财务机制筹集养老保险基金有利于养老保险制度的正常运转。

（二）实行与收入关联的养老保险给付机制

收入关联养老保险制度的一个重要特征就是养老金的给付水平与收入挂钩，它以退休者退休前一年、几年或整个工作期间的平均工资为计算基础，将养老保险与就业期间的劳动贡献建立起某种关联。劳动者退休前的平均工资、缴费期限、收入替代率等共同构成了制约收入关联养老保险模式的养老金给付水平。20 世纪 70 年代以来，西方国家经济陷入停滞或低速增长，通货膨胀不断加剧，各国普遍建立起养老金指数调节机制，使养老金与物价增长、工资增长之间建立起某种关联，或使养老金的给付水平能够随着在职职工的工资增长而增长。

（三）具有较强的收入再分配特性

收入关联的养老保险模式在筹资方式、给付结构等方面都有别于普遍保障模式和强制储蓄养老保险模式，呈现出较强的收入再分配的特性。如缴费基数下限与上限的规定，给付结构中也有明显的不同代际之间的纵向收入再分配，不同收入水平之间的横向收入再分配特性。通过特定的技术机制，高收入阶层向低收入阶层进行收入转移，从而体现养老保险的社会政策目标。

不可否认，收入关联的养老保险模式在20世纪70年代经历了鼎盛的发展阶段之后面临着严峻的制度危机，这主要表现在人口老龄化和养老保险基金的入不敷出。人口老龄化使在职人员和退休人员之间的扶养比不断上升，以现收现付制为基础的收入关联养老保险模式不可避免地面临着前所未有的支付压力。为此，到20世纪80年代，西方国家开始采取措施，诸如从增加缴费率、削减给付水平、提高法定退休年龄、减少财政支出等方面进行改革以期解决危机。

三、多层次养老保险模式

多层次养老保障模式是国家根据不同的经济保障目标，综合运用各种养老保险形式而形成的老年经济保障制度。多层次养老保险是在第二次世界大战后在工业化国家逐渐发展形成，在20世纪80年代普遍受到重视的一种养老保险模式。多种保障模式的结合事实上是很多工业化国家已有的制度安排，比如瑞士等国在20世纪80年代中期重大结构性改革后形成的三个层次的保障模式：第一层次是法定的由国家建立强制参加的国民年金制度，它的特点是强制性和非积累性。这一层次旨在提供最基本的老年经济保障。第二个层次是建立企业补充养老保险计划。第二层次是积累性的，可以是强制性的，也可以是自愿性的。这类制度通常由雇主提供。第三个层次是建立在自愿前提下的个人储蓄性养老保险，包括个人储蓄、劳动收入、家庭成员的帮助等，旨在提供较高的养老保险收入。

在养老保险方面，世界银行于1994年提出了包括基本养老金、职业养老金和私人储蓄养老金在内的三支柱方案。2005年，世界银行又将三支柱方案延展为包括非缴费的国民养老金的零支柱和家庭养老的四支柱，形成了五支柱的养老保障格局。养老保障的多支柱减轻了政府在养老保险制度中的财务负担，加强了个人在养老保障中的责任，同时使养老保障制度的内容更趋丰富，制度的保障作用更加完善。

四、强制储蓄性养老保险模式

强制储蓄的养老保险模式是国家根据有关社会保障法的规定，将企业和职工按照收入的一定比例缴纳的养老保险费存入职工的个人养老保险账户，并由专门的机构负责养老保险基金的管理和运营以实现保值增值的目的。当劳动者达到退休年龄时，将个人账户积累的资金、利息及投资收入一次性或按月发还本人作为养老金，雇员退休后的养老保险待遇完全取决于其个人账户的积累额。这种模式在二十多个亚非国家和一些拉美国家推行。强制储蓄性的养老保险模式以新加坡的中央公积金制度和智利的商业化管理的个人账户制最为典型。

（一）新加坡的中央公积金制度

1. 新加坡的中央公积金制度的基本内容

新加坡于1953年通过中央公积金法并于1955年开始实施中央公积金制度。中央公积金由新加坡政府的中央公积金局直接进行管理，是一个完全积累的强制储蓄制度。中央公积金计划规定，雇主和雇员都要向中央公积金缴费，存入个人账户中。1955年的缴费率为10%（雇主和雇员各按雇员工资的5%缴纳）。在以后的年份里，缴费率不断增长，1971年上升到20%，1985年则达到25%。自20世纪80年代以来，政府还针对不同年龄的缴费者制定了不同的缴费率，随着年龄的增长，缴费率会相应地降低。中央公积金计划的最初目的是通过征收并保存劳资双方缴纳的存款为工人退休后或无法工作时提供最低生活保障。随着公积金制度的发展，中央公积金的功能不断扩大，在住房保障、医疗保障、家庭保障、资产增值、支付受教育费用等方面扩大了覆盖范围。中央公积金制度的实施减轻了政府的压力，推动了经济和社会保险事业的发展。

2. 新加坡中央公积金制度的特点

（1）强调劳动者的自我积累、自我保障。通过建立个人账户的方式使雇员缴费和退休之后的养老金待遇之间建立十分密切的内在经济关联，进而产生了一种有效的激励机制。同时，作为完全积累制的中央公积金制度，通过个人的自我保障和强制储蓄功能，避免了现收现付制中代际间转移的问题。

（2）实行劳动者个人、企业共同缴纳养老保险费的原则。国家根据经济发展的不同情况而不断调整缴费比例。在1997年亚洲经济危机期间，雇主缴费率降低了一半，降到10%，在经济危机之后，政府重新调整了缴费率，雇员的缴费率从10%上升到16%，政府还计划把雇主的缴费率调整到20%，但是由于2001年的经济衰退，这项计划被推迟了。企业和个人共同承担养老保险费减轻了国家在养老保险费用支出上的压力和养老保险费用支出的过度膨胀。

（3）以养老保险为依托，带动其他经济保障的发展。伴随着市场经济和社会政策的发展，中央公积金制度为社会保障的发展创造了良好的外部环境。在几十年的实践探索中，中央公积金制度已经演变成一种从管理体制到运行方式完整的体系。覆盖范围不断扩大，已经涵盖养老、医疗、就业、住房、教育、家庭保障等多方面内容。

（4）中央公积金制度强调劳动者生命周期内的收入再分配。中央公积金制度通过强制储蓄的方式将劳动者工作期间的积累引致到退休后使用，实现了劳动者生命周期内的收入再分配。在人口老龄化和代际之间矛盾日益突出的情况下，中央公积金制度有其优越性。中央公积金制度的不足之处是忽略了劳动者之间和劳动者代际之间的收入再分配，缺乏社会互助共济的功能。中央公积金制度是以雇员的工资作为缴费基数，雇员的工资越高，雇员和雇主的缴费就越高，个人账户积累也就越多。而对低收入者来说，如果没有其他的保障措施，他们的养老保障将会受到影响。

（二）智利私营化管理的养老金制度

1. 智利模式的基本内容

智利是拉丁美洲国家中最早建立社会保障制度的国家。1981 年，智利实施了举世瞩目的社会保障制度的重大改革，在养老保险领域建立起全新的以个人账户为基础，以私营化经营管理为特征的运行方式。

改革后的智利养老保险的主要内容是重新设定缴费率，建立个人账户和私营机构管理基金。每个缴费者在自己选择的养老基金管理公司开办一个个人账户，每月将工资的 13%交给养老基金管理公司，其中 10%作为个人的养老金存入个人账户，另外 3%由养老基金管理公司根据规定作为投保人的人寿保险和意外事故保险金转交给指定的保险公司。当缴费者具备了法律规定的领取养老金的受益条件时就可以从自己所在的养老基金管理公司按月领取养老金，或者向寿险公司支取寿险年金。投保人可以自由选择养老基金管理公司并能自由转换。旧制度下的投保人可以自愿选择加入新制度，自我雇佣人员也是自愿参加。但新制度实施后的投保人必须加入新制度。

2. 智利模式的特点和成果

（1）智利的私人养老保险基金保持了很高的回报率，这与养老保险基金公司专注于高效率地为受益人提供法定养老金的目标是分不开的。高收益率既为国家积累了巨额的资金，又切实保障了基金的支付能力。从 1981 年到 2000 年 20 年间，扣除通货膨胀因素，养老金平均投资收益率是 10.9%，1991 年的收益率达到最高为 29.7%，最低是 1995 年，为-2.5%。这一收益率远超过新制度出台时预期的年实际收益率在 4%～5%之间。[①]

（2）养老金制度改革对智利经济的稳定、资本市场的发展也作出了贡献。改革后的智利养老金总值呈现出强劲的增长态势。养老金总值从 1981 年的 2.92 亿美元发展到 2005 年的 747.56 亿美元。从 1981 年占 GDP 的 0.84%发展到 2005 年的占 GDP 的 80%。1980 年年底，金融资产占 GDP 的比重为 65%，到 2003 年年底已上升到 217%。[②]养老基金管理公司通过投资于金融资产，有力地促进了资本市场的发育。到 2001 年 2 月，智利养老基金 36.45%投资于政府债券，13.79%投资于公司股票和债券，35.39%投资于金融机构发行的各种投资工具，2.41%投资于投资基金，养老金投资于国外证券的比例为 13.4%。[③]养老保险基金稳定性和长期性的特点为促进经济稳定增长奠定了基础，也保障了金融市场的稳定与繁荣。

（3）减轻了企业及政府的负担。由于新制度实行的是个人积累制，强调的是个人责任，所以，智利模式减轻了国家和企业的负担，提高了企业的国际竞争力。对于企业而言，在

---

① 胡舒. 智利养老保险模式探析[D]. 武汉科技大学，2008：14.

② Juan Yermo. The Contribution of Pension Funds to Capital Market Development in Chile[M]. Oxford University and OECD, September 2005.

③ 穆怀中. 发展中国家社会保障制度的建立和完善[M]. 北京：人民出版社，2008.

旧制度中，雇主承担的养老保险费是拉美地区最高的，费率为20%，致使企业负担非常重。实行改革后，雇主不用为雇员缴纳养老保险费，这就大大减轻了企业的负担，提高了企业竞争力。对于政府而言，在旧体制下，由于养老金给付水平的不断提高使得国家出资占养老保险的筹资比重从1965年的34.1%增加到38.2%。庞大的养老金开支加重了政府的财政负担。1979年智利的社会保障支出中，养老金支出就占50.2%，其中的1/3是由政府财政补贴。改革后，养老保险基金来源于劳动者在职期间的储蓄和基金管理机构的投资收益。智利私营化管理的养老基金的有效投资运营促进了养老保险基金的保值增值。从1981年至今，智利养老金平均收益率高达10%，这样就大大减轻了政府的财政负担，政府补贴从1984年的5%下降到1988年的3%。政府由过去的基金"运营者"转换为养老保险市场的"监管者"，只承担监管和兜底的作用，即只提供参保人的最低收入保障和因AFP（养老金管理股份制公司）破产而造成的损失。智利也成为世界上为数不多的财政状况比较好的国家之一。①

（4）政府成功解决转制成本。从世界各国养老保险改革经验来看，智利政府在转制成本的消化方面一直被认为是其养老制度改革成功的关键因素之一。为了解决新旧制度转换中的转制成本问题，实现新旧制度的平稳过渡，政府承担并偿还了旧制度留下来的、规模相当于1980年GDP的80%的转制成本。其主要采取以下措施：一是智利政府明确承担了转制成本的责任，核定清楚规模，采取"一次清算，分期偿还"的办法解决养老金转制成本。二是政府坚持建立预算盈余，从财政中划拨一定比例用于消化部分转制成本。三是通过出售一部分国有企业或其他国有固定资产来筹集资金，偿还政府对职工养老保险的历史欠账。四是通过发行"认可债券"对旧制度中缴款者积累的权利表示认可，存入本人的个人账户，退休时由国家以现金形式将认可债券兑回，一次付清。

第三节　中国养老保险制度

1979年我国开始了全面的经济体制改革。随着经济体制改革的深入，传统的养老制度的弊端日益显现。为了适应经济发展，城镇企业职工养老保险开始从运行机制、模式类型、项目构成等方面进行了全面的改革，主要是实行养老保险费用社会统筹，养老保险基金实行国家、企业和个人三方负担，引入个人缴费机制，并在基本养老保险制度中实行统账结合的部分积累模式。2009年国家开始了农村社会养老保险试点，2011年国家开始了城镇居民社会养老保险试点。至此，养老保险在制度方面实现了全覆盖。

① 胡舒. 智利养老保险模式探析[D]. 武汉科技大学，2008：16.

一、中国养老保险制度的变迁

（一）城镇养老保险制度变迁

我国的养老保险制度从新中国成立初期到现在已走过了60余个春秋，其发展历程大致可概括为以下六个阶段：

第一阶段：初创时期（1950～1957年）

中华人民共和国成立伊始，党和政府就十分重视并着手建立具有中国特色的养老保险制度。1951年2月26日，政务院颁布的《中华人民共和国劳动保险条例》被认为是新中国养老保险制度建立的标志。1953年1月2日又对该条例进行了修正，1953年1月26日公布了《中华人民共和国劳动保险条例实施细则》。这些文件对我国职工的退休养老、疾病、工伤、生育等多项社会保险待遇及其管理都作了规范。1955年12月29日，国务院颁布了《国家机关工作人员退休处理暂行办法》、《国家机关工作人员退职处理暂行办法》、《关于处理国家机关工作人员退职、退休时计算工作年限的暂行规定》，这些文件的颁布标志着国家机关和事业单位工作人员退休制度的建立。

这一阶段是我国养老保障制度的奠基阶段，对于建国初期国民经济的恢复和社会安定发挥了重要作用。

第二阶段：调整时期（1958～1966年）

鉴于企业和机关、事业单位的退休养老制度不统一，1958年2月9日，国务院颁布了《关于工人、职员退休处理的暂行规定》，适用于国家机关、事业单位、人民团体、国营和公私合营企业，把原来由人事部门管理的机关、事业单位工作人员的退休待遇办法和由劳动部门管理的企业职工的退休待遇办法合并为一个，实际上将企业与机关、事业单位的工人、职员的退休养老保险统一化。该规定放宽了退休条件，把《劳动保险条例》规定的一般工龄满25年缩短为20年，对社会有特殊贡献者，退休金可以适当提高，但提高幅度不得超过本人工资的15%。

这一时期，我国的养老保障事业得到了很大发展，但受1958年“大跃进”的影响，有些改革措施并未得到实施。

第三阶段：停滞、瘫痪时期（1967～1977年）

1966～1977年的“文化大革命”使我国的政治、经济、文化等领域都遭到严重破坏，养老保险制度亦在劫难逃。《劳动保险条例》被诬蔑为腐蚀职工的“修正主义毒瘤”受到根本否定和批判。劳动部被撤销，各级工会组织被解散，工作人员被调离，社会保险基金统一征集、管理、调剂和支出的制度被迫停止。1969年2月10日，财政部颁布《关于国营企业财务工作中几项制度的改革意见（草案）》，规定国营企业一律停止提取劳动保险金，原在劳动保险金开支的劳保费用，改在营业外列支。这一文件意味着劳动保险自此失去了统筹调剂的机能，职工退休养老由社会事务演变为职工所在单位的内部事务，使得原本社会统筹比例不大、调剂功能有限的社会性养老保险蜕变成各自分割、封闭运行的“企业保险”。这种蜕变所带来的退休养老方面的混乱局面一直持续到中国养老保险制度改革之前。

第四阶段：改革准备时期（1978～1985 年）

“文化大革命”结束后，国家在退休养老保障方面颁布了《关于严格执行工人退休、离休暂行办法的规定》、《关于建立老干部退休制度的决定》等许多法规文件。1978 年，国务院《关于安置老弱病残干部的暂行办法》和国务院《关于工人退休、退职的暂行办法》，把因工致残完全丧失劳动能力的工人和干部纳入到退休范围，既保护了他们的权益，又简化了一些专门规定的保险待遇。该办法还把“离职休养”增加为一种退休待遇。

1984 年，劳动部考虑恢复养老保险的社会统筹办法，废除由企业各自负担养老保险形成的负担不均的弊端，在“文化大革命”中被破坏的制度又重新开始在四川自贡市试行。这标志着我国养老保险逐步开始从“企业保险”向社会保险转变。这种探索与推进并没有改变传统的国家—单位保障制度下的退休养老保险制度，单位发放退休养老金、个人不需缴纳养老保险费等格局依旧，这一时期所做的主要是养老保险改革前的准备工作，其探索为全面改革积累了宝贵经验。

第五阶段：变革时期（1986～1994 年）

随着经济改革尤其是城镇国有企业改革的推进，原有的退休养老制度不能适应经济发展的需要。1986 年，国务院颁布《国营企业实行劳动合同制暂行规定》，明确规定国家对合同制工人的退休养老实行社会统筹，退休养老基金的来源由企业和劳动合同制工人缴纳，这是对原有退休养老制度的重大改革，也是中国养老保险制度由原来的退休制度向社会保险制度转型的重要标志。1991 年 6 月 26 日，在总结全国各地养老保险改革经验的基础上，国务院颁布《关于企业职工养老保险制度改革的决定》，首次提出了“三支柱”制度，即逐步建立起基本养老保险与企业补充养老保险和职工个人储蓄性养老保险相结合的制度；提出了“三方负担”原则，即养老保险费用实行国家、企业、个人三方共同负担；提出了社会统筹层次由目前的市、县统筹逐步过渡到省级统筹的要求。1992 年，劳动部发布《关于全民所有制企业职工实行基本养老保险基金省级统筹的通知》，进一步对养老保险作了规定，对职工的养老保险改革起到了推动作用。

第六阶段：创新时期（1995 年～）

1995 年 3 月 1 日，国务院发布《关于深化企业职工养老保险制度改革的通知》，确立了社会统筹与个人账户相结合的模式。1997 年 7 月 16 日，国务院颁发《关于建立统一的企业职工基本养老保险制度的决定》（国发[1997]26 号），该《决定》主要实现了“三个统一”：一是统一了个人账户的规模和资金来源；二是统一了企业缴费的比例；三是统一了养老金的计发办法。自此，各地不同的社会统筹与个人账户相结合方式开始走向统一。同年 8 月，国务院发布《关于实行企业职工基本养老保险省级统筹和行业统筹移交地方管理有关问题的通知》，将 11 个行业统筹移交地方管理，养老保险的行业统筹被取消，条块分割的现象得以纠正。2000 年 12 月 25 日，国务院发布《关于完善城镇社会保障体系试点方案的通知》，2001 年 7 月，完善社会保障体系的试点在辽宁启动。该试点的重点是对国发[1997]26 号文件确立的基本养老保险制度进行了改进，包括企业缴费不再划入个人账户，个人缴费比例提高到 8%，并全部计入个人账户，社会统筹基金与个人账户基金实行分账管理，做实个人账户，个人账户实账运营，准备与资本市场对接。2004年，吉林、黑龙江也开始试点。在充分调查研究和总结过去20年来养老保险改革经验的基础上，2005年10月19日，国务院发布《关于完善企业职工基本养老保险制度的决定》，对当前和今后建立起适合我国国情、实现可持续发展的基本养老保险制度做了全面改革的规定。该《决定》规定了新的养老金计发办法，采取新人新办法、老人老办法、中人逐步过渡的办法，成为当下我国城镇职工基本养老保险制度实施的重要依据。2011年，《国务院关于开展城镇居民社会养老保险试点的指导意见》出台，为新时期我国城镇非从业人员养老保险制度试点工作作出了安排。

（二）农村养老保险制度变迁

我国在农村社会养老保险制度方面的探索已有30多年的历史。为了寻找适宜的农村居民养老保险途径，从20世纪80年代中后期开始，我国政府探索性地开始了农村社会养老保险制度的试点，随着农村老龄化程度的不断加深，农村老年人口的养老问题变得日益突出和紧迫，建立适合我国国情的农村养老保险制度的任务也更加艰巨。农村养老保险的发展可以分为试点阶段、推广阶段、调整整顿阶段和改革发展阶段等四个阶段。

第一阶段：试点阶段（1986～1991年）

1986年，民政部和国务院其他有关部委在江苏召开了“全国农村基层社会保障工作座谈会”。会议提出，根据中国农村的实际情况，决定因地制宜地开展农村社会保障工作。具体方案是：在比较贫困的地区，开展扶贫和救济工作；在经济发展相对较好的地区，建立敬老院以及改善“五保”制度；在农村经济比较发达的地区，开展相对较为完善的农村养老保险体系建设，选择了一批经济较为发达的地区作为试点实行农村社会养老保险。1989年底，全国已有19个省市190多个县市进行了农村养老保险的试点，1991年试点县市增加到600多个。[①]

第二阶段：推广阶段（1992～1997年）

1991年6月，原民政部农村养老办公室制定了《县级农村社会养老保险基本方案（试行）》，并于1992年1月1日开始实施。此方案确定了以县为基本单位开展农村社会养老保险的基本原则，提出了农村社会养老保险改革的基本指导思想，构建了农村社会基本养老保险的基本框架，制定了农村社会基本养老保险的基本内容，规定了保障对象、缴费方式以及给付方式。农村社会基本养老保险实行个人账户积累，主要由农民个人承担缴费，集体经济发展好的地区提供一定的补贴，个人缴费和集体补贴共同记入个人账户。缴费标准多档次，个人自主选择档次进行缴费。“老农保”方案对农村社会基本养老保险的建立与发展具有重要的指导意义。截至1997年年底，全国农村社会养老保险机构达2005个，养老保险代办点33140个。全年投保农民达7452人，有61.4万农民领取了养老保险金。全年保险收入42.2亿元，其中保费收入30.7亿元；养老金支出33368万元；积累的农村养老

① 董克用. 中国经济改革30年——社会保障卷[M]. 重庆：重庆大学出版社，2008.

保险基金已达 139.2 亿元，比上年增加了 39.7 亿元。①

第三阶段：调整整顿阶段（1998～2002 年）

1998 年国务院机构改革后，农村的社会养老保险工作由民政部移交给劳动和社会保障部。在这个阶段，由于制度本身的设计缺陷和执行过程中出现的很多问题，全国大部分地区出现了参保人数下降、基金运行难度加大等困难，一些地区甚至出现养老保险业务停顿的情况。鉴于这种状况，1999 年 7 月，国务院在《批转整顿保险业工作小组〈保险业整顿与改革方案〉的通知》中明确指出："目前我国农村尚不具备普遍实行社会保险的条件。对民政系统原来开展的'农村社会养老保险'，要进行清理整顿，停止接受新业务，区别情况，妥善处理，有条件的可以逐步将其过渡为商业保险。"

第四阶段：改革发展阶段（2002 年～）

2002 年 11 月，党的十六大报告提出"有条件的地方，探索建立农村养老、医疗保险和最低生活保障制度"。2003 年，劳动和社会保障部连续下发了《关于当前做好农村社会养老保险工作的通知》和《关于认真做好当前农村社会养老保险的通知》，要求各地积极稳妥地推进农村社会养老保险工作。2003 年以后，各地开始了新型农村养老保险试点，许多地方通过加大政府引导和支持力度，扩大覆盖范围，创新制度模式，在探索新的农村养老保险模式方面取得了一定的突破和进展。2006 年，劳动和社会保障部发布的 1 号文件把积极稳妥地开展农村社会保险政策列为年度工作重点之一。到 2007 年年底，全国已有 31 个省区市的近 2000 个县（市、区、旗）不同程度地开展了新型农村养老保险试点工作，有 5000 多万农民参保，积累保险基金 300 多亿元，有 300 多万参保农民领取了养老金。2009 年，《国务院关于开展新型农村社会养老保险试点的指导意见》（国发[2009]32 号）提出，按照个人缴费、集体补助和国家补贴相结合的要求，从 2009 年起开展新型农村社会养老保险（以下简称"新农保"）试点。新型农村养老保险从我国国情出发，确定了"保基本、广覆盖、有弹性、可持续"的基本指导方针，实行政府引导和农民自愿相结合，引导农民普遍参保，采取个人、集体和政府合理分担责任，社会统筹和个人账户相结合，坚持试点先行，稳步推进。

2009 年下半年在全国首次决定选取 10%的市（县、区、旗）启动新农保第一批试点。首批试点运行一年后，2010 年国务院研究决定采取重点与普遍相结合的方法，进一步扩大新农保的试点范围。截至 2010 年年底，共有 27 个省、自治区的 838 个县（市、区、旗）和 4 个直辖市的部分区县纳入全国新型农村社会养老保险试点，总覆盖面达 24%，参保人数达 1.03 亿人。2011 年，新农保试点范围继续扩大，全国 40%的市（县、区、旗）被包含在内。在 2011 年的前三个月，新农保试点参保人数已发展到 1.3 亿人，年龄符合领取待遇的人数为 3582 万人，基金累计结余 563.8 亿元。而自行试点的省区也跃升至 20 个，扩展到所辖的 409 个市（县、区、旗），参保人数达到 4469 万人，年龄符合领取待遇的人数升至 1421 万人。全国开展新农保试点的地方已升至 27 个省、自治区的 1914 个县市、区、旗和 4 个直辖市部分区县，达到全覆盖的省（自治区、直辖市）又增加了重庆。国家新农保试点地区参保人数 32643 万人，比 2010 年末增加 22367 万人，其中实际领取待遇人数

① 董克用. 中国经济改革 30 年——社会保障卷[M]. 重庆：重庆大学出版社，2008.

8525万人。全年新型农村社会养老保险基金收入1070亿元，比上年增长135.9%，其中个人缴费415亿元，基金支出588亿元，基金累计结存1199亿元。

二、中国养老保险制度的内容

伴随2011年城镇居民社会养老保险制度的建立，加上此前建立的城镇职工基本养老保险制度和农村居民社会养老保险制度，我国社会养老保险体系在整体的制度框架上实现了全民覆盖。本部分分别对城镇职工基本养老保险、城镇居民社会养老保险和农村居民社会养老保险的内容进行介绍。

（一）城镇职工基本养老保险制度的内容

2005年，《国务院关于完善企业职工基本养老保险制度的决定》（国发[2005]38号）规定的城镇职工基本养老保险的内容主要包括：

1. 参保对象

城镇各类企业职工、个体工商户和灵活就业人员都要参加企业职工基本养老保险。

2. 资金筹集

城镇职工基本养老保险制度建立了社会统筹和个人账户相结合的部分积累制的财务制度。基本养老保险费由企业和职工共同负担。企业依法缴纳基本养老保险费，缴费比例为企业工资总额20%左右，目前高于20%的地区，可暂维持不变。企业缴费部分不再划入个人账户，全部纳入社会统筹基金，并以省（自治区、直辖市）为单位进行调剂。职工依法缴纳基本养老保险费，缴费比例为本人缴费工资的 8%，并全部计入个人账户。个人账户规模由本人缴费工资的 11%调整为 8%。个人账户储存额的多少取决于个人缴费额和个人账户基金收益，并由社会保险经办机构定期公布。个人账户基金只用于职工养老，不得提前支取。职工跨统筹范围流动时，个人账户随同转移。职工或退休人员死亡，个人账户可以继承。有条件的企业可为职工建立企业年金，并实行市场化运营和管理。企业年金实行基金完全积累，采用个人帐户方式进行管理，费用由企业和职工个人缴纳，企业缴费在工资总额4%以内的部分，可从成本中列支。同时，鼓励开展个人储蓄性养老保险。

3. 基金管理

《国务院关于完善企业职工基本养老保险制度的决定》规定加快提高统筹层次，进一步加强省级基金预算管理，明确省、市、县各级人民政府的责任，建立健全省级基金调剂制度，加大基金调剂力度，在完善市级统筹的基础上，尽快提高统筹层次，实现省级统筹，为构建全国统一的劳动力市场和促进人员合理流动创造条件。

社会统筹基金与个人账户基金实施分别管理。社会统筹基金不能占用个人账户基金。个人账户基金由省级社会保险经办机构统一管理，按国家规定投资运营以实现保值增值，运营收益率要高于银行同期存款利率。

4. 待遇支付

《国务院关于建立统一的企业职工基本养老保险制度的决定》（国发[1997]26号）实施

后参加工作、缴费年限（含视同缴费年限，下同）累计满 15 年的人员，退休后按月发给基本养老金。基本养老金由基础养老金和个人账户养老金组成。退休时的基础养老金月标准以当地上年度在岗职工月平均工资和本人指数化月平均缴费工资的平均值为基数，缴费每满 1 年发给 1%。个人账户养老金月标准为个人账户储存额除以计发月数，计发月数根据职工退休时城镇人口平均预期寿命、本人退休年龄、利息等因素确定。国发[1997]26 号文件实施前参加工作、本决定实施后退休且缴费年限累计满 15 年的人员，在发给基础养老金和个人账户养老金的基础上，再发给过渡性养老金。各省、自治区、直辖市人民政府要按照待遇水平合理衔接、新老政策平稳过渡的原则，在认真测算的基础上，制订具体的过渡办法，并报劳动和社会保障部、财政部备案。本决定实施后到达退休年龄但缴费年限累计不满 15 年的人员，不发给基础养老金；个人账户储存额一次性支付给本人，终止基本养老保险关系。本决定实施前已经离退休的人员，仍按国家原来的规定发给基本养老金，同时执行基本养老金调整办法。

（二）城镇居民社会养老保险制度的内容

2011 年 6 月 7 日，在总结各地探索经验的基础上，国家颁布了《国务院关于开展城镇居民社会养老保险试点的指导意见》（国发[2011]18 号），《意见》指出，城镇居民养老保险试点的基本原则是“保基本、广覆盖、有弹性、可持续”：一是从城镇居民的实际情况出发，低水平起步，筹资标准和待遇标准要与经济发展及各方面承受能力相适应；二是个人（家庭）和政府合理分担责任，权利与义务相对应；三是政府主导和居民自愿相结合，引导城镇居民普遍参保；四是中央确定基本原则和主要政策，地方制定具体办法，城镇居民养老保险实行属地管理。城镇居民社会养老保险制度试点的目标是 2011 年 7 月 1 日启动试点工作，2012 年基本实现城镇居民养老保险制度全覆盖。城镇居民养老保险制度的内容主要包括：

1. 参保对象

年满 16 周岁（不含在校学生）、不符合职工基本养老保险参保条件的城镇非从业居民，可以在户籍地自愿参加城镇居民养老保险。

2. 资金筹集

城镇居民社会养老保险制度按照个人缴费、政府补贴相结合的办法，建立社会统筹和个人账户相结合的财务制度。城镇居民养老保险基金主要由个人缴费和政府补贴构成。（1）个人缴费。参加城镇居民养老保险的城镇居民应当按规定缴纳养老保险费。缴费标准目前设为每年 100 元、200 元、300 元、400 元、500 元、600 元、700 元、800 元、900 元、1000 元 10 个档次，地方人民政府可以根据实际情况增设缴费档次。参保人自主选择档次缴费，多缴多得。国家依据经济发展和城镇居民人均可支配收入增长等情况适时调整缴费档次。（2）政府补贴。政府对符合待遇领取条件的参保人全额支付城镇居民养老保险基础养老金。其中，中央财政对中西部地区按中央确定的基础养老金标准给予全额补助，对东部地区给予 50%的补助。地方人民政府应对参保人员缴费给予补贴，补贴标准不低于每人每年 30 元；对选择较高档次标准缴费的，可给予适当鼓励，具体标准和办法由省（区、市）人民政府确定。对城镇重度残疾人等缴费困难群体，地方人民政府为其代缴部分或全部最低标准的养老保险费。（3）鼓励其他经济组织、社会组织和个人为参保人缴费提供资助。

国家为每个参保人员建立终身记录的养老保险个人账户。个人缴费、地方人民政府对参保人的缴费补贴及其他来源的缴费资助，全部记入个人账户。个人账户储存额目前每年参考中国人民银行公布的金融机构人民币一年期存款利率计息。

3. 基金管理

建立健全城镇居民养老保险基金财务会计制度。（1）城镇居民养老保险基金纳入社会保障基金财政专户，实行收支两条线管理，单独记账、核算，按有关规定实现保值增值。试点阶段，城镇居民养老保险基金暂以试点县（区、市、旗，以下简称试点县）为单位管理，随着试点扩大和推开，逐步提高管理层次；有条件的地方也可直接实行省级管理。（2）各级人力资源社会保障部门要切实履行城镇居民养老保险基金的监管职责，制定完善城镇居民养老保险各项业务管理规章制度，规范业务程序，建立健全内控制度和基金稽核制度，对基金的筹集、上解、划拨、发放进行监控和定期检查，并定期披露城镇居民养老保险基金筹集和支付信息，做到公开透明，加强社会监督。财政、监察、审计部门按各自职责实施监督，严禁挤占挪用，确保基金安全。试点地区社会保险经办机构和居委会每年在社区范围内对城镇居民的待遇领取资格进行公示，接受群众监督。

4. 待遇支付

城镇居民养老金的领取要满足一定条件。具体来说：参加城镇居民养老保险的城镇居民，年满 60 周岁，可按月领取养老金；城镇居民养老保险制度实施时，已年满 60 周岁，未享受职工基本养老保险待遇以及国家规定的其他养老待遇的，不用缴费，可按月领取基础养老金；距领取年龄不足 15 年的应按年缴费，也允许补缴，累计缴费不超过 15 年；距领取年龄超过 15 年的，应按年缴费，累计缴费不少于 15 年。

养老金待遇由基础养老金和个人账户养老金构成，支付终身。（1）中央确定的基础养老金标准为每人每月 55 元。地方人民政府可以根据实际情况提高基础养老金标准，对于长期缴费的城镇居民，可适当加发基础养老金，提高和加发部分的资金由地方人民政府支出。（2）个人账户养老金的月计发标准为个人账户储存额除以 139（与现行职工基本养老保险及新农保个人账户养老金计发系数相同）。参保人员死亡，个人账户中的资金余额，除政府补贴外，可以依法继承；政府补贴余额用于继续支付其他参保人的养老金。（3）国家根据经济发展和物价变动等情况，适时调整全国城镇居民养老保险基础养老金的最低标准。

（三）新型农村社会养老保险制度的内容

自 2002 年开始，各地开展了以财政投入为主要特征的新型农村养老保险制度试点。2009 年 6 月，国家颁布了《国务院关于开展新型农村社会养老保险试点的指导意见》（国发[2009]32 号），明确了新型农村养老保险的基本原则、制度模式、筹资方式等重要政策，同时决定 2009 年在全国 10%的县市进行农村社会养老保险改革试点，并提出将于 2020 年实现新型农村社会养老保险的全覆盖。新型农村社会养老保险制度的内容主要有：

1. 参保对象

年满 16 周岁（不含在校学生）、未参加城镇职工基本养老保险的农村居民，可以在户籍地自愿参加新农保。

2. 资金筹集

国家对新型农村社会养老保险实行社会统筹与个人账户相结合的财务制度。根据《国务院关于开展新型农村养老保险试点的指导意见》规定，新型农村养老保险制度的筹资方式实行个人缴费、集体补助以及政府补贴相结合的筹资结构。（1）个人缴费。参加新农保的农村居民应当按规定缴纳养老保险费。缴费标准目前设为每年 100 元、200 元、300 元、400 元、500 元 5 个档次，地方可以根据实际情况增设缴费档次。参保人自主选择档次缴费，多缴多得。国家依据农村居民人均纯收入增长等情况适时调整缴费档次。（2）集体补助。有条件的村集体应当对参保人缴费给予补助，补助标准由村民委员会召开村民会议民主确定，鼓励其他经济组织、社会公益组织、个人为参保人缴费提供资助。（3）政府补贴。政府对符合领取条件的参保人全额支付新农保基础养老金，其中中央财政对中西部地区按中央确定的基础养老金标准给予全额补助，对东部地区给予 50%的补助。地方政府应当对参保人缴费给予补贴，补贴标准不低于每人每年 30 元；对选择较高档次标准缴费的，可给予适当鼓励，具体标准和办法由省（区、市）人民政府确定。对农村重度残疾人等缴费困难群体，地方政府为其代缴部分或全部最低标准的养老保险费。

国家为每个新农保参保人建立终身记录的养老保险个人账户。个人缴费，集体补助及其他经济组织、社会公益组织、个人对参保人缴费的资助，地方政府对参保人的缴费补贴，全部记入个人账户。个人账户储存额目前每年参考中国人民银行公布的金融机构人民币一年期存款利率计息。

3. 基金管理

建立健全新农保基金财务会计制度。新农保基金纳入社会保障基金财政专户，实行收支两条线管理，单独记账、核算，按有关规定实现保值增值。试点阶段，新农保基金实行县级管理，随着试点扩大和推开，逐步提高管理层次；有条件的地方也可直接实行省级管理。各级人力资源社会保障部门要切实履行新农保基金的监管职责，制定完善新农保制度各项业务管理规章，规范业务程序，建立健全内控制度和基金稽核制度，对基金的筹集、上解、划拨、发放进行监控和定期检查，并定期披露新农保基金筹集和支付信息，做到公开透明，加强社会监督。财政、监察、审计部门按各自职责实施监督，严禁挤占挪用，确保基金安全。试点地区新农保经办机构和村民委员会每年在行政村范围内对村内参保人缴费和待遇领取资格进行公示，接受群众监督。

4. 待遇支付

农村居民养老金的领取要满足一定条件。具体来说：年满 60 周岁、未享受城镇职工基本养老保险待遇的农村有户籍的老年人，可以按月领取养老金；新农保制度实施时，已年满 60 周岁、未享受城镇职工基本养老保险待遇的，不用缴费，可以按月领取基础养老金，但其符合参保条件的子女应当参保缴费；距领取年龄不足 15 年的应按年缴费，也允许补缴，累计缴费不超过 15 年；距领取年龄超过 15 年的应按年缴费，累计缴费不少于 15 年。

养老金待遇由基础养老金和个人账户养老金组成，支付终身。中央确定的基础养老金标准为每人每月 55 元。地方政府可以根据实际情况提高基础养老金标准，对于长期缴费的农村居民，可适当加发基础养老金，提高和加发部分的资金由地方政府支出。个人账户养老金的月计发标准为个人账户全部储存额除以 139（与现行城镇职工基本养老保险个人账户养老金计发系数相同）。参保人死亡，个人账户中的资金余额除政府补贴外，可以依法继承；政府补贴余额用于继续支付其他参保人的养老金。国家根据经济发展和物价变动等情况，适时调整全国新农保基础养老金的最低标准。

三、中国养老保险制度的改革趋势

养老保险制度作为社会保障制度中最重要的组成部分，对经济的健康发展和社会稳定发挥着极其重要的作用。目前我国养老保险还存在着社会公平程度不高，人口老龄化的加剧又使基本养老金支付处于重负之下。如何确保养老保险制度的公平性得以体现，如何实现养老保险的可持续性发展是未来养老保险改革所面临的挑战。养老保险的改革和完善要与我国的基本国情、人口结构、社会发展变化相适应，要随着经济、人口和社会发展进行不断调整。

（一）中国养老保险制度改革的成就

1. 基本上实现了养老保险制度全覆盖

经过多次改革，中国养老保险已经在制度建设方面实现了全覆盖。目前中国的养老保障制度主要包括机关事业单位的退休养老制度、城镇职工基本养老保险制度、城镇居民社会养老保险制度、新型农村社会养老保险制度。除了国家机关事业单位工作人员外，大部分劳动者都可以选择参加与其自身相对应的养老保险制度，养老保险制度基本上实现了在制度方面的全覆盖，但是养老保险的实际覆盖面要实现全覆盖还有一个渐进的过程。

2. 基本建立了社会统筹与个人账户积累相结合的养老保险财务模式

1993 年，中共十四届三中全会通过的《中共中央关于建立社会主义市场经济体制若干问题的决定》指出，“城镇职工养老和医疗保险金由单位和个人共同负担，实行社会统筹和个人账户相结合”。截至目前，城镇职工、城镇居民和农村居民基本养老保险制度均实施了社会统筹与个人账户相结合的财务制度。社会统筹与个人账户相结合的财务制度在实践中得到了一定程度的发展。比如，2007 年年底，全国已有北京、天津、吉林、黑龙江等 13 个省（自治区、直辖市）实现了省级统筹，对维护社会公平发挥了重要作用。在实施养老保险社会统筹的同时，建立个人账户，专门用于记载和积累依据法律提存的个人基金，大大调动个人自我保障的积极性。

3. 初步形成国家、企业与个人等多方负担的筹资机制

《中共中央关于建立社会主义市场经济体制若干问题的决定》明确指出：“城镇职工养老和医疗保险金由单位和个人共同负担。”《国务院关于完善企业职工基本养老保险制度的决定》、《国务院关于开展城镇居民社会养老保险试点的指导意见》、《国务院关于开展新型

农村社会养老保险试点的指导意见》分别对城镇职工、城镇居民和农民养老保险的筹资机制的规定均实施了由国家、企业与个人等多方负担的筹资机制。比如，在城镇职工基本养老保险中，企业和职工分别按照一定比例缴纳养老保险费，国家在筹资方面承担了税收减免和兜底的责任。在城镇居民社会养老保险中，国家、居民个人直接承担了筹资责任；在新型农村社会养老保险制中，国家、集体经济组织、居民个人等都在一定程度上直接承担了筹资责任。

4. 建立了基本养老金正常调节机制

为了保障退休人员的基本生活不受物价上涨的影响和享受社会经济发展的成果，国家已经建立了基本养老金正常调节机制。《国务院关于完善企业职工基本养老保险制度的决定》、《国务院关于开展城镇居民社会养老保险试点的指导意见》、《国务院关于开展新型农村社会养老保险试点的指导意见》分别对城镇职工、城镇居民和农民养老保险的养老金待遇的动态化调整做出了规定。在实践中，城镇职工、城镇居民和农村居民养老金待遇均实施了一定程度的动态调整。比如，最近几年城镇职工每月的基本养老金每年大约自动上调一百多元。

5. 养老保险管理服务实现了社会化

养老保险的管理服务社会化是指社会机构对参加社会养老保险的单位和个人，从基本养老保险费的收缴到个人养老保险账户的管理和养老金的发放等提供全方位、规范化的社会化管理与服务。养老保险管理服务社会化主要表现在三个方面：第一，参保对象社会化。养老保险实现了制度的全覆盖，城镇各类企业劳动者和个体工商户等灵活就业人员、城镇居民、农村居民都纳入到养老保险覆盖范围。第二，基金管理社会化。养老保险基金的管理已经突破了以前由用人单位管理的局面，统筹层次逐步提高，养老保险基金能够在更大的范围内运作并可以实施规定范围内的专业化投资运营。第三，养老金发放方式社会化。劳动保障部门、社会保险经办机构、银行、邮局等社会服务机构均参与了基本养老金的发放，彻底扭转了以前由用人单位给退休职工发放养老金的情况，真正实现了养老金发放的社会化。

（二）养老保险制度改革的关键问题

1. 基本养老保险的统筹层次

我国目前养老保险统筹层次主要是以地级市统筹为主。提高基本养老保险基金统筹层次是优化基本养老保险制度的必由之路。只有适当提高统筹层次才能让基本养老保险制度相对统一。适当提高统筹层次有助于克服养老保险基金碎片化、降低管理成本、充分发挥养老保险基金互助共济、分散风险功能，从而促进劳动力自由流动。

2. 退休金的“双轨制”

改革开放以后，随着我国市场经济体系的建立，企业成为自主经营、自负盈亏的经营主体。为了适应市场经济的发展，企业职工的养老保险制度进行了相应的改革，退休金不再专由国家负担，而是由个人、企业、国家三方负担，养老金的计发办法实行社会统筹与个人账户相结合的模式，企业职工的退休金多少决定于企业的经济效益和职工的工资水平。与此同时，机关事业单位退休制度却没有进行相应的改革，职工工作期间不缴费，退休金由国家财政统一发放，计发办法也未改变，因此形成了企业职工和机关事业单位职工养老保险由不同部门分别管理、政策不协调、退休待遇差距大的退休金“双轨制”。

为了解决养老金双轨制的问题，国家早在2008年已经在山西、上海、浙江、广东、重庆5个省市进行事业单位养老保险制度改革试点，但是目前尚没有一个省市出台正式实施方案。改革养老金“双轨制”必须确立以实现公平为第一目标，公平是养老保障制度建立的基石。“双轨制”形成有历史原因和现实的原因，如何实现机关事业单位的养老保险制度改革必须搞好顶层设计，不能简单地照搬照抄目前城镇职工基本养老保险制度的做法。

3. 退休年龄的调整

退休年龄是劳动者退出劳动力市场的起始年龄，退休年龄的高低决定了每年退出劳动力市场人口数量的多少。在人口年龄结构既定的情况下，每年进入劳动力市场的劳动力数量是一定的，而退出劳动力市场的劳动力数量可以根据退休年龄来调控。退休年龄的高低决定了制度内抚养人口和被抚养人口的结构，进而影响到养老保险基金的收支状况。关于是否调整退休年龄问题在学术界形成了两种截然不同的观点：一部分主张调整退休年龄，另一部分反对调整退休年龄。目前占主流的观点是调整现行退休年龄。随着我国经济社会的不断发展以及人均寿命的不断延长，若不相应地提高退休年龄，结果必然是费率的提高以及退休人员待遇的持续下降，相应地推迟退休年龄应该说是一种必然趋势。适当推迟退休年龄对于缓解人口老龄化所造成的养老保险基金收支失衡和减轻代际养老负担等方面将发挥重要作用。推迟退休年龄是一个综合性的社会政策，要根据人口结构变化、代际关系、职工的收入状况、就业状况和社会保障制度发展的要求来综合平衡，一定要兼顾好就业与退休的关系、不同群体的利益之间的关系。

（三）养老保险制度改革的趋势

1. 坚持以公平为主的立法理念

公平是养老保险制度中最基本的价值理念和立法原则。养老保险制度的公平性包括代内公平与代际公平这两个重要形式。代内公平是当代人之间的横向公平，代际公平则是当代人与后代人之间的纵向公平。养老保险制度要实现公平，必须是既实现代内公平又实现代际间的公平。代内公平表现在城乡之间、地区之间、不同社会人群之间。代际公平是指代与代之间的社会保障责任与收益的公平，可以是缴费标准的公平，也可以是受益标准的公平。建立养老保险公平的立法理念应打破养老保险保障制度的城乡分割、区域分割、社会人群分割的现状，建立广覆盖、保基本、多层次的养老保险制度。社会养老保险本质上是以追求社会公平为目的的财富再分配过程，是利益的再调整。如果过多地强调诸如城乡的、地区的、部门的差异性及各种特殊利益的照顾，不但会使中国养老保险制度“碎片化”，更重要的是使其背离社会公平这一社会保险制度的理念。中国养老保险改革应确立公平导向，养老保险改革的最终目标是打破城乡分割、打破区域分割、打破单位限制，在未来建立统筹区域、统筹城乡的社会养老保障体系。

2. 完善养老保险法律制度

虽然经过近二十年的探索，我国养老保险制度的发展已经取得了很大进展，改革的目标和方向基本确定，到目前为止，我国基本上建立起了一套比较完整的养老保险法律体系。但现行的养老保险法律制度中关于养老保险制度的一些深层次的问题与矛盾并未得到根本解决，养老保险的公平性没能得到很好的体现，也不能适应社会经济发展的需要。比如，城镇职工养老保险中的空账问题、城乡居民基本养老保险之间的待遇差距、养老保险基金的保值增值等诸多问题都需要在进一步的改革与完善相关法律制度中提出方案并加以解决。

3. 实现养老保险关系的顺畅转移接续

我国现行基本养老保险制度种类繁多，造成养老保险关系在城乡之间、区域之间、行业之间转移接续面临着一定的困难。尤其是在城镇化、就业形式多样化和劳动力流动日益频繁的形势下，养老保险权益转移和接续问题就变得愈来愈突出。养老保险权益转移接续的顺畅是一国社会养老保险制度持续运行的内在要求，是确保参保人权益不受损害的重要措施，是改革和完善我国社会保障制度的重要内容，这对于构建公平合理的社会保障制度、更好地发挥养老保险制度的功能和作用、实现劳动力人口的自由流动都具有现实意义。《社会保险法》中已经对基本养老保险随本人转移做出了明确规定，但是这一规定在执行的过程中被打了很大折扣。国家除了要加强对社会保险法的执行力度外，优化养老保险的统筹层次、推进养老保险管理的信息网络平台建设也是实现养老保险关系顺畅转移接续的重要措施。

本章小结

1. 养老保险是指劳动者在达到国家规定的退休年龄，或因年老完全丧失劳动能力退出劳动领域后，由国家和社会依法给予一定的物质帮助以维持其老年基本生活的一种社会保险制度。养老保险具有参加保险与享受待遇的一致性、保障水平的适度性、享受期限的长期性、保障方式多层次、与家庭养老相联系这些特征。

2. 养老保险基金筹集和支付模式主要有三种形式：现收现付式、完全积累式和部分积累式。养老保险基金运营要兼顾安全性、收益性和流动性原则。养老保险基金可以选择存入银行、购买国债、购买金融债券和企业债券、购买股票、投资基金、政府项目、投资于生产与流通领域、投资海外市场等多种投资方式以实现保值增值。

3. 确定被保障对象是否达到领取养老金的资格是养老金给付的前提条件。一般来说，需要满足的条件主要有政府规定的法定退休年龄、一定的缴费年限和相应的工龄。除此之外还包括一些与就业或缴费无关的条件，如被保险人必须是永久居民或在国内居住一定年限等。

4. 从世界各国已经实行的养老保险制度的实践来看，可以把养老保险划分为四种模式：普遍保障模式、收入关联模式、多层次模式和强制储蓄模式。

5. 伴随 2011 年城镇居民社会养老保险制度的建立，加上此前建立的城镇职工基本养老保险制度和新型农村居民社会养老保险制度，我国社会养老保险体系在整体的制度框架上实现了全民覆盖。中国养老保险制度改革取得了基本上实现了养老保险制度全覆盖，基本建立了社会统筹与个人账户积累相结合的养老保险财务模式，初步形成国家、企业与个人等多方负担的筹资机制，建立了基本养老金正常调节机制，养老保险管理服务实现了社会化这五个方面的成就。中国养老保险制度改革面临着优化基本养老保险的统筹层次、退休金的“双轨制”、退休年龄的调整这些关键问题。坚持以公平为主的立法理念、完善养老保险法律制度、实现养老保险关系的顺畅转移接续将是养老保险制度改革的趋势。

思考题

1. 简述养老保险基金的筹集和支付模式的特点。
2. 养老保险基金的投资运营原则和方式有哪些？
3. 养老保险金给付的资格条件通常有哪些？
4. 简述养老金给付的指数化调节机制和调整依据。
5. 试论述世界上主要养老保险模式的特点。
6. 简述城镇职工基本养老保险的内容。
7. 简述城镇居民社会养老保险的内容。
8. 简述新型农村社会养老保险的内容。

深度阅读

1. 郑功成. 中国社会保障改革与发展战略（养老保险卷）[M]. 北京：人民出版社，2011.

本书是中国社会保障改革与发展战略研究的重要组成部分，是数十位从事养老保险及相关领域研究的专家学者的集体智慧结晶。本书立足于养老保险制度顶层设计，以实现“人人老有所养”为战略目标，从全局与长远的发展视角，分析了中国养老保险制度建设现状及所面临的挑战与任务，阐述了我国养老保险制度改革与发展的宏观思路与目标体系，从理论上规划了养老保险制度渐进的发展阶段与推进步骤，对关键性问题作出了理论回应。内容包括老有所养及其实现路径、覆盖城乡居民养老保险体系建设、职工基本养老保险全国统筹方案、公职人员养老保险、农民养老保险、职业年金、基本养老保险财政投入、养老保险中的中央与地方关系、养老保险基金投资、退休年龄延长方案等。

2. 林义. 农村社会保障的国际比较及启示研究[M]. 北京：中国劳动社会保障出版社，2006.

本书在对国外农村社会保障理论综合与改革实践最新动态把握的基础上，系统评价发达国家、发展中国家及经济转型国家的农村社会保险和农村社会救助制度的基本模式选择、运行机制及制度安排的特征和差异，研究国外农村社会保障制度的一些典型案例，国外扩大农村社会保障制度覆盖面的政策措施，农村社会保障资金筹集和管理中的实施难点。研究发展中国家农村养老、医疗保险与农村社区互助保险、商业保险的综合性制度创新和政策实施效果。系统研究国外农村社会保障改革发展趋势及经验教训，为重构我国农村社会保障制度框架和改革思路提供较全面、系统的国际经验和重要决策支持。

第七章 医疗保险制度

广义的医疗保险在外延上既包括社会医疗保险又包括商业医疗保险。社会保障领域的医疗保险通常是指社会医疗保险。

社会医疗保险制度是社会保险制度的重要组成部分。它与人们的日常生活密切相关，对于保证人们的基本医疗费用支出安全以及促进社会生产的顺利发展都起到了积极作用。由于社会医疗保险参与主体的多元化、人口老龄化以及疾病模式的转变等多种原因，全世界都面临着如何较好地在控制医疗费用过快上涨与保障居民基本健康权益方面实现有效权衡。因此，包括社会医疗保险制度在内的医药卫生体制改革成为各国改革的热点问题。我国在建立社会主义市场经济体制的过程中也对传统的医疗保障制度进行了大幅度的改革。本章主要介绍社会医疗保险的含义、特征，社会医疗保险基金的筹集、管理和支付，社会医疗保障模式以及中国的基本医疗保险制度。

第一节 医疗保险概述

医疗保险是健康保险的一种。本节首先介绍健康保险和医疗保险的关系，其次介绍社会医疗保险的含义、特征，最后介绍社会医疗保险基金的筹集、管理和支付方式。

一、健康保险和医疗保险的关系

健康保险是以人的身体为保险标的，保证被保险人在疾病或意外事故所致伤害时的费用支出或损失获得补偿的一种保险。它主要有以下两层含义：第一，承保的保险事故是疾病和意外伤害事故两种；第二，承保的危险是因疾病（包括生育）导致的医疗费用的开支损失和因疾病或意外伤害致残导致的正常收入的损失。

健康保险根据医疗费用索赔方式不同可以分为医疗费用保险、疾病保险以及收入保障保险。医疗费用保险又称作医疗保险，是以保险合同约定的医疗费用的发生为给付保险金条件的健康保险，它通常可以分为普通医疗保险、住院保险、手术保险、综合医疗保险、高额医疗费用保险等；疾病保险是以保险合同约定的疾病的发生为给付保险金条件的健康保险，它通常可以分为重大疾病保险、特种疾病保险等；收入保障保险又称残疾收入保险、丧失工作能力补偿保险、工资收入或减少收入的补偿保险，是指以因保险合同约定的疾病或者意外伤害导致工作能力丧失为给付保险金条件，为被保险人在一定时期内收入减少或者中断提供保障的健康保险。由此可见，虽然医疗保险、疾病保险和收入保障保险都是以疾病发生后对被保障人赔付医疗费用为最终目的，但是其满足赔付的条件是不同的，或者说三者赔付医疗费用时其直接参照的标的物是不同的。从这种意义上说，医疗保险不能等同于疾病保险和收入保障保险，当然也不能等同于健康保险。健康保险包括医疗保险，医疗保险是健康保险的一种，医疗保险和疾病保险是并列关系而非等同关系。

二、社会医疗保险的含义和特征

（一）社会医疗保险的含义

社会医疗保险是指国家通过立法手段强制实施的，旨在化解社会成员所面临的疾病风险，以保障其基本医疗费用支出安全的一项社会保险制度。

理解社会医疗保险制度可以从以下四个方面着手：

第一，社会医疗保险的主要责任主体是国家。

国家在社会医疗保险中的责任为：（1）为社会医疗保险提供完备的法律框架。比如，政府可以明确社会医疗保险法规的立法理念，界定社会医疗保险法的渊源，明确社会医疗保险法的基本原则，理顺社会医疗保险法律关系，提升社会医疗保险法的效力，推动社会医疗保险法制的建设等。（2）对社会医疗保险制度进行整体规划。比如，依据本国国情规划社会医疗保险制度的筹资模式，规划社会医疗保险制度的给付水平、管理体制等。（3）为社会医疗保险提供财政支持。比如，对社会医疗保险缴费提供税收优惠，对社会医疗保险基金提供投资优惠，填补社会医疗保险基金收支缺口等。（4）对社会医疗保险产权进行明晰界定。应当对各方的权利和义务进行合理的划分。

第二，社会医疗保险的实施手段是法律法规。

“医疗保险既是国家对劳动者（或其他国民）履行义务，又是劳动者（或其他国民）实现物质帮助运用这一宪法规定的基本权利的重要途径。既然涉及到权利与义务关系，理所当然地要制定相关的法律来调整，这就出现了医疗保险法。”[①]可见，社会医疗保险借助于法律法规来体现国家的责任、规范其他参与主体的权利和义务，以保证社会医疗保险的具体实施。

第三，社会医疗保险的目的是化解社会成员面临的疾病风险。

疾病风险是诸多社会风险中的一种。社会医疗保险通过为面临疾病风险的人群筹集适

① 王保真. 医疗保障[M]. 北京：人民卫生出版社，2005.

当的医药服务费用，在其他条件不变的情况下增强了这些人群对医疗服务的可及性，从而在一定程度上达到了化解这部分人群面临的疾病风险的目的。

第四，社会医疗保险的目标是保障基本医疗费用支出安全。

健康生产函数告诉我们有多种因素影响健康。“一些人把影响健康的因素分成4个主要力量：（1）环境；（2）遗传；（3）生活方式；（4）卫生保健服务。”①社会医疗保险是通过为被保险人支付一部分医疗费用的方式来影响卫生保健服务，从而使健康产出得以增加。卫生经济学的基本理论表明，社会医疗保险的共保率在20%时就算实现了保障基本医疗费用支出安全。②

（二）社会医疗保险的特征

医疗保险制度作为社会保障制度的一个具体项目，它具有社会性、强制性、福利性和互济性等社会保障的共同特征。此外，医疗保险还具有其他一些社会保险制度所不具备的特殊性。

1. 社会医疗保险具有普遍性

社会医疗保险是社会保险系统中保障对象最为广泛的项目，因为社会医疗保险需要分散的是社会成员面临的疾病风险。与其他社会风险不同，疾病风险可能发生于任何人，也可能发生于任何人生命周期中的任何阶段。其他社会风险的发生通常不同时具备上述特征。比如，虽然每个人都会面临年老风险，但是年老风险通常发生在人们进入老年生活期之后；失业风险只会在劳动适龄人口处于劳动适龄年龄阶段时才有可能发生在部分劳动者身上；工伤风险仅仅发生在基于工作关系而出现的意外事故和患有职业病的部分劳动者身上，当然也只有在生命周期中的劳动年龄阶段才可能发生；生育风险通常可能会在处于生育年龄阶段的部分女性群体中发生。由此可见，用于分散疾病风险的社会医疗保险无论从保障对象的数量以及保障实施的阶段来看都具有普遍性的特点，应当涉及到所有国民，应当贯穿生命周期的全过程。

2. 社会医疗保险具有复杂性

社会医疗保险的复杂性主要是由社会医疗保险参与主体的多元性所决定的。与其他社会保险项目相比，社会医疗保险的参与主体最多。社会医疗保险通常有几个最直接的参与主体，分别是雇主、雇员、医疗服务机构以及社会保险经办机构、政府。他们之间的关系是：雇主和雇员按照政府的相关规定向社会保险经办机构缴纳医疗保险费，当雇员发生疾病后到医疗服务机构接受相应的医疗服务，医疗服务机构有权从社会保险经办机构获得所提供医疗服务的相应报酬。除了这五个直接的参与主体外，还有许多间接的参与主体会影响到社会医疗保险的实施。他们分别是药品生产商、医疗器械生产商、药品流通商、医疗器械流通商、医疗服务机构的代理者——医生等。在社会医疗保险中，除了几个直接的参与主体间会发生关系外，这些间接的参与主体之间也会发生关系，同时直接的参与主体和

① [美]沙拉姆•赫斯马特. 卫生管理经济学[M]. 应向华译. 北京：北京大学医学出版社，北京大学出版社，2004.

② Feldstein, P.J.. Health Policy Issues: An Economic Perspective on Health Reform[M]. AUPHA Press/Health Administration Press, Ann Arbor, Michigan, 1994.

间接的参与主体之间也会发生关系，从而形成一个错综复杂的关系网。这种错综复杂的关系网导致实现目标函数的约束条件太多，很难同时满足多个参与主体的利益，从而给医疗保险制度的顺利实施带来困难。

3. 社会医疗保险补偿具有短期性和经常性

社会医疗保险补偿的短期性和经常性也与疾病发生的特点密切相关。或者说，疾病发生的特点决定了社会医疗保险补偿的特点。疾病发生是经常随机发生的不确定性事件。从单个被保险人来看，单个人单次患病时间通常不会太长，从而使社会医疗保险的补偿期也较短；从全社会来看，同类疾病或者不同类型疾病会经常发生，这使社会医疗保险补偿具有经常性的特点。

4. 社会医疗保险追求健康服务的公平性

以不同的标准为依据可以对健康服务领域的公平做不同的分类。以实现公平的方向为依据，公平的医疗服务包括水平公平和垂直公平两个方面。水平公平的标准包括：（1）相等的需要有相等的支出，比如在所有的急性病医院每个病床的护理成本比率相等；（2）相等的需要有相等的利用，比如在同等健康条件下相等的治疗时间；（3）相等的需要有相等的可及性，比如在同等条件下病人接受治疗前的等待时间相同；（4）减少健康的不平等性，比如不同地区应该有相同的年龄和性别调整的死亡率。垂直公平的标准包括：（1）不相等的需要有不相等的治疗，比如那些轻微患者与病情严重的患者应该采取不同的治疗办法；（2）建立在支付能力上的累进筹资办法，比如采取累进收入税或者主要的收入税融资。[①]

社会医疗保险作为实现健康服务的一个手段，在筹资方面和待遇支付方面坚持了“相等的需要有相等的支出、建立在支付能力上的累进筹资办法”的原则，符合医疗服务领域水平公平和垂直公平的标准。

三、社会医疗保险基金的筹集、管理和支付

（一）社会医疗保险基金的筹集

“医疗保险基金是医疗保险制度的物质基础，它是医疗保险机构依法通过对法定范围内的单位和人群征收医疗保险费（税）来筹集的。”[②]

1. 筹资渠道

社会医疗保险基金的筹资渠道主要包括雇主和雇员的缴费、政府补贴、基金利息收入、捐赠收入、滞纳金等其他方面的收入。从国际上大多数实施社会医疗保险的国家来看，比较常见的做法是雇主和雇员双方分担筹资责任或者采取雇主、雇员和政府三方分担筹资责任。

2. 财务模式

社会医疗保险的财务模式和其他社会保险的财务模式一样，不外乎是完全基金制、现

① 贾洪波. 中国基本医疗保险制度改革关键问题研究[M]. 北京：北京大学出版社，2013.

② 郑功成. 社会保障概论[M]. 上海：复旦大学出版社，2009.

收现付制和部分基金制这三种模式。完全基金制是指按照以收定支的原则，由投保人按照规定的费率定期将一定的保险费用缴纳给医疗保险基金管理部门，在被保险人发生医疗费用后从社会保险基金管理部门得到部分补偿的一种资金筹集模式。它追求基金的长期纵向平衡，缴费率通常比较稳定，在确定缴费率前需要进行科学的测算，不同人群间缺乏互济功能。现收现付制是指按照以支定收的原则，由投保人按照规定的费率定期将一定的保险费用缴纳给医疗保险基金管理部门，在被保险人发生医疗费用后从社会保险基金管理部门得到部分补偿的一种资金筹集模式。它追求基金的短期横向平衡，没有长期规划，稳定性较差，缴费率通常灵活多变，不同人群间的互济功能强。部分基金制是完全基金制和现收现付制的混合制，它在一定程度上同时具有了完全基金制和现收现付制的特点。由于疾病发生的不确定性带来的影响，世界上大多数国家在社会医疗保险领域均采用了现收现付制的财务模式；新加坡在医疗保险制度中实施了完全基金制的财务模式；中国城镇职工基本医疗保险制度中实行了社会统筹与个人账户相结合的部分基金制的财务模式。

3. 缴费方式

社会医疗保险的缴费方式通常可以分为定额缴费方式和比例缴费方式。定额缴费方式是指定期以固定金额向承担缴费义务者筹集社会医疗保险资金；比例缴费方式是指定期按照某项收入（通常是工资）的一定比例向承担缴费义务者筹集社会医疗保险资金。各个国家采取的缴费方式不尽相同。即使在同一个国家，不同的社会医疗保险项目其缴费方式也可能不一样。大多数国家通常采用比例缴费方式。

（二）社会医疗保险基金的管理

广义的社会医疗保险基金管理是指有关主体依据相关规定征缴、投资运营、支出和监督社会医疗保险基金全过程的行为。它包括以下几个方面的含义：第一，社会医疗保险基金管理有指定的管理主体。不同的管理阶段其管理主体是有差异的。第二，社会医疗保险基金管理有相关的管理依据。不同的管理阶段其管理依据是有差异的。第三，社会医疗保险基金管理是多环节的综合管理。社会医疗保险基金管理包括征缴、投资运营、支出和监督这四个主要环节，这四个环节是相互影响的，任何一个环节没有管理好都会影响到另外几个环节的管理。狭义的社会医疗保险基金管理通常是指广义社会医疗保险基金管理中投资运营和监督管理这两个阶段。这里所指的是狭义的社会医疗保险基金管理。

1. 基本原则

社会医疗保险基金管理应该坚持如下三个原则：（1）安全性原则。社会医疗保险基金管理的根本目的是为了保障居民的基本医疗费用支出安全，因此安全性原则是社会医疗保险基金管理的首要原则，这一原则应该贯穿于社会医疗保险基金管理的各个环节。（2）收益性原则。在坚持安全性原则的前提下，社会医疗保险应该追求一定程度的收益，这有利于壮大社会医疗保险基金和更好地实现社会医疗保险的保障功能。收益性对不同社会医疗保险财务模式的重要性有所不同。相比较而言，收益性对社会医疗保险现收现付制财务模式的重要性相对较低，对完全基金制财务模式的重要性相对较高，对部分基金制财务模式的重要性居于对现收现付制财务模式的重要性和完全基金制财务模式的重要性之间。（3）流动性原则。社会医疗保险基金管理的最终目的是为了保证医疗保险基金的支出。流动性原则也是社会医疗保险基金管理应该始终坚持的一个原则。疾病发生的不确定性引起了医疗保险费用支出的随机性和不确定性，因此坚持社会医疗保险基金管理的流动性原则对于保障参保者的基本医疗费用支出安全是至关重要的。

2. 投资运营

（1）投资规则

社会医疗保险基金在各国的投资组合可能不同，但是社会医疗保险基金为了分散投资风险有一些应普遍遵循的投资规则。这些投资规则主要包括：第一，分散化投资；第二，控制高风险的投资工具所占的比例；第三，注重投资的长期性。

（2）投资工具选择

社会医疗保险基金投资工具可以是金融工具和实物工具。社会医疗保险基金投资的金融工具有银行存款、政府债券、公司债券、公司股票等，但是社会医疗保险基金投资最常用、占比例最大的金融工具是银行存款和国家债券，银行存款以流动性强成为投资选择的理由，国家债券以安全性和收益性较高而成为投资选择的理由。随着金融工具的创新，其他一些投资工具如股票也在逐步地被社会医疗保险基金投资所采用。实物投资工具包括房地产、基础设施建设等。在通货膨胀较高的时期，社会医疗保险基金一般会较多地选择实物投资工具。

3. 基金监督

（1）监督目的

社会医疗保险基金监督是指享有监督权力的相关主体依法对社会医疗保险基金管理行为的监督。社会医疗保险基金监督的目的主要包括：

第一，保证基本医疗保险基金安全。这是社会医疗保险基金监督的直接目的。通过监督实现社会医疗保险基金在各个环节的安全运行。

第二，维护社会医疗保险各参与主体的利益。社会医疗保险最直接的参与主体包括医疗服务提供者、医疗服务需求者以及医疗保险经办机构。除了这三个直接的参与主体外，还包括政府部门、药械生产和流通部门等其他一些参与主体。这些参与主体有着各自不同的利益，社会医疗保险基金安全程度的高低对他们各自的利益影响是不同的。社会医疗保险基金监督有助于在其他条件不变的前提下保持不同参与主体利益的平衡。

第三，促使社会医疗保险政策改进。社会医疗保险基金运行是社会医疗保险运行的重要组成部分。通过社会医疗保险基金监督可以起到预警、发现和预测的作用，从而为社会医疗保险政策完善提供部分历史数据和实践经验。

（2）监督体系

社会医疗保险基金监督体系由内部监督和外部监督两部分构成。

内部监督主要是指社会医疗保险基金管理的相关主体依据社会医疗保险基金的财务制度、会计制度进行的监督。内部监督的主要内容包括：第一，抽查和验证相关参与主体有关原始资料的真实性；第二，抽查和验证相关参与主体执行社会医疗保险相关政策的真实性；第三，抽查和验证社会医疗保险基金收入、支出账目凭证，验证基金收入、支出的正确性；第四，依据社会保障行政部门的规定需内部监督的其他内容。

外部监督主要是指除了内部监督之外的其他监督，从社会医疗保险基金的监督主体来看，世界范围内的社会医疗保险基金的外部监督主要包括行政监督、审计监督和社会监督。行政监督可以称为自力监督，审计监督和社会监督可以称为外力监督。

（三）社会医疗保险基金的支付

基金支付是实现社会医疗保险目的的重要环节之一。根据社会医疗保险基金具体的支付对象可以把社会医疗保险基金的支付分为对被保险人的支付和对定点医药服务机构的支付两大类。

1. 对被保险人的支付

这种支付方式是指社会医疗保险中的被保险人在发生疾病和医疗费用支出后从社会医疗保险经办机构获得费用补偿的一种过程。由于道德风险的存在，社会医疗保险基金对被保险人的支付通常采取不完全保险的形式。这种不完全保险在社会医疗保险的运行实践中最终形成了被保险人和社会医疗保险基金管理机构共同分担医药费用的方式，即在社会医疗保险运行实践中实施起付线、共保率和封顶线制度。

起付线又叫免赔额，即就医时先要自付一部分费用，社会医疗保险基金管理机构开始承担起付线以上的医疗费用。实行起付线后，可以减少由于小额赔付产生的交易成本过高问题，减少了审核时的管理费用。此外，合理的起付线可以抑制一部分不必要的医疗服务需求，控制一部分小额医疗花费的道德风险，从而降低医疗保险费的总支出。

共同保险是这样一种机制，在这种机制下，个人实际上为医疗服务支付了一个止的价格，但是这个价格低于市场价格。个人支付所占的比例越高，其消费医疗服务的量就越少。[①]也就是说，保险人为被保险人支付了一定比例的医疗费用就叫做共同保险（coinsurance）。在整个医疗费用中，被保险人负担的医疗费用所占的比例叫做共保率（coinsurance rate）。共保率通常介于 0 和 1 之间。共保率为 0 的保险称为完全保险，共保率不为 0 的保险称为不完全保险。共保率的有效程度取决于医疗服务需求的价格弹性，而医疗服务需求价格弹性则随着医疗服务类型和疾病严重程度的变化而变化。随着医疗服务费用的增加，医疗服务的需求价格弹性在逐步变小，人们的发病概率也在逐渐变小，因此共保率也应该逐渐变小。这样，随着医疗服务费用的增加，实行逐级递减的共保率是可以起到抑制医疗服务需求方过度需求的道德风险的。在共同保险中，一般认为共保率达到 20%～25%，医疗服务的需求有明显的降低，所以国际上一般医疗保险的共保率都在 20%左右。如日本从 1999 年开始，政府管理的医疗保险制度中被保险人自己负担的医疗费用部分已经从 10%提高到 20%。[②]许多经济学家认为，当共保率达到 30%时，就能有效规避患者与医生合谋过度消费医疗服务的道德风险。[③]

封顶线又叫止付线，是指社会医疗保险基金所支付费用的最高限额。超出限额部分的

① Pauly, M.V..The Economics of Moral Hazard: Comment. The American Economic Review[J].1968, 58(3): 531-537.
② 郑荣鸣．社会医疗保险的经济学分析[J]．经济学动态，2004（7）：60-63.
③ 姜新旺、黄劲松．社会医疗保险中医方道德风险的防范与控制[J]．软科学，2005（1）：60-63.

费用，社会医疗保险基金将不再支付。

2. 对定点医药服务机构的支付

这种支付方式是指社会医疗保险经办机构作为付款人，代替被保险人即患者支付他们因接受医疗服务所花去的费用，对医疗服务提供者所消耗的医疗资源进行经济补偿。社会医疗保险制度的建立改变了传统的医疗服务市场中医生—病人之间的经济关系，使社会医疗保险经办机构和医疗服务提供者之间的费用支付方式成为社会医疗服务中占主导地位的经济关系。社会医疗保险经办机构支付给医疗服务提供者医疗费用的多少及合理与否直接关系到社会医疗保险资源是否得到合理有效的利用和社会医疗保险制度的成败。一些发达国家医疗保险的经验和教训都一致表明，对医疗服务提供者费用支付制度的改革和完善是合理控制卫生费用的最有效的办法。社会医疗保险基金对定点医药服务机构的具体支付方式主要可以分为后付制和预付制两种。

（1）后付制

后付制是在医疗服务提供者提供医疗服务后，按照标准支付费用的方式。这是一种传统的、应用最广泛的、按照一般商品交换规律形成的医疗保障费用支付方式。在后付制下，对成本效率的激励机制很成问题。按服务项目付费的后付制和医疗服务市场的特征相结合后产生的弊端主要表现在以下三个方面：第一，医疗服务提供者诱导需求道德风险严重。医疗服务提供者诱导需求的道德风险是由于医疗服务供求双方信息不对称造成的。在任何医疗服务提供者的信息多于患者的时候，接受不必要的医疗服务的可能性就是存在的。因为医疗服务提供者作为患者的代理人，他提供医疗服务的努力程度只有他自己清楚，而患者要么观察不到医疗服务提供者的努力程度，要么即使观察到了医疗服务提供者的努力程度，但无法知道提供这种医疗服务的努力程度是否是最优的。在医疗保障中，后一种情况居多，即患者观察到了医疗服务提供者提供医疗服务的努力程度，但无法判断其是否为最优努力，或者即使能判断，其成本也高得让患者难以接受。在医疗服务提供者准备从销售更多的医疗服务中获得利益与他们如何更好地为患者提供医疗服务之间出现潜在冲突时，医疗服务提供者诱导需求（induced-demand）的道德风险就产生了。医疗服务提供者产生诱导需求的道德风险主要来自两方面：一方面，医疗服务提供者有一定程度的提供医疗服务的垄断权；另一方面，医疗服务提供者夸大疾病的严重程度是出于规避医疗事故中相关法律责任的考虑。第二，医疗服务行为监督检查成本高。由于按服务项目付费的后付制没有在医疗服务需求方和供给方之间形成激励相容的有效机制，因此医疗服务提供者没有动力提供和医疗服务需求方目标函数一致的医疗服务，其医疗行为发生了一定程度的扭曲。在这种情况下，为了保障人口的基本医疗安全，使医疗服务提供者的医疗行为尽量合理化，相关监管部门必然要加大监督力度，而这需要大量的人力、物力和财力投入。在某些情况下，由于监督成本太高而使监督不符合成本—效益原则，从而导致监督没有办法进行下去。第三，医疗服务供求双方关系恶化。按服务项目付费的后付制在一定程度上造成了基本医疗费用的过快上涨，从而增加了基本医疗服务需求方的财力负担，提高了患者灾难性疾病支出发生率，使医疗服务供求双方关系紧张，出现了医疗服务供求双方的信任度降低、沟通不畅、人文关怀缺乏等不良现象。

（2）预付制

预付制是指医疗服务提供者在提供医疗服务之前就预先设定支付费率。通过设定一个相对固定的支付标准，预付制为节约资源提供了经济激励。如果医疗服务提供者使用的资源超过统一费用，它们也得不到更多的补偿，而那些成本低于该统一费用的医疗服务提供者则保持了优势。预付制医疗费用支付方式的最大特点就是根据合约规定的支付额度进行支付，超出规定的费用由医疗服务提供者负担，盈余的费用由医疗服务提供者所拥有。预付制的特点决定了其本质上是一种对医疗服务费用实行供给方的成本分担制（supply-side cost sharing）。预付制有助于降低医疗保障机构介入医疗审查的监督成本，有助于提高医疗服务提供者的专业自主性，会对新型医疗技术的使用产生适当的激励，增强了医疗保障费用的控制效果，促进了医疗服务提供者之间的公平性。[①]但是其不足之处是可能会降低医疗服务提供者的积极性和主动性，有可能在一定程度上降低医疗服务的质量。

在预付制医疗费用支付方式中，按照预付计量单位的不同又可以分为三个类型或三个层次：一是以单个医疗服务机构为单位的总额预算制；二是以病人数为单位的预算制；三是以疾病为单位的预算制。国际上实施的预付制医疗费用支付方式有7～8种，但常见的预付制医疗保险基金支付方式有按住院日定额付费、总额预算式、按病种付费、按人头付费、工资雇佣制。[②③]按住院日付费是指根据预先测算的平均每个病人每天的住院费用标准来支付病人的住院费用。因此，一个病人一次住院总费用等于住院日费用标准乘以住院天数，或者支付给某医院某段时期的总费用等于病人总住院天数乘以住院日费用标准。总额预算式（global budget）即由医疗保险人根据与医院协商确定的年度预算总额进行支付，实行医疗费用封顶（expenditure caps）。按病种付费（diagnosis related group，即DRG）是指根据国际疾病分类法，将住院病人按诊断、年龄等分为若干组，每组根据疾病的轻重程度及有无并发症、并发症为几级，对每一组不同级别的病种分别制定价格，按照这种价格对该组某级疾病治疗全过程向医疗服务提供者一次性付费。按人头付费（capitation）是指按月或其他特定时间（通常为1年）根据医生服务人数支付一笔固定的费用。在此期间，医生负责提供合同规定的一切医疗服务，不再收取费用。工资雇佣制（salaried employment）也叫薪金制，即医疗保险人根据医生或其他卫生服务人员提供医疗服务时间的价值向他们发放工资。

第二节　当代医疗保障模式

以医疗保险筹资机制为核心，兼顾医疗服务的供给性质与关系、结合费用的偿付机制，可以得出以下四大类型的当代医疗保障制度模式，即以英国为代表的全民医疗服务模式、

① Pope, G. C.Using Hospital-Specific Cost to Improve the Fairness of Prospective Reimbursement.Jouranl of Health Economics[J]. 1990,9（3）: 237-251.

② 穆怀中. 社会保障国际比较[J]. 北京：中国劳动社会保障出版社，2007.

③ Ellis, R.P. and McGuire. T.G.. Supple-Side and Demand-Side Cost Sharing in Health Care. Journal of Economics Perspectives[J]. 1993,7（4）:135-151.

以德国为首的社会医疗保险模式、以美国为代表的商业医疗保险模式以及建立在储蓄制基础上的新加坡中央公积金模式。[①]本节首先概括性地介绍四种医疗保障模式的特点，其次简要介绍英国、德国、美国和新加坡这四个国家医疗保障制度的基本内容。

一、四种医疗保障模式的特点

（一）全民医疗服务模式

全民医疗服务模式的医疗保障系统主要以法定医疗保障为主；医疗保障经费大部分来源于国家税收；医疗费用支付方式实行以总额预算制为主的混合支付方式；实行政府筹资、公立机构提供服务的计划型卫生服务管理体制，[②]福利经济学、凯恩斯主义和《贝弗里奇报告》是以英国为代表的全民医疗服务模式的主要理论基础和直接思想来源。“在各国的医疗保障制度体系中，以这种制度模式为基本制度或者主体制度并覆盖绝大多数国民的主要是一些福利国家，如英国（国家卫生服务制度，National Health Service，1948）、瑞典（全民卫生保健，National Health，1962）、加拿大（公共卫生保健，Public Health System，1977）、西班牙（国家卫生服务，National Health Service，1978）等；以及一些原英殖民地国家，如南非（公共卫生制度，Public Health System，1966）、澳大利亚（医疗照顾制度，Medicare，1973）、新西兰（国家卫生服务，National Health Service，1964）等。”[③]

（二）社会医疗保险模式

社会医疗保险模式的医疗保障系统一般分为法定医疗保险系统和私人医疗保险系统，其中法定医疗保险是强制性保险；强制性医疗保险经费由雇主和雇员共同承担；医疗费用支付一般采用混合式支付方式；实行社会筹资、私立机构或医生提供服务、市场与计划相结合的卫生服务管理体制；[④]社会市场经济理论是以德国为代表的社会保险型医疗保障模式的主要理论基础和直接思想来源。“目前，实施社会医疗保险制度模式的国家主要有：奥地利、比利时、埃及、芬兰、法国、匈牙利、印度、伊拉克、日本、韩国、卢森堡、墨西哥、挪威、巴拉圭、秘鲁、菲律宾、波兰、葡萄牙、越南、泰国、土耳其、中国、印度尼西亚、孟加拉、哈萨克斯坦、俄罗斯、波斯尼亚、罗马尼亚、捷克、喀麦隆、加纳和肯尼亚。”[⑤]

（三）商业医疗保险模式

商业医疗保险模式的医疗保障系统是社会医疗保险系统和私人医疗保险系统的混合体；医疗保障经费主要由雇主、雇员承担，各级政府也承担一部分医疗保障费用；医疗费

① 丁纯. 世界主要医疗保障制度模式绩效比较[M]. 上海：复旦大学出版社，2009.
② 王鸿勇. 国际医疗保险模式和改革发展比较分析[J]. 国外医学（卫生经济分册），1999（2）：49-63.
③ 乌日图. 医疗保障制度国际比较[M]. 北京：化学工业出版社，2003.
④ 王鸿勇. 国际医疗保险模式和改革发展比较分析[J]. 国外医学（卫生经济分册），1999（2）：49-63.
⑤ 乌日图. 医疗保障制度国际比较[M]. 北京：化学工业出版社，2003.

用支付一般采用混合式支付方式；实行以私人筹资为主、私立机构或医生提供服务，以市场化为主的卫生服务管理体制；自由市场经济理论是以美国为代表的市场医疗保险型医疗保障模式的主要理论基础和直接思想来源。商业医疗保险模式又可以称作市场医疗保险制度模式。“几乎世界各国都有市场医疗保险制度存在，并作为本国医疗保险制度体系的重要组成部分，但主要是起到一种补充性的作用，只有美国等少数国家将这种制度模式作为医疗保障体系的基本制度或主体制度。”①

（四）个人储蓄医疗保险模式

个人储蓄医疗保险模式的医疗保障系统主要以法定医疗保障为主；法定医疗保障强调个人的自我保障意识和责任，实施纵向积累制的个人账户制度；法定医疗保障互济性较差，除了可以在家庭成员之间进行互相调剂外，不能在社会成员之间互济使用；私人领域筹集的资金在医药卫生保健总支出中占有相对较大的比重；国家资本主义是以新加坡为代表的强制储蓄型医疗保障模式的主要理论基础和直接思想来源。“采用这种制度模式的国家主要有新加坡、马来西亚、印度等。”②

二、代表性国家医疗保障制度的内容

（一）英国的国家卫生服务制度

英国实行国家卫生服务制度，简称 NHS，为全体国民免费提供医疗和健康保障，所有在英国有居住权的人都有权利免费使用该系统服务。英国在《贝弗里奇报告》的基础上，1946 年颁布了《国家卫生服务法》，1948 年建立了国家卫生服务制度。

1. 资金筹集

NHS 资金的主要来源包括：一般税收、国民保险税、信托基金的利息收入和贷款偿还、患者付费和杂费收入、资本性收入。在上述五个来源中，一般税收、国民保险税收入是最主要的来源，一般税收大概占到 NHS 资金的 70%～80%左右，国民保险税收入大约占到 18%左右。“来自于一般税的资金，在全部医疗保险体系形成统一或归并基金（Consolidated fund）；作为第二项来源的国民保险税（National Insurance）（NI）是一种专项赋税，实际上是按工资比例缴纳的工资税。按目前规定，凡有工作者，作为雇员必须按月缴纳工资的 0.75%，雇主相应为工资总额的 0.6%，自雇者和农民缴收入的 1.35%作为保健费。”③

2. 管理和运作模式④

以英格兰为代表，NHS 的管理体系通常由卫生部、医疗策略管理局、信托机构、专业化独立机构组成。卫生部（Department of Health，简称 DH）的责任是制定政策、订立国家

① 乌日图. 医疗保障制度国际比较[M]. 北京：化学工业出版社，2003.
② 史柏年. 社会保障概论[M]. 北京：高等教育出版社，2012.
③ 丁纯. 世界主要医疗保障制度模式绩效比较[M]. 上海：复旦大学出版社，2009.
④ 郑春荣. 英国社会保障制度[M]. 上海：上海人民出版社，2012.

标准，管理10个区域的医疗策略管理局，确立各类标准，向初级卫生保健信托机构分配资金以及部分中央预算。医疗策略管理局（Strategic Health Authorities，简称SHA）由政府于2002年建立，代表卫生部管理区域内各类NHS信托机构。它不会提供医疗服务，其主要职责是监察区内所提供的公营医护服务、负责发展所在地区的医疗保健服务计划、评估本地区医疗保健机构是否达到高水平和良性运转标准、负责增强本地区医疗保健机构的服务能力、监督医疗保健机构是否将诸如改进癌症治疗等国家优先计划落到实处。在医疗策略管理局之下，设有各类信托机构，负责当地NHS服务的提供与运作，主要是初级卫生保健信托机构（Primary Care Trust，简称PCT）以及医院信托机构（Acute Trusts）。PCT负责评估当地人群的健康需要，并向医疗服务提供者购买所需服务，以提高当地人的健康水平。具体包括：直接向医院和其他提供者购买医疗服务；与全科医师签约提供初级卫生保健服务，并对其进行管理。专业化独立机构主要包括国家卫生服务联盟（NHS Confederation）、国家健康与临床规范研究院（National Institute for Health and Clinical Excellence，NICE）、卫生保健委员会（Healthcare Commission）。国家卫生服务联盟是一家独立的会员机构，成员来自NHS各类机构。国家健康与临床规范研究院的职责是采用卫生经济学方法对诊疗项目和药物进行成本效果评价和技术评估，制定健康和临床规范与指南，推动健康与临床规范的实施与应用，并为NHS提供政策建议。卫生保健委员会负责对医疗服务和卫生保健质量进行评估，每年对NHS所属的以及独立的医疗服务机构进行等级评定，并发布评定结果。

3. 待遇支付①

依照英国相关规定，尤其是1977年的《国民医疗服务法案》(the National Health Services Act，1977）第1款的规定：所有医院和医生除法律特别规定可以收费的项目外，免费提供医疗服务和相关处方药品，甚至还为残疾人提供假肢、义眼、助听器、轮椅，重残者还可有免费的无线电、电视和取暖设备等。只有下述项目和情况可以收费：（1）药品处方手续费、牙科手术服务、眼科视力检查和配镜等；（2）治疗交通事故的伤者和长期住院患者中途离开医院，从事有收入的工作时间的费用，可以向其保险公司征收；(3)依据1988年《卫生和药品法案》(the Health and Medicines Act）的修正：来自英国以外的居住者享受医疗服务，按照卫生部门规定比率要缴纳一定的费用。但对来自欧盟成员国的人员，在提供急救服务时依据双边协定免于收费。

（二）德国的社会医疗保险制度

德国是第一个实行社会医疗保险制度的国家。早在1883年，德意志帝国在宰相俾斯麦的主持下颁布了《疾病社会保险法》，从而在德国建立了法定的社会医疗保险制度。

1. 资金筹集

法定医疗保险机构从参保人收入中提取的保险费用是德国医疗保险体系中最主要的资金来源，约占整个法定医疗保险筹资来源的60%～70%。另外，还有其他三种资金来源渠道，即雇主缴费、划拨和其他收入，其中雇主缴费占整个法定医疗保险资金的比例大约为

① 丁纯. 世界主要医疗保障制度模式绩效比较[M]. 上海：复旦大学出版社，2009.

30%，划拨和其他收入占整个法定医疗保险资金的比例大约为 1%～2%。

2. 管理和运作模式[①]

德国法定医疗保险机构是非营利性的公益组织，属于公法上的自治性法人，自负盈亏，在国家相关机构如联邦保险监事会的监督下完成公法所赋予的医保任务，组织上则遵循自治原则。管理是由保险组织内部的管理委员会和理事会来实施的。管理委员会的成员，均是每隔 6 年从投保人和雇主中选出的，主要负责制定章程和依据法规确定医保缴费标准法规中未明确的待遇范围。此外，还负责确定预算和理事会成员的人名和罢免等。而理事会则是专职处理日常事务的机构。共同自治则是通过疾病保险机构的州和联邦一级联合会，和与医保机构签约医生、签约牙医联合会组成联邦和州的委员会，与州医院协会互相谈判协商，缔结签约医生允诺提供的服务和所获报酬的协议。

3. 待遇支付[②]

法定医疗保险机构向医生和医院购买医疗服务，法定参保人几乎免费获得法律规定的医疗服务项目。具体来说，参保人可以享受下列福利补偿内容：（1）保健和疾病预防项目，即医疗服务机构有义务向参保人提供保健知识、疾病预防方面的咨询、检查甚至是疗养等医疗服务。（2）早期疾病诊断项目，即参保人员可以定期进行身体检查，便于尽早识别癌症、心脏病、糖尿病、循环系统和肾脏系统等严重危害身体健康的疾病。（3）医疗服务项目，包括门诊治疗、牙医治疗、住院治疗以及提供药品、急救用品、辅助用品。此外，由于疾病和疾病治疗而无法正常工作时，参保人还可以根据实际情况申请领取病假津贴。（4）孕产妇医疗服务。孕妇和产妇可以享受助产、住院分娩、家政服务、家庭护理等医疗和护理服务，还可以按要求得到产妇津贴和分娩津贴等。

（三）美国的社会医疗保险制度[③]

在美国，法定医疗保障项目主要包括医疗照顾（Medicare）、医疗救助（Medicaid）、军人医疗保障（Military Medical Care）、退伍军人管理（Veterans Administration；VA）、军人健康和医疗保健项目（The Civilian Health and Medical Program of the Uniformed Services；CHAMPUS）、印第安人健康服务（India Health Service；HIS）。医疗照顾计划无论从医药卫生费用筹集还是覆盖人群来讲都是美国法定医疗保险项目的核心。医疗救助计划实质上属于社会救助项目而非社会保险项目。其他的法定保障项目如军人医疗保障、退伍军人管理、军人健康和医疗保健项目、印第安人健康服务，其资金来源于政府预算，一般是为被保障人群提供免费医疗服务，它们实质上属于医疗健康福利计划。[④]因此，本部分重点探讨医疗照顾计划的具体特征。

医疗照顾计划是依据 1965 年美国议会通过的《社会保障法修正案》第 18 款建立起来的，属于联邦管理，也是美国最大的公共医疗保险项目。医疗照顾计划目前分为 part A、

① 丁纯. 世界主要医疗保障制度模式绩效比较[M]. 上海：复旦大学出版社，2009.
② 姚玲珍. 德国社会保障制度[M]. 上海：上海人民出版社，2011.
③ 贾洪波. 补充医疗保险的实际运作:四个国家比较[J]. 改革，2012（11）：144-153.
④ 乌日图. 医疗保障制度国际比较[M]. 北京：化学工业出版社，2003.

part B、part C、part D 四部分，不同部分提供不同的医疗照顾服务。Part A（Hospital Insurance）是住院保险。Part B（Medical Insurance）是医疗保险。Part C（Medicare Advantage）是医疗照顾优先计划。Part D（Medicare Prescription Drug Coverage; MPDC）是医疗照顾处方药品计划。

1. 参保对象

65 岁及以上的老年人；65 岁以下但是有一定程度残疾的人；任何年龄段的晚期肾病患者（永久性的肾功能失调需要肾透析或者肾移植者）。

2. 资金筹集

大多数人不需要为 Part A 缴纳保险费用，因为他们工作的时候已经缴纳了医疗照顾计划税收。不用缴纳医疗照顾计划税的这部分叫作“免费 Part A”（premium-free Part A）。如果某人并不满足享受“免费 Part A”的条件，那么他在满足下列某一个条件的情况下可以购买 Part A，这些条件具体包括：65 岁或者 65 岁以上，他已经参加了 part B（或者正在申请加入 part B），且满足公民或者永久居住的资格。如果他是在 65 岁之下的残疾人，因为其返回工作岗位而使其“免费 Part A”待遇结束。在大多数情况下，如果某个人选择购买 Part A，那么他必须也要拥有 Part B 并且同时为 Part A 和 Part B 缴纳保险费。如果他的收入有限，其所在的州可以帮助他缴纳 Part A 和 Part B 的保险费。如果他已经参加了 Part B，他就需要每个月为 Part B 缴纳保险费。大多数人只支付标准数量的保险费（standard premium amount）。如果他符合首次参加 Part B 的资格而没有签约参加 Part B 时，他必须要为其没有及时参加 Part B 支付一定的罚金。医疗保险优先计划，有时候叫做“Part C”或者“MA 计划”，通常由经过 Medicare 计划批准的私人保险公司来提供。Medicare 计划每月向提供 MA 服务的商业保险公司支付固定数量的保险费用，而这些商业保险公司必须遵守 Medicare 计划所制定的规则。但是，每一个 MA 计划可以要求其参保人员自付不同的费用并且对于如何获得医疗服务有不同的规则（比如，是否需要一个转诊病人去看专业医生或者是否仅仅需要去看属于非急诊计划的医生、医疗机构、医疗服务提供者）。这些规则每年都会发生变化。美国有许多不同类型的 MA 计划，比如健康维护组织（Health Maintenance Organization；HMO）计划、优先服务提供组织（Preferred Provider Organization；PPO）计划、私人按项目付费（Private Fee-for-Service；PFFS）计划、特殊需要计划（Special Needs Plans; SNP）。参保人员还可以参加一些不太常见的 MA 计划，比如 HMO 点服务（HMO Point of Service；HMOPOS）计划，该计划是一个允许参保者以更高的价格获得网络外一些服务的 HMO 计划；医疗储蓄账户（Medical Savings Account；MSA）计划，该计划规定用银行账户支付具有更高起付线的健康服务。Medicare 向银行账户里面储蓄一部分资金（通常少于起付线），参加该计划的人员可以用账户里的钱支付医疗服务费用。除了 Part B 部分需要交纳的保险费外，他通常需要按月为其享受的 MA 提供的服务交纳保险费。每一个 MA 对使用者付费（out of-pocket costs）的要求是不同的。MA 中使用者付费取决于以下因素：该计划是否按月收取保险费；该计划是否按月支付 Part B 部分的所有保险费；该计划是否有一个年度的免赔额或者任何额外的免赔额；该计划参加者每次接受服务时的共保率；该计划参加者需要的健康服务类型以及获得健康服务的频率；该计划参加者是否遵守该计划的规则，比如使用网络内的提供者的服务；该计划参加者是否需要额外的收益并且该计划是否为支付该收益而收取了费用；该计划对由使用者支付的所有医疗服务费用的年度封顶线。有两种方式可以参加 MPDC，一种是医疗照顾处方药品计划，另一种是 MA 计划（比如 HMO 或者 PPO）或者其他的提供 MPDC 的医疗照顾健康计划。上述两种方式所提供的计划被总称为医疗照顾药品计划（Medicare drug plans）。医疗照顾药品计划参加者需要支付一定的费用。费用主要包括每月的保险费、年度的起付线、共付费用、药品覆盖缺口成本、额外服务成本、没有及时参加医疗照顾药品计划需要负担的罚金。医疗照顾药品计划参加者实际支付的费用会发生变化，影响变化的因素主要有使用的药品、选择的计划、参加计划者是否去网络内的药房买药、参加者购买的药品是否在其所参加计划的药品处方集、是否得到额外的帮助以支付参加者支付 Part D 部分费用。

3. 管理和运作模式

医疗照顾计划是在卫生与人类服务部全面指导和在社会保障管理部门的健康保险局监督之下的计划。医疗照顾计划的日常运作基本上由商业保险公司和蓝十字/蓝盾计划来完成，他们负责审查申请，完成给付。给付请求由服务提供者提出，由受益人签字生效。一旦私人保险公司认定提供者收取的费用合理，他们就进行补偿。政府采取一定财税政策鼓励参加医疗照顾计划。如对低收入的参保人群，政府提供财政补贴和费用分担。奥巴马政府向中产阶级提供税收减免以鼓励参保；同时，为了充抵为中下收入人群提供医疗保险的政府支出，对收入在 20 万美元以上的纳税人和 25 万美元以上的已婚夫妇，增加 0.9%（从 1.45%到 2.35%）的税率，增加 3.8%的高收入人群非收入税（unearned income），对医疗仪器销售征收 2.3%的消费税，征收高额保单税，从 2014 年起对医疗保险行业征税等等。

4. 待遇支付

通常情况下，Part A 提供的待遇包括：在医院（比如医疗保健中心、住院康复中心、长期护理院）的住院服务；在特殊护理中心（skilled nursing facility）的住院服务（不包括长期护理服务）、安养院的医疗服务以及家庭保健服务、宗教性的非医疗健康照顾机构提供的住院服务。Part B 通常提供两类服务：一类是必要的医疗服务——对于诊断或者治疗是必需的，并且能够满足医疗服务实践中被接受的标准的医疗服务或者供给；另一类是预防性的健康服务——提供预防（如预防流感）或者及早发现某种疾病的健康服务。在所有类型的 MA 计划中，通常会提供急性医疗服务费用。MA 必须提供除了住院医疗服务费用之外的所有原发性的医疗服务计划（Original Medicare，即 Part A 和 Part B）所能提供的所有医疗服务的费用。原发性的医疗服务计划提供包括安养院医疗服务在内的服务，即使参加者已经签约参加了 MA 计划。MA 计划不是一个提供增补性覆盖的医疗照顾计划。MA 还提供一些额外的待遇，比如视觉、听觉、牙医以及身心健康项目。大多数情况还包括 Medicare 计划的处方药（part D）。医疗照顾处方药品计划会为所有的参保者在自愿的基础上提供处方药物保险的资助，还有为低收入参加者提供共担费用的资助，会增加对原发性的医疗照顾计划（Original Medicare）、部分医疗照顾成本计划（Medicare Cost Plans）、部分私人按项目付费（Private Fee-for-Service；PFFS）计划、医疗照顾医疗储蓄账户（Medicare Medical Savings Account；MSA）计划的药品的覆盖范围。

（四）新加坡的个人储蓄医疗保险制度[①]

新加坡的社会医疗保障项目主要包括医疗储蓄计划（Medisave）、自雇人员医疗储蓄计划（Medisave for the Self-Employed）、健保双全计划（Medishield）、医疗基金（Medifund）、药物援助基金（Medication Assistance Fund）、乐龄健保计划（ElderShield）、暂时性乐龄伤残援助计划（Interim Disability Assistance Programme for the Elderly）、初级护理伙伴（Primary Care Partnership）。医疗储蓄计划、自雇人员医疗储蓄计划、健保双全计划以及医疗基金已经在第三章中作过介绍。而其余的保障项目如药物援助基金、暂时性乐龄伤残援助计划、初级护理伙伴均属于医疗救助计划而非医疗保险计划。本部分简单介绍乐龄健保计划的内容。

乐龄健保计划是一项新加坡国人负担得起的严重伤残保险计划，旨在为需要长期照顾的国人，尤其在他们年老的时候，遭到严重伤残时，提供基本的经济保障。它提供每月现金赔偿以帮助应付在照顾严重伤残人士时所需要的开销。

1. 参保对象

40 岁以上的公积金会员（新加坡国民和永久居民）都会自动成为乐龄健保的受保人。在公积金会员 40 岁时，他并不需要报名或通过身体检查。65 岁以上的新加坡国民和永久居民如果不受保，可以向保险公司投保，不过必须通过身体检查。

2. 资金筹集

公积金会员可以使用保健储蓄交付乐龄健保一年一次的保费，保费一直缴到 65 岁为止。如果公积金会员的保健储蓄不够缴费，他也可以用配偶、家长、子女或孙子的保健储蓄。如果公积金会员已经重度伤残，他的乐龄健保计划就会开始给予其应得的赔偿，他接下来就无需再缴付保费了。如果他的重度伤残得以复原，保险赔偿将停止。此后，他也必须继续缴付乐龄健保的保费，直到他的乐龄健保计划无需再缴付保费为止。如果他在所投保的乐龄健保计划（乐龄健保 300 或乐龄健保 400）下，已获偿 60 个月或 72 个月的最高赔偿，他的保单将终止。在这样的情况下，他无需再缴付任何保费。在参加乐龄健保附加计划的基础上，投保者可以从任何一家受委托的保险公司购买乐龄健保附加计划。投保者可以用保健储蓄缴付乐龄健保附加计划的保费。每年每一位受保人的顶限为 600 新元。如果投保者没有足够的保健储蓄，他也可以用配偶、家长、孩子或孙子的保健储蓄，也可以用现金缴费。投保者用保健储蓄缴付乐龄健保附加计划的保费有顶限。

3. 基金管理

中央公积金管理局从医疗储蓄账户中出资，或者由个人缴费，由保险人按照商业保险的一般运作原理进行管理。现有三家保险公司提供乐龄健保计划：中英人寿保险有限公司、大东方人寿保险公司以及职总英康保险公司。三家公司在乐龄健保计划下所收取的保费和赔偿数额是一样的。如果公积金会员是 40 岁以上的新加坡国民或者永久居民，他可以被分配由其中任何一家保险公司服务，如果他要更换保险公司，他可以在 90 天内更换保险公司，

① 贾洪波. 补充医疗保险的实际运作:四个国家比较[J]. 改革，2012（11）：144-153.

无需额外付费。如果他在 90 天后才更换保险公司，他将无法取回已缴付的保费。新的保险公司也将把他的申请视为全新的案例。因此，他可能必须去做身体检查。有三家保险公司提供乐龄健保附加计划，它们是英杰华保险私人有限公司、大东方人寿保险公司以及职总英康保险公司。

4. 待遇支付

乐龄健保 300 的计划规定每月付出 300 新元给伤残病人，为期 60 个月，或者是乐龄健保 400 的每月 400 新元，为期 72 个月。乐龄健保 400 是乐龄健保在 2007 年经济改革后推出的计划。普通的乐龄健保计划和乐龄健保附加计划是两个独立的计划，只要投保者符合各计划的赔偿条件，就可以从两个计划索取赔偿。

第三节 中国基本医疗保险制度

中国的社会医疗保险制度自 20 世纪 50 年代初建立以来已经走过了 60 多个年头。在过去的几十年中，中国的社会医疗保险制度经过一系列的制度变迁，最终确立了目前所实施的基本医疗保险制度。本节首先介绍中国社会医疗保险制度的变迁，然后介绍中国基本医疗保险制度的内容，最后介绍中国基本医疗保险制度改革的趋势。

一、中国社会医疗保险制度变迁

社会经济发展的客观状况决定了中国社会医疗保险制度从无到有，保障范围从小到大，保障程度从低到高，保障方式从单一到多样这样一条变迁路径。中国社会医疗保险制度的变迁历程大致经历了初步创立、遭受破坏、恢复发展以及改革调整这四个发展阶段。

（一）社会医疗保险制度初步创建阶段（1949～1965 年）

这一时期国家面临的主要问题是组建和巩固新生的人民政权、恢复遭到战争破坏的国民经济、保证人民群众行使当家做主的权利。与这一形势相适应，国家颁布了一系列社会保障方面的法律法规。有关医疗保险制度的法律法规主要包括：1951 年颁布的《中华人民共和国劳动保险条例》。该《条例》覆盖范围和保险对象主要是全民所有制企业和城镇集体所有制企业的职工及其供养的直系亲属，对工人与职员及其家属的疾病、非因工负伤、残废待遇做出了具体规定，它标志着中国建立了城镇职工及其家属的劳动保险医疗保障制度。1952 年颁布了《关于全国各级人民政府、党派、团体及所属事业单位的国家工作人员实施公费医疗预防的指示》。该《指示》使全国各级人民政府、党派、工青妇等团体，各种工作队以及文化、教育、卫生、经济建设等事业单位的国家工作人员和革命残废军人得以享受公费医疗预防的待遇，标志着中国建立起了公费医疗保障制度。1960 年发布了《关于全国农村卫生工作山西稷山现场会议情况的报告》及附件《关于人民公社卫生工作几个问题的意见》，这两个文件的发布标志着中国建立了农村合作医疗制度。农村合作医疗制度是一种集资医疗制度，医疗费用由集体和个人共同负担，在看病时享有部分免费医疗服务。1966年，随着毛泽东对湖北省长阳县乐园公社办合作医疗的经验的肯定，全国农村合作医疗得以迅速发展。总之，到1960年，中国社会医疗保险方面的一些法律制度已经基本建立并发展起来。

（二）社会医疗保险制度遭受破坏阶段（1966～1977年）

1966年"文化大革命"开始，国家进入了十年动乱时期。这一时期，除了一些基本的医疗救助项目、公费医疗项目还得以实施外，其他医疗保险制度项目基本上都停滞不前。比如，1969年，财政部发布的《关于国营企业财务工作中几项制度的改革意见（草案）》实际上使劳动保险医疗保障制度蜕变成了企业医疗保险制度。

（三）社会医疗保险制度恢复发展阶段（1978～1985年）

1978年，党的十一届三中全会开辟了中国特色社会主义道路。与这种形势相适应，国家对"文革"中遭到破坏的社会医疗保险制度逐步进行恢复。与此同时，国家也准备着手对劳保医疗、公费医疗以及农村合作医疗制度进行改革。比如，1982年12月，国务院常务会议提出了对公费医疗和劳保医疗分别研究提出改进办法的要求。1983年9月，劳动人事部召开部分省市医疗制度改革座谈会，积极推动各地进行医疗制度改革。1985年3月，在国家体改委、国家计委和劳动人事部制定的《关于改革社会保障制度的研究提纲（初稿）》中，明确了医疗改革的重点是研究解决职工个人负担一部分医疗费和医疗费的社会统筹两个问题。①

（四）社会医疗保险制度改革调整阶段（1986年～）

1986年，《中华人民共和国国民经济和社会发展第七个五年计划》提出了要进一步加强劳动保护，逐步建立和健全适应新形势需要的社会保障制度。"七五"计划首次提出了社会保障的概念，这标志着中国社会保障制度进入了改革调整时期。②此后，中国社会医疗保险制度的改革调整过程主要是围绕着如何有效地克服传统社会医疗保险制度中的一些弊端，如减轻国家和企业包揽职工医药费用、增强医疗费用与个人负担挂钩机制以及实现社会医疗保险管理的社会化等方面展开的。20世纪90年代以后，国家逐步对劳保医疗和公费医疗进行了改革。1994年，国务院批准江苏镇江、江西九江进行医疗改革试点：一是规定了职工医疗保险费用的筹集办法，职工医疗保险费用由用人单位和职工共同缴纳；二是建立社会统筹医疗基金和职工个人医疗账户相结合的制度；三是规定了职工医疗费用的支付方式。1997年，国务院在"两江"医疗保险改革试点经验的基础上加快医疗保险改革步伐，在包括海南省、深圳市等全国38个城市进行了扩大试点，但各地在保障范围、筹资比例、基金支付标准、支付范围等方面有很大不同。在总结各地改革经验的基础上，1998年

① 姚力. 新中国城镇职工医疗保障制度的历史考察[J]. 党的文献，2010（3）：94-99.
② 郑功成. 中国社会保障30年[M]. 北京:人民出版社，2008.

颁布了《国务院关于建立城镇职工基本医疗保险制度的决定》，城镇职工劳动保险医疗保障制度被社会统筹与个人账户相结合的部分基金制基本医疗保险制度所替代。此后，2003 年，国务院转发了卫生部、财政部、农业部《关于建立新型农村合作医疗制度的意见》，农村合作医疗制度在瓦解将近 20 年后得以重建和实施；2007 年，国家颁布了《国务院关于开展城镇居民基本医疗保险试点的指导意见》，把城镇非从业人口纳入基本医疗保险范畴，城镇非从业人口的基本医疗保险制度得以建立。

二、中国基本医疗保险制度的内容

2010 年颁布的《中华人民共和国社会保险法》规定中国的基本医疗保险制度包括城镇职工基本医疗保险制度、城镇居民基本医疗保险制度和新型农村合作医疗制度。因此，本部分分别对城镇职工基本医疗保险制度、城镇居民基本医疗保险制度和新型农村合作医疗制度的内容进行介绍。

（一）城镇职工基本医疗保险制度的内容

城镇职工基本医疗保险制度的内容是由 1998 年颁布的《国务院关于建立城镇职工基本医疗保险制度的决定》（国发[1998]44 号）规定的。该《决定》规定建立城镇职工基本医疗保险制度的原则是：基本医疗保险的水平要与社会主义初级阶段生产力发展水平相适应；城镇所有用人单位及其职工都要参加基本医疗保险，实行属地管理；基本医疗保险费由用人单位和职工双方共同负担；基本医疗保险基金实行社会统筹和个人账户相结合。城镇职工基本医疗保险制度的内容主要包括：

1. 参保对象

城镇所有用人单位，包括企业（国有企业、集体企业、外商投资企业、私营企业等）、机关、事业单位、社会团体、民办非企业单位及其职工，都要参加基本医疗保险。乡镇企业及其职工、城镇个体经济组织业主及其从业人员是否参加基本医疗保险，由各省、自治区、直辖市人民政府决定。

2. 资金筹集

基本医疗保险费由用人单位和职工共同缴纳。（1）城镇职工基本医疗保险总缴费率。城镇职工基本医疗保险总缴费率为职工工资总额的 8%，其中用人单位缴费率大约为职工工资总额的 6%左右，职工缴费率一般为本人工资收入的 2%，用人单位和职工缴费率可随经济发展作相应调整。（2）城镇职工基本医疗保险个人账户基金缴费率。城镇职工基本医疗保险基金包括社会统筹基金和个人账户基金，二者分账管理，单独核算。职工个人缴纳的职工工资总额 2%的基本医疗保险费，全部纳入个人账户。用人单位缴纳的职工工资总额 6%的基本医疗保险费的一部分用于建立社会统筹基金，另一部分划入个人账户。划入个人账户的比例一般为用人单位缴费的 30%左右。所以，个人账户的实际缴费率为职工工资总额的 3.8%。（3）城镇职工基本医疗保险社会统筹基金缴费率。城镇职工基本医疗保险总缴费率为 8%，而个人账户的实际缴费率为 3.8%，因此城镇职工基本医疗保险社会统筹基金的实际缴费率为4.2%。

3. 基金管理

基本医疗保险基金实施社会化管理。（1）基本医疗保险基金实施地市级统筹。基本医疗保险原则上以地级以上行政区（包括地、市、州、盟）为统筹单位，也可以县（市）为统筹单位，北京、天津、上海3个直辖市原则上在全市范围内实行统筹（以下简称统筹地区）。所有用人单位及其职工都要按照属地管理原则参加所在统筹地区的基本医疗保险，执行统一政策，实行基本医疗保险基金的统一筹集、使用和管理。铁路、电力、远洋运输等跨地区、生产流动性较大的企业及其职工，可以相对集中的方式异地参加统筹地区的基本医疗保险。（2）基本医疗保险基金纳入财政专户管理，专款专用，不得挤占挪用。（3）社会保险经办机构负责基本医疗保险基金的筹集、管理和支付，并要建立健全预决算制度、财务会计制度和内部审计制度。社会保险经办机构的事业经费不得从基金中提取，由各级财政预算解决。（4）定点医疗服务管理。劳动保障部会同卫生部、财政部等有关部门制定基本医疗服务的范围、标准和医药费用结算办法，制定国家基本医疗保险药品目录、诊疗项目、医疗服务设施标准及相应的管理办法。各省、自治区、直辖市劳动保障行政管理部门根据国家规定，会同有关部门制定本地区相应的实施标准和办法。

4. 待遇支付

（1）普通人员的医疗待遇。普通人员按照如下规定享有医疗待遇：统筹基金和个人账户划定各自的支付范围，分别核算，不得互相挤占。确定统筹基金的起付标准和最高支付限额，起付标准原则上控制在当地职工年平均工资的10%左右，最高支付限额原则上控制在当地职工年平均工资的4倍左右。起付标准以下的医疗费用，从个人账户中支付或由个人自付。起付标准以上、最高支付限额以下的医疗费用，主要从统筹基金中支付，个人也要负担一定比例。超过最高支付限额的医疗费用，可以通过商业医疗保险等途径解决。统筹基金的具体起付标准、最高支付限额以及在起付标准以上和最高支付限额以下医疗费用的个人负担比例，由统筹地区根据以收定支、收支平衡的原则确定。（2）特殊人员的医疗待遇。特殊人员按照如下规定享有医疗待遇：离休人员、老红军的医疗待遇不变，医疗费用按原资金渠道解决，支付确有困难的，由同级人民政府帮助解决。离休人员、老红军的医疗管理办法由省、自治区、直辖市人民政府制定。二等乙级以上革命伤残军人的医疗待遇不变，医疗费用按原资金渠道解决，由社会保险经办机构单独列账管理。医疗费支付不足部分，由当地人民政府帮助解决。退休人员参加基本医疗保险，个人不缴纳基本医疗保险费。对退休人员个人账户的计入金额和个人负担医疗费的比例给予适当照顾。国家公务员在参加基本医疗保险的基础上，享受医疗补助政策，具体办法另行制定。

（二）城镇居民基本医疗保险制度的内容

城镇居民基本医疗保险制度的内容是由2007年颁布的《国务院关于开展城镇居民基本医疗保险试点的指导意见》（国发[2007]20 号）规定的。该《意见》规定城镇居民基本医疗保险制度的试点目标是：2007年在有条件的省份选择2至3个城市启动试点，2008年扩大试点，争取2009年试点城市达到80%以上，2010年在全国全面推开，逐步覆盖全体城镇非从业居民。要通过试点，探索和完善城镇居民基本医疗保险的政策体系，形成合理的筹资机制、健全的管理体制和规范的运行机制，逐步建立以大病统筹为主的城镇居民基本医疗保险制度。该《意见》规定城镇居民基本医疗保险制度的试点原则是：试点工作要坚持低水平起步，根据经济发展水平和各方面承受能力，合理确定筹资水平和保障标准，重点保障城镇非从业居民的大病医疗需求，逐步提高保障水平；坚持自愿原则，充分尊重群众意愿；明确中央和地方政府的责任，中央确定基本原则和主要政策，地方制定具体办法，对参保居民实行属地管理；坚持统筹协调，做好各类医疗保障制度之间基本政策、标准和管理措施等的衔接。城镇居民基本医疗保险制度的内容主要包括：

1. 参保对象

不属于城镇职工基本医疗保险制度覆盖范围的中小学阶段的学生（包括职业高中、中专、技校学生）、少年儿童和其他非从业城镇居民都可自愿参加城镇居民基本医疗保险。

2. 资金筹集

（1）筹资水平。试点城市应根据当地的经济发展水平以及成年人和未成年人等不同人群的基本医疗消费需求，并考虑当地居民家庭和财政的负担能力，恰当确定筹资水平；探索建立筹资水平、缴费年限和待遇水平相挂钩的机制。（2）缴费和补助。城镇居民基本医疗保险以家庭缴费为主，政府给予适当补助。参保居民按规定缴纳基本医疗保险费，享受相应的医疗保险待遇，有条件的用人单位可以对职工家属参保缴费给予补助。国家对个人缴费和单位补助资金制定税收鼓励政策。

3. 基金管理

城镇居民基本医疗保险基金的组织管理原则上参照城镇职工基本医疗保险的有关规定执行。城镇居民基本医疗保险基金要纳入社会保障基金财政专户统一管理，单独列账。城镇居民基本医疗保险的医疗服务管理原则上参照城镇职工基本医疗保险的有关规定执行，具体办法由试点城市劳动保障部门会同发展改革、财政、卫生等部门制定。要综合考虑参保居民的基本医疗需求和基本医疗保险基金的承受能力等因素，合理确定医疗服务的范围。

4. 待遇支付

城镇居民基本医疗保险基金的使用要坚持以收定支、收支平衡、略有结余的原则。城镇居民基本医疗保险基金重点用于参保居民的住院和门诊大病医疗支出，有条件的地区可以逐步试行门诊医疗费用统筹。

（三）新型农村合作医疗制度的内容

新型农村合作医疗是由2003年国务院转发的卫生部、财政部、农业部《关于建立新型农村合作医疗制度的意见》（国发[2003]3号）规定的。该《意见》规定新型农村合作医疗制度是由政府组织、引导、支持，农民自愿参加，个人、集体和政府多方筹资，以大病统筹为主的农民医疗互助共济制度。新型农村合作医疗制度的目标是从2003年起，各省、自治区、直辖市至少要选择2～3个县（市）先行试点，取得经验后逐步推开。到2010年，实现在全国建立基本覆盖农村居民的新型农村合作医疗制度的目标，减轻农民因疾病带来的经济负担，提高农民的健康水平。建立新型农村合作医疗制度要遵循三个原则：（1）自愿参加，多方筹资。农民以家庭为单位自愿参加新型农村合作医疗，遵守有关规章制度，按时足额缴纳合作医疗经费；乡（镇）、村集体要给予资金扶持；中央和地方各级财政每年要安排一定专项资金予以支持。（2）以收定支，保障适度。新型农村合作医疗制度要坚持以收定支，收支平衡的原则，既保证这项制度持续有效运行，又使农民能够享有最基本的医疗服务。（3）先行试点，逐步推广。建立新型农村合作医疗制度必须从实际出发，通过试点总结经验，不断完善，稳步发展。要随着农村社会经济的发展和农民收入的增加，逐步提高新型农村合作医疗制度的社会化程度和抗风险能力。新型农村合作医疗制度的内容主要包括：

1. 参保对象

新型农村合作医疗制度的参保对象为农村居民。但是随流动人口的增加和城乡二元结构的变化，一般应该考虑把如下人群纳入到新型农村合作医疗的参保对象中：（1）户口在农村的常住居民。（2）外来人口在本地乡村居住 1 年以上者。（3）进城务工的农民。（4）某些没有参加城镇人口基本医疗保险的城市郊区的居民和小城镇居民。[①]

2. 资金筹集

新型农村合作医疗制度实行个人缴费、集体扶持和政府资助相结合的筹资机制。从 2003 年起，（1）农民个人每年的缴费标准不应低于 10 元，经济条件好的地区可相应提高缴费标准。乡镇企业职工（不含以农民家庭为单位参加新型农村合作医疗的人员）是否参加新型农村合作医疗由县级人民政府确定。（2）有条件的乡村集体经济组织应对本地新型农村合作医疗制度给予适当扶持。（3）地方财政每年对参加新型农村合作医疗农民的资助不低于人均 10 元，具体补助标准和分级负担比例由省级人民政府确定。经济较发达的东部地区，地方各级财政可适当增加投入。中央财政每年通过专项转移支付对中西部地区除市区以外的参加新型农村合作医疗的农民按人均 10 元安排补助资金。农民对新型农村合作医疗的缴费以及各级政府对新型农村合作医疗的补助资金会随着经济社会的发展动态提高。

3. 基金管理

农村合作医疗基金是由农民自愿缴纳、集体扶持、政府资助的民办公助社会性资金，要按照以收定支、收支平衡和公开、公平、公正的原则进行管理，必须专款专用，专户储存，不得挤占挪用。（1）新型农村合作医疗制度一般采取以县（市）为单位进行统筹。条件不具备的地方，在起步阶段也可采取以乡（镇）为单位进行统筹，逐步向县（市）统筹过渡。（2）农村合作医疗基金由农村合作医疗管理委员会及其经办机构进行管理。农村合作医疗经办机构应在管理委员会认定的国有商业银行设立农村合作医疗基金专用账户，确保基金的安全和完整，并建立健全农村合作医疗基金管理的规章制度，按照规定合理筹集、及时审核支付农村合作医疗基金。（3）农村合作医疗基金中农民个人缴费及乡村集体经济组织的扶持资金，原则上按年由农村合作医疗经办机构在乡（镇）设立的派出机构（人员）或委托有关机构收缴，存入农村合作医疗基金专用账户；地方财政支持资金，由地方各级财政部门根据参加新型农村合作医疗的实际人数，划拨到农村合作医疗基金专用账户；中

① 王靖元. 新型农村合作医疗知识问答[M]. 北京：北京大学医学出版社，2008.

央财政补助中西部地区新型农村合作医疗的专项资金，由财政部根据各地区参加新型农村合作医疗的实际人数和资金到位等情况核定，向省级财政划拨。

4. 待遇支付

新型农村合作医疗基金主要补助参加新型农村合作医疗农民的大额医疗费用或住院医疗费用。有条件的地方，可实行大额医疗费用补助与小额医疗费用补助结合的办法，既提高抗风险能力又兼顾农民受益面。对参加新型农村合作医疗的农民，年内没有动用农村合作医疗基金的，要安排进行一次常规性体检。各省、自治区、直辖市要制定农村合作医疗报销基本药物目录。各县（市）要根据筹资总额，结合当地实际，科学合理地确定农村合作医疗基金的支付范围、支付标准和额度，确定常规性体检的具体检查项目和方式，防止农村合作医疗基金超支或过多结余。

三、中国基本医疗保险制度的改革趋势

中国正在推进新一轮医药卫生体制改革。新一轮医药卫生体制改革追求公共卫生体系、医疗服务体系、医疗保障体系和药品供应保障体系四大体系的联动，以期建立覆盖城乡居民的基本医疗卫生制度。基本医疗保险制度是医药卫生体系的重要组成部分，它和医药卫生系统的其他三大子体系关系密切，因为基本医疗保险制度是国民获得基本医疗服务的重要筹资渠道和费用支付渠道的制度安排。基本医疗保险制度的发展状况对公共卫生体系、医疗服务体系和药品供应保障体系都将产生积极或者消极的影响，基本医疗保险制度的改革和完善应该遵循医药卫生系统的发展规律。基本医疗保险制度是社会保障系统的重要组成部分，是保障国民基本医疗费用支出安全的重要制度安排，它的发展状况关系到社会保险子系统乃至整个社会保障系统的发展和完善。基本医疗保险制度的改革和完善应该遵循社会保障系统的发展要求。基本医疗保险制度的改革要同时遵循医药卫生系统和社会保障系统发展规律的要求使基本医疗保险制度的改革更具复杂性。基本医疗保险制度的发展和完善不能超越中国社会经济发展的特定历史阶段。基本医疗保险制度十多年的变迁既积累了丰富的经验，也面临着一些亟待解决的关键问题。基本医疗保险制度变迁的这种路径依赖性决定了其未来变迁的基本趋势。

（一）基本医疗保险制度改革的成就

1. 覆盖范围扩大化

1998 年，国家颁布《国务院关于建立城镇职工基本医疗保险制度的决定》，拉开了城镇人口基本医疗保险制度改革的序幕。该文件在政策设计上实施社会统筹和个人账户相结合的部分积累制财务模式，在政策设计上力求把城镇所有职工都纳入到基本医疗保险制度中去。2007 年，《国务院关于开展城镇居民基本医疗保险试点的指导意见》决定，不属于城镇职工基本医疗保险制度覆盖范围的中小学阶段的学生（包括职业高中、中专、技校学生）、少年儿童和其他非从业城镇居民都可自愿参加城镇居民基本医疗保险。城镇居民基本医疗保险只设统筹基金，不设个人账户，重点保障城镇非从业居民的住院和门诊大病医疗

需求。城镇居民基本医疗保险在政策设计上力图把城镇人口中除职工和需要医疗救助之外的所有其他人口都纳入到基本医疗保险制度。这两种基本医疗保险制度的建立和实施在政策设计目标上把除需要医疗救助之外的全体城镇人口作为基本医疗保险的保障对象，从而在制度构建上实现了城镇人口覆盖范围的全民化。2003 年，国务院转发的卫生部、财政部、农业部《关于建立新型农村合作医疗制度的意见》（国发[2003]3 号）在制度设计上把全体农村居民纳入基本医疗保险范畴。经过十年的发展，2010 年参加新型农村合作医疗的人口达 8 亿，参合率达到 90%以上。尽管各项医疗保障制度还存在着优化的空间，其运行空间还有待完善，但是能够覆盖城乡居民的多元医疗保障体系在社会保障体系框架中率先建立，确实对整个社会保障体系的发展具有重要意义。[①]原卫生部部长陈竺在“2012 生态文明贵阳会议”上表示，中国初步建立了覆盖城乡居民的基本医疗卫生保障制度，跨入具有全民医保制度国家的行列，目前我国的基本医保已覆盖了 96%的人群。[②]

2. 保障与激励一体化

基本医疗保险这一名词至少有四层含义：首先，它的目标是保证基本医疗费用支出安全；其次，它体现了保险的某些特征；再次，它属于医疗费用保险；最后，它属于社会保险的范畴。基本医疗保险的上述含义或者特征决定了其在改革中贯彻了保障与激励相统一的原则。从保障方面来讲，基本医疗保险制度自实施以来保障程度在逐年提高。2012 年《中国统计年鉴》数据显示，城镇基本医疗保险每年报销的基本医疗费用总额数已经从 1998 年的 53.3 亿元增加到 2011 年的 4431.4 亿元，新型农村合作医疗每年报销的基本医疗费用总额数已经从 2005 年的 61.8 亿元增加到 2011 年的 1017.2 亿元。从激励方面来讲，基本医疗保险制度的费用分担机制已经建立，这体现在基本医疗保险费用筹集和支付两个方面。从基本医疗保险费用筹集方面来看，政府补贴、用人单位或者雇主缴费、受保障者个人缴费共同构成了基本医疗保障制度的财政基础。[③]多主体缴费客观上减轻了国民缴纳基本医疗保险费用的负担，有助于激发参保人口缴纳基本医疗保险费用的积极性。从基本医疗保险费用支出方面来看，基本医疗保险费用报销采取了个人承担一定费用的不完全医疗保险方式，在一定程度上遏制了参保患者就医时的道德风险。

3. 管理服务社会化

基本医疗保险制度建立以来，其管理服务社会化的步子逐步迈开，虽然目前还有一些不完善的地方，但是已经在实践中积累了一些成功的做法。（1）基本医疗保险筹资社会化。基本医疗保险的筹资机构、筹资来源实现了社会化。（2）基本医疗保险基金管理社会化。首先，中国已经建立了专门的行政机构如人力资源和社会保障部、卫生和计划生育委员会对基本医疗保险事业进行行政管理。其次，在业务的具体操作上各地都不同程度地进行了政府基本医疗保险管理服务功能外包。再次，基本医疗保险资金采取收支两条线和财政专户的方式进行管理。最后，多主体对基本医疗保险管理进行监督。（3）基本医疗保险待遇

① 郑功成. 中国社会保障改革与发展战略（医疗保障卷）[M]. 北京：人民出版社，2011.

② 李惊亚、李黔渝. 卫生部部长陈竺：我国基本医保已覆盖 96%的人群[EB/OL].（2012-07-27）[2013-01-26]新华网，http://www.gov.cn/jrzg/2012-07/27/content_2193635.htm

③ 郑功成、申曙光、彭宅文. 中国医疗保障改革与发展战略——病有所医及其发展路径[R]. 北京：第四届中国社会保障论坛演讲材料，2010.

发放社会化。目前基本医疗保险主要采取的待遇发放办法是参保患者在就医时记账，然后由基本医疗保险经办机构和基本医疗服务提供机构之间再进行医疗费用结算。(4) 基本医疗保险实施定点服务管理。中国在基本医疗保险制度改革后实施了基本医疗保险定点医药服务机构的选择和监督办法，逐步形成了比较可行的定点医药服务机构申请、审核、信息发布、评价和调整的社会化管理机制；实施了基本医疗保险用药目录、诊疗目录和服务设施使用目录管理，逐步形成了确定基本医疗保险"三目录"的原则和指导思想、制定基本医疗保险"三目录"、规定基本医疗保险"三目录"费用报销办法、定期对基本医疗保险"三目录"进行调整的社会化管理机制。(5) 把基本医疗服务管理和社区卫生服务管理相结合。目前,中国从有利于促进基本医疗保险功能实现角度实施的社区卫生服务管理方式主要有：第一，将符合条件的社区卫生服务组织纳入基本医疗定点机构，将符合条件的社区卫生服务纳入基本医疗保险费用支付范围，从而使基本医疗服务需求者小病进社区。第二，对被保障对象发生在社区卫生服务机构的相关医药费用报销采取较发生在综合性医疗机构发生的医药费用更宽松的方式，以便把基本医疗服务需求者向社区引流；第三，政府向社区购买卫生服务，社区以家庭医生为主向基本医疗服务需求者提供服务；第四，定点服务相关管理主体依照基本医疗保险管理相关规定，对社区卫生服务组织进行监督检查。

(二) 基本医疗保险制度改革面临的关键问题

1. 基本医疗保险统筹层次

基本医疗保险统筹层次是指基本医疗保险资金征集、管理和发放的范围。基本医疗保险基金目前以地级市和县级市为主的低统筹层次，难以适应人口流动等社会经济发展的需要，对流动人口的基本医疗保险权益乃至整个基本医疗保险基金平衡，管理成本、关系衔接等问题都构成了挑战。目前各地纷纷提出了逐步提高基本医疗保险统筹层次的计划和实施步骤，尤其是把基本医疗保险基金实施地级市统筹作为近期的奋斗目标。基本医疗保险基金省级统筹相对于地级市、县级市统筹和全国统筹来说具有比较优势，既有利于构建相对统一的基本医疗保险体系、优化劳动力资源配置、保持基本医疗保险基金平衡，又不至于过度增加基本医疗保险基金管理费用和妨碍地方管理基本医疗保险的灵活性。因此，应该在逐步实施基本医疗保险基金地级市统筹的基础上，逐步实现《中华人民共和国社会保险法》提出的基本医疗保险基金省级统筹的目标。中国有必要制定全省统一的基本医疗保险政策、信息管理系统和妥善处理现行统筹层次下基本医疗保险基金的债权债务等，来逐步实现基本医疗保险基金省级统筹。

2. 基本医疗保险适度缴费率

基本医疗保险适度缴费率是指有利于保障人口基本医疗费用支出安全、与经济发展水平相适应、有利于资源充分利用和资源优化配置的基本医疗保险缴费率。经过测算，基本医疗保险适度缴费率在 2001～2050 年这段时期内基本保持稳定，波动范围在 9.88%～11.89%之间，[①]大体符合国际上医疗保险 10%～12%左右的经验费率。[②]城镇职工基本医疗

① 贾洪波. 中国基本医疗保险适度缴费率模型与测算[J]. 预测，2010，29 (1)：54-59.

② 国家经济体制改革委员会. 社会保障体制改革[M]. 北京：改革出版社，1995.

保险缴费率目前基本上处于适度状态，但是城镇居民基本医疗保险缴费率目前低于适度状态，城镇居民基本医疗保险适度缴费率在 2001～2050 年这段时期内应该在 2%左右。[①]贾洪波经过测算得到，2003～2050 年新型农村合作医疗适度缴费率约为农民总收入的 6%，2003 年的适度缴费额度应该为每位农民缴费 215 元，2013 年的适度缴费额度应该为每位农民缴费 493 元，目前的缴费额度远远低于适度缴费额度。[②]城镇居民基本医疗保险自 2007 年试点以来，政府每年给予参加基本医疗保险的城镇居民的财政补助已经从 40 元增加到 2012 年的 240 元。在现实中，新型农村合作医疗的缴费标准有着和城镇居民基本医疗保险缴费标准相似的变化路径。这些正好是我国目前城镇居民基本医疗保险缴费率和新型农村合作医疗缴费率低于适度状态的客观反映。中国应该形成与国民经济和社会发展水平相适应的科学的城乡居民基本医疗保险费率调整机制，避免费率调整的临时性、随意性和主观性。在此基础上，还需要对各参与主体的缴费责任进行科学的界定和划分。

3. 基本医疗保险个人账户的存在性

城镇职工基本医疗保险制度设计中引入个人账户的初衷是为了实现基本医疗保险基金纵向积累、对基本医疗保险缴费产生激励以及抑制职工在消费基本医疗服务时过度需求的道德风险。但是实践证明，许多地方在个人账户基金的使用方面并没有严责遵守“两定点”和“三目录”的要求，有的地方提前透支基本医疗保险个人账户基金，个人账户基金使用的随意性很大。个人账户自建立以来非但没有能够很好地实现上述三个目标，而且还造成诸如降低基本医疗保险基金使用效率和基本医疗保险公平性等一系列弊端。全国目前正在探索和实施的城镇职工基本医疗保险门诊统筹可以看作是弱化基本医疗保险个人账户的一次积极尝试。中国应该以门诊统筹为起点，弱化并逐步取消基本医疗保险个人账户。

4. 基本医疗保险中的异地就医管理

人口流动频繁和基本医疗保险相对较低的统筹层次对基本医疗保险中异地就医管理提出了巨大挑战。这一问题的解决不仅关系到参保人员的基本医疗安全，而且关系到基本医疗保障体系的可持续发展与和谐社会建设。根据异地就医产生的原因，基本医疗保险中的异地就医可以分为异地安置就医、异地转诊就医、异地工作就医、其他类型异地就医。异地就医管理主要存在异地就医费用结算滞后、异地就医政策和统筹地就医政策不统一、异地就医过度医疗服务道德风险严重、异地就医管理实施成本高、异地就医引起就医地医院之间的不正常竞争。[③]异地就医人员较关心异地就医费用报销、是否有利于健康状况改善、异地就医人员自身收入、异地就医费用以及异地就医选择范围等。中国可以借鉴欧盟成员国在跨区医疗保障政策中的协作机制，以 2009 年实施的异地就医结算服务为起点，积极探索和完善基本医疗保险异地就医管理办法。

5. 基本医疗保险中住院医疗费用的需求方控制

基本医疗保险中住院费用支付目前在需求方费用控制方面普遍采取了起付线、共保率和封顶线三种办法。这种对住院费用的需求方控制办法对需求方采取了过多和重复的控制

① 贾洪波. 城镇居民基本医疗保险适度缴费率分析[J]. 财经科学，2009（11）：92-101.
② 贾洪波. 新型农村合作医疗适度筹资水平研究[D]. 中国人民大学，2010.
③ 刘玮玮、贾洪波. 基本医疗保险中异地就医管理研究[J]. 中国卫生经济，2011（6）：15-17.

措施，从而导致基本医疗服务需求方医疗费用负担过重和管理成本的增加。基本医疗保险属于社会性医疗保险，应该在基本医疗保险中取消起付线和封顶线，彻底改变目前大多数地方按照病种或者就医机构级别或者是否在统筹区域内为依据实施不同共保率的做法，对基本医疗住院费用从高到低实施按比例递减的共保率，从而形成以基本医疗保险中住院医疗费用高低为依据来调整的共保率为中心，对基本医疗保险中住院医疗费用的需求方实施控制。这样既有利于抑制患者不合理消费基本住院医疗服务的道德风险，又可以防止由于基本住院医疗费用过多给患者带来较大费用负担。2009 年，国家宣布把基本医疗保险住院费用的封顶线由统筹地当年职工或者居民收入的 4 倍逐步调整为 6 倍，以及近年来许多地方推出大病统筹保险，都可以看作是对我国基本医疗保险中住院费用需求方控制所带来负面影响的积极回应。

6. 基本医疗保险费用支付方式

新医改方案提出的要积极探索基本医疗保障费用支付方式。在基本医疗保险基本实现全民覆盖后，基本医疗保险费用支付方式的选择就变得尤为重要。基本医疗保险费用支付方式直接关系到医药费用筹集、医药费用控制以及以医疗服务价格管制的实现方式。中国目前主要实施的按服务项目付费造成的医疗服务诱导需求、医疗服务高监督成本、医疗服务供求双方关系恶化等弊端是显而易见的。总的来说，中国的基本医疗费用支付方式应该从后付制为主向以预付制为主转变，预付制医疗费用支付方式应该坚持实施以总额预算式为主的、以按人头付费和按病种付费相结合的混合式预付制医疗费用支付模式。实施后付制后，要严格执行基本医疗服务质量评价制度。认真落实《卫生部三级综合医院评审标准（2011 版）》和《卫生部二级综合医院评审标准（2012 版）实施细则》，有助于保证基本医疗费用支付方式从后付制为主向以预付制为主转变后医疗服务质量的稳定性。

（三）基本医疗保险制度改革趋势

1. 坚持以公平为主的基本医疗保险建制理念

公平是建立在良心和公正基础上的一种正义体系。在健康服务体系中没有获得相等健康服务可能是公平的，那些患病几率更高的人群应该得到更多的健康服务。大多数健康服务体系不指望能够完成公平地获得健康这么巨大的任务，至少有部分原因是因为有许多像健康服务一样的其他因素影响着健康。更现实的健康服务运作体系是追求更公平地获得健康服务。

基本医疗保险制度是健康服务制度的重要组成部分。基本医疗保险制度需要继续坚持以公平为主的建制理念。基本医疗保险制度运行包括资金筹集、基金管理和待遇发放三个环节。因此，坚持以公平为主的基本医疗保险制度建制理念就是要实现基本医疗保险制度运行全过程的公平。具体来说，基本医疗保险资金筹集环节应该体现垂直公平和起点公平理念；基本医疗保险基金管理环节应该体现水平公平、垂直公平和过程公平的理念；基本医疗保险基金的待遇支付应该体现水平公平、垂直公平和结果公平的理念。基本医疗保险属于国民收入再分配制度，是保障国民基本医疗安全的一种福利制度安排，坚持以公平为主，实现公平与效率结合的建制理念将对中国基本医疗保险制度保障与激励功能的发挥产生积极影响。

2. 完善基本医疗保险法律制度

社会保障法是调整社会保障关系的法律规范的总称。社会保障法具有以下四个方面的基本特征：第一，社会保障法只是针对社会保障关系参与主体的法律。第二，社会保障法以追求公平正义为基本原则。第三，社会保障法的制定主体是国家。第四，社会保障法应当以主权当局者的语言、文字或其行为向有义务服从的每一个人公布，也就是向有义务服从社会保障法的人说明社会保障法的立法意图。

基本医疗保险法律制度的完善包括基本医疗保险专业法律制度的完善和基本医疗保险相关法律制度的完善。基本医疗保险专业法律制度的完善以整个社会保障专业法律制度完善为前提。中国在基本医疗保险专业法律制度建设方面的当务之急是应当尽快抓紧时间制定社会保障立法规划，着手制定社会保障法通则，[①]根据实践经验修订和完善《中华人民共和国社会保险法》中与基本医疗保险制度相关的条款。基本医疗保险相关法律制度的完善主要是进一步完善如劳动法、行政法、财税法、金融法、会计法等法律中关于基本医疗保险管理、实施、监督等的相关规定，补住其漏洞，增加它们之间的协调、配套和衔接。

3. 实现基本医疗保险关系顺畅接续

基本医疗保险关系顺畅接续是未来一段时期基本医疗保险管理中需要重点解决的问题之一。这一问题的解决关系到劳动力的合理流动、参保人员的基本医疗保障权益乃至国民经济的协调发展。为了解决这一问题，将来的基本医疗保险体系变迁至少在三个方面要有所突破：第一，具体基本医疗保险项目建制前的试点工作应进一步规范。有关基本医疗保险试点地区的选择、试点时间的规定、试点经验的总结以及试点成果的推广应该进一步规范。目前基本医疗保险试点地区过多、试点时间过长以及试点经验总结和成果推广不力这种现象应该逐步被规范。比如，城镇居民基本医疗保险制度在试点地区选择方面应该同时选择相对发达地区和贫困地区以提供可资借鉴的经验、试点应该有明确的起止时间限制、试点经验的总结及成果的推广应该在该制度后续运行中得到体现等等。第二，基本医疗保险体系的碎片化问题应该逐步得到缓解。根据不同人群社会身份设置的基本医疗保险项目应该减少，不同人群的基本医疗保险项目应该逐步并轨和统一。比如，未来公费医疗制度应该逐步转向基本医疗保险制度而不是相反。第三，基本医疗保险跨区域协作机制应该逐步建立。基本医疗保险在实现地级市统筹的基础上应逐步探索省级统筹的时间、步骤和方式，应该构建顺畅衔接的基本医疗保险跨区域协作的信息平台。

本章小结

1. 广义的医疗保险在外延上既包括社会医疗保险又包括商业医疗保险。社会保障领域的医疗保险通常是指社会医疗保险。社会医疗保险是指国家通过立法手段强制实施的，旨

① 刘诚. 社会保障法比较研究[M]. 北京：中国劳动社会保障出版社，2006：191-193.

在化解社会成员所面临的疾病风险，以保障其基本医疗费用支出安全的一项社会保险制度。社会医疗保险的主要责任主体是国家、实施手段是法律法规、目的是化解社会成员面临的疾病风险、目标是保障参保人员基本医疗费用支出安全。医疗保险制度作为社会保障制度的一个具体项目，具有社会性、强制性、福利性和互济性等社会保障的共同特征。此外，医疗保险还具有普遍性、复杂性、短期性和经常性、追求健康服务的公平性等特征。

2. 社会医疗保险基金的筹资渠道主要包括雇主和雇员的缴费、政府补贴、基金利息收入、捐赠收入、滞纳金等其他方面的收入。从国际上大多数实施社会医疗保险的国家来看，比较常见的是雇主和雇员双方分担筹资责任或者采取雇主、雇员和政府三方分担筹资责任的做法。由于疾病发生的不确定性带来的影响，世界上大多数国家在社会医疗保险领域均采用了现收现付制的财务模式。根据社会医疗保险基金具体的支付对象，可以把社会医疗保险基金的支付分为对被保险人的支付和对定点医药服务机构的支付两大类。社会医疗保险基金对被保险人的支付通常采取不完全保险的形式。这种不完全保险在社会医疗保险的运行实践中最终形成了被保险人和社会医疗保险基金管理机构共同分担医药费用的方式，即在社会医疗保险运行实践中实施起付线、共保率和封顶线制度。社会医疗保险基金对定点医药服务机构的具体支付方式主要可以分为后付制和预付制两种。

3. 当代医疗保障制度模式可以分为以英国为代表的全民医疗服务模式、以德国为首的社会医疗保险模式、以美国为代表的商业医疗保险模式以及建立在储蓄制基础上的新加坡中央公积金模式。这四种医疗保障模式各有特点。

4. 中国的基本医疗保险制度包括城镇职工基本医疗保险制度、城镇居民基本医疗保险制度和新型农村合作医疗制度。城镇职工基本医疗保险制度的内容主要是由 1998 年颁布的《国务院关于建立城镇职工基本医疗保险制度的决定》（国发[1998]44 号）规定的。城镇居民基本医疗保险制度的内容主要是由 2007 年颁布的《国务院关于开展城镇居民基本医疗保险试点的指导意见》（国发[2007]20 号）规定的。新型农村合作医疗主要是由 2003 年国务院转发的卫生部、财政部、农业部《关于建立新型农村合作医疗制度的意见》（国发[2003]3 号）规定的。

5. 中国基本医疗保险制度改革已经取得了覆盖范围扩大化、保障与激励一体化、管理服务社会化三个方面的成就。基本医疗保险统筹层次、基本医疗保险适度缴费率、基本医疗保险个人账户的存在性、基本医疗保险中的异地就医管理、基本医疗保险中住院医疗费用的需求方控制、基本医疗保险费用支付方式是基本医疗保险制度改革面临的关键问题。坚持以公平为主的基本医疗保险建制理念、完善基本医疗保险法律制度、实现基本医疗保险关系顺畅接续是基本医疗保险制度改革的趋势。

思考题

1. 如何正确理解社会医疗保险的含义和特征？
2. 简述社会医疗保险基金支付的主要内容。
3. 当代社会医疗保险的主要模式有哪几种？各自的特点是什么？

4. 简述中国基本医疗保险的内容及其改革趋势。

深度阅读

1. 仇雨临. 医疗保险[M]. 北京：中国劳动社会保障出版社，2008.

本书是全面介绍医疗保险知识的一本著作。全书内容包括了医疗保险导论、医疗服务市场、医疗保险中的道德风险与逆向选择、社会医疗保险模式纵览、社会医疗保险基金、社会医疗保险费用偿付方式、社会医疗保险费用控制、社会医疗保险法律制度、社会医疗保险的管理与监督、补充医疗保险以及中国城乡社会医疗保险制度的历史沿革和改革发展等方面的内容。

2. 乌日图. 医疗保障制度国际比较[M]. 北京：化学工业出版社，2003.

本书从国际比较的视角对社会医疗保障制度模式进行了系统和深入的比较。全书内容包括了医疗保障制度的建立及其理论基础、医疗保障体系及制度模式、社会医疗救助制度模式、社会医疗保险制度模式、国家卫生服务制度模式、市场医疗保险制度模式、个人储蓄医疗保障制度模式、医疗保障制度模式分析比较、医疗保障面临的共同问题和改革趋势、中国医疗保障制度的历史回顾与现状分析、中国城镇医疗保障制度改革的思路共十一个方面。

3. 贾洪波. 中国基本医疗保险制度改革关键问题研究[M]. 北京：北京大学出版社，2013.

本书以基本医疗保险制度改革要同时遵循医药卫生系统和社会保障系统发展规律为着眼点，从基本医疗保险制度改革的逻辑关系入手，在回顾基本医疗保险制度改革成就的基础上，全面探讨了基本医疗保险覆盖面、统筹层次、适度缴费率、个人账户的存在性、异地就医管理、住院费用的需求方控制、费用支付方式这七个方面的关键问题。在此基础上，本书对基本医疗保险制度的改革趋势作了展望。

第八章

失业保险制度

失业是市场经济条件下不可避免的社会风险，对于普通劳动者而言，失业就是最大的风险，而就业相对而言就是最好的保障。失业人数过多会引起一系列的社会问题，例如影响经济的发展与和谐社会的构建等，危及社会的稳定。在这种情况下，解决失业所产生的不利因素的社会机制即失业保险制度就应运而生。目前，失业保险制度在绝大多数国家都已建立并发挥了很好的作用。

第一节　失业保险概述

西方工业化国家早在 20 世纪初期就开始通过建立失业保险制度来减缓失业对家庭和社会产生的负面影响。经过了上百年的发展，西方的失业保险制度逐渐走向成熟和完善。本节将首先明确与失业保险相关的一些基本概念，然后追溯失业保险的相关历史，介绍失业保险制度的历史演进。

一、失业保险相关概念

（一）失业与失业人员

失业是市场经济运行中各国社会经济发展面临的一大难题，也是失业保险所要明确界定的一个重要概念。国际劳工组织在第 13 届国际劳工统计大会通过的决议对失业的定义是：失业是指同时具备“没有工作”、“目前能够工作”和“正在寻找工作”三个条件的情形。失业人员是指在参考期内（1 周或 1 天）最低就业年龄以上的经济活动人口中所有属于下列情形的人员：“没有工作”，即不处于带薪就业或自营就业状态；(2)“目前能够工作”，即指在参考期内可以从事带薪就业或自营就业工作；（3）“正在寻找工作”，即在参考期内已经采取具体步骤寻找有酬就业或自营就业工作，这些具体步骤包括：在公共或私人职业介绍所的登记；向雇主提出就业申请；在工地、农场、工厂大门外、市场或其他聚集地寻找工作；通过报纸刊登广告或应聘；寻求亲友帮助就业；为自己开业寻找土地、厂房、机器或设备；筹集资金；申请许可证和执照等。我国劳动保障行政部门对于失业的定义是指劳动者在有劳动能力并确实在寻找工作的情况下不能得到合适职业而失去收入的状态。

我国人口基数大，加之近些年产业转型加剧，这导致我国的失业人数较多。1995 年的劳动力资源是 8.2 亿，2000 年为 8.6 亿，2005 年将超过 9 亿，2025 年将超过 10 亿，其后一直到 2050 年都会保持在 10 亿以上，[①]众多的劳动力资源使我国面临着较大的失业压力。比如，2000 年我国城镇能提供的就业机会为 700 万至 900 万个，而实际的劳动力供给在 2000 万人左右，劳动力的实际供给过剩高达 1100 万至 1300 万人。

（二）失业率

失业率是指失业人口占劳动力人口的比率，它是反映一个国家或地区失业状况的主要指标。在国际上通用的失业率计算方法为：失业率=失业人数÷（在业人数+失业人数）×100%。在我国，城镇登记失业率是反映我国失业状况的重要指标，指城镇登记失业人数同城镇在业人数与城镇登记失业人数之和的比例，其计算方法为：城镇登记失业率=城镇登记失业人数÷（城镇在业人数+城镇登记失业人数）×100%。

改革开放以来，我国综合国力水平显著增强，经济快速发展，同时我国是人口大国，待就业人员数量庞大，就业问题一直是我国亟须解决的大事。截至 2009 年年底，我国经济活动总人口为 79812 万人，比 2008 年增加 0.7%，而城镇登记失业人数为 921 万人，比 2008 年末增加了 4.0%。从历史情况来看，我国城镇失业率一直呈现上升趋势，从 1989 年底的 2.3%逐年上升到 2009 年底的 4.3%。由此可见，失业率已有不断上升的势头。而发展失业保险制度则有助于在一定程度上缓解失业。一般而言，失业保险制度健全的国家或地区失业率相对较低；失业保险制度落后的国家或地区失业率相对较高。

（三）失业类型的划分

失业按照不同的标准可以划分为不同的类型。

按失业的成因划分，失业可以划分为摩擦性失业、结构性失业、周期性失业、技术性失业与季节性失业。

摩擦性失业是指在生产过程中由于局部的暂时的失调而引起的短期的、暂时的就业失调情况。这种失业一方面存在着职位空缺，另一方面存在着与此数量相对应的寻找工作的失业者。这是由于劳动力供求信息不灵、市场组织不完备、行业与企业发生调整或转移等方面原因所致。结构性失业是因经济结构变化和产业兴衰转移所造成的失业。经济结构的变动（如有些部门发展迅速，而有些部门正在收缩；有些地区正在开发，而有些地区已经衰落）要求劳动力的流动迅速适应这些变动。但由于劳动力有难以改变的技术结构、地区结构和性别结构等因素，很难适应经济结构的这种紧急变动，从而造成失业。这种失业往

① 宋丰景. 国内失业问题研究最新进展[J]. 城市问题，2005（1）：37-43.

往是失业与岗位空缺并存。周期性失业是指由于经济周期或经济波动引起劳动力市场供求失衡所形成的失业，这种失业是与经济的周期变化紧密联系的。技术性失业是由于技术进步所引起的失业。在经济增长过程中，技术进步的必然趋势是生产越来越广泛地采用了资本密集型技术，越来越多的先进技术设备代替了工人劳动，对劳动力需求的相对缩小就会使失业增加，这种失业是为经济进步而必须付出的代价。季节性失业是由于某些行业生产经营活动的季节性变动所引起的失业。某些行业的生产经营具有很强的季节性，生产经营繁忙的季节所需的工人多，生产经营淡季所需的工人少，这样就会引起季节性失业。

按照失业者的意愿进行划分，失业可划分为自愿性失业与非自愿性失业。自愿性失业包括以下几个方面：（1）求职性失业。劳动者不满意现有的工作，离职去寻找更理想的工作所造成的失业。（2）等待性失业。这是指因受某些制度或自身心理等因素的影响，劳动者放弃当前的就业机会而坚持等待理想的就业岗位的一种失业类型。（3）休闲性失业。这是以追求休闲为目的的失业类型。如一些家庭其他成员收入较高，劳动者对有收入的工作不感兴趣，而自愿在家休息等引起的失业。（4）追求非劳动收入型失业。这部分劳动者不工作是为了得到非劳动收入，如享受失业保险金、救济金等。非自愿失业是劳动者非个人意愿所造成的失业，它是由有效需求不足而引起的非自愿失业类型。

（四）失业保险

失业保险是指国家以立法的形式集中建立保障资金，对收入中断的失业者在一定时期内提供基本生活保障的一种社会保险制度。其核心内容是通过集中建立失业保险基金，分散失业风险，使暂时处于失业状态的劳动者得到最基本的生活保障，通过就业培训，使失业者尽快就业。它属于社会保险范畴，同生育保险、伤残保险、死亡保险、疾病保险、养老保险等一起共同构成社会保险体系。作为社会保险形式，它不同于商业保险，它具有强制性、普遍性、互济性和社会性的特点。

世界各国的失业保障制度总结起来有三种基本类型。第一种是国家立法强制实施的失业保险制度。这是目前采用最多的一种失业保障模式。这种模式的具体做法是强制性的失业保险由国家直接管理或委托相关机构管理，凡符合要求的在失业保险覆盖范围之内的人群或企业都需要参加失业保险的一种模式。第二种是非强制性的失业保险制度。这种模式由工会组织建立，政府提供一定的支持。劳动者有选择参加或者不参加失业保险的权利，政府不作强制性的要求。第三种是失业救济制度。这种制度是对失业的人群给予一定的救济，这种方式有多种具体的实施方法，如政府或者企业支付一次性的失业救济金帮助失业者渡过难关。这三种方式之间没有明显的排斥性，各国政府或者企业根据本国或者本地区的实际情况进行综合运用，其中包括国家立法强制实施的失业保险制度与失业救济制度相结合以及非强制性的失业保险制度与失业救济制度相结合。

在我国，1999 年国务院颁布了《失业保险条例》，其中规定，失业保险制度旨在保障失业人员的基本生活，促进其就业，并对其接受职业培训和职业介绍给予补贴。但由于我国失业保险制度建立较晚，制度构建不健全，这导致我国的失业保险制度并没有很好地发挥其应有的作用。目前失业保险基金的结余却逐年递增。资金大量沉淀，成为“闲钱”，难以发挥促进就业的积极作用。如何提高我国失业保险基金的使用效率已成为失业保险制度亟待解决的问题。

（五）就业扶助

就业扶助是指通过政府对就业市场的指导和干预，以优惠的政策鼓励积极就业，提供全方位的就业服务等一系列服务的总称，其目的在于推动失业者实现再就业。事实表明，仅仅给予失业者物质上的帮助以解决个人生活上的困难是远远不够的。在全方位的就业保障中，就业扶助发挥了不可替代的作用，同时也是失业保险制度的一个重要内容。就业扶助常用的做法包括帮助失业者拓宽新的就业领域，增加职业者的职业技能，适应时代的发展来培养失业者应有的职业素养；为失业者提供小额信贷，减免税收，并提供就业补贴，帮助失业者进行创业等。

二、失业保险制度的历史演进

失业保险制度是经济发展所必须的，它是历史发展的产物。失业保险制度与就业之间存在着密切联系。就业是指在一定的社会经济条件下，劳动者得到了有报酬的从事生产经营活动或其他非经营性工作的机会，其实质是个人得到了以特定的方式参与社会劳动从而使自己的物质需求和精神需求获得满足的社会机会。就业是在劳动年龄内具有劳动能力的社会人在正常情况下应该享有的权利，一定的就业量也是一国经济和社会健康发展的基础和必要条件。虽然现代国家都把充分就业作为经济发展的目标之一，但是实际上充分就业只是一种理想状态，失业率在 4%左右就被认为是达到了充分就业的状态，因为失业是不可避免的现象。从劳动力的供给与需求总量来看，两者很难达到均衡，所以必然会存在失业；从劳动力的供给与需求结构来看，随着科学技术的发展，经济的发展不仅表现在总量的提高上，更重要的是经济结构的优化升级。产业结构、地区结构、城乡结构发生变化，一些部门或行业衰退，而另一些部门或行业兴起；一些地区经济发展缓慢甚至停滞，而另一些地区经济迅速发展起来。这样一来，失业现象也就难以避免。并且，各国经济发展的历史数据同样表明失业现象是客观存在的。失业的存在虽然是经济发展的必然现象，但它带来了极其严重的后果。大量人口失业，没有收入来源，其自身及家人的生活得不到保证，贫穷困苦，这严重影响社会公平及整个社会生活水平的提高；失业人口作为一种人力资源没有得到充分的利用是社会资源的浪费；如果不能从正常的工作中得到生活的保障，那么基于生存的压力有的失业者很可能利用其他不正当的方式获取利益，因此大量的失业人口也是造成社会动荡不安的重要因素。于是，缓解就业压力、解决失业问题成为各国政府面临的难题之一。这样一来，建立失业保险制度被提上了日程。

失业保险制度自创立至今已有上百年的历史。据统计，截止到 2010 年，全球已有 72 个国家建立了失业保险制度。失业保险制度最早可以追溯到欧洲。19 世纪中叶，欧洲各国工人在工会的领导下建立了自己的互助会，由工人自己团结起来开展失业救济等活动。但随着工业化的不断发展，失业问题变得越来越严重，仅仅靠工人自己建立的组织很难发挥更大的作用。另一方面，失业所带来的社会问题引起了当时政府的关注。由此，各国政府开始关注失业问题。

世界上最早建立失业保险制度的国家是法国（1905 年）。随后，挪威、丹麦两国也分别于 1906 年和 1907 年建立起自愿性失业保险制度。自愿性失业保险制度即在国家立法中不对失业保险的实施范围进行限定，人们可自由选择参加与否，但失业保险基金的筹集方式、失业保险待遇、失业保险享受的条件及失业保险的管理等方面的内容立法中都有明文规定，凡自愿参加失业保险的人必须依法执行。1911 年，英国在世界上第一个建立了强制性失业保险制度后，欧洲各国在 20 世纪 20 年代基本建立了强制性失业保险制度，美国、加拿大等美洲国家在 20 世纪 30 年代世界经济危机后也建立了强制性失业保险制度。二战后，一些发展中国家也通过立法对失业者进行失业救助或失业保险。

在失业保险制度的建立方面，发达国家与发展中国家也有明显的差距。大多数发达国家的失业保险制度建立在第二次世界大战之前，当时正值资本主义经济危机爆发之时，工厂倒闭，各国政府认识到失业的严重性，纷纷建立起相关的失业保险制度以稳定社会。而发展中国家由于经济发展较慢，大部分建立失业保险的时间是在 20 世纪五六十年代甚至更晚一些。据统计，全世界在 1940 年建立失业保险制度的国家或地区有 21 个，1995 年增加到 61 个，在 20 世纪中后期失业保险制度的发展尤为迅速，建立失业保险制度的国家迅速增多。

发展至今，国外发达国家的失业保险制度已经形成了自身的一系列特点，这些特点是历史演进变化而来的结果。

第一，失业保险立法层次高。凡是选择强制性失业保险模式的国家，其失业保险立法都是国家较高层次的立法，如日本的《雇佣保险法》（1974 年）、美国的《社会保障法》（1935 年）和《联邦保险税法》（1935 年）、德国的《就业促进法》（1969 年）、韩国的《就业保险法》（1993 年）等。立法层次高体现了失业保险的权威性和法律效力，保证了失业保险制度的顺利实施。

第二，失业保险给付条件极为严格。各国普遍强调法定劳动年龄、非自愿失业、有必要的劳动经历、缴纳保险费的年限以及在就业机构登记失业等。在实施过程中由于各国国情不同，在给付条件方面的侧重点也有所不同。有的国家强调就业期以表明保险对象有劳动能力且有劳动愿望。例如，德国规定，失业前每周必须有 18 小时以上的劳动经历。有的国家在强调就业期的同时，根据失业率的变化规定就业期的多少。例如，加拿大规定失业率在 6%以下时，就业期要求 20 周/年；失业率在 11%时，就业期要求 15 周/年；失业率越高，就业期要求就越低。有些国家对缴纳失业保险费的时间做了具体规定。例如，日本要求在失业前一年中至少有 5 个月的缴费经历，瑞士规定为至少 6 个月，瑞典则规定享受失业保险的会员必须有失业基金会会龄 12 个月。

第三，失业保险资金筹集的广纳性。例如，美国的失业保险资金由国家税务部门通过国家税收方式强行收缴，主要对企业收取失业保险工薪税。美国的失业保险税由联邦政府和各州双重管理。现今，联邦政府的计税依据是 7000 美元，税率为 6.2%。但由于联邦政府允许已缴纳州失业保险税的雇主享有 5.4%的税率抵扣，因此，联邦政府的税率仅为 0.8%。各州的计税依据和税率由各州的失业保险法确定，这充分体现出失业保险资金筹集的广纳性。除了以税收筹集失业保险基金外，失业保险基金还可能来自于雇员缴费、基金利息收入、社会捐赠等。

第四，失业保险逐步向多重保障发展，建立了复式保障结构。这表现在：一是失业保险与失业救济相结合。例如，德国式的“失业保险+失业救济”的“衔接型”失业保险制度。失业者在规定的失业保险给付期内仍未找到工作而发生生活困难，符合失业救济条件的，发给失业救济金。失业救济金由国家财政负担，待遇水平比失业保险金约低 10%，期限为 1 年。二是失业保险与企业失业补助相结合。例如，美国的“失业保险+企业补充失业津贴”的“补充型”失业保险制度。福特汽车公司从 1955 年起率先在企业内实行补充失业津贴制度，并逐步扩大到行业内其他企业乃至其他行业。享受企业补充津贴的条件是：获得领取法定失业保险金的资格，企业员工的工龄在 1 年以上，企业补充失业津贴的费用由雇主和工会共同承担，津贴标准约为本人失业前工资收入的 30%左右，领取的最长期限为 1 年。补充失业津贴制度属于私营企业的活动范围，不是政府行为。三是失业保险与援助计划相结合。例如，加拿大的“失业保险+特殊失业补助”的“援助型”失业保险制度。对失业者中一些有特殊困难的弱者（伤病者、年老者、怀孕者）除领取失业保险金外，还给予 1 周至 15 周的特殊失业补助。

第二节 失业保险制度的基本内容

失业保险制度包括一系列基本内容，如失业保险的基本模式、失业保险基金的筹集方式、失业保险的享受资格、失业保险待遇的给付标准和期限以及失业保险的管理体制等。

一、失业保险的基本模式

从目前实行失业保险制度或类似失业保险制度的国家来看，大致可以将失业保险划分为以下四种类型：强制性失业保险、非强制性失业保险、失业补助制度以及双重失业保险制度。

强制性失业保险是指依据国家立法，在立法范围之内的人员不论是否愿意参加，只要符合国家法律规定都得强制参加失业保险。实行强制性失业保险的国家占建立失业保险制度国家的绝大多数，其代表国家为美国、加拿大、意大利、法国、日本、中国等。

非强制性失业保险是指在立法范围之内的人员是否参加失业保险取决于受保人个人的意愿，国家法律不作强制要求，而一旦参加了失业保险，就必须根据失业保险法律的规定接受管理，这些管理包括应承担的义务和应该享受的权利。这种模式最大的特点就在于将是否参与失业保险的权力交给了受保人。这在一定程度上体现了公民自主选择的权利，但也在一定程度上削弱了失业保险的作用。目前实行非强制性失业保险制度的国家主要有丹麦和冰岛。

失业补助制度是指由国家单方面出资对符合法律规定的失业人群给予失业补助。领取失业补助有着较为严格的限制，必须经过相关机构的收入调查。经有关机构的批准，才可以对贫困的失业者给予救济。这种制度的特点在于减轻了雇主和雇员的经济压力，但由于受国家财政的限制，存在着救助范围较小以及救助标准较低的问题。目前实行失业补助制度的国家主要有澳大利亚、新西兰、阿根廷等。

双重失业保险制度指的是不同失业保险制度相结合或者失业保险制度和失业补助制度相结合的一种失业保险模式，其中较为普遍的一种双重失业保险制度是以失业保险制度为主、失业补助制度为辅的双重方式。虽然是失业保险制度与失业补助制度同时施行，但两者在保障基本生活以及创造再就业条件方面的功能是一致的。在现实中这种制度有很多种形式，如德国和法国将强制性失业保险制度与失业补助制度相结合；芬兰和瑞典将非强制性失业保险制度与失业补助制度相结合。

二、失业保险基金的筹集方式

失业保险基金的来源主要有以下三个方面：雇主缴纳失业保险费、雇员缴纳失业保险费以及政府财政补贴。此外，通过失业保险基金衍生出来的利息收益和各种投资收益是其补充来源。各国政府通过社会对失业保险的需求、相关政策、历史经验、财政状况、企业和雇员的承担能力、失业政策的指导思想和定位等因素的判断来决定采取何种失业保险基金筹集的组合方式。就目前已采取失业保险制度的国家而言，其筹资的方式大致可分为以下四种情况：

（一）雇主、雇员和政府三方负担

这是社会经济主体广泛承担失业保险筹资责任的一种方式。其中，政府承担的部分各国采取的形式大致有两种：一是政府承担部分失业保险资金的筹集，这是比较普遍的一种做法，各国在其中所承担的份额的大小也有所不同，承担较高份额的国家有加拿大和瑞典，较低的是英国和日本。二是弥补失业保险基金收入与支出之间的差额，这是一种补救型的政府补贴的方式，实行这种政府补贴方式的国家数量较少。

（二）国家负担全部费用

这种方式是由国家承担所有的失业保险参保费用。这种筹资方式的好处在于减小了雇主和雇员的负担。但对于政府而言则需要较为强大的政府财政作为支持，并且可能给政府带来沉重的负担。澳大利亚和新西兰采取这种方式。比如，澳大利亚政府没有对失业保险设立基金，由财政部估算出失业时政府所需支出的费用，再将结果提交社会保障部门综合平衡之后提交国会批准，然后形成正式的失业保险预算予以执行。

（三）由雇主和雇员负担

这是比较典型的一种失业保险资金负担方式。所需的失业保险资金由雇主和雇员通过一定的比例共同进行负担。以法国为例，法国失业保险费一般由雇主和雇员共同缴纳，但雇主缴纳部分大于雇员缴纳的部分，在筹集资金上承担更大的责任。1978 年，雇主负担的部分为工资总额的 1%，雇员负担的部分为工资总额的 0.036%，政府则负担失业救助的所有费用。

（四）国家和雇主分担

这是由国家和雇主共同负担失业保险参保资金的一种方式，这种筹资方式明显的好处就在于它可以减少市场主体中的弱者（劳动者）的压力。意大利实行的是这种筹集模式，它规定由雇主负担失业保险费，政府补贴行政管理费用并承担对农业工人、青年失业者的补贴。

（五）雇员全部负担

这种筹集方式较为少见，目前只有南斯拉夫一个国家实行。

三、失业保险的享受资格

参加了失业保险的劳动者领取失业金必须要符合规定的条件。失业保险对象是指在法定劳动年龄之内，具有劳动能力，因暂时失去工作而中断收入的人。虽然各国的失业保险制度不同，但是对于享受失业保险的资格条件有着一定的共性。这些共性具体体现在以下几个方面：

（一）失业者的失业原因必须是非自愿失业

失业保险金给付一般把失业与无业、自愿性失业与非自愿性失业明确地区分开来。对于自愿失业或者无业的人员，则不在失业保险的救助范围之内。在英国，因直接参与劳资纠纷而失业的失业者没有领取失业津贴的资格；在瑞典，因参加罢工或其他劳资纠纷而失业的失业者不能领取就业金；在德国，由于本人违背劳动合同而被解雇的人员不能领取失业救济。

（二）处于法定劳动年龄

未达到法定年龄的劳动者无法享受失业保险待遇，超过法定就业年龄的劳动者原则上来说也就不再享有失业保险的相关待遇。

（三）有就业愿望

有就业愿望是指失业者到规定的失业保险登记部门进行失业登记，并参与就业培训，这被视为有就业愿望。但有就业愿望之后，如何确定劳动者已经实现合适就业并不再需要失业保险却是一个难点。国外对于这个问题一般从接受教育培训、身心条件和工作经历三个方面加以考虑。只要这三者对于劳动者来说较为合适，那么就可以认为劳动者已经实现了合适的就业。

（四）被保险人在失业前已经缴纳保险费达到特定的数额或年限

这在不同的国家有着不同的规定，有的国家规定被保险人在投保或缴纳保险费达到特定的数额即可以享受失业保险的待遇；有的国家则规定被保险人在投保或缴纳保险费达到特定的年限后即可以享受失业保险的待遇。在此条件下，有的国家还要求有过就业经历并且就业时间符合法律的规定。

四、失业保险待遇的给付标准

国际劳工大会 1988 年第 75 届会议上的《促进失业社会保障》报告中，就失业保障给付标准做出了较为详细的说明。当失业津贴数额以受保护人所缴的费用或以其名义缴纳的费用或以前的收入为依据时，其数额应定为以前收入的 50%以上。当失业津贴数额不以所缴纳费用或以前的收入为依据时，应按不少于法定最低工资或一个普通工人工资的 50%，或按其基本生活费用的最低额确定。事实上，不同的国家对于失业保险待遇的给付问题有着不同的评判标准，实际中存在四种给付方式，分别是：均一制的办法给付，本人工资收入的一定比例支付，一部分按工资收入比例支付、一部分按绝对数给付以及按最低生活保障标准支付。

（一）均一制的办法给付

这种方法即按照统一的标准发放失业保险金，这种统一的标准通常是社会平均工资。这种办法在一定程度上保证了社会平等，但没有充分考虑各阶层收入间的差距，对高收入群体有一定的影响。例如，在英国，发放失业金的标准为每周 45.45 英镑，有 3 天的等待期，至多支付 52 周。对贫困的津贴领取者支付收入调查津贴，一年后如继续失业，改为社会救济。领取期满后仍未获得工作的，可申请其他津贴或救济。

（二）本人工资收入的一定比例支付

这种制度也称为“薪资比例制”，是按本人失业前工资收入为基数进行支付。具体的标准有很多种，一是按失业前最后一个月的工资的一定比例支付；二是按失业前一定时期内的最高月工资的一定比例支付；三是按失业前一定时期的平均月工资的一定比例支付。多数国家支付失业津贴按失业工人最近一个时期平均周工资的一定百分比计算。例如在加拿大，失业者领取失业津贴，1992 年为其原工资的 60%，1993 年为 57%。

（三）一部分按工资收入比例支付，一部分按绝对数给付

按这种办法给付的，其绝对额支出部分是动态的，它可根据环境以及社会经济的变化而变化。例如在德国，被保险人失业，按本人工资的 68%～91%支付。失业者如果有未成年子女的，第一个未成年子女每月发放 50 马克，第二个子女每月发放 120 马克，其余每一

子女每月发放240马克。

（四）最低生活保障标准支付

这种支付方式是根据各地区的最低生活保障标准制定失业保险金标准的一种支付方式。例如在格鲁吉亚，按政府确定的最低生活保障标准的200%发给失业津贴。

我国的失业金给付标准是按照低于当地最低工资标准，高于最低生活保障标准的水平确定的。

失业津贴一般有着最高和最低限额的规定，这主要是为了防止收入的过分悬殊造成失业金的差距过大。最高限额的规定是指计算失业津贴的工资基数有着最高限额的规定，或对给付失业津贴数量规定最高限额。失业津贴的最低限额是指以最低生活保障标准为参考依据，绝大多数高于贫困线水平。限额的制定取决于一个国家的社会经济发展水平和人民的生活水平，在原则上要达到使被保险者的收益损失得到部分补偿，又不能妨碍就业的程度。从总体上来说，许多国家规定的失业保险金水平是原工资的80%，也有的国家为50%或60%。按发展程度划分，发达国家能达到50%～60%，发展中国家能达到40%～50%。例如在1985年，美国的失业保险金水平为工资的50%，日本的失业保险金水平为工资的60%～80%。

五、失业保险待遇的给付期限

失业保险待遇的给付期限包括两个方面：一是从失业开始到确定失业津贴开始领取的期限，称之为“等待期”；二是失业津贴给付期限的上限，即失业者享受失业津贴的最长时间。各国给付期限的确定是综合因素作用的结果，但起决定性作用的因素通常是该国的就业政策以及失业保险基金的规模和财政状况。20世纪50年代初期，工业化国家规定的失业津贴等待期大多数为7天。但随着社会经济的变化和失业保险账户的充实，在大多数工业国家里等待期有缩短的趋势，甚至等待期在许多国家的立法中被取消了，例如瑞典的失业保险等待期是5天，英国为3天。在发展中国家里，由于受到本国的财政能力限制，失业保险的等待期较长。领取失业保险的最长期限通常上限为150天左右，下限为78天左右，所以大多数国家把26周确定为给付期的上限，把12周确定为给付期的下限。

六、失业保险的管理体制

世界上已经实行失业保险制度的国家中对于失业保险制度的管理一般有三种方式，分别是政府直接设立专门机构进行管理、政府监督由工会进行管理以及政府监督授权半官方或自治机构进行管理。这三种方式各有所长。

（一）政府直接设立专门机构进行管理

这种方式是指政府直接设立专门的组织机构对失业保险制度进行管理，这个机构一般是劳动行政部门。目前采取这种制度的国家主要有英国、美国等。之所以采取这样的制度一方面是因为失业风险属于社会风险的一种，应当由政府对其进行负责；另一方面也是由于政府直接参与失业保险的管理，有利于失业保险制度的发展。失业保险相对来说较为复杂，各个环节联系紧密且又有交叉，所以政府统筹全局效果较好。

（二）政府监督由工会进行管理

这种管理模式是政府不对失业保险进行业务管理，主管业务由工会部门进行，政府只起监督作用。目前采取这种管理方式的国家有丹麦和瑞典等。这种方式的好处在于可以减少政府的财政支出，为国家财政减轻负担，有利于政府的减政放权，减少政府的干预。

（三）政府监督授权半官方或自治机构进行管理

在这种方式下进行管理的半官方或自治机构的组成人员一般来自工会、雇主和政府三方。这种方式的好处在于在一定程度上保证了各方的利益，维持了相对公平，并且可以充分利用民间力量，促进政府管理权力的下放，可以节约政府的财政开支。政府对其运行管理起监督作用，监督职责由社会保障部门具体行使。目前采取这种管理方式的国家有德国、意大利和法国等。例如在德国，失业保险的管理机构是联邦劳动局，各失业保险机构实行自治的原则，保险领导组织机构由雇主、雇员和政府三方构成。

七、失业保险制度存在的问题

失业保险制度已在世界上建立了很长时间，经历了一系列的改革措施以适应经济社会的不断发展。特别值得一提的是，20 世纪 70 年代以来福利国家启动的社会保障制度改革推出了一系列失业保险的改革措施，这使得世界上主要国家的失业保险制度向前迈进了一大步。但是失业保险制度在发展的同时仍存在一些问题需要不断改进，并且发达国家与发展中国家的发展程度不同，它们的失业保险制度存在的问题也有所不同。

对于发达国家而言，由于其经济发展水平较高，失业保险制度建立时间较长，发展较好，但由于长期实行高标准的失业保险制度使其面临一些问题：一是失业保险成本迅速上升，政府的财政负担不断加重。发达国家经济发展放缓，产业转移使得失业率逐步上升，失业时间延长，并且发达国家的失业保险覆盖面高，失业津贴的水平较高，失业保险的保险成本迅速上升，政府投入不断加大，财政负担过重，这种情况在西欧的福利国家尤为常见，很多国家失业保险基金收不抵支。二是失业津贴标准较高，导致失业者就业积极性降低，从而产生养懒汉的现象。对于失业保险制度而言，适当的失业保险待遇水平可以保障失业保险制度的稳定运行，促进就业；但是过高的失业保险待遇水平则会使得失业保险制度的负面影响扩大，失业者会拒绝低工资及艰苦的劳动条件，不会急着就业，安逸地享受失业保险待遇，这就造成等待性失业的产生，即如果等待的收益大于等待的成本，失业者宁愿选择处于失业状态。在其他情况不变的情况下，失业津贴越高，等待的收益就越高，人们选择失业这种策略的概率就越高，这对于促进社会的就业水平和充分利用人力资源是非常不利的。发达国家的失业保险改革需要在以下几方面进行：一是改变一味地提高失业津贴这种做法，可以适当提高失业保险制度的门槛，同时适当降低失业津贴的水平，但要保障失业人员的基本生活需要，借此提高失业人员的就业积极性。二是扩大就业，实施积极的就业政策。就业是民生之本，加大就业扶助的力度，提高对失业者的就业培训，努力提高其技能，同时加快经济发展，鼓励企业吸纳更多的失业人员。

发展中国家建立失业保险制度的不足五分之一。一方面由于一些发展中国家还处于农业发展阶段，另一方面也是由于发展中国家的失业人数过多，政府无力对其进行保护。对于已经建立失业保险制度的国家而言，由于其经济发展水平有限，失业保险制度建立较晚，失业保险制度面临一些问题，这主要体现在失业保险水平待遇较低和制度建设需要提高。就发展中国家失业保险待遇水平而言，普遍存在待遇较低的问题，失业保险金只能满足失业人员的基本生活需要或者还有欠缺，这是与发展中国家的经济发展水平密切相关的。诸如扩大失业保险制度覆盖范围等失业保险制度建设的问题也是发展中国家需要面对和正视的。

第三节　中国的失业保险制度

一、我国失业保险制度的建立和发展

虽然在改革开放前我国颁布过一些与失业保障相关的法律和条例来保护失业职工，例如在建国初期颁布的《救济失业工人暂行办法》（1950 年）等，但我国真正意义上的失业保险制度始创于 1999 年的《失业保险条例》。该《条例》的颁布标志着中国正式建立了失业保险制度。

1986 年 7 月，国务院颁布了国营企业职工待业保险暂行规定》（以下简称《暂行规定》）。《暂行规定》将失业保险的覆盖范围限定为“四种人”（宣告破产的企业的职工；濒临破产的企业法定整顿期间被精减的职工；企业终止、解除劳动合同的工人；企业辞退的职工），并确定以基金制方式筹集保险费，规定企业按全部职工标准工资总额的 1% 缴纳保险费（保险费在企业缴纳所得税前列支），将保险待遇定义为“待业救济金”，同时规定了领取救济金的资格条件和待遇水平。从这些基本内容可以看出，1986 年建立的“待业保险”制度是一种覆盖范围仅限于国营企业且保障层次很低的失业救济制度，失业者个人并不承担缴费义务，而享受的待业救济金也仅仅是为了解决失业者最基本的生活困难。当时人均待业救济金约为 40 元，仅相当于国营企业平均工资的 25%，比当时国家规定的生活困难补助标准的 50 元还低。从保险对象来看，则存在着保险与风险不对称的问题，形成了失业保险制度的结构性缺陷。一方面很多事实上的失业者（企业放长假者、停工待岗者等）得不到保障，另一方面待业救济金又发放不出去。所以，在当时待业保险基金收入来源并不充裕的情况下，基金的积累速度却相当快。到 1989 年底，全国待业保险基金筹集总额是 18 亿元，

而仅仅发放了1220万元的待业救济金。

1986年初步建立的待业保险制度因其自身存在的制度缺陷，在很大程度上只是一种象征性制度，并没有发挥应有的作用。1993年5月，针对1986年《暂行规定》实施范围窄、保障水平低、基金承受能力弱等方面的不足，国务院颁发了《国有企业职工待业保险规定》（以下简称《规定》)。《规定》在待业保险制度的组织管理模式、资金筹集等方面沿用了《暂行规定》的设计框架，但扩大了适用范围，将待业保险的适用范围由《暂行规定》的“四种人”扩大到七类人员（依法宣告破产的企业的职工；濒临破产的企业在法定整顿期间被精简的职工；按照国家有关规定被撤销、解散企业的职工；按照国家有关规定停产整顿企业被精减的职工；终止或者解除劳动合同的职工；企业辞退、除名或者开除的职工；依照法律、法规规定或者按照省、自治区、直辖市人民政府规定，享受待业保险的其他职工)，不过仍局限在国有企业内部。另外，《规定》调整了待业保险待遇的参照标准，由原来的参照本人标准工资改为参照社会救济水平。

1993年的《规定》虽然在几个方面对原有待业保险制度进行了改进，但并没有从根本上改变制度的框架。随着社会主义市场经济体制的确立和现代企业制度的形成，以待业救济为本质特征的待业保险制度显然无法满足建立统一劳动力市场、实现劳动力资源合理配置和社会保障社会化的需要。1999年1月，国务院颁布《失业保险条例》，这是我国失业保险发展史上一个具有标志性意义的重大事件，从此我国失业保险制度得以正式建立。《失业保险条例》对原制度框架在若干重要方面进行了关键性的修改，《失业保险条例》一直沿用至今。

下岗职工基本生活保障制度作为一项过渡性政策出台于1993年。1997年以前，虽然这项工作已经在全国范围内普遍开展，却没有形成统一的制度。1998年5月，中共中央、国务院召开了全国国有企业下岗职工基本生活保障和再就业工作会议，并形成了原则性的统一制度规定，确立了下岗职工基本生活保障制度的主要内容：

第一，凡是有下岗职工的企业都要建立再就业服务中心或类似机构。

第二，资金来源采取“三三制”的办法解决，即原则上由财政负担1/3，企业负担1/3，社会筹集（主要来源于失业保险金）1/3。

第三，下岗职工由再就业服务中心管理并提供保障的最长期限为三年。这期间能够实现再就业的，其劳动关系转到新就业的单位；不能实现再就业的，三年期满后也要解除与原企业的劳动关系，转为正式失业。

下岗职工基本生活保障制度作为一种替代性的非正式失业保险制度最终是要与失业保险制度并轨的。根据国务院制定的改革目标，2000年以后将不再产生大规模的下岗职工，已经进入再就业服务中心的下岗职工也要逐步解除与企业的劳动关系。到2003年，所有下岗职工都要走出再就业中心，转换身份进入市场。

二、我国失业保险制度的主要内容

我国现行的失业保险主要在《中华人民共和国社会保险法》的基础上，依照1999年颁布的《失业保险条例》具体规定执行。《失业保险条例》的目的在于保障失业人员失业期间的基本生活，促进其再就业。

（一）失业保险的命名

我国将制度正式命名为“失业保险”，相应地将“待业救济金”正式改为“失业保险金”。这表明我国已经承认失业是社会主义市场经济中的客观经济现象并将长期存在下去，必须以完善的制度加以治理。

（二）失业保险的对象

《失业保险条例》第 2 条规定：“城镇企业事业单位、城镇企业事业单位职工依照本条例的规定缴纳失业保险费。城镇企业事业单位失业人员依照本条例的规定，享受失业保险待遇。”本条所称城镇企业，是指国有企业、城镇集体企业、外商投资企业、城镇私营企业以及其他城镇企业。社会团体及其专职人员、民办非企业单位及其职工、城镇中有雇工的个体工商户及其雇工是否适用《失业保险条例》，由各省级人民政府确定。

（三）失业保险基金的来源

失业保险所需资金来源于四个方面：失业保险费，包括单位缴纳和个人缴纳两部分，这是基金的主要来源；财政补贴，这是政府负担的一部分；基金利息，这是基金存入银行和购买国债的收益部分；其他资金，主要是指对不按期缴纳失业保险费的单位征收的滞纳金等。失业保险费由城镇企业事业单位按照本单位工资总额的 2%缴纳，城镇企业事业单位职工按照本人工资的 1%缴纳失业保险费。城镇企业事业单位招用的农民合同制工人本人不缴纳失业保险费。《失业保险条例》确立了单位与个人的保险费分担机制，同时失业保险基金在直辖市和设区的市实行全市统筹，其他地区的统筹层次由省、自治区人民政府规定。为了保障失业保险基金充足，《失业保险条例》第八条规定了省、自治区可以建立失业保险调剂金，其筹集以统筹地区依法应当征收的失业保险费为基数，按照省、自治区人民政府规定的比例筹集。这样，当统筹地区的失业保险基金不敷使用时，由失业保险调剂金调剂、地方财政补贴。同时，我国失业保险费的费率也不是一成不变的。省、自治区、直辖市人民政府根据本行政区域失业人员数量和失业保险基金数额，报经国务院批准，可以适当调整本行政区域失业保险费的费率。

（四）失业保险待遇

失业保险待遇包括按月领取的失业保险金，领取失业保险金期间的医疗补助金，领取失业保险金期间死亡的失业人员的丧葬补助金及其供养的配偶、直系亲属的抚恤金。失业人员在领取失业保险金期间接受职业培训等还可享受补贴。失业保险金的标准由省级人民政府确定，原则是低于当地最低工资标准，高于城市居民最低生活保障标准。对于农民合同制工人，连续工作满 1 年，本单位已缴纳失业保险费，劳动合同期满未续订或者提前解除劳动合同的，由社会保险经办机构根据其工作时间长短，对其支付一次性生活补助。补助的办法和标准由省、自治区、直辖市人民政府规定。

失业保险金的领取时间是由失业人员失业前所在单位和本人按照规定累计缴费时间决定的，满 1 年不足 5 年的，最长不超过 12 个月；满 5 年不足 10 年的，最长不超过 18 个月；10 年以上的，最长不超过 24 个月。失业人员享受失业保险待遇的条件，除了原单位和本人按规定履行缴费义务外，还必须符合失业不是因自己意愿造成的、失业后办理了失业登记手续并有求职要求。失业人员在领取失业保险金期间重新就业、应征服役、移居境外、享受基本养老保险待遇、被判刑收监执行或者被劳动教养、无正当理由拒不接受当地人民政府指定的部门或者机构介绍的工作的，以及有法律、行政法规规定的其他情形的，应停止领取失业保险金，并同时停止享受其他失业保险待遇。

（五）失业保险办理流程

城镇企业、事业单位应当及时为失业人员出具终止或者解除劳动关系的证明，告知其按照规定享受失业保险待遇的权利，并将失业人员的名单自终止或者解除劳动关系之日起 7 日内报社会保险经办机构备案。城镇企业事业单位职工失业后，应当持本单位为其出具的终止或者解除劳动关系的证明，及时到指定的社会保险经办机构办理失业登记。失业保险金自办理失业登记之日起计算。失业保险金由社会保险经办机构按月发放。社会保险经办机构为失业人员开具领取失业保险金的单证，失业人员凭单证到指定银行领取失业保险金。

（六）失业保险的管理

国务院劳动保障行政部门主管全国的失业保险工作，县级以上地方政府劳动保障行政部门主管本行政区域内的失业保险工作。劳动保障行政部门按照国务院规定设立的经办失业保险业务的社会保险经办机构依照本条例的规定，具体承办失业保险工作。

对于失业保险管理机构，劳动保障行政部门应该履行以下职责：一是贯彻实施失业保险法律、法规；二是指导社会保险经办机构的工作；三是对失业保险费的征收和失业保险待遇的支付进行监督检查。对于社会保险经办机构，在具体承办失业保险工作时履行下列职责：一是负责好失业人员的登记、调查、统计；二是按照规定负责失业保险基金的管理；三是按照规定核定失业保险待遇，开具失业人员在指定银行领取失业保险金和其他补助金的单证；四是拨付失业人员职业培训、职业介绍补贴费用；五是为失业人员提供免费咨询服务；六是国家规定由其履行的其他职责。财政部门和审计部门依法对失业保险基金的收支、管理情况进行监督，同时对于社会保险经办机构所需要的各项经费由国家地方财政进行拨款。

三、我国失业保险制度的最新实践

我国失业保险制度最新的改革与实践归纳起来大致包括六方面的内容：完善失业保险制度；开展失业动态监测和失业预警；切实保障失业人员基本生活；加强失业保险扩面征缴和

基金管理；做好淘汰落后产能和兼并重组企业职工安置工作以及加强失业保险基础建设。

（一）完善失业保险制度

对于完善失业保险制度，我国的最新实践大致有两个方面：一是加快修订失业保险条例。我国广泛征求群众意见，从最广大人民群众入手，充分反映各方面的利益诉求，完善了《失业保险条例》修订草案稿，争取使各方都对此满意。进一步加强与有关部门的沟通协调，积极推动新修订的失业保险条例尽快出台实施。研究新修订条例相关配套政策，确保新修订条例更好地服务于群众和社会。二是做好东部七省（市）扩大失业保险基金支出范围试点工作，这七省市包括北京、上海、江苏、浙江、福建、山东、广东。实践内容包括指导试点地区规范对象范围、支出项目和基金管理，妥善处理失业保险基金和就业专项资金的关系，分账管理两项资金，提高试点政策成效。认真总结试点经验，建立健全失业保险预防失业、促进就业的政策体系和稳定就业的长效机制，研究非试点地区发挥失业保险预防失业、促进就业的政策措施。

（二）开展失业动态监测和失业预警

开展失业动态监测和失业预警是确保失业保险实施效果的基础和先决条件。发达国家对于这方面的内容尤为重视。我国现今在这方面也加大了投入力度，这些实践总结起来可以归纳为三个方面：一是稳步推进我国失业动态监测。推进的具体方法包括继续扩大监测工作覆盖面，增加监测企业户数，基本实现各区市全覆盖，确保数据的来源范围覆盖全社会。建立失业动态监测工作定期通报制度，提高监测数据质量，确保结果的真实可靠。加强调查研究，改进和完善监测方法和数据上报分析系统，通过调查研究以及优化系统，确保制定的政策措施满足实际，服务于社会经济发展。除此之外，同时指导省、市两级人力资源和社会保障部门切实做好监测数据按时上报、汇总分析工作，对于它们给予人力、物力以及财力上的支持。2011 年，全国已有 105 个城市共 3568 家企业纳入了全国失业动态监测范围。由于监测的城市和企业样本偏少，由此形成的全国企业岗位变化情况代表性不强，影响了对就业形势的科学判断。随着我国对于这方面的重视，不断扩大监测范围，增加监测城市和企业数量，将所有省区市纳入到失业动态监测的范围之中。二是开展失业预警试点。认真抓好《人力资源和社会保障部关于开展失业预警试点工作的通知》（人社部发[2012]86 号）的贯彻落实，指导相关省市制定并实施失业预警试点方案。加强工作交流，总结试点经验，完善预警方案，并在失业预警试点的地区认真总结方法和经验教训，得出切实有效的失业预警方法，为日后在全国推广做好一切必要工作。三是研究建立失业调控体系。开展建立失业调控体系专题研究，总结各地经验和做法，探索建立失业调控的有效手段和工作机制。通过对专家意见、经验总结和群众切实需求的整合，建立合适的、适应我国国情的失业调控体系。

（三）切实保障失业人员基本生活

切实保障失业人员基本生活是失业保险制度的重点内容之一，是失业保险制度的灵魂。

对于保障失业人员基本生活，我国也在总结经验的基础上不断加强这方面的建设，这方面建设的最新实践有几项具体措施：一是做好失业保险金发放工作。持续做好失业金的发放工作是工作的重中之重，对符合条件的失业人员，按时足额发放失业保险金，并及时提供职业培训、职业介绍等再就业服务，促进失业人员的再就业，以减少人力资源的浪费。二是逐步提高失业保险金待遇水平。结合经济社会发展和当地物价水平变动等情况，落实完善失业保险金标准与物价上涨挂钩联动机制，进一步健全失业保险金标准调整机制，不断提高失业保险金待遇水平。目前全国已有多个省、市执行了失业保险金标准与物价上涨挂钩联动机制，这样可以更好地保障失业人员的基本生活需要。三是保障失业人员患病期间按规定享受医疗保险待遇。进一步推动失业人员参加职工基本医疗保险政策的落实，确保失业人员按规定享受医疗保险待遇，防止失业人员的生活受疾病的困扰而雪上加霜。

（四）加强失业保险扩面征缴和基金管理

失业保险扩面征缴对于失业保险制度扩大基金来源意义重大。庞大的保险资金需要先进的管理运营投资手段来确保其保值增值。以往我国在这方面的管理有所欠缺，但近些年随着失业保险制度的不断完善，我国政府也开始重视这方面的建设，有一些具体的实践，在社会上有积极的反响，这些实践有以下几点：一是继续加强失业保险扩面征缴工作。以农民工、非公经济组织及私营企业从业人员等群体为重点，不断扩大失业保险覆盖范围。加强基金征缴，确保依法足额征缴到位，对于偷逃失业保险缴费的相关企业给予严肃的处罚；二是加强基金监管。加强失业保险基金会计核算和财务管理，健全内控制度，强化基金日常监管。科学编制和严格执行基金预算，强化基金预算约束。按照《人力资源和社会保障部关于进一步加强和规范失业保险基金管理的通知》（人社部函[2012]366号）要求，加大对失业保险基金审计检查中发现问题的整改力度，并采取切实有效措施，完善制度，规范管理，确保基金安全，在安全的基础上，尽可能地提高资金的利用效率，增加资金的回报率，坚决杜绝失业保险基金乱用的现象，坚持专款专用的原则。三是提高失业保险基金统筹层次。积极推动县级统筹地区实行市级统筹，实行市级统筹地区继续巩固完善，逐步向省级统筹推进。尚未实行省级统筹的地区要进一步完善省级调剂金制度，加大基金调剂力度，解决区域内基金收支和结余不平衡问题，保持区域内的动态平衡。

（五）做好淘汰落后产能和兼并重组企业职工安置工作

随着我国社会经济的不断发展，一些落后的产能需要淘汰，一些连续亏损的企业需要通过兼并重组的方式才能重新焕发生机，这些企业多是劳动密集型企业，企业职工的安置处理对于社会安定显得尤为重要。我国对于这方面也有些具体的实践思路，需要切实做好淘汰落后产能和兼并重组企业职工的安置工作，指导各地落实淘汰落后产能和兼并重组企业职工安置的政策措施，规范企业操作行为，搞好相关法律法规和政策措施的衔接，帮助企业做好职工劳动关系处理、社会保险关系接续和再就业等工作，妥善安置职工，维护社会稳定。加强调查研究，全面了解掌握职工安置工作情况，会同有关部门研究完善相关政策措施。继续配合有关部门做好天然林资源保护工程职工安置工作。

（六）加强失业保险基础建设

我国失业保险制度虽已实施多年，但随着参保人数的不断增加以及信息化的不断普及，我国失业保险基础建设也需要跟上时代的步伐向前发展。加强失业保险基础建设是一个综合性的概念，不仅仅包括物质上的建设，更重要的是对于人员的建设、制度的建设，这些统称为基础建设。我国近年来也在不断加大这方面的投入和建设的力度：一是加强失业保险经办机构能力建设。完善经办管理制度，优化经办流程，改进工作方法，提高工作水平。积极开展业务培训，不断提高工作人员的政策水平和业务素质。加强失业保险基层服务平台建设，充实工作力量，保障工作经费。增加便民服务措施，争创优质服务窗口，从“软件”上改善失业保险的基础。二是加强失业保险统计和基金预决算编报工作。完善失业保险统计指标体系，加强统计分析，提高上报统计数据的及时性、准确性。按照失业保险基金预决算编制格式和编报要求，及时编制、审核和汇总，确保数据真实、内容完整。加强失业保险基金运行情况分析，为领导决策提供参考依据。三是推动失业保险信息化进程。切实做好联网数据上报工作，建立健全失业保险联网数据督报机制以及数据上报情况通报制度，不断提高数据质量。大力推进联网数据应用，充分发挥联网数据支持政策研究分析以及科学决策效能。适时启动《社会保险术语失业保险部分》国家标准的制定工作，进一步提高失业保险经办能力。

第四节 中国失业保险制度的问题、挑战和改革对策

一、我国失业保险制度面临的主要问题

我国失业保险制度实施十余年来，在很大程度上促进了经济发展和生产效率的提高，但在取得成就的同时，应该意识到我国目前的就业问题非常复杂，经济转型期人口就业、大学生就业、农民工就业问题出现，就业问题压力明显，任务艰巨。应对纷繁变化并且复杂的就业形势，我国的失业保险制度应该发挥其应有的保障作用。但就现实来看，我国的失业保险制度在运行过程当中还存在着一些不足和挑战，具体表现在以下几个方面：

（一）我国失业保险覆盖范围过窄

现行的失业保险覆盖范围由原来的国有企业扩大为各类所有制的城镇企业，扩大至事业单位的职工，并打破了所有制限制。但我国失业保险的实际覆盖范围还是过窄，其未将大多数城镇企业的农民合同制工人、国家公务人员、乡镇企业职工等包括在内，也未将城镇新生劳动力中未实现就业的人员包括在内。建立起广覆盖的失业保险制度将会极大地发挥失业保险应有的作用，在惠及各类失业者的同时也增加了失业保险的资金筹集，因此，

扩面工作显得十分重要。

目前在我国有两大群体占据了失业人数的较大部分，那就是农民工群体和大学生群体。这两个群体人数众多，失业风险大。但我国在实际中迟迟没将这两个群体纳入到失业保险覆盖范围之内，这样就造成了失业保险制度不能有效地发挥应有的作用，而且使得这两大群体面临着很大的失业风险。

（二）我国失业保险的保障能力有限

目前我国失业保险待遇包括：失业保险金；失业期间的医疗补助金；领取失业保险金期间死亡的失业人员的丧葬补助金和其供养的配偶、直系亲属的抚恤金；领取失业保险金期间接受职业培训、职业介绍的补贴等。《失业保险条例》第十八条规定失业保险金按照“低于当地最低工资标准，高于城市居民最低生活标准的水平，由省、自治区、直辖市人民政府确定”。这个标准在理论上能保障失业者失业期间的基本生活，并能促进其再就业，但实际上，各地规定的最低工资标准都比较低，并且我国最低工资标准定位于维持劳动者最低生活标准，失业保险金低于这个标准就难以满足基本生活需要，弱化了失业保险的保障功能。只有提高失业保险的保障能力，才能更好地发挥其应有的作用。

（三）我国失业保险制度统一费率制不利于提高缴费主体的积极性

我国失业保险的缴费率是以企业工资总额为基准的。《失业保险条例》中明确规定，城镇企事业单位按照本单位工资总额的2% 缴纳失业保险费，城镇企业事业单位职工按照本人工资的1% 缴纳失业保险费。从企业经营状况看，无差别的缴费率忽视了企业之间在雇用水平上的差异性，效益好的用人单位由于支付较高的工资因而要承担较高的失业保险费。这类单位员工面临的失业风险相对较小，由此形成“多支出少失业”，影响缴费主体的积极性。从行业看，雇人多、利润低的劳动密集型企业吸纳的就业人口越多，缴纳的保险费越多，企业负担则越重；而技术密集型和资本密集型的高科技企业及一些新兴服务行业，雇人少、利润高，但缴纳的保险费反倒少。从失业保险促进就业的主要功能来看，这不利于促进就业。

（四）我国失业保险制度没有设立等待期

失业人员依法进行失业登记后一般要经过一段时间才能领取失业保险金。从登记失业之日到领取失业保险金之时，称为等待期。我国《失业保险条例》规定失业保险金自办理失业登记之日起计算。但实际上设置适当的等待期是十分必要的，这是因为：首先，一定的等待期会降低自愿失业者的失业救济期望，增大其职业搜寻成本，以防止或缓解主动失业行为的发生。其次，对所有失业者而言，一定的等待期迫使失业者面临积极搜寻适当职业的巨大压力，使失业者对新职业的选择标准从最优目标转向合理目标（次优目标），从而能促进劳动力供求的总量平衡，节约社会保障资源。再次，随着失业管理机构拥有的劳动力供求信息更加丰富和全面，失业管理机构有可能在失业者完成失业登记后为其提供合理的职业选择，这有助于促进就业。第四，设置等待期有利于节约失业保险管理成本。实行失业保险制度的国家大多数都设置了必要的等待期，最短的为2天，最长的为2个月。等待期长短的设置取决于其设置的目的和当地的经济发展水平。目前，在我国的失业保险制度中尚没有设立相应的等待期，这对于促进就业而言是不利的。

二、失业保险制度所遇到的挑战

随着社会的不断进步，我国各方面的情况都在急速变化中，不断变化的现实给失业保险制度带来了一些困难和挑战。

（一）新失业群体为失业保险制度带来了挑战

我国以保险模式为特征的失业保障制度在建立之初主要针对的是以企业裁员为主体形成的“老失业群体”。但近几年来，随着“老失业群体”达到峰值后趋于回落，“新失业群体”也随之浮出水面。“新失业群体”由青年失业者组成，他们中相当部分从学校毕业后直接加入了失业行列。据劳动部2002年底对89个城市劳动力市场状况的调查，失业人员的平均年龄为33.4岁，其中35岁以下的青年失业者占全部失业人员的55.5%。[①] 以青年为主体的“新失业群体”，一方面面临着家庭内部补偿的缺失或不足，因为上一代人掌握着很少的资源且还要为自身养老做准备，他们大多是独生子女而没有同代兄弟姐妹的资助，又因为他们年轻又没有下一代人可以依靠。另一方面，因为他们从未工作过或仅从事过临时性工作，几乎都没有缴纳过失业保险费，按现行制度规定，也就无法获得制度化的失业保险金，甚至所有扶持就业的优惠政策也都遗忘了“新失业群体”。

从目前来看，失业保险制度明显不能满足“新失业群体”的需要，而更加令人担忧的是，“新失业群体”的规模仍将呈持续上升之势。而“新失业群体”是失业保险的盲区，使得社会的失业风险增大，这类群体是否参加失业保险，是否对他们的失业给予相应的保障是摆在失业保险制度面前的一个选择。

（二）就业方式多样化对失业保险制度提出挑战

目前，随着我国社会主义经济体制建立和产业结构调整，就业方式的多样化趋势已经日益凸现，临时就业、弹性就业、家政服务、自营就业等大量非正规就业的方式越来越多。就业方式的多样化符合我国当前和将来一段时间内解决严重就业问题的政策选择，但同时也应看到，伴随着就业方式多样化产生的将是不规则的失业，这对目前主要针对传统就业方式而建立起来的失业保险制度无疑是一个挑战。

事实上，失业保险制度是否要覆盖到非正规就业群体是一个两难的选择。从就业角度看，随着就业方式的多样化，从事非正规就业的人越来越多，失业保险制度应该从促进就业的角度尽可能涵盖多种新的就业群体。但从企业（或雇主）和个人的负担来看，如果非正规就业仍要承担各项社会保险的缴费，在劳动力市场上的成本优势将受到削弱，从而将

① 孟庆平. 中国城镇失业保险的供求矛盾及对策研究[J]. 保险研究，2009（9）：36-41.

抑制非正规就业的发展，有可能扩大失业，进而增加失业保险的负担。因此，就业方式的多样化尤其是非正规就业群体的扩大给现行失业保险制度带来了巨大的挑战。

（三）下岗向失业并轨对失业保险基金承受能力的挑战

我国失业保险待遇无疑是低水平的，但即使在这样的低水平下，2002 年我国部分省市，如天津、重庆、吉林、内蒙古、安徽、青海、辽宁等地的失业保险基金已经收不抵支，重庆、天津、吉林等省市甚至连续 3～4 年出现赤字。一些国际组织和国内学者认为，目前我国失业保险的缴费水平远远不能满足需求。国际劳工组织认为，3%的费率仅能维持 7%到 10%的失业率。而随着下岗向失业并轨的全面推进，在不调整失业保险费率的前提下，有人对失业保险能够承担向下岗职工提供失业保险金的责任表示怀疑，有的学者认为我国失业保险实际需要的费率要达到 8%。但事实上，在相当长的时期内，提高失业保险费率的可行性几乎不存在。因为目前我国企业和个人的社会保险负担已经相当沉重，企业承担的“五保”费率高达 30%，个人负担的费率也超过 10%，再加上住房公积金的负担，失业保险费率已不再有任何提升的空间。

在 2000 年前后我国职工下岗的高峰期，下岗职工规模超过千万，1999 年为 1174 万，2000 年为 1098 万，下岗率分别为 5.59%和 5.16%，均大大高于这两年 3.1%的城镇登记失业率水平。下岗向失业保险并轨会增加领取失业保险金的人数，这对失业保险基金平衡是一个客观挑战。

（四）统筹城乡就业对失业保险的统计制度提出挑战

在我国，根据统计制度规定，失业人口是指非农业人口中在一定年龄段内（16 岁至法定退休年龄）、有劳动能力、在报告期内无业并根据劳动部《就业登记规定》在当地劳动部门进行求职登记的人口，由此形成的失业率指标称为“城镇登记失业率”。对失业人口采取在自愿基础上进行登记是一种国际通行的做法，进行登记表明他们具有就业愿望，符合国际上公认的对失业的判断标准。我国的“城镇登记失业率”从形式上看似符合国际惯例，但在我国特定的国情下，这个指标的缺陷也是显而易见的。首先，城镇登记失业率没有把那些已经失业但是尚未登记的人员计算在内；其次，登记失业人员仅限于具有城镇户口的人员，进城务工的农民工被排斥在外。

从 20 世纪 90 年代初期形成的“民工潮”现象开始，就已经表明了一个浅显的但被刻意忽视的道理：在我国，农村事实上存在的失业问题并不是与城市毫不相关的，它直接影响着城市就业市场。2000 年，国家正式提出统筹城乡就业的发展战略，但在失业保险的领域却并没有得到体现，农民尤其是农民工虽然已经进入了城市劳动力市场，但仍游离于失业统计和失业保险范围以外。目前，我国进城务工的农民工已经超过 1 亿，在产业工人的队伍中所占比重已经过半。长期漠视这样一支重要的劳动力队伍不仅将导致失业率指标失真，而且势必影响到失业保险的覆盖范围，限制了失业保险的功能发挥。

三、改革我国失业保险制度发展的政策建议

我国的失业保险制度虽然发展迅速，各方面都取得了长足的进步，但是从与发达国家相比的角度和我国自身发展需要角度上来说仍有欠缺，值得改进。对于我国失业保险制度的改革有以下几方面的建议：

（一）加强失业保险制度对劳动者积极就业的经济激励，增强制度的灵活性

对比西方失业保险建立较早国家的经验以及我国的现实经济状况，将失业保险待遇与再就业情况相联系是一种必然的选择。首先，提前就业可获就业补助，即在法定享受失业保险给付期限内，因提前找到工作可得到一部分尚未支付的保险金。其次，对愿意从事对能力要求较低的工作岗位的工作者给予工资补贴。实施提前就业补助政策，要求失业保险基金有较高的支付能力。从长期看，在保证失业保险基金收支平衡的前提下，还可以采用失业保险金随时间递减支付的模式。相比较而言，虽然失业保险基金总的支出不变，但随着领取期限加长，保险金待遇与最低工资水平的差距逐渐拉大，能激励有再就业能力的失业者提前就业。第三，为了配合失业保险金随时间递减支付模式的实行，待遇领取的期限可以进一步细化，采用“星期”为单位，以增强待遇递减时间区间的可调整性和准确性。通过这种方式的改变，可以加强失业保险制度对劳动者积极就业的经济激励，促使劳动者努力较早回归到工作的状态。这还可以提高失业保险基金的利用效率，增强制度的灵活性。

（二）扩大失业保险基金支出规模，增加促进就业支出项目

失业保险基金用于预防失业、促进就业的支出范围应包括：一是对失业者促进就业的补贴。失业保险基金支出的方向应更多地通过提高失业者个人能力来提高保险基金支出的效率。二是对企业实施预防失业的支出以抑制其解雇员工。建立以失业补贴方式鼓励企业在不景气时期减少裁员的机制，将风险防范提前到企业。这些措施可以使失业保险由“被动”变为“主动”，从单纯解决失业对就业者的打击到主动增加就业支出项目，促进企业增加就业。

（三）扩大失业保险制度的覆盖范围，努力提高农民工群体的参保水平

随着社会经济和城市化的不断发展，一个新兴的群体即农民工群体逐渐进入人们的视野。但迄今为止，就农民工失业保险而言，我国尚未出台过专门的法规、政策，也迟迟未建立适合国情和农民工特点的独立的制度模式。只有个别省市在政府的推动下，将行政区域内的城镇企业、事业、民办非企业单位以及社会团体的农民合同制工人与城镇职工的失业保险进行并轨。他们人数多，从事的工作相对来说不稳定，又具有分散性、变动性的特点，这些客观事实制约着农民工群体的参保水平。

扩大失业保险制度的覆盖范围，努力提高农民工群体的参保水平是一个必然的选择。如何提高其参保水平？具体来说有以下几点：其一，从实际出发为农民工“量身定做”缴

费基数和缴费比例。具体做法是以农民工所在单位上年度职工平均工资作为缴费基数。至于缴费比例，可以参考一些现行的做法，单位按2%的比例缴费，个人按1%的比例缴费。即农民工所在的单位以本单位上年度职工平均工资的2%为农民工缴纳失业保险费，农民工则按照个人收入的1%缴纳失业保险费。其二，在城市里居有定所、就业地相对固定的农民工，应尽可能地将他们悉数纳入失业保险体系，让他们与城镇职工一样同享权利；对于那些无固定就业地、无固定雇主、就业变动性流动性大的农民工，较为切合实际的做法是在完善覆盖全国农民工社会保险网络信息系统的基础上，统一为他们发放“社会保险卡”，将每个人的“社会保险卡”与其个人身份证号码一起绑定，农民工个人的失业、医疗、工伤、生育保险账户通用，而且可以全国通用，不管参保的农民工在何处缴费，个人的“社会保险卡”一律可以使用。其三，政府要加强对其参保的监管力度。只有在完善的监管制度下，用人单位才能不折不扣地为员工尽缴纳失业保险金的义务。与此同时，政府的宣传、引导、督促，对农民工参保自觉性、积极性的充分调动是非常必要的。以往农民工对失业保险的参保率之所以普遍偏低，除了制度缺失等方面的原因外，政策宣传不到位也是其中的原因之一，所以加强宣传和监督显得尤为重要。

（四）政府努力通过各种措施，提高就业率，减少失业保险的压力

政府努力通过各种措施提高就业率，这可以减少失业保险的压力和促进制度的稳定运行。提高就业率最直接的办法就是促进经济的不断发展。自从1978年改革开放以来，我国的经济取得了长足的进步和发展。近几年，我国正在加大产业结构调整的力度。因此，需要努力使经济维持一种稳定的增速，只有这样，才能创造更多的就业机会，提高就业率。除此之外，还有一些举措可以实施：首先，加快完善我国的《就业促进法》。为实现社会充分就业，2007年国家制定出台了《就业促进法》，将政府各部门、社会和企业对就业岗位的开发由“道义责任”上升为“法律责任”，由弹性义务上升为强制性义务，以保障就业工作的落实，尽可能降低失业率。但是，法律的细节需要继续完善和补充。其次，要实行财政补贴，广开就业门路。补贴措施可考虑有雇工补贴和创业补贴，雇工补贴是指如果企业雇用那些在职业介绍所登记了的长期失业者，便可以从国家领取一定比例的补贴。创业补贴是针对所有失业者和受到失业威胁的劳动者，如果他们打算自己开办公司或创办实业，都可以从国家拿到一笔创业补贴。最后，广开农村就业市场。我国是农业大国，目前农村剩余劳动力已达1.5亿人以上，随着城镇化的步伐加快，今后劳动力转移步伐还将加快，转移安排农村剩余劳动力的任务十分艰巨，给失业保险带来的压力必然不断增大。根据这一特殊国情，应把广开农村就业市场作为一项重要长久的系统工程着力加以开发。

本章小结

1. 失业是市场经济条件下不可避免的社会风险，失业人数过多会引起一系列的社会问题。在这种情况下，应对失业所产生的不利因素的社会机制即失业保险制度就应运而生。

失业保险制度在绝大多数国家都已建立，并发挥了很好的作用。

2. 失业保险是指国家以立法的形式集中建立保障资金，对收入中断的失业者在一定时期内提供基本生活保障的一种社会保险制度。其核心内容是通过集中建立失业保险资金，分散失业风险，使暂时处于失业状态的劳动者得到最基本的生活保障，通过就业培训，使失业者尽快就业。作为社会保险形式，与商业保险相比失业保险具有强制性、普遍性、互济性和社会性的特点。

3. 失业保险的模式分为强制性失业保险、非强制性失业保险、失业补助制度以及双重失业保险制度。失业保险基金的来源主要有雇主缴纳失业保险费、雇员缴纳失业保险费以及政府财政补贴。享受的资格主要有非自愿失业、处于法定劳动年龄、有就业愿望以及被保险人在失业前已经缴纳保险费达到特定的数额或年限。

4. 失业保险的管理体制有政府直接设立专门机构进行管理、政府监督由工会进行管理以及政府监督授权半官方或自治机构进行管理，各种管理制度各有所长。

5. 我国失业保险制度面临的问题和挑战主要体现在：失业保险覆盖范围过窄，失业保险的保障能力有限，新失业群体为失业保险制度带来了挑战，就业方式多样化对失业保险制度提出挑战，下岗向失业并轨对失业保险基金承受能力的挑战，统筹城乡就业对失业保险的统计制度提出挑战。

6. 对我国失业保险制度发展的政策建议主要有：加强失业保险制度对劳动者积极就业的经济激励，增强制度的灵活性；扩大失业保险基金支出规模，增加促进就业支出项目；扩大失业保险制度的覆盖范围，努力提高农民工群体的参保水平；政府努力通过各种措施，提高就业率，减少失业保险制度的压力。

思考题

1. 发达国家失业保险制度的特点是什么？
2. 失业保险制度的管理体制有哪几种？
3. 简述我国失业保险制度的发展历史。
4. 简述我国失业保险制度对于保险对象、基金来源以及待遇支付期限的规定。
5. 如何促进我国失业保险制度改革？

深度阅读

1. 李元春. 国外失业保险的历史与改革路径：政治经济学视角[M]. 北京：中国财政经济出版社，2011.

该书详细地分析了国外失业保险的发展历史，对各国的失业保险制度有着较为详细的介绍。该书研究视角独特，以政治经济学作为切入点，使用历史与逻辑相统一的方法，沿着劳动力的“前商品化”到“非商品化”再到“再商品化”这一逻辑思路，高度概括福利国家失业保险的历史与改革路径。

2. 翟志俊. 中国失业保险历史回顾及其思考[M]. 上海：上海社会科学院出版社有限公司，2009.

该书详尽回顾了中国职业保险的历史历程，并对每一步发展都有着详细的思考与分析。该书简要介绍我国就业制度对失业的直接影响，讲了三方面问题：首先，我国就业制度的发展轨迹，我国就业制度的特点，我国就业制度对失业的直接影响；其次，回顾了中国失业保险在探索中前进的历程，讲了理论上和实践中的探索；再次，主要说明进入新世纪后，我国失业和失业保险面临的挑战。站在历史的高度，回顾我国失业保险的发展历程，引人深思。

第九章 工伤保险制度

工伤保险制度是世界各国推出较早的、普遍实施的一项社会保障制度。它作为一种保障劳动者权益和促进社会经济协调稳定发展的制度安排引起了世界各国政府的重视。各国在安全生产、文明生产、预防事故发生和提供工伤补偿等方面不断改进，至今形成了较为完善的工伤保险制度。同时，工伤保险制度也是社会保险的一个重要分支，它是适应社会化、现代化大生产以防范风险的一种必然选择。

现代意义上的工伤保险制度远非创立之初仅仅对工伤给予补偿，而是一个立体的、全方位的制度。从工伤预防到补偿再到最后康复环节，工伤保险都有涉及。它对劳动者的保护更加健全，对发生工伤之后的处理补偿更加全方位。这种全方位的保险制度确保了劳动者能够有效地应对工伤所带来的风险，可以促进个人、企业甚至是社会生产效率的提升。

第一节 工伤保险概述

一、工伤保险的相关概念

（一）工伤及工伤保险的概念

“工伤”一词原指职业伤害，国外习惯称为“劳灾伤害”，在我国习惯称为“工伤事故”。工伤作为工业社会的副产品，其概念随着经济和产业的发展以及相应国家立法的完善而日益成熟。最初它仅仅是指在工业事故中工人所遭受的人身伤害，后来将职业病纳入其中，再后来将工人上下班的交通事故、出差遇到事故等一系列与工作有关情形都纳入到工伤的范围之内。各国对于工伤的具体认定有着不同的规定，例如德国规定：工伤是“劳工受到工业伤害而负伤、致残、死亡”；日本相关法律规定：工伤是“由于与工业就业有关的客观因素，或作业行动及其他业务等原因造成的因公负伤”；美国法律规定：工伤是“因工作致伤和于职务过程中所生之伤害”。

工伤保险又称职业伤害保险、工伤赔付保险，是指劳动者在生产经营活动中或在规定的某些特殊情况下所遭受的意外伤害、职业病，以及因这两种情况造成死亡、劳动者暂时或永久丧失劳动能力时，劳动者及其家属能够从国家、社会得到必要的物质补偿。其目的在于保障劳动者获得医疗救济、经济补偿和职业康复的权利，促进安全生产和社会安定与发展。

早先的工伤保险包括的内容并不广泛，仅仅是指劳动者因公导致伤残、疾病时，由工伤保险对劳动者及其家属给予一定的物质补偿的一种制度。但随着社会的发展，工伤保险制度包括的内容不断扩大，从仅仅给予物质帮助发展到从工伤预防到康复为一体的全方位制度。这种转变在 1964 年第 48 届国际劳动大会上通过的第 121 号文件关于《工伤事故和职业病津贴公约》和《工伤事故津贴建议书》中展现得淋漓尽致，其中指出实行工伤保险的目的就在于为受雇员工在发生工伤事故时提供医疗护理、现金津贴，并进行职业康复；为残疾人安排恰当职业；采取措施预防工伤事故和职业病的发生。这些表述很明确地对工伤保险的内容进行了界定。

（二）工伤保险的类型

迄今为止，世界上工伤保险的类型大致分为两种，一种是雇主责任保险型的工伤保险，另一种是职业伤害保险型的工伤保险。由于其类型不同，所规定的责任主体、给付方式等内容均有差异。

1. 雇主责任保险型工伤保险

雇主责任保险型工伤保险是指遭受到工伤伤害的劳动者或家属直接向雇主要求赔偿，雇主依照法律规定向他们支付保险待遇的一种形式。这种形式的工伤保险一般为国家对赔付情形、赔付标准做出规定，具体由法院或相关部门予以执行。

雇主责任保险型的工伤保险又分为两种形式，分别是雇主自保和向商业保险公司投保。第一种情形是指受伤害的雇员直接向雇主要求索赔。第二种情况是雇主为雇员的职业风险购买商业保险。第一种情形中，雇主可以以自身为一个个体，在雇员受到伤害时对其进行赔偿，也可以以雇主联合会的形式存在，众多雇主联合在一起共同防范风险。第二种情况，即雇主把雇员所面临的工伤风险向商业保险公司投保，由商业保险公司对雇员的工伤风险负责。这可以显著降低企业的风险，但是可能给企业带来较大的经济负担。

雇主责任保险型的工伤保险存在一些弊端值得注意：一是企业的负担较重。当工伤事故发生时，雇主需要在第一时间对受害者及其家属给予补偿，这往往对企业的生产经营有一定的影响；当企业遭遇到重大的事故需要巨额的赔偿时，对企业的打击是致命的。这种情况在中小企业尤为常见，因为其生产资本少，生产规模小，其承受工伤保险的能力很弱。二是工伤事故处理赔付不到位。由于调查工伤保险的周期较长，对工伤认定的标准有不同的判断，导致雇主与受伤害者之间往往达不成统一，造成赔付困难。有时雇主也会出现偷逃赔付款的情况，这对受伤害者而言无疑是二次打击。三是保险金的支付形式往往采取的是一次性支付的方式。这种方式虽然能给受伤害者解燃眉之急，却不利于对受伤害者整体的治疗以及后续并发症的治疗。

2. 职业伤害保险型工伤保险

这是在雇主责任型的工伤保险之后发展出来的一种形式。由于法律意识以及社会意识的不断增强，现代化大生产的不断推进，加之雇主责任制的工伤保险面临的种种问题，职业伤害保险型工伤保险制度适应时代发展应运而生。

职业伤害保险型的工伤保险又称工伤社会保险制度，它是指由国家立法，政府有关部门或监督机构负责工伤保险事务。这种制度有着一系列的规章制度处理工伤保险的相关事务，从工伤保险的认定、赔付标准到伤害补偿金的支付等都有明确的规定，以此明确政府、雇主、雇员之间的责任及其之间的关系。这种形式的工伤保险一般是由参加保险的雇主向社会保险机构缴纳一定的职业伤害保险基金，政府或相关机构支付相关的补助金，双方共同负担工伤的风险。这在一定程度上防止了某一方主体完全承担工伤所带来的风险，也可以使得赔付有序可循，能够使受伤害者在最短的时间内得到相应的补偿。

（三）工伤保险的原则

各国的工伤保险制度虽然各有特点，但是在某些设计理念和原则方面还是有共通的地方。就目前已经实行工伤保险制度的国家而言，这些原则大致可以总结为以下几个方面：

1. 无责任赔偿原则，亦称“无过失补偿原则”。无责任赔偿原则始于1884年德国的《工人灾害赔偿保险法》，是指劳动者在生产工作过程中遭遇工伤事故后，无论其是否对意外事故负有责任，均应依法按照规定的标准享受工伤保险待遇，但是企业还保留追究相关事故责任的权利。这样做的目的就在于既可以防止类似事故的重复发生，又可以保障受伤害者的基本权利，保障其基本生活。

2. 资金筹集实行个人不缴费，按风险大小确定缴费比例的原则。在世界已经建立工伤保险制度的国家中均实行的是个人不缴费原则。所谓个人不缴费是指工伤保险费无需个人缴纳，由企业和雇主缴纳，有些国家采取政府补贴的方式。这是和其他社会保险项目有区别的地方。之所以实行这个规定，是由于劳动者在生产的过程中创造了社会财富，但也因此冒了大量的风险，这种风险不应由劳动者个人承担。所谓按风险大小确定缴费比例的原则主要是指各行各业的风险有所不同，不能把风险大和风险小的行业实行统一的缴费比例，这样体现不出来公平。例如建筑工人和文员的风险不同，他们所在企业所承担的缴费比例也不同，一般建筑工人所在企业所承担的缴费比例较高，文员所在企业所承担的缴费比例较低。

3. 工伤补偿与工伤预防、工伤康复相结合的原则。在劳动生产过程中劳动力受到了损失后理应对这种损失给予赔偿，但仅仅有赔偿是不够的，工伤预防和工伤康复也应引起重视。工伤预防是最基本的，各国政府都致力于采取各种措施减小或者消灭工伤事故。当工伤事故不幸发生时，应立即给予受伤害者一定的经济补偿，让其得到救治，帮助其渡过难关。除了及时的治疗之外，工伤康复也是必不可少的，要及时地帮助受伤害者进行康复和恢复治疗，恢复其劳动能力，尽量使其能够恢复到原来的水平或者能够自食其力的水平，避免造成人力资源的浪费。

4. 一次性补偿与长期补偿相结合的原则。在劳动生产过程中，有些劳动者部分或完全永久丧失劳动能力或者死亡的，工伤保险机构一次性支付受伤害者或劳动者遗属补偿金。除此之外，工伤保险还需对受伤害的劳动者或家属支付长期的抚恤金，直至其失去供养条件为止。这种一次性补偿与长期补偿相结合的办法充分考虑到劳动者的切身利益和担忧，为在职劳动者安心工作扫清障碍。

5. 区别“因工”和“非因工”的原则。在工伤保险中，“因工”是指与工作环境、工作条件以及工作流程相关的情形造成的伤害。“非因工”是指与劳动者本人职业因素无关造成的伤害。例如在我国，《工伤保险条例》第十五条就明确规定，“职工有下列情形之一的，视同工伤：（一）在工作时间和工作岗位，突发疾病死亡或者在48小时之内经抢救无效死亡的；（二）在抢险救灾等维护国家利益、公共利益活动中受到伤害的；（三）职工原在军队服役，因战、因公负伤致残，已取得革命伤残军人证，到用人单位后旧伤复发的。职工有前款第（一）项、第（二）项情形的，按照本条例的有关规定享受工伤保险待遇；职工有前款第（三）项情形的，按照本条例的有关规定享受除一次性伤残补助金以外的工伤保险待遇。”

（四）工伤预防与工伤康复

工伤预防是指通过各种措施预防工伤事故的发生，减少工伤事故发生率。对于康复，世界卫生组织所下的定义为：“综合协调地运用医学的、教育的、职业的、社会的和其他一切措施，对残疾人进行治疗和训练，运用一切辅助手段，以达到尽可能的补偿，提高或者恢复劳动者已经丧失和削弱的功能，增强其能力，促使其适应或者重新适应社会生活”。工伤康复亦是如此，是指利用现代康复的理论和技术，为工伤残疾人员提供医疗康复、职业康复和社会康复等服务，最大限度地恢复和提高他们的身体功能和生活自理能力，尽可能恢复和提高伤残职工的职业劳动能力，从而促进伤残职工重返工作岗位和全面回归社会。工伤预防和工伤康复的目的在于改善劳动者的劳动条件，提高劳动生产效率，防止和减少职业病和工伤事故的发生。

对于工伤预防而言，各个国家都有相应的机构对企业进行监督，绝大部分国家的工伤保险部门的安全监察机构与劳动部门安全监察机构并存，两者互相配合，在各自职责范围内做好安全督查，还有一些国家授予工伤保险部门对安全生产的各个环节进行监察的权利。企业自身也应当设立一定的监察部门对本企业内部的安全生产保驾护航。至于工伤康复，现代意义上的康复指的不仅仅是医学上的身体康复，而是全方位的，除医学康复外，还包括教育康复、职业康复、社会康复等。至于如何康复治疗，医学康复一般采取的是机构康复的办法，即专门的医学机构为工伤者提供全面的医疗服务保障，使身体逐步恢复到正常水平。职业康复通常是在全面了解康复者可工作的能力范围的前提下对其采取一系列的培训，并推荐其到合适的工作岗位上去继续完成自己的职业生涯。社会康复指的是每一个社会成员都有权利享有社会发展所带来的成果，积极想办法让其融入社会，不能因为其是残疾人而给予歧视，社会要对其给予足够的关怀，这些关怀可以包括安排人员照顾生活不能自理的病人，在公共场所设立残疾人专用设施等。

二、工伤保险制度的历史演变

工伤保险制度历史悠久。职业事故发生后劳动者是最大的受害者。为了有效应对工伤事故风险，一些劳动者联合起来成立了互助保险组织，为自身提供保护。

（一）互助保险组织的产生与发展

互助保险自发于中世纪前的时代。到17世纪初期，资本主义生产的劳动条件恶劣，面对疾病、工伤和死亡的风险，得不到任何救助和保障的工人们便自发组织起来互帮互济，从而成为互助运动和互助保险的萌芽。例如，17世纪初期，普鲁士就成立了矿工弟兄会、矿工联合会以及手工业者行业互助会和徒工互助会。英国也出现了由工人举办的“友谊社”和“工会俱乐部”等私人互助机构，为其成员提供老、弱、病、残等多种津贴。“友谊社”在18世纪成为劳工阶级最重要的自助机构；19世纪后半期，其成员总数已达400万至450万人，接近成年男子人口的半数 。相比较起来，美国互助保险的发展则晚了很多。1868年，内战期间的老兵和熟练的铁路技工约翰·乔丹·阿普卡奇创立了美国第一家合作保险协会——联合工人兄弟会，以提供“一个联合体来保护（工人）利益免受侵犯”，从而成为美国合作保险运动的起源。①此后，美国的合作保险运动迅速发展，并在当时的生命保险和伤残救济中扮演着重要角色。这一时期的工会组织亦十分活跃，他们以维护工人阶级的利益为主要任务，成为工人互助伤残保险的一支重要力量。互助保险组织因其所具有的分散劳工风险、提供救济的功能得到广大工人的拥护，同时也因缓解政府负担、缓和劳资矛盾受到政府的支持和鼓励。

在工业化不断发展和社会化大生产的环境下工伤社会保险制度建立起来，但是工伤保险制度的建立并不意味着互助保险的消失，它仍然在社会保障中发挥着不可替代的作用。

（二）工伤社会保险制度的建立

工伤社会保险制度为劳动者提供了可靠的以国家为支撑的保障。工伤社会保险制度的建立并非遵循某一固定模式。在大部分欧洲国家是以19世纪工人互助保险为基础建立和发展起来的。一方面互助保险的实践促进了工人之间互帮互助的团结与友爱精神，保险意识深入人心。另一方面，互助保险所发展出的一些技术手段，如在抑制道德风险和逆向选择方面的经验，为工伤社会保险制度提供了实践基础。同时，众多地方性工人协会对救济项目的实施，为工伤保险制度的实施提供了现成的机构。例如，在社会保险制度的发源地德国，1884年通过的《工伤事故保险法》规定由雇主组织性质的同业工会作为执行机构，实行雇主自治管理，雇员“参与监督”。到“二战”后，同业工会自治管理才真正引入劳工参与，雇主与雇员代表在自治管理委员会各拥有 50%的席位，“雇主自治”发展为“劳雇自治”，雇员地位得到了充分体现。事实上，除了工伤保险外，整个现代社会保险制度建立的

① 孙树菡、朱丽敏. 现代工伤保险制度:发展历程及动力机制[J]. 湖南师范大学社会科学学报，2010（1）：82-86.

过程中，直接利用现成的工人保险机制成为大多数国家的做法。比如英国 1911 年通过《国家保险法》时，友联协会即构成了英国国家健康保险体制的基础；欧洲大陆其他国家也发展出一套公私合作体制，向工人阶级提供社会保险救济；丹麦、法国、比利时、瑞士等都通过地方保险协会与互助组织把健康保险的救济补贴给工人家庭。但美国却走了一条不同的道路。19 世纪末，美国工人合作保险协会处于繁荣发展时期，对事故受害者的赔偿成为协会工作的重要方面。然而美国政府建立工伤社会保险项目时却未直接对互助保险加以运用，反而将其“挤”了出去，工人组织因此由互助保险救济的提供者变成了介于组织成员与国家之间的权利主张的经纪人，这既与美国薄弱的工会历史和社会背景有关，也是互助组织自身的某些不足所致。但在处理事故的问题上，两种不同的路径模式都取得了成功。这再次印证了工伤保险制度是众多因素影响的结果。国情的不同、文化的差异决定了工伤保险制度不存在完全统一的发展模式。

第二节　工伤保险制度的基本内容

工伤保险制度由多种要素组成。这些要素的构成依据时代的变化发展而不断改变，由低级到高级，由简单到复杂。这些要素具体包括工伤保险的覆盖范围、工伤保险的保险范围、工伤保险的筹资方式、工伤保险的给付标准、工伤保险的管理方式以及工伤保险中的劳动能力鉴定等。

一、工伤保险的覆盖范围

在工伤保险建立初期，其设计的覆盖人群仅仅包括在工业社会中靠工资收入生活、从事有危险工作的人员。但工伤保险应该把其覆盖范围扩大到所有的劳动者，因为这体现了社会公平。实践中工伤保险很难达到所有的劳动者全覆盖，即便是已经实践工伤保险制度很久的欧美国家也很难做到，发展中国家更不例外，这其中的原因除了国家经济发展水平外，还有一系列复杂的因素，如经济因素、社会因素、历史原因、技术障碍等，但总体上来说，工伤保险制度覆盖范围总是呈现着由覆盖面窄到覆盖面广的发展趋势。例如在德国，工伤保险的覆盖范围是雇员、大多数类别的自我雇佣者、学徒、学生、幼儿园儿童以及家庭佣工，公共雇员实行特别制度。在法国，覆盖面包括雇员（普通制度覆盖约 72%的雇员）、职业教育学校学生、社会服务组织的某些非领薪成员；农业、矿业、铁路、公共事业和公共雇员以及海员、农业和非农业的自我雇佣者实行特别的工伤保险制度。总体上来说，发达国家的覆盖范围相对较广，发展中国家的覆盖范围在不断拓宽。

二、工伤保险的保险范围

随着社会经济的不断发展、产业的不断扩大和人们思想意识的提升，工伤保险的保险范围也经历了一个由小到大的过程。从工伤保险建立初期的只包括企业工作中的意外事故，逐步发展到现在的与工作相关的意外事故和职业病的防治。已经建立了工伤保险制度的国家对于工伤保险的具体认定标准有所不同，但国际劳工组织对于工伤保险的范围有最低标准的规定。

1952 年，国际劳工组织第 102 号《社会保险（最低标准）公约》对职业伤害保险的范围（认定标准）有以下几个方面：一是身体受职业病伤害呈疾病状态者；二是由于永久或暂时失去劳动能力而完全或部分失去工资收入者；三是由于丧失劳动能力并因此中断工资者；四是由于供养者因工死亡而失去生活费来源者。

工伤保险的保险范围认定总的发展趋势是保险范围不断扩大，保险内容不断增加。将上下班途中发生的意外事故视为工伤就是一个典型的明证。1925 年，世界上仅 7 个国家把这种非直接的工伤事故纳入到保险范围之内，但到 1963 年已经有 50 个国家采取了这种做法，其比例占已经建立工伤保险制度国家的一半。此外，国际劳工组织还规定，把工作场所与雇员的居住、用膳等处所之间发生的事故纳入工伤事故处理，这对于参保人员来说是非常有利的。

认定为工伤保险的职业病种类也在呈现不断扩大的趋势。职业病是指劳动者在劳动过程中接触职业性有害因素所导致的疾病。世界各国最初可认定为职业病的种类非常少。1925 年，国际劳工组织将铅中毒、汞中毒和炭疽病感染列为职业病。1964 年，职业病的范围扩大到了 15 种，到了 1980 年，职业病的范围已经达到 29 种。

三、工伤保险的筹资方式

工伤保险基金是工伤保险得以顺利运行的物质基础，在某种程度上它对工伤保险起了基础支撑的作用。工伤保险基金即工伤保险筹集而来的资金。它的筹集一般要考虑两个方面：一是受伤害者的需要程度；二是企业的承受程度。工伤保险资金筹集要在两者之间找到一个平衡点。在具体的资金筹集上通常采取雇主缴费原则和按风险大小确定缴费比例的原则进行。管理上需要“以支定收”，留有一定的储备资金，以防止突发事故。

在社会保险制度下，工伤保险资金的筹集采用的是社会统筹的办法。所谓社会统筹是指由政府立法规定企业必须参加工伤保险，按时足额向社会保险管理机构缴纳工伤保险费，并由工伤保险管理机构负责待遇的给付以及监管等。保险资金由企业缴纳，个人无需缴纳。对于工伤保险费率的确定，世界上一般采用以下三种方法，分别是统一费率制、差别费率制和浮动费率制。

（一）统一费率制

统一费率制是指根据统筹共济、风险共担的原则，对所有用人单位采取统一的费用提取比例，目前世界上已经建立工伤保险制度的国家中大约有30%的国家实行这种费率制度。它根据社会的具体情况求出一个总的工伤保险费率，然后各企业都依照这个费率缴费。这种制度的好处在于能在最大程度上分摊工伤带来的风险，缺点在于看似公平，实际上隐藏着不公平的因素，因为各企业的工作风险不同，如果都执行统一的费率，那么工作风险小的企业的缴费积极性就会不足。

（二）差别费率制

差别费率制是指工伤保险管理机构在确定工伤保险缴费费率时，根据不同行业、不同产业的事故风险和职业危害程度的类别以及发生事故的频率确定不同比例的工伤保险费率。目前世界上已经建立工伤保险制度的国家以这种缴费比例模式居多。这种缴费比例确定制度的好处体现在对不同事故发生率的企业实行差别费率，区别对待，有助于企业改进工作环境以及加大对劳动者的保护力度，缺点在于各行业的缴费比例的测算有一定的技术难度，标准难以把握。

（三）浮动费率制

浮动费率制是指工伤保险管理机构在确定行业缴纳工伤保险费率以后，根据每一个用人单位在一定时期内（一般以年度为单位）安全生产的实施情况，在评估企业事故风险的基础上，适当提高或者降低下一年度工伤保险费率。每一年度都会有专门机构对企业进行评估，根据评估结果，由主管部门决定企业或行业的工伤保险费率是上浮还是下浮，浮动幅度一般为5%～40%之间。浮动费率制度的好处在于可以促进企业或者行业改善工作条件和工作环境，将工人的工作健康直接与企业的利益挂钩。缺点在于可能出现寻租的情况，需有严格的制度和监管作为保障。

四、工伤保险的给付标准

工伤保险的给付内容各个国家有着不同的具体规定，但是各国在一些基本内容的保障上则有着较为明确的共性。这些内容具体包括：一是职业事故的短期津贴，包括受伤害者的医疗费用、暂时丧失劳动能力的现金补偿津贴、康复所需要的医疗费用等；二是职业事故中的长期津贴，对永久丧失劳动能力或者死亡的，对受伤害者或者遗属有一次性支付补偿和定期支付补偿的津贴；三是抚恤金，对因公死亡的，对其家属给予抚恤金。比如美国工伤待遇的具体规定为：无给付期限，各州均规定在需要时给予提供相应的医疗保健；暂时伤残补助，大多数州为收入的66.67%；小部分州也对受伤害者的供养亲属提供补助；补助的最高限额为每周270～714美元，大多数州规定有2～7天的等待期；对于永久部分伤残的待遇，按工薪损失的比例发放，对于政府有规定的某些残疾类别，支付较短时间的全额抚恤金；对于永久完全伤残待遇，大多数州为收入的 66.67%，尘肺病每月为 427.4 美元，有三个或以上受伤害者的供养亲属的，另加最高补助 100%，有些州提供日常的照顾和受伤害者的供养亲属的补助；对于死亡的待遇，遗孀为其收入的 35%～70%，有子女的遗孀为 60%～80%。尘肺病死亡的，遗孀为每月 402.7 美元，另加对子女的补助，家庭补助最高限额为 854.80 美元，对于丧葬补助，一次性支付 700～6000 美元，因州不同而不同，但半数以上的州的补助在 3000 美元以上。[①]

一般而言，工伤保险的给付标准要与社会经济发展水平相适应，此外还与一个国家的历史传承、政策措施、思想文化有关。暂时性伤残的给付水平要略低于伤残前的个人工资水平。这样做的原因，一是可以保障受伤害者的生活水平不受到太大的冲击，二是可以最大限度地利用工伤保险基金，节约资源，帮助更多需要帮助的人。

五、工伤保险的管理方式

工伤保险制度是一个庞大的系统，它的管理相对比较复杂。目前在世界上已经实行工伤保险制度的国家中主要有三种管理方式，分别是政府直接管理，政府立法、依靠各级工会管理，政府监督、依靠各种自治性协会在法律范围内进行管理。

政府直接管理的方式是大多数国家所采取的方式。这种方式的好处在于政府直接参与管理相对来说安全性较高，缺点在于政府耗费的人力、物力、财力较多，政府管理支出费用较高。例如，日本政府设立劳动卫生省负责监管工伤保险和安全生产，全国实行三级垂直管理模式，第一级是劳动卫生省劳动基准局，第二级是各都道府设立的劳动基准局，第三级是厂区劳动基准监督署。通过三级政府部门的直接管理，有效地保障了工伤保险从缴费到赔付等一系列问题，确保其顺利实施和较少纠纷的出现。

政府立法、依靠各级工会管理的方式实行的国家并不多，主要有前苏联、保加利亚等。这种方式的好处在于政府管理费用较低，为国家财政减轻负担，缺点在于管理难度增大，管理透明度以及安全性降低。这种管理方式的主要做法是政府制定一系列的法律规定工伤保险各方面，然后由各级工会负责工伤保险的管理工作，一般会采用一些监督机构对其进行监管。

政府监督、依靠各种自治性协会在法律范围内进行管理。实行这种管理制度的国家主要有法国、意大利和德国等。这种方式的好处在于降低了政府的管理成本，缺点在于管理难度有所增加。例如在法国，由政府颁布工伤保险相关法律进行一般性的监督，由全国疾病基金会在全国范围内管理工伤补助方案，疾病基金会负责支付补助金，由联合征收机构征收保险费。

---

① 穆怀中. 社会保障国际比较[M]. 北京：中国劳动社会保障出版社，2007.

六、工伤保险中的劳动能力鉴定

劳动能力鉴定是指劳动者因工或非因工负伤以及患病后，劳动鉴定机构根据国家鉴定标准，运用有关政策和医学科学技术的方法、手段确定劳动者伤残程度和丧失劳动能力程度的一种综合评定。它是给予受伤害职工保险待遇的基础和前提条件，也是工伤保险管理工作的重要内容。当劳动者发生工伤事故，经治疗后伤情相对稳定时，存在残疾、影响劳动能力的，可以进行劳动能力鉴定。

目前在国际上对于劳动能力鉴定有两种较为普遍的评价体系。一种是劳动能力测试。这是按照同年龄、同性别健康人群平均劳动能力作为对照标准，评价工伤职工伤残后所具有的劳动能力大小的一种方式。这种方式有其显著的优点，由于标准指标具有明显的可比性，因此结果较客观公正。但缺点在于评价指标过多，体系建立复杂，操作繁琐。另一种是致残程度测试。其鉴定标准按照器官损伤程度、功能障碍和医疗依赖三方面标准来确定工伤的程度，将结果划分为不同的等级，按工伤等级进行一定的赔偿。这种评价方式不是直接通过工伤职工的劳动能力来反映受工伤职工劳动能力的受损伤程度，而是通过工伤给员工造成伤害的程度即致残程度来反映劳动能力的受损伤程度。这虽然是一种间接的方式，但更加注重对劳动者伤害的评估。其好处在于操作较为简单、方便，缺点在于不能准确反映受伤害者劳动能力受伤害程度的大小。

制定劳动能力分级标准也是劳动能力鉴定中的关键问题之一。不同的国家有着不同的标准，但就一般而言，发达国家的标准划分得更加细致，考虑的因素更多。如欧盟各国把特别的加权因素也考虑到其中，除了考虑受伤害者的伤残或者疾病的性质和严重性以外，还把受伤害者的年龄、心理、智力和工作经历等因素加权纳入到分级标准中，使评价标准更为科学。

第三节　中国的工伤保险制度

一、我国工伤保险制度的建立和发展

新中国工伤保险制度在中华人民共和国成立之初得以确立。六十多年来，中国工伤保险制度在调整与改革中不断完善。

新中国成立至改革开放前的三十年，中国实行的是由国家包办、企业负责为主，与计划经济体制相适应的高度集中统一的工伤保险体制。1978 年之后，随着经济体制改革的逐步推进，中国工伤保险制度也发生了变革，社会化的工伤保险制度得以确立并趋于完善。

第一阶段：“国家主管、企业负责”工伤保险制度的初创（1949～1957 年）

新中国成立之初，面对百业待兴的国家经济和落后的安全理念与生产方式带来的职业事故高发，一方面我国确立了以集中优势配置经济资源、保证重工业发展为目标的计划经济体制，以迅速恢复和发展国民经济，维护新生政权和改善人民生活；另一方面则在开展劳动保护政策宣传的同时，积极建立以保障劳动者权益为目的的社会保险制度。1951 年，政务院颁布了《中华人民共和国劳动保险条例》（以下简称《劳动保险条例》），这是新中国首部包括养老、工伤、医疗等保险项目在内的综合性法规。该条例对工伤保险实施范围、资金来源、待遇项目和给付方式等作了较为详细的规定。1953 年发布的《劳动保险条例若干修正的决定》以及《劳动保险条例实施细则修正草案》，在扩大工伤保险实施范围的基础上，进一步细化了"因工负伤、残废、死亡待遇"的相关规定，并涉及到安装辅助器具、建立疗养院、休养所等一些康复性质的工作。与此同时，国家机关事业单位的工伤保险制度也以单项法规的形式逐步建立起来。为了应对日益严重的职业病伤害，卫生部于 1957 年 2 月颁布了《职业病范围和职业病患者处理办法的规定》，将危害职工健康比较严重的十四种与职业活动有关的疾病正式引入职业病的范围，并首次将其列入工伤保险的范畴，享受因工伤残和死亡的相关待遇。这一系列法规的颁布构建起了我国与计划经济体制相适应的工伤保险制度的基本框架。

第二阶段：制度调整与最终向"企业保险"的蜕化（1958～1977 年）

1957 年，中共八届三中全会提出调整和完善劳动保险制度，工伤保险制度在待遇、范围及死亡抚恤等方面进行了较多的调整，并增加了职业病类别。此后，劳动部、全国总工会及卫生部多次就工伤保险的实施做出补充规定。然而，1958 年开始的"大跃进"以及后来的"文化大革命"使已平稳运行了多年的工伤保险制度陷入非正常状态，而且中华全国总工会被迫停止活动，企业劳动保险业务无人管理，企业正常的缴费机制被打乱，原有的保险制度无法正常运转。财政部于 1969 年 2 月发布的《关于国营企业财务工作中几项制度的改革意见（草案）》，要求"国营企业一律停止提取劳动保险金，企业的退休职工、长期病号工资和其他劳保开支在营业外列支"，这标志着国家和政府责任在劳动保险行为中退出，直接导致包括工伤保险在内的劳动保险行为完全退化为"企业保险"和企业责任，劳动保险的统筹调剂职能彻底丧失。1977 年以后，一系列以通知、意见、复函等形式发布的相关规定促使中国工伤保险制度以较快的速度恢复和重建起来。尽管原本的工伤保险已蜕化为"企业保险"，但其主体仍遵循建国初期《劳动保险条例》这一综合性法规以及相配套政策和法规所确立的框架，这种状态一直持续到上世纪 80 年代末期的工伤保险制度改革。

第三阶段：旧制度的延续及新制度的探索（1978～1995 年）

1978 年之后，在计划经济向市场经济的转轨过程中劳动工资、用人制度、物价水平等也发生了巨大变化，工伤保险制度滞后于经济社会发展所带来的问题更加突出。一方面是经济迅速发展，GDP 持续上升，原有的以企业为依托、沿用建国初期待遇水平和项目设置的企业工伤保险依旧在贯彻实行中；另一方面是安全生产事故上升，企业工伤保险不仅不能分散企业风险，反而导致企业负担畸轻畸重，直接与企业追求经济效益的生产经营目标发生冲突。更为重要的是由于工伤预防制度的缺失，工伤保险制度本应在降低事故方面的积极作用无法发挥出来，工伤保险制度原有的以补偿加救治为主的理念使制度应该表现出来的社会价值也相应地大打折扣。比如，一个采矿企业愿意用巨额费用救助几个被困的矿工，却不愿意用更小的开支通过更好的安全防范措施来拯救更多人的生命。在此背景下，劳动部于 1988 年主持研究社会保险改革方案，形成了工伤保险改革框架，并从 1989 年起开展工伤保险改革试点。此后，1990 年中共中央《关于制定国民经济和社会发展十年规划和“八五”计划的建议》、1991 年七届人大四次会议批准的《中华人民共和国国民经济和社会发展十年规划和第八个五年计划纲要》，都明确提出要努力改革工伤保险制度；1993 年，中共十四届三中全会通过的《中共中央关于建立社会主义市场经济体制若干问题的决定》再次强调要“普遍建立企业工伤保险制度”；1994 年《中华人民共和国劳动法》出台，最终将工伤保险制度以法律的形式确定下来，并在中国大陆境内的企业、个体经济组织和与之形成劳动关系的劳动者中贯彻实施。

第四阶段：社会化工伤保险制度的确立与发展（1996~2003 年）

1996 年，劳动部颁布实施《企业职工工伤保险试行办法》（以下简称《试行办法》），成为中国历史上首部针对工伤保险的专项立法。第一，它确立了工伤保险风险分散机制的功能，加强了职业康复的相关规定，工伤预防也被作为工伤保险制度的组成部分统一由劳动部门管理，运行了四十多年的职工福利性质的工伤企业保险得以实现真正意义上的转变；第二，通过实行工伤保险属地管理，以中心城市或地级市为主的工伤保险费用由社会统筹，变工伤企业保险为工伤社会保险，回归了工伤保险制度的本来属性；第三，对工伤补偿待遇水平和项目设置进行改革，在提高待遇支付标准的同时，增设了一次性伤残补助金等项目，并确立了工伤伤残抚恤金和供养亲属抚恤金随职工平均工资增长的机制，保障力度得到加强，基本适应了经济社会发展和人民的要求；第四，将工伤保险制度的覆盖人群扩展到“中华人民共和国境内的企业及其职工”，并对到参保企业实习的大中专院校、技工学校、职业高中学生发生伤亡事故的情况做出了相应规定，扩大了制度的覆盖范围。

第五阶段：社会化工伤保险制度的完善与定型（2004 年至今）

在总结改革开放以来尤其是《试行办法》运行六年实践经验的基础上，国务院于 2003 年 4 月出台了《工伤保险条例》（以下简称《条例》），并于 2004 年 1 月 1 日正式实施。该条例将建立统一的、健全的工伤社会保险体系设定为中国工伤保险制度的发展目标，把工伤预防、康复与补偿一并列为中国工伤保险制度的三大职能。与此同时，该条例还将适用范围扩大到“中华人民共和国境内的各类企业、有雇工的个体工商户”，并适当提高了待遇水平，科学规范了相关标准和程序，对基金收支、工伤认定、监督管理等也作了较为详细的规定，从而把工伤保险制度带入一个全面发展的新时期。此后，一系列与工伤保险相配套的法律法规相继出台，包括《工伤认定办法》（2004 年 1 月 1 日）、《劳动保障监察条例》（2004 年 11 月 1 日）、《关于印发加强工伤康复试点工作指导意见的通知》（2007 年 4 月 3 日）、《关于印发〈工伤康复诊疗规范（试行）〉》和《工伤康复服务项目（试行）的通知》（2008 年 3 月 11 日）等，并颁布了针对具体行业、人群的专项规范性文件。2010 年 12 月 20 日，《国务院关于修改〈工伤保险条例〉的决定》对 2004 年 1 月 1 日正式实施的《工伤保险条例》进行了多处修订。中国已经构建起了比较完整的工伤补偿以及事故预防、职业病防治相结合的工伤保险体系框架，中国工伤保险制度已逐步定型。

二、我国的劳动能力鉴定——伤残等级制度

我国工伤保险制度实施伤残等级鉴定制度，依据伤残等级的划分来确定工伤保险的相关待遇。确定伤残等级需要受伤害者向当地劳动部门申请工伤认定，然后向当地地级市劳动能力鉴定委员会申请鉴定伤残等级。在我国，省、自治区、直辖市劳动能力鉴定委员会和地级市劳动能力鉴定委员会分别由省、自治区、直辖市和地级市劳动保障行政部门、人事行政部门、卫生行政部门、工会组织、经办机构代表以及用人单位代表组成。劳动能力鉴定委员会建立医疗卫生专家库，鉴定标准由国务院社会保险行政部门会同国务院卫生行政部门等部门制定。

我国的伤残等级制度共划分为十个级别，从一级伤残到十级伤残，一级伤残最重，十级伤残最轻。生活自理障碍分为三个等级：生活完全不能自理、生活大部分不能自理和生活部分不能自理。国家技术监督局发布的《劳动能力鉴定职工工伤与职业病致残等级 GB/T 16180—2006》规定的一至十级伤残等级及其对应情况如下：（1）一级伤残。日常生活完全不能自理，全靠别人帮助或采用专门设施，否则生命无法维持；意识消失；各种活动均受到限制而卧床以及完全丧失劳动能力。（2）二级伤残。日常生活需要随时有人帮助；各种活动受限，仅限于床上或轮椅上的活动；不能工作以及社会交往极度困难。（3）三级伤残。不能完全独立生活，需经常有人监护；各种活动受限，仅限于室内的活动；明显职业受限；社会交往困难。（4）四级伤残。日常生活能力严重受限，间或需要帮助；各种活动受限，仅限于居住范围内的活动；职业种类受限以及社会交往严重受限。（5）五级伤残。日常生活能力部分受限，偶尔需要监护；各种活动受限，仅限于就近的活动；需要明显减轻工作以及社会交往贫乏。（6）六级伤残。日常生活能力部分受限，但能部分代偿，条件性需要帮助；各种活动降低；不能胜任原工作以及社会交往狭窄。（7）七级伤残。日常生活有关的活动能力严重受限；短暂活动不受限，长时间活动受限；工作时间需要明显缩短；社会交往降低。（8）八级伤残。日常生活有关的活动能力部分受限；远距离流动受限；断续工作；社会交往受约束。（9）九级伤残。日常活动能力大部分受限；工作和学习能力下降；社会交往能力大部分受限。（10）十级伤残。日常活动能力部分受限；工作和学习能力有所下降；社会交往能力部分受限。

我国申请劳动能力鉴定的具体流程为：劳动能力鉴定由用人单位、工伤职工或者其近亲属向设区的市级劳动能力鉴定委员会提出申请，并提供工伤认定决定和职工工伤医疗的有关资料；市级劳动能力鉴定委员会收到劳动能力鉴定申请后，应当从其建立的医疗卫生专家库中随机抽取 3 名或者 5 名相关专家组成专家组，由专家组提出鉴定意见。市级劳动能力鉴定委员会根据专家组的鉴定意见作出工伤职工劳动能力鉴定结论；必要时，可以委托具备资格的医疗机构协助进行有关的诊断。市级劳动能力鉴定委员会应当自收到劳动能力鉴定申请之日起 60 日内作出劳动能力鉴定结论，必要时，作出劳动能力鉴定结论的期限可以延长 30 日。劳动能力鉴定结论应当及时送达申请鉴定的单位和个人。申请鉴定的单位或者个人对设区的市级劳动能力鉴定委员会作出的鉴定结论不服的，可以在收到该鉴定结

论之日起15日内向省、自治区、直辖市劳动能力鉴定委员会提出再次鉴定申请。省、自治区、直辖市劳动能力鉴定委员会作出的劳动能力鉴定结论为最终结论。在鉴定的过程中，劳动能力鉴定委员会组成人员或者参加鉴定的专家与当事人有利害关系的，应当回避。自劳动能力鉴定结论作出之日起1年后，工伤职工或者其近亲属、所在单位或者经办机构认为伤残情况发生变化的，可以申请劳动能力复查鉴定。

三、我国工伤保险制度的主要内容

我国现行的工伤保险制度主要在《中华人民共和国社会保险法》的基础上，依据2010年《国务院关于修改〈工伤保险条例〉的决定》对《工伤保险条例》的修订版（自2011年1月1日起施行）执行，其实施的目的在于保障因工作遭受事故伤害或者患职业病的职工获得医疗救治和经济补偿，促进工伤预防和职业康复，分散用人单位的工伤风险。

（一）我国工伤保险制度的覆盖范围

我国工伤保险的覆盖范围也是经历了一个由小到大的过程。在建国初期，工伤保险没有单独的立法，包含在《劳动保险条例》当中，而且规定较为模糊。之后劳动保险转为企业保险，造成了企业负担沉重，很多职工没有享受到工伤保险待遇。1996年10月实行的《企业职工工伤保险试行办法》的覆盖面有所扩大，但该条例没有得到很好的执行，很多的非公企业并未参加到工伤保险之中。2003年的《工伤保险条例》规定，“中华人民共和国境内的各类企业、有雇工的个体工商户应当依照本条例规定参加工伤保险，为本单位全部职工或者雇工缴纳工伤保险费。中华人民共和国境内的各类企业的职工和个体工商户的雇工，均有依照本条例的规定享受工伤保险待遇的权利。有雇工的个体工商户参加工伤保险的具体步骤和实施办法，由省、自治区、直辖市人民政府规定。”2010年新修订的《工伤保险条例》规定，“中华人民共和国境内的企业、事业单位、社会团体、民办非企业单位、基金会、律师事务所、会计师事务所等组织和有雇工的个体工商户应当依照本条例规定参加工伤保险，为本单位全部职工或者雇工缴纳工伤保险费。中华人民共和国境内的企业、事业单位、社会团体、民办非企业单位、基金会、律师事务所、会计师事务所等组织的职工和个体工商户的雇工，均有依照本条例的规定享受工伤保险待遇的权利。”这样一来，工伤保险的制度覆盖范围几乎覆盖到了所有用人单位的劳动者。

（二）我国工伤保险制度的保险范围

我国工伤保险制度的保险范围适应了当今我国社会经济发展的需要，同时也参照了国外相关的经验制定而成。《工伤保险条例》中具体规定职工有下列情形之一的，应当认定为工伤：第一，在工作时间和工作场所内，因工作原因受到事故伤害的；第二，工作时间前后在工作场所内，从事与工作有关的预备性或者收尾性工作受到事故伤害的；第三，在工作时间和工作场所内，因履行工作职责受到暴力等意外伤害的；第四，患职业病的；第五，因工外出期间，由于工作原因受到伤害或者发生事故下落不明的；第六，在上下班途中，受到非本人主要责任的交通事故或者城市轨道交通、客运轮渡、火车事故伤害的；第七，法律、行政法规规定应当认定为工伤的其他情形。

《工伤保险条例》同时规定职工有下列情形之一的视同工伤，这主要是为了保护为国家利益或企业利益而牺牲自我的劳动者，国家和企业应给予他们一定的补偿，这些情形分别是：第一，在工作时间和工作岗位，突发疾病死亡或者在48小时之内经抢救无效死亡的；第二，在抢险救灾等维护国家利益、公共利益活动中受到伤害的；第三，职工原在军队服役，因战、因公负伤致残，已取得革命伤残军人证，到用人单位后旧伤复发的。

在《工伤保险条例》中还规定了有以上几条但有以下几条情形之一的不得视为工伤，这样做的目的在于教导职工养成良好的工作习惯或强调某些行为是国家法律禁止的行为，这些情况分别是：第一，故意犯罪的；第二，醉酒或者吸毒的；第三，自残或者自杀的。

（三）我国工伤保险制度的筹资方式

我国工伤保险基金由用人单位缴纳的工伤保险费、工伤保险基金的利息和依法纳入工伤保险基金的其他资金构成。职工个人不缴纳工伤保险费。工伤保险费率的确定坚持以支定收、收支平衡的原则，原因在于工伤事故难以准确预测，有很大的偶然性在其中。国家根据不同行业的工伤风险程度确定行业的差别费率，这是依据不同行业的行业风险有所不同而进行的区别对待。统筹地区经办机构根据用人单位工伤保险费使用、工伤发生率等情况，适用所属行业内相应的费率档次确定单位缴费费率。国务院社会保险行政部门应当定期了解全国各统筹地区工伤保险基金收支情况，及时提出调整行业差别费率及行业内费率档次的方案，报国务院批准后公布施行。综上所述，我国工伤保险的筹资方式采取的是政府直接管理并且实施差别费率和浮动费率。

工伤保险基金存入社会保障基金财政专户，任何单位或者个人不得将工伤保险基金用于投资运营、兴建或者改建办公场所、发放奖金，或者挪作其他用途。为防止重大工伤事故的发生，工伤保险基金应当留有一定比例的储备金，用于统筹地区重大事故的工伤保险待遇支付。储备金不足支付的，由统筹地区的人民政府垫付。储备金占基金总额的具体比例和储备金的使用办法，由各省、自治区、直辖市人民政府规定。

（四）我国工伤保险待遇的给付标准

《工伤保险条例》的第三十条到第四十五条对工伤保险待遇做出了具体规定。

1. 医疗待遇

职工因工作遭受事故伤害或者患职业病进行治疗，享受工伤医疗待遇。职工治疗工伤应当在签订服务协议的医疗机构就医，情况紧急时可以先到就近的医疗机构急救。治疗工伤所需费用符合工伤保险诊疗项目目录、工伤保险药品目录、工伤保险住院服务标准的，从工伤保险基金支付。职工住院治疗工伤的伙食补助费，以及经医疗机构出具证明，报经办机构同意，工伤职工到统筹地区以外就医所需的交通、食宿费用，从工伤保险基金支付，基金支付的具体标准由统筹地区人民政府规定。工伤职工到签订服务协议的医疗机构进行工伤康复的费用，符合规定的，从工伤保险基金支付。工伤职工治疗非工伤引发的疾病，不享受工伤医疗待遇，按照基本医疗保险办法处理。工伤职工因日常生活或者就业需要，经劳动能力鉴定委员会确认，可以安装假肢、矫形器、假眼、假牙和配置轮椅等辅助器具，所需费用按照国家规定的标准从工伤保险基金支付。

2. 工资待遇

职工因工作遭受事故伤害或者患职业病需要暂停工作接受工伤医疗的，在停工留薪期内，原工资福利待遇不变，由所在单位按月支付。停工留薪期一般不超过 12 个月。伤情严重或者情况特殊，经设区的市级劳动能力鉴定委员会确认，可以适当延长，但延长不得超过 12 个月。工伤职工评定伤残等级后，停发原待遇，按照《工伤保险条例》的有关规定享受伤残待遇。工伤职工在停工留薪期满后仍需治疗的，继续享受工伤医疗待遇。

3. 伤残待遇

伤残待遇包括以下三个部分：

第一，生活护理费。工伤职工已经评定伤残等级并经劳动能力鉴定委员会确认需要生活护理的，从工伤保险基金中按月支付生活护理费。生活护理费按照生活完全不能自理、生活大部分不能自理或者生活部分不能自理三个不同等级支付，其标准分别为统筹地区上年度职工月平均工资的 50%、40%或者 30%。

第二，一次性伤残补助。职工因工致残被鉴定为一级至四级伤残的，保留劳动关系，退出工作岗位，享受以下待遇：从工伤保险基金中按伤残等级支付一次性伤残补助金，标准为：一级伤残为 27 个月的本人工资，二级伤残为 25 个月的本人工资，三级伤残为 23 个月的本人工资，四级伤残为 21 个月的本人工资。

职工因工致残被鉴定为五级、六级伤残的，享受以下待遇：从工伤保险基金中按伤残等级支付一次性伤残补助金，标准为：五级伤残为 18 个月的本人工资，六级伤残为 16 个月的本人工资。

职工因工致残被鉴定为七级至十级伤残的，享受以下待遇：从工伤保险基金中按伤残等级支付一次性伤残补助金，标准为：七级伤残为 13 个月的本人工资，八级伤残为 11 个月的本人工资，九级伤残为 9 个月的本人工资，十级伤残为 7 个月的本人工资。

第三，伤残津贴。职工因工致残被鉴定为一级至四级伤残的，保留劳动关系，退出工作岗位，享受以下待遇：从工伤保险基金中按月支付伤残津贴，标准为：一级伤残为本人工资的 90%，二级伤残为本人工资的 85%，三级伤残为本人工资的 80%，四级伤残为本人工资的 75%。伤残津贴实际金额低于当地最低工资标准的，由工伤保险基金补足差额；工伤职工达到退休年龄并办理退休手续后，停发伤残津贴，按照国家有关规定享受基本养老保险待遇。基本养老保险待遇低于伤残津贴的，由工伤保险基金补足差额。职工因工致残被鉴定为一级至四级伤残的，由用人单位和职工个人以伤残津贴为基数，缴纳基本医疗保险费。

职工因工致残被鉴定为五级、六级伤残的，享受以下待遇：保留与用人单位的劳动关系，由用人单位安排适当工作。难以安排工作的，由用人单位按月发给伤残津贴，标准为：五级伤残为本人工资的 70%，六级伤残为本人工资的 60%，并由用人单位按照规定为其缴纳应缴纳的各项社会保险费。伤残津贴实际金额低于当地最低工资标准的，由用人单位补足差额。经工伤职工本人提出，该职工可以与用人单位解除或者终止劳动关系，由工伤保险基金支付一次性工伤医疗补助金，由用人单位支付一次性伤残就业补助金。一次性工伤医疗补助金和一次性伤残就业补助金的具体标准由省、自治区、直辖市人民政府规定。

职工因工致残被鉴定为七级至十级伤残的，享受以下待遇：劳动、聘用合同期满终止，或者职工本人提出解除劳动、聘用合同的，由工伤保险基金支付一次性工伤医疗补助金，由用人单位支付一次性伤残就业补助金。一次性工伤医疗补助金和一次性伤残就业补助金的具体标准由省、自治区、直辖市人民政府规定。

4. 死亡待遇

职工因工死亡，其近亲属按照下列规定从工伤保险基金中领取丧葬补助金、供养亲属抚恤金和一次性工亡补助金：第一，丧葬补助金为6个月的统筹地区上年度职工月平均工资。第二，供养亲属抚恤金按照职工本人工资的一定比例发给由因工死亡职工生前提供主要生活来源、无劳动能力的亲属。标准为：配偶每月40%，其他亲属每人每月30%，孤寡老人或者孤儿每人每月在上述标准的基础上增加10%。核定的各供养亲属的抚恤金之和不应高于因工死亡职工生前的工资。供养亲属的具体范围由国务院社会保险行政部门规定。第三，一次性工亡补助金标准为上一年度全国城镇居民人均可支配收入的20倍。伤残职工在停工留薪期内因工伤导致死亡的，其近亲属享受丧葬补助金待遇。一级至四级伤残职工在停工留薪期满后死亡的，其近亲属可以享受丧葬补助金待遇、供养亲属抚恤金待遇。第四，伤残津贴、供养亲属抚恤金、生活护理费由统筹地区社会保险行政部门根据职工平均工资和生活费用变化等情况适时调整。调整办法由省、自治区、直辖市人民政府规定。第五，职工因工外出期间发生事故或者在抢险救灾中下落不明的，从事故发生当月起3个月内照发工资，从第4个月起停发工资，由工伤保险基金向其供养亲属按月支付供养亲属抚恤金。生活有困难的，可以预支一次性工亡补助金的50%。职工被人民法院宣告死亡的，享受前文提到的职工因工死亡的规定待遇。

（五）我国工伤保险制度的管理方式

我国工伤保险制度的管理方式采取的是政府直接管理的方式。我国国务院社会保险行政部门负责全国的工伤保险工作。县级以上地方各级人民政府社会保险行政部门负责本行政区域内的工伤保险工作。社会保险行政部门按照国务院有关规定设立的社会保险经办机构具体承办工伤保险事务。社会保险行政部门等部门制定工伤保险的政策、标准，应当征求工会组织、用人单位代表的意见。

四、我国工伤保险制度的最新实践

我国工伤保险制度坚持突出重点、稳中求进的方针，不断加强改革和实践。随着社会经济的发展，我国工伤保险制度在各个方面都取得了长足的进步，它的发展离不开近些年我国对于工伤保险制度的最新实践。我国工伤保险制度的最新实践大致总结为以下几个方面：

（一）制定施行了一系列有关贯彻《工伤保险条例》的配套规章和规范性文件

严格、全面的条例和规章制度是确保工伤保险制度顺利运行的基础。在我国，确保工伤保险制度的顺利运行，仅仅靠《工伤保险条例》这一部条例是远远不够的。因此，我国在最新的实践中增加了配套规章和规范性文件的制定、修订等。具体包括制定施行《关于贯彻工伤保险条例若干问题的意见》（2004 年）、《劳动能力鉴定管理办法》（2009 年）、《工伤预防费管理暂行办法》（2010 年）、《工伤保险辅助器具配置管理办法》（各省市制定时间不同），修订施行《劳动能力鉴定职工工伤与职业病致残等级》（2006 年）国家标准及《劳动能力鉴定职工工伤与职业病致残等级代码》（2007 年），修订施行《工伤康复服务规范（试行）》（2013 年）和《工伤康复服务项目（试行）》（2008 年），研究修订《因工死亡职工供养亲属范围规定》（2003 年），研究制定《工伤保险职业康复规范》（2013 年）等管理规范和技术标准，以及研究工伤保险待遇正常调整工作机制，规范各地区工伤保险待遇调整工作。

（二）推进参保扩面，逐步实现工伤保险职业人群全覆盖

扩大覆盖面是完善工伤保险制度的重要内容之一，我国近些年来在工伤保险制度的最新实践中把扩大覆盖面当成了工作的重点内容来对待。国家实行了一系列的改革措施，制定了一系列的方针政策来推进参保扩面。这些措施具体包括全面推进事业单位参保，基本实现事业单位应保尽保；继续大力推进矿山、建筑等高风险企业参保工作，将尚未参保的各类矿山、建筑施工企业纳入工伤保险，力争有效保护高危行业的有关职工，保障其利益；继续推进商贸、餐饮、住宿等服务业企业参保工作，加大有雇工的个体工商户的参保推进力度，积极推动符合参保条件的家庭服务业企业参加工伤保险，以及研究制定公务员参加工伤保险的政策和管理办法，推动具备条件的省份出台公务员参加工伤保险办法，进一步规范和完善公务员已参加工伤保险省份的政策和管理。

（三）规范和提高工伤保险统筹层次

规范和提高工伤保险的统筹层次可以极大地方便人民群众，我国在这方面也采取了一些改革措施，促进统筹层次的规范和提高。具体包括：进一步规范工伤保险市级统筹工作，继续完善市级统筹管理办法，做好市级统筹的各项工作以及总结经验，积极稳妥地推动具备条件的省份实行工伤保险基金省级统筹，为省级统筹积累好经验。

（四）加强工伤认定和劳动能力鉴定工作

加强工伤认定和劳动能力鉴定工作是工伤保险制度的重要一环。我国在工伤保险制度的改革中想尽一切办法做好工伤认定和劳动能力鉴定工作，提高工伤认定和劳动能力鉴定工作的水平。具体实行的一些政策措施包括：利用部际“工伤保险部门协调机制”工作平台，加强政策研究，编纂参考性案例，指导各地工作；各地积极创造条件，建立工伤保险部门协调机制，加强对工伤认定重点难点问题的研究，提高工伤认定的质量和时效；制定

并施行新旧劳动能力鉴定标准衔接的文件；编写劳动能力鉴定标准培训教材，组织开展对劳动能力鉴定专家的培训，提高专家水平以适应新的劳动能力鉴定标准。

（五）积极推进工伤预防和工伤康复工作

工伤预防和工伤康复作为工伤制度前后两个重要环节会对普通员工产生重要影响。我国也积极推进这两个环节的建设，包括做好《工伤预防费管理暂行办法》的贯彻实施工作，进一步扩大和规范工伤预防工作试点；修订工伤保险费率政策，细化工伤保险行业差别费率档次，进一步完善工伤保险费率浮动办法；坚持以医疗康复为基础、以职业康复为核心，加强对工伤康复工作的规范化管理，制定进一步做好工伤康复工作的指导意见；进一步完善协议管理，建立对工伤康复试点机构的跟踪考核机制；研究提出区域性工伤康复示范平台建设的基本思路、地区布局和基本条件；有条件的地区逐步探索建立“先康复、后评残”的工作机制。通过对工伤预防和工伤康复的建设，整体提高工伤保险制度的效率和保障水平。

（六）加强基础管理工作，推进工伤保险信息化建设

国家、政府以及社会保障主管部门给予了足够的重视并制定了众多的措施鼓励信息化在工伤保险制度中的发展。同时对于基础管理工作也依据时代的不同提出了新的具体的要求，这些改革和要求包括：切实做好工伤保险费征缴和待遇支付工作；进一步完善工伤保险基金预算管理，根据工伤保险基金监督检查情况，加强整改，完善制度，规范管理，确保基金运行安全；认真做好工伤认定、劳动能力鉴定等统计工作，提高统计数据的准确性；加强对统计数据的分析和运用；大力推进工伤保险信息化建设，加强对工伤认定、劳动能力鉴定的信息化支持，实现工伤认定、劳动能力鉴定、工伤保险经办业务间的功能衔接、信息共享；进一步提高工伤保险联网上报数据的质量；推行工伤认定、劳动能力鉴定网上申请管理服务模式；继续开展全国性工伤保险政策法规集中宣传活动，利用多种形式加强日常宣传；加强对工伤保险行政管理和工伤认定、劳动能力鉴定人员的培训；完善各级工伤保险机构队伍建设；继续推动统筹地区的机构、队伍建设；配备专业人员以及积极开展对工伤保险理论、实践和发展战略等重大问题的科研活动，为推进工伤保险事业的持续健康发展奠定理论基础。

第四节　中国工伤保险制度的问题、挑战和改革对策

一、我国工伤保险制度面临的主要问题和挑战

目前我国正处于社会经济快速发展的时期，工业化、城镇化的迅速扩张在带来广阔就业机会的同时也使得工伤事故的发生比例增加。工伤保险作为一项以保障工伤职工各项工

伤待遇为目的的社会保险制度在保障职工的合法权益方面发挥着不可替代的作用。随着社会的不断发展，现有的工伤保险制度面临着更多的新情况，一些问题和挑战也凸显出来，这些问题和挑战可概括为以下几点：

（一）工伤保险制度工伤预防功能发挥不够

工伤预防和工伤康复是工伤保险的重要组成部分，工伤预防有利于防范工伤事故于未发，而工伤康复则能在工伤事故发生后，减轻事故的严重程度，促进工伤者早日返回工作岗位或者社会。目前我国工伤保险仍以工伤补偿为主，主要通过对工伤人员的经济补偿来保障他们及其家庭的基本生活。但单纯的工伤补偿并不是现代工伤保险制度的应有之义。目前，世界上许多发达国家的工伤保险制度都把工伤补偿和工伤预防、职业康复紧紧结合在一起，并将重点放在工伤事故的预防上，同时尽最大努力提供康复帮助。我国现行的《工伤保险条例》中尽管确定了“工伤保险要与事故预防和职业病防治相结合”的原则，但在实际执行过程中还贯彻不力，从而使工伤保险中的预防工作显得相对薄弱。

（二）工伤保险实际覆盖范围小

我国自1996年开始全面推行工伤保险制度，尤其是2004年开始实施的《工伤保险条例》规定参加工伤保险是用人单位的法定义务，但仍然有很多劳动者没有享有工伤保险。这主要是因为对现有的工伤保险制度贯彻不力，一些按制度规定应该参加工伤保险的用人单位实际上并没有参加工伤保险制度。比如，虽然我国早在2004年开始实施的《工伤保险条例》就将农民工纳入了工伤保险范畴，但截至2009年末，只有5500余万农民工参加了工伤保险，仅为其人员总量的24%左右，[①]这导致大部分农民工在发生工伤事故后得不到应有的权益保障。

（三）工伤保险费率不尽合理

我国实行差别费率和浮动费率制度，但目前工伤保险费率不尽合理。一是我国工伤保险费率水平偏低，目前我国平均费率为0.9%左右，而费率低导致的直接结果是工伤保险该有的功能和服务不到位。即使是在费率偏低的情况下，仍有企业不愿缴纳工伤保险费用；二是真正的行业差别化费率和浮动费率机制没有形成。我国行业分类繁多，但在工伤保险费率计算时，我国有的地方只是简单地将行业分为风险较小、中等风险、风险较大三个类别，相应的基准费率为0.5%、1.0%和2.0%，费率之间的差别小，直接影响了企业参保的积极性以及工伤保险效能的发挥。有的地方并没有按照不同行业特征和事故发生的概率确定差别化的费率，而仅仅是简单地按照国有企业、集体企业、其他类型企业或者工业、商业这种划分办法来划分，这种方式过于简单，没有真正体现出各个行业的风险差别，更谈不上差别化费率和浮动费率机制了。

① 崔颖. 我国工伤保险制度存在的问题及对策探析[J]. 人口与经济，2011（S1）：46-47.

二、改革我国工伤保险制度的政策建议

（一）进一步扩大工伤保险的覆盖范围

从国外的工伤保险状况来看，工伤保险的覆盖面是相当广泛的。例如，实行强制性工伤保险的德国在1885年工伤保险创立之初仅在部分行业建立了该项制度，之后逐步发展到所有雇员；到1942年，德国的工伤保险已经覆盖了全部企业；到1971年，覆盖范围进一步从工人到国家工作人员及中小学生甚至幼儿园儿童等各类人群。对于我国来说，未来的工伤保险制度应该适用我国境内一切企业单位和全部职工，比如应将国家机关的职工也纳入工伤保险体系。而且，政府还应进一步加强执法力度，努力把现行《工伤保险条例》中规定的应该参加工伤保险的职工纳入工伤保险制度，比如尽快提高农民工参加工伤保险的覆盖面，切实增加工伤保险的实际覆盖面。

（二）建立科学、规范的费率调整机制

科学、规范的费率机制有利于工伤保险成本分配的公平性，也有利于促进企业的安全生产。一方面，要根据行业风险程度，进一步完善行业差别费率，充分体现不同行业的工伤风险差异，对于危险性高的行业工伤保险缴费率要大幅提高，对于风险性小的行业和企业可以实行更低的工伤保险缴费率，保证横向公平；另一方面，要进一步完善用人单位工伤保险浮动费率机制，将缴费标准与企业安全生产实际状况和风险差别等紧密结合起来，以实现纵向公平。要充分发挥费率机制的经济杠杆作用，引导和激励用人单位积极改善劳动作业条件，减少和控制工伤事故和职业病的发生。

（三）确保工伤保险基金先行支付条件下的基金平衡

基金安全是工伤保险基金有效运行和补偿先行支付的前提。工伤保险基金先行支付的普遍实施必然引发资金大量支出，如果入不敷出，最终可能导致工伤保险难以运行。解决基金安全问题无外乎“开源”与“节流”两种手段。“开源”就是增加基金的有效来源，在加强政府资金投入的前提下，可以仿行做得好的地区的经验，将雇主违反劳动法的罚款专款用于工伤保险基金先行支付。“节流”就是增加基金安全性的有效手段。政府必须提升违反工伤保险相关法律的成本，加大惩罚力度，增强工伤保险制度的强制性，增加参加工伤保险的用人单位的数量，从而充实工伤保险基金。现行《工伤保险条例》规定：“用人单位依照本条例规定应当参加工伤保险而未参加的，由社会保险行政部门责令限期参加，补缴应当缴纳的工伤保险费，并自欠缴之日起，按日加收万分之五的滞纳金；逾期仍不缴纳的，处欠缴数额1倍以上3倍以下的罚款。”《工伤保险条例》所规定的对于违法不参加社会保险的用人单位处罚力度过小。因而，应当加大对用人单位不参加工伤保险的处罚力度，使各企业必须认真执行《工伤保险条例》的相关规定。

本章小结

1. 工伤保险制度是世界各国推出较早的、普遍实施的一项社会保障制度，其目的在于保障劳动者获得医疗救济、经济补偿和职业康复的权利，促进安全生产和社会安定与发展。它主要在安全生产、文明生产、预防事故发生和提供工伤补偿等方面发挥作用，是社会保险的一个重要组成部分。

2. 工伤保险是这样一种制度：劳动者在生产经营活动中或在规定的某些特殊情况下所遭受的意外伤害、职业病，以及因这两种情况造成死亡、劳动者暂时或永久丧失劳动能力时，劳动者及其家属能够从国家、社会得到必要的物质补偿和相关待遇。其包括的内容在不断扩充之中，它经历了一个从不完善到逐渐完善的过程。

3. 工伤保险的类型分为雇主责任保险型工伤保险和职业伤害保险型工伤保险两种形式，前者在发展初期较为常见，后者当今较为常见。

4. 工伤保险与其他保险制度比较而言有其共性，也有其特殊性。其中无责任赔偿原则，资金筹集实行个人不缴费、按风险大小确定缴费比例的原则，工伤保险与工伤预防及工伤康复相结合的原则，一次性补偿与长期补偿相结合的原则以及区别“因工”和“非因工”的原则是其较为特殊的地方。工伤保险具有补偿性和保障性，其一般都实行雇主缴费的原则，雇员无需缴纳保险费。

5. 新中国工伤保险制度在中华人民共和国成立之初得以确立。六十多年来，中国工伤保险制度在调整与改革中不断完善。2010 年 12 月 20 日，《国务院关于修改〈工伤保险条例〉的决定》对 2004 年 1 月 1 日正式实施的《工伤保险条例》进行了多处修订。中国已经构建起了比较完整的工伤补偿以及事故预防、职业病防治相结合的工伤保险体系框架，中国工伤保险制度已逐步定型。

6. 我国工伤保险制度的给付标准是按照伤残等级进行划分的，根据伤残等级不同，享受的工伤保险待遇也有所不同。我国将伤残共划分为十级。

7. 我国工伤保险制度面临的主要问题和挑战在于工伤保险制度工伤预防功能发挥不够、工伤保险覆盖面狭窄、覆盖范围小、工伤保险费率不尽合理和差别费率以及浮动费率的机制有待改善。改革我国工伤保险制度的政策建议包括：进一步扩大工伤保险的覆盖范围；建立科学、规范的费率变化机制；确保工伤保险基金先行支付条件下的基金平衡。

思考题

1. 工伤保险制度的原则有哪些？
2. 工伤保险的管理方式有哪几种？
3. 我国工伤保险制度的保险范围有哪些？
4. 简述我国工伤保险制度的待遇。
5. 我国现行工伤保险制度有哪些不足之处？

深度阅读

1. 法律出版社专业出版编委会. 案例导读：工伤保险条例及配套规定适用与解析[M]. 北京：法律出版社，2013.

该书依据我国现实情况，从法律的视角解读工伤保险条款，条文释义的核心观点都来源于立法部门和司法部门对各个法条权威的解释，保证了条文释义的准确性和权威性。同时用通俗和简练的语言收集归纳观点，便于读者理解，准确把握法条的立法本质并运用法条。该书对重点法条及生活中涉及问题较多的法条，结合典型案例进行了深入浅出的分析，通过案例回答了常见的实际问题的处理。

2. 郭晓宏. 中国工伤保险制度研究[M]. 北京：首都经济贸易大学出版社，2010.

该书对我国各个历史阶段的工伤保险制度的性质及其特征等进行了研究分析。其核心观点是：20 世纪 90 年代中期，我国诞生了真正的工伤保险制度，实现了从计划经济时期的工伤待遇安排向市场经济下的、基于赔偿理念的工伤保险制度的真正过渡。本书视角独特，分析了我国各个时期工伤保险制度的特点，值得阅读。

第十章 住房保障制度

住房保障的内涵有广义和狭义两种观点。狭义的观点认为，住房保障是政府为低收入居民家庭提供的带有救助和扶持性质的低租金住房供应或住房租购补贴措施。广义的观点认为，住房保障是指在住房模式架构和住房产业宏观管理层面，政府通过土地、规划、财税、金融、交易管理等多种政策工具，使住房供应满足国民居住需求，使住房价格与国民的收入水平相适应。社会保障领域所指的住房保障通常是指狭义上的住房保障，其实质是国家依据法律规定，通过国民收入再分配来对居民基本居住水平进行保障。在市场经济条件下，为了保障低收入者的居住条件，政府实施一些特殊的政策措施帮助单纯依靠市场不能解决住房困难的群体。

第一节 住房保障制度概述

一、住房保障制度的内涵

住房是人类生存与发展的必要物质条件。住房问题是现代社会问题之一，是城市化与工业化的产物。住房保障制度的完善程度取决于社会的投资制度、生产制度、流通制度、分配制度和管理制度。现代工业化过程也是城市化的过程。工业和人口在城市高度集中对城市土地和住房供给产生巨大需求，导致住房价格上涨，形成住房绝对短缺和因住房价格超过中低收入家庭支付能力而引起住房有效需求不足。住房的绝对短缺和有效需求不足会使大批平民生活在拥挤不堪的贫民窟中，并带来疾病、犯罪、社会规范和社会道德约束力下降等一系列严重的社会问题，危害着整个社会经济发展和社会稳定。住房不仅是发展资料和享受资料，同时还是重要的生存资料，公民应享有适当的住房权利。公民的基本住房需求若得不到满足便会导致劳动生产率的下降甚至无法进行其他生产活动，社会也难以得到稳定。因此，住房问题是经济问题，也是社会问题，所有国家的政府都对此负有社会责任。

住房社会保障作为对市场化住房分配机制的必要补充，是由政府作为责任主体实施的具有经济福利性质的一种国民居住保障制度。住房保障制度是社会保障制度在住房领域的一种体现，其实质是国家依据法律规定，通过国民收入再分配而对居民基本居住水平进行保障。住房社会保障具有以下内涵：

（一）住房社会保障的责任主体是国家

住房社会保障制度是社会保障制度的一部分，具有一定的社会福利性质，政府是构建住房保障制度的责任主体。这具体体现在两个方面：一方面，住房保障制度的复杂性决定了住房社会保障实施的程序复杂，需要协调社会各阶层的利益，只有依靠政府的权威和系统组织才能加以推进。另一方面，由于住房社会保障的支出巨大，远非社会组织和个人所能承受，而只有政府才能调动整个社会资源来应对这项巨大的支出。

（二）住房社会保障实施的依据是国家立法

现代社会保障制度都是以健全、完备的法律体系为支点的。[①]住房社会保障制度是社会保障制度的一部分，需要具备有效的法律支撑，从法律上规定住房保障的对象、保障的具体水平及保障措施，制定住房保障对象的进入、退出机制，并制定完善的保障措施变更程序，使住房保障措施随着社会经济的发展进行合理的调整，最终使住房社会保障的运作实现制度化和规范化。

（三）住房社会保障形式依据不同的保障主体而定

政府进行住房保障主要包括经济适用房、廉租房、住房公积金、限价房、公共租赁房和货币补贴这几种形式。由于保障主体的差异性，政府实施住房保障的形式也不尽相同。例如，目前在中国有多种住房保障形式：农村居民在集体划分的“宅基地”上自行建房；市民则分类解决，高收入者面向市场购买商品住房，中低收入者购买经济适用住房或者购买两限房，最低收入者租住政府提供的廉租住房等。

二、构建住房保障体系的原则

住房社会保障制度建设是一项政策性、社会性强，涉及面广的系统工程，在具体实施过程中应遵循以下主要原则：

（一）适时调整原则

住房是人类生存的必需品，住房分配与社会各阶层的利益休戚相关。政府的住房政策在住房市场的发展中往往扮演着重要角色。住房保障政策应该是阶段性的。也就是说，住房保障的广度和深度是与一个国家的经济发展水平（常用 GDP 水平衡量）、各级政府的保

① 孙光德、董克用. 社会保障概论[M]. 北京:中国人民大学出版社，2008.

障承受能力、居民的可支配收入、消费结构等紧密地联系在一起的。住房保障应与经济、社会的发展和人民生活水平的提高相适应，保障的范围、保障的方式也应随着社会经济环境的变化不断地进行调整。

（二）统一部署分层操作的原则

在住房保障制度变迁中，政府对资源的重新调整、权责利的界定具有强制力优势，能以较低成本搭建制度性平台，所以由政府对住房保障制度的总体目标、框架等作全局性、战略性的安排部署，并制定出统一的全国性的政策、规章。但是区域发展会存在差异，因而住房保障制度的具体的操作方案应由地方政府根据本地区实际情况进行设计和实施。

（三）协调住房保障与市场机制原则

住房保障的责任主体是政府，但这不代表政府要取代市场，也不是要破坏市场机制。政府对市场的干预主要是在市场机制无法充分发挥作用的情况下引导市场，对市场的运行机制进行修正，进而使市场更好地发挥在资源配置中的决定性作用。住房保障制度也要尽可能地利用市场机制，使住房保障资源的供应、分配尽可能地遵循市场规律。

（四）总体规划与分步实施的原则

这一原则包含两方面内容：其一，住房保障制度的最终目标是要搭建一个为中低收入者提供满足基本需要的住房供应分配机制和体系，这一目标的实现依赖于诸多制约要素的发展和完善，在这一过程中应对总体目标作阶段性分割，制定相应的分步实施计划。其二，住房保障制度的构建是一项社会性的系统工程，应在比较借鉴国外成功经验的基础上，结合具体实际，科学地制定总体规划。在总体规划指导下，选择经济发达、住房制度改革较为成功的城市作试点，待总结经验后再行全面推广。①这种先试点后推广的做法可以减少制度变迁带来的系统风险。

三、住房保障的相关制度

实现住房保障需要建立相关的制度支撑体系，这个支撑体系主要包括用地保障制度、财政支持制度、税收政策、金融制度、技术支撑体系等。

（一）保障性住房建设用地制度

基本住房保障是公共政策的重要组成部分，保障性住房建设用地属公益性建设用地，要在城市总体规划和近期建设规划中明确具体地块和范围，并根据年度建设需要在年度土地供应计划中单独列出、优先安排。保障性住房建设布局要充分考虑保障对象以公共交通为主、就业不稳定、支付能力较低的特点，优先安排在交通便利、基础设施齐全、公用事

① 冯宗容. 我国住房保障制度的模式选择、实施原则及对策探析[J]. 经济体制改革，2007（4）：141-144.

业完备、就业方便的区域。保障性住房建设实行分散配建和集中建设相结合、以分散配建为主，促进社会各阶层混合居住、和谐相处。

（二）住房保障的财政支持制度

公共财政投入是实施基本住房保障的前提，主要包括：向保障对象提供租赁补贴；向保障性住房建设单位和购买家庭提供贷款贴息；政府直接投资建设保障性住房。国家应当按照财力和事权相匹配的原则，由各级政府根据财政收入分配情况承担支出责任。

（三）住房保障税收政策

国家可以在住房保障税收政策方面提供优惠。这种税收优惠主要有：一是对符合条件的家庭购买基本居住住房的，可以允许其房贷利息支出在所得税税基中抵扣；二是对保障性住房建设和棚户区改造，免收各种行政事业性收费和政府性基金；三是对保障性住房建设管理过程中涉及的营业税、房产税、土地增值税、印花税、契税、企业所得税等给予优惠政策支持。

（四）政策性住房金融制度

“政策性”主要体现在较长的贷款期、较低的利率和首付款比例。建立以财政贴息为基础的保障性住房建设和消费的低息贷款机制，以政府信用为基础的贷款担保机制，引导社会资金投入保障性住房建设，支持保障对象的基本住房消费。中国的住房公积金制度其实质是一种政策性住房金融制度。

（五）保障性住房建设技术支撑体系

保障性住房具有户型面积小、使用对象收入较低以及由政府提供公共服务三个主要特点。一般国家在实施保障房建设时会充分考虑低收入家庭生活方式的特点，提高规划设计水平，在较小的户型内实现基本的使用功能。围绕降低后期管理和使用成本，保障房建设通常积极推广新材料、新技术、新工艺，建设节能省地、环保型住宅，同时更加重视住房的工程质量和使用安全。

第二节 住房保障制度的国际借鉴

一、发达国家住房保障的基本形式

根据政府对住房保障的干预程度和市场在住房社会保障中的重要性，总体上按国别来划分，各国住房保障方式大致可分为三种类型：第一种是以英国、新加坡为代表的政府公建房模式；第二种是以德国、美国为代表的租房租金补贴和购房税收优惠模式；第三种是以瑞士、日本为代表的政府住房建设补贴模式。每一种住房保障方式的选择都有其特定的历史背景和原因，也都在一定时期内发挥了其应有的作用。就大部分国家而言，三种主要的住房保障方式是同时并存的，只不过在不同的发展阶段其侧重点有所不同。

（一）政府公房建设模式

公房建设模式是指政府为应对住房短缺时期的国民住房问题，政府发挥土地、资本等公共资源及税收、政策等方面的优势，在生产环节干预住房市场，直接建造一些廉价住房提供给居民，从而在短时间内增加市场上的房屋供应量来解决国民的住房问题。新加坡政府的廉价屋及英国的议会住房都属于这种模式。

新加坡住房保障体制是计划和市场相结合的典范。新加坡的住房保障是以政府公房建设为主体的。1968 年，新加坡政府提出了“居者有其屋”的计划。新加坡政府实施的是广覆盖、高标准的住房保障政策。其主要做法是新加坡政府成立专门的法定机构提供运营资金直接建房，对中低收入家庭统一供应住房，实行严格的限房价、限户型政策，保证大多数居民买得起组屋。政府规定每户中低收入家庭可以购买一套组屋，购买组屋居住不满 5 年出售要交较高的税。同时，还对少数低收入困难家庭实行更加优惠的住房保障政策。目前，新加坡的居民中有 87.6%居住在由政府建屋发展局提供的房屋里，其余 12.4%的人住在私人购买的公寓或别墅里。[①]

英国是工业化最早的国家，也是住房保障制度实施最早的国家。19 世纪 80 年代，为应对工业化、城市化引起的城市住房问题，英国开始兴建政府公寓，以优惠的价格出售给农民。二次世界大战后由于战争破坏，英国住房严重短缺，为解决“房荒”问题政府采取了以集中建设出租公房为重点，大力促进住宅建设，增加住房供应的议会住房政策。其主要做法是环境交通和区域部根据中央财政每年的建房预算安排，综合各个地方政府的建房情况和低收入居民住房需求情况，按年度向地方政府拨款，由地方政府负责进行公房建设。政府建房极大地促进了英国的住房供应，对于解决当时的住房短缺问题，解决低收入居民住房支付能力较低问题都起到了重要作用，受到了居民的普遍欢迎。政府建房也成为英国福利制度的重要组成部分，是英国福利国家的支柱之一。

（二）租房租金补贴和购房税收优惠模式

租房租金补贴和购房税收优惠模式是目前最常见的住房保障模式，基本上所有的发达国家和大部分发展中国家都有购房税收的优惠政策，同时在不同程度上发放租房租金补贴，以帮助支付能力有限的低收入人群能够租到或买到合适的住房，进而满足社会弱势群体的住房问题。采用这种模式的典型国家有德国和美国。

德国的住房补贴制度主要包括租房补贴和购房补贴两类。租房租金补贴制度是目前德国对低收入居民住房保障的主要方式。20 世纪 60 年代初期，德国经济从战后恢复重建平

① 张琪. 美国、德国、新加坡住房保障制度建设经验与启示[J]. 社会科学战线，2009（12）：233-234.

稳进入社会发展期，居民收入普遍增加，已有能力在市场上购买住房，加上经过大规模建设保障房，德国住房市场供需出现了基本平衡，而一些居民在收入条件改善后却无法退出保障房。因此，一方面政府将这部分保障房租金提高到市场租金水平，另一方面政府将住房保障方式逐渐转变为向低收入家庭发放租金补贴并一直延续至今。1965 年，德国联邦政府出台了《住房补贴法》，规定凡家庭收入不足以租赁适当住房的公民都可以向政府提出申请，经审查合格后获得住房租金补贴。租金补贴按照家庭人口、税后收入及租金水平计算发放。

美国是一个市场经济高度发达的国家。美国政府对经济的直接干预通常很少，但为解决低收入家庭的住房问题，美国政府在立法、金融、税收等方面都大力干预。美国的住房保障主要是通过政府补贴的形式实现的。美国的住房补贴政策是一种直接补贴形式，即直接用于增加低收入家庭住房消费的财政补贴。其政策目的是减轻低收入阶层的住房消费负担，以达到政府提出的保证最低住房消费水平的要求。为此，美国政府确定了低收入家庭的审核标准，同时规定了达到这一标准所需付出的房租占家庭总开支的比例，政府对超出该比例的部分给予补助。由此可以看出，家庭收入越低者，所获得的补贴也就越多，低收入家庭是补贴政策的最大受益者。为让低收入者拥有住房，美国政府还采取了税收减免政策，这是为了推行住房私有化而实行的一种优惠政策。美国政府实行购房减免税政策主要是鼓励中低收入阶层购买自用住房。

（三）住房建设补贴模式

住房建设补贴模式是指政府通过对房地产公司提供优惠贷款、补偿税收等优惠政策来降低房地产公司住房建设的成本，进而支持营利性与非营利性机构发展低租金的住房，同时政府对这些政策住房的出租和销售做出限制，通过明确的法规规定享受过优惠政策的住房必须在合理控制价格的基础上出租或销售给符合政府政策规定的低收入家庭。

瑞士的住房保障模式由 1970 年以前政府直接投资建设廉租住房提供给低收入家庭转变为联邦政府成立相关机构以低息贷款方式间接支持企业建设面向低收入家庭出租的社会保障房。瑞士政府设立了循环的住房基金，以低息贷款方式支持企业建设社会保障房。由联邦政府注资 5 亿瑞郎，[①]通过低息贷款支持企业建造面向低收入家庭出租的社会保障房，企业可以将低息贷款作为首付或者资本金继续向银行申请社会保障房建设所需要的剩余贷款。

日本的住房保障主要是通过住房建设补贴实现的。1950 年，日本出台了《住宅金融公库法》，这是日本第一部与住宅相关的法律。依据此法，政府成立了住宅金融公库，它是专门为政府、企业和个人建房购房提供长期、低息贷款的公营公司。其设立的目的就是建立一个永久性的公营住宅金融机构，通过政府的财政投融资体制，将更多的低成本的长期社会资金引入与民生相关的住宅领域，向那些难以从商业银行获得信贷的开发企业和个人提供住房资金支持，以弥补民间融资长期资金不足和来源不稳定的缺陷。

① 陈怡芳、高峰、于江涛. 德国、瑞士低收入家庭住房保障考察报告[J]. 财政研究，2012（3）：54-56.

二、发达国家住房保障经验对我国的启示

各国城市化进程中无一例外地都面临着住房问题，政府干预的普遍性是各国住房保障的共同特点。发达国家和地区经过多年探索已经建立起了相对成熟的公共住房保障政策和制度。学习借鉴发达国家和地区的先进经验，制定和完善符合我国实际的住房保障政策体系对解决好广大中低收入家庭的住房问题具有重要意义。

（一）发达国家住房保障的经验

发达国家住房保障制度的演变过程表明，国民的住房保障问题是一个长期性问题，没有一个简单的、一劳永逸的解决办法。

1. 重视住房保障的立法工作，为住房保障制度提供法律依据

完善的法律法规体系是稳步、有序推进住房建设的根本保障。发达国家住房保障政策实施效果显著的原因之一在于有着完善的法律制度作支撑。例如，英国、德国的住宅法律明确规定，居住权是公民权利的重要组成部分，保障公民的基本居住条件是国家、政府职能的基本体现。此外，相当多的国家包括西班牙、荷兰、葡萄牙、法国、瑞典等都明确把公民享有住房的权利写入本国宪法。以美国为例，美国是一个住房商品化率较高、私人拥有住房率较高、住房保障体系发展比较完善的国家。为了解决低收入阶层的住房问题和城市贫民窟问题，自 20 世纪 30 年代开始，美国先后出台了《住房法》（1934 年）、《国民住宅法》（1938 年）、《国民可承担住宅法》（1990 年）等法案，为住房保障政策的制定实施提供了制度保证。同时，美国注意根据不同时期的住房保障要求对原有法律条文进行修订或推出新的相关法律，目前在住房保障立法方面形成了比较完善的体系，涵盖了公共住房补贴、房租补贴、消除贫民窟等诸多方面。

2. 建立以政府为主体的住房保障体系

政府作为一国宏观调控的主导者和政策制定者，担负着促进社会全面发展的职责，理应成为构建住房保障体系的主体介入保障性住房供给，实现人们的“安居梦”。西方发达国家虽然主张自由竞争、市场调节，但在住宅建设上存在着普遍的政府干预，并在适当时候作为住房供应的主体来确保整体上的住房供需平衡，以保障每个家庭在不同类型的住房之间均享有真正的选择机会。各国的《住宅法》和《住房计划》中都提出了各自的住房政策目标，即尽可能地使住房保障政策惠及最大多数的人群，使政策目标群体达到最大。如新加坡政府提出“居者有其屋”的目标；美国《住房法》规定，“尽可能通过私人企业和政府的支持，使每个美国家庭拥有舒适的住房和适宜的居住环境”。

由于各国政治制度和税收体制的不同，各级政府的住房保障责任也存在着区别。例如，在英国，低收入居民的住房问题明确由中央政府负责，地方设立住宅建设、补贴发放管理机构，负责具体实施；相关的资金投入由中央财政预算安排，且住房保障资金约占政府预

算支出总额的6%。[①]在实行联邦体制的德国，法律明确住房保障的责任在州政府，但主要的住宅法律由中央政府制定，地方可根据实际情况在规定范围内制定具体的地方性法律，中央财政预算中也有相当一部分的住房保障资金，这对行政区（城市）政府做好住房保障工作起到了关键作用。

3. 建立专门的住房保障管理机构

住房保障制度的落实是一项极其复杂的系统工程，涉及计划、财政、金融、税务、土地、规划和司法等多个政府部门。为了有效协调各部门的工作，保证住房保障政策的顺利实施，不少国家都设立了专门的住房保障机构，如美国的联邦住宅管理局（1934年）、公共住房署（1937年）、住房与城市发展部（1965年）和新加坡的建屋发展局（1960年）等。这些国家实施在联邦或中央政府统一领导下的住房监管体制，负责制定住房政策、编制和实施住房保障计划与住房建设计划、确定住房保障标准等。

4. 制定严格的住房保障准入、审核和退出机制

不同的经济发展阶段住房的供求状况差别很大，住房保障的需求程度和保障范围也相应存在较大差别。在住房严重短缺时期，住房供应不能满足住房需求，城镇居民家庭的住房支付能力较小，政府保障的范围相对较大，需要保障的程度也较高。在住房供求关系相对缓和时期，则与之相反。发达国家住房保障制度的目标群体经历了由大到小的转变，即从住房短缺时期的几乎全体国民逐渐转向城镇中低收入阶层。各国住房保障的对象、标准等也随着经济社会的发展及时地进行动态调整。

为实现住房保障的公平性和层次性，发达国家建立了严格的收入划分标准和资格审查制度，规定不同收入标准所能享受到的保障待遇，从而控制不同保障手段和水平的适用对象与范围。当家庭收入变动后，保障待遇也要随之改变，以避免其过度享受福利待遇。例如，新加坡政府制定了不同收入水平居民的购房准入政策，严格依据家庭收入水平分类供应住房，并随着生活水平的提高不断调整收入上限。根据规定，公共住房的申请者必须满足相关标准即公民权、无私有房产、收入水平和家庭构成等才能获得申请资格，以保证公共住房资源的有效分配。

5. 构建多层次的住房保障体系

从发达国家的经验来看，任何一个国家都是从解决住房短缺问题出发，首先重点解决低收入家庭的住房困难，再逐步解决中等收入家庭的住房问题。住房保障制度根据居民的不同收入水平提供不同程度的保障，具有明显的层次性。这是因为不同保障对象的住房支付能力不同，其具体住房需求也存在差异，住房保障制度、住房保障水平也必须分层次，这样才能够灵活地适应不同保障对象的具体住房需求。提供不同保障水平的保障也有利于减轻政府住房保障负担或降低保障成本，以便尽可能地扩大住房保障的覆盖面，从而使更多的居民享受到政府相应程度的保障。

从住房供应的角度来看，完善的住房市场供给体系也应是多层次、多元化的，既有新建住房，也有存量住房；既有出售住房，也有租赁住房；既有商品房，也有保障性住房，

① 林梅. 发达国家住房保障的基本模式及其经验与启示[J]. 当代世界与社会主义，2012（5）：104-107.

且住房的档次、价位、户型结构、配套设施等也应多样化。住房供应的层次性决定了住房供应手段的多元化，从而提高了不同收入居民的可选择性。与此同时，住房保障方式也不是单一的，政府直接建房或补贴住房建设环节、提供房租补贴或财税、金融政策等都是住房保障的有效手段。这些做法在满足不同收入家庭需求的多层次住房保障供应体系中发挥着重要作用。例如在英国，财政部、环境交通和区域部以及社会福利保障部三个部门通过公房出租、提供"标准住房福利"、发放房租补贴、实施私房出租的租金管制政策、公房"优先购买权"政策与"分享"式产权购房计划、利率政策、帮助失业居民还贷等手段来保障不同收入水平居民的住房需求。此外，地方政府还运用规划手段对住房市场的供需关系进行综合调控。

（二）对我国住房保障的启示

1. 加快住房保障法制建设

我国住房保障的法制化建设较为滞后，有关住房保障的政策和制度基本上是由国务院或建设部等相关部门以通知、指导意见或办法的形式发布。不仅缺乏全国性的住房保障法规，甚至连基本的《住房法》都尚未颁布。这导致在实际操作中对政府及有关部门特别是地方政府的住房保障责任缺乏足够的约束力。与此同时，现行的住房公积金、经济适用房、廉租房、公共租赁住房等住房保障制度在实施过程中出现的种种问题与住房保障的法律法规缺失有着密切关系。因此，应尽快制定出符合我国国情的统一的住房保障法规，从法律上明确规定居住权是公民权利的重要组成部分，并对住房保障的目标、保障原则、基本框架和保障对象、保障标准、保障方式、保障资金的来源及运作方式、专门管理机构的建立和权限的划分等事项做出明确界定，并针对住房保障的不同对象提供多种不同的住房保障方式。

2. 强化政府在住房保障体系中的作用

政府作为一国经济的宏观调控者和管理者，担负着促进社会全面发展和保障全体居民基本权利实现的职责，它理应成为构建住房保障体制的主体。虽然经济发达国家推崇自由竞争、市场经济，但大多数国家均在住房市场上采取各种方法进行政府干预。比如，新加坡政府于1960年成立住房发展局（HDB），大力发展公共住房，即一般所说的政府组屋。该局负责社区和居住区总体规划及组屋的设计和建造，同时又是最大的房地产经营管理者；德国政府积极吸引资金用于投资建房，大中型企业也可获得优惠贷款，兴建住房提供给职工；美国政府实施多种住房援助计划，实行优惠住房政策，实行降利、减免税等措施促进住宅建设，在一定程度上缓解了房价上涨和住房购买之间的矛盾。我国政府在住房保障制度建设和实施过程中应承担重要责任，努力改善居民居住条件，保障和维护广大居民的切身利益，实现住有所居。

3. 设计完善的保障性住房准入、审核和退出机制

由于现行财税体制的制约，城市政府在保障性住房领域存在着财政支付困难和融资困境，这致使保障性住房资源相对稀缺。为防止出现以往经济适用房购买或廉租房出租过程中部分中高收入者实际享受了住房福利、挤占了有限的保障性住房资源或"住房福利终身

制”等问题，国家必须设计完善、严密的准入审核机制和社会信用体系，明确审核责任主体，对保障性住房的入住群体进行严格审核、动态监控与调整，对收入状况发生变化、超出保障界限的群体采取相应措施，强制其退出保障性住房体系特别是廉租房和公共租赁住房，或者停止房租补贴，使相对稀缺的保障性住房资源或房租补贴用于真正需要保障的家庭。

4. 根据国情选择住房保障模式

从国外住房保障制度的成功经验看，各国都根据本国国情选择适合的保障模式。如新加坡由于土地资源紧缺的制约，必须发挥政府的资源调控作用，加强土地的集约利用，因此新加坡选择了政府主导的公房建设模式，最大可能地满足居民的住房需求；1930 年，美国处于经济大萧条时期，市场无力提供足够住房，因此政府选择建设公共住房来满足人们的住房需求；二战后处于重建时期的德国政府财政能力有限，必须通过优惠政策激励私人开发商大力建造低租金住房。可见，住房保障运作模式的选择取决于本国的国情。我国必须从国情出发，选择适合中国自身情况的住房保障模式。

5. 充分发挥住房金融作用

国外经济发达国家非常重视住房金融对住房保障的支持。美国除了政府金融机构经营房地产贷款外，私人金融机构也从事个人住宅抵押贷款业务；新加坡政府利用公积金作为建房最初资金，借用存储的私人公积金给建屋发展局，然后将房屋售给用户，费用则从用户的公积金中逐年扣除。我国住房金融市场起步较晚，还没有形成较为完善的住房金融市场，政府对公共住房开发商的支持力度不够，信贷额度不高；个人住房融资渠道不畅，针对个人房贷业务资格的审查、手续办理、减息或免息的比例等与国外经济发达国家相比还有较大差距。因此，我国政府应该扩大住房市场融资渠道，比如增加住房贷款品种、实行抵押贷款保险、发行房地产抵押贷款证券、设立全国性住房贷款基金等。

第三节　中国的住房保障制度

住房问题与国家利益、社会公共利益和居民的切身利益息息相关。目前中国在建设住房保障制度的过程中仍然面临着地方政府对住房保障的认识不到位、全国性的住房底数不清、缺乏多样化的住房保障融资渠道、保障性住房开发指标体系建设滞后以及流动人口的居住条件堪忧等问题。

一、中国城镇房改与住房保障政策的演变过程

1949 年以前，中国社会经过两千多年的封建社会发展，私有土地和房屋的租赁、买卖达到了相当的规模。新中国成立后，随着土地的社会主义公有制的实行，住房制度采取了完全福利化的模式。房屋建设资金全部来源于国家基本建设资金，住房完全由政府计划统

一供应，限制和禁止私人建房买房。住房作为一种具有使用价值的社会福利形式存在，按照工作年限、职位高低等排序，以实物形式无偿分配给城市居民使用，居民只需缴纳象征性的房屋维修基金，与之相应的是城市居民工资收入中也不包含住房工资。改革开放后，中国城镇住房保障政策发展变革的过程大体经历了五个阶段。

（一）城镇住房政策试点阶段（1980～1988 年）

1978 年以前，全国城镇人均住房面积只有 3.6 平方米，被称为“爆炸性”的社会问题。在这种背景下，1980 年 4 月，中国经济体制改革的总设计师邓小平发表了关于建筑业的地位和住宅政策问题的谈话，论及了住宅的生产、流通、分配、消费问题，这一重要谈话揭开了中国城镇住房制度改革的帷幕。当时邓小平指出：“建设住宅可以公私合营，可以民建公助，也可以私人自己建房。”①在这一思想指导下，城镇住宅建设由国家单一投资的体制被打破，开始出现多渠道、多种形式的住宅建设投资体制。比如，浙江省温州市率先出现了由国家、单位和个人共同集资的合作建房。该市从 1980 年至 1995 年共组织 282 个单位参加，分四批共汇集社会闲散资金 2165 万元（比该市前 30 年的住宅建设投资额还多 160 万元），建成住宅 12.3 万平方米，为 2695 户职工家庭解决了住房困难。②温州市的做法在全国引起强烈反响并获得了中央的政策支持。城镇合作建房这一住房保障形式在全国一度进入蓬勃发展期，从 1986 年起的 10 年间，各种类型的住宅合作社曾发展到 5000 多个。住宅合作社是组织职工集资合作建房的主要载体，它组织的合作建房具有不以营利为目的、以个人投资为主，群众监督、民主管理、以需定建、减少中间费用等鲜明特征，是实施住房保障的一种有效供应形式。

（二）全国推进城镇住房制度改革阶段（1988～1994 年）

1. 随着城镇住房制度改革的全面推进，出现了住房保障的过渡形式

这一阶段主要是兴建解困房，一些地区动用房改资金兴建的解困房主要是面向住房特困户，实现住房解困。政府对解困房的建设和销售给予政策优惠，同时在建设过程中努力降低成本造价，最后以低于成本的价格出售给特困户，差额部分由政府或单位予以补贴。有的单位还采取资助的办法帮助困难职工购买解困房，深受职工群众的欢迎。

2. 进行危陋房屋改造

由于历史原因，各地普遍存在大面积的危陋房屋，这些房屋不仅破旧狭窄，而且人口密度大。面对这种情况，一些地区由政府主导，进行规划设计，通过招商引资、洽谈合作开展了危陋房屋的改造工程。为了确保危陋房屋改造工程的顺利推进，有些地方的政府部门在有关土地、资金、拆迁、配套、补偿等方面出台了一系列优惠政策，并按照国家、单位、个人三方共同负担的原则，将危改房通过还迁安置出售，变无偿还迁为有偿还迁。这样做不但改善了部分居民的居住条件和城市环境面貌，缓解了住房困难，而且还拉动了内需，促进了住宅建设资金的良性循环，有利于与城镇住房制度改革接轨，加快住宅建设。

---

① 谷俊青. 中国城镇住房保障政策体系变革中的缺陷及其完善构想[J]. 现代财经，2009（2）：47-52.

② 罗雅. 中国住房保障政策实施效果评估——基于 1997—2010 年的数据[J]. 学术研究，2012（6）：55-61.

3. 推行住房公积金制度

在鼓励职工以优惠价格和优惠税收政策采取分期付款或申请贷款方式购买住房的同时，我国全面推行了住房公积金制度。住房公积金制度是1991年在上海率先创建的，而后在一些城镇逐步推开。1999年，国家颁布了《住房公积金管理条例》(2002年进行了修订)，在全国普遍建立起了住房公积金制度。住房公积金的建立是住房融资体制的创新，它作为住房融资体制的重要组成部分，开辟了一个全新的、以个人融资为基础的住房资金来源。住房公积金实行政府、单位、个人三方共同负担的个人住房资金积累机制，大大增强了职工进入住房市场和自我住房保障的能力，也减轻了国家的负担。它还可以为住房建设提供长期、稳定的资金保证，为住房金融体系的建立特别是开展政策性住房消费信贷提供了基础性条件。

(三)深化城镇住房制度改革阶段(1994～1998年)

1995年2月，国务院下发了《国家安居工程实施方案》。同年3月，建设部下发了《实施国家安居工程的意见》。从此，安居工程成为国家推动房改，加快住宅建设步伐，进一步解决城镇中低收入家庭(包括住房困难户)的住房问题，提高居民住房水平的住宅建设工程。它是国家为改善人民的居住条件而采取的一项重大举措。它与城镇住房制度改革相结合，建设中政府给予优惠政策，建成的住宅按成本价向中低收入家庭中的住房困难户出售，实行物业管理模式，对新住房体制的建立起到了示范作用。实践证明，实施安居工程可以把过去的住房建设资金由国家、单位统包的传统做法改变为由国家、单位、个人三方面合理负担，形成投入产出的良性循环；有利于加快住房商品化、社会化的进程，促进政策性个人住房抵押贷款制度的建立；可以缓解住房售价与居民购买力之间的矛盾，为住房困难的中低收入家庭提供了改善住房条件的途径。

(四)城镇住房分配货币化阶段(1998～2003年)

1. 推出加快经济适用住房建设的新政策

随着城镇住房制度改革的进一步深入，国家从1998年开始终止了福利分房制度。国家在停止住房实物分配的同时制定了住房货币分配实施方案，决定对中低收入、无房或住房未达标的职工发放住房补贴。国家在1998年6月召开的全国城镇住房制度改革和住宅建设工作会议上明确提出，要建立和完善以经济适用住房为主体的、多层次城镇住房供应体系，把采取扶持政策、加快经济适用住房建设作为发展住宅建设的重中之重。随后，国家颁发了《国务院关于进一步深化城镇住房制度改革加快住房建设的通知》(国发[1998]23号)，并连续下达了三批经济适用住房建设投资计划，总面积达21242.86万平方米。

经济适用住房是带有社会保障性质的以保本微利原则向城镇中低收入家庭出售的普通住宅。它与安居工程一样，建设用地实行行政划拨，并享受政府的一系列扶持政策。所不同的是安居工程不以盈利为目的，仅以成本价格出售，重点解决中低收入家庭中的住房困难户；经济适用住房则以3%的微利价格出售，面向广大中低收入家庭。从1998年开始，安居工程与经济适用住房建设并轨。按照政策设计，经济适用住房价格可以比同地段商品房价格低 10%～20%。这对于平抑过高的商品房价格，扩大住房消费的有效需求，加快解决中低收入家庭的住房问题起到了一定的积极作用。

2. 建立城镇廉租住房制度

随着经济体制改革的不断深入，社会群体中的贫富差距逐步拉大，城镇居民中弱势群体的贫困问题日益突出。为此，国家适时建立了最低生活保障制度，以满足最低收入居民的基本生活需求。住房是人类赖以生存的基本生存资料之一，在城镇最低收入居民无法依靠自身支付能力通过市场解决住房问题时，政府应该为保证他们的基本居住权利而建立相应的住房供应保障体系。城镇廉租住房制度就是在这样的背景下建立的，它是国家的一项重要社会政策，是住房保障政策体系的重要组成部分。

廉租住房的供应对象面向最低收入家庭，因此必须要有一个科学、合理的收入线界定办法。但是，目前我国收入监管体系尚不健全，对居民的收入审核有相当大的难度，而且政府的财力也十分有限，所以在廉租住房供应对象确定的起步阶段只能是低起点，从解决最困难的家庭入手，一般限定在民政部门确定的享受城市居民最低生活保障的家庭和城镇优抚对象家庭。保障标准的确定也坚持低标准的原则，把困难标准定为人均住房面积 7.5 平方米，对人均住房面积高出 7.5 平方米的家庭则实行租金减免政策；对人均住房面积低于 7.5 平方米的家庭则采取以租金补贴为主、实物配租为辅的政策。配租的租金标准由政府统一定价，一般按最低收入家庭收入的 5%确定。[①]

（五）调控房地产市场，加强住房保障制度建设阶段（2003 年至今）

1. 结合调控房地产市场，规范经济适用住房建设和管理

2004 年，建设部、发改委、国土资源部、人民银行印发了《经济适用住房管理办法》（建住房[2004]77 号），后经过修订又于 2007 年由建设部、发改委、监察部、财政部、国土资源部、人民银行、税务总局印发了修订后的《经济适用住房管理办法》（建住房[2007]258 号）。这个办法是为改进和规范经济适用住房制度、保护当事人合法权益而制定的，经济适用房供应对象由过去的面向城镇广大中低收入家庭调整为面向城市低收入住房困难家庭，并明确经济适用住房制度是解决低收入家庭住房保障政策体系的组成部分，其供应对象要与廉租住房保障对象相衔接。由于经济适用住房是具有保障性质的政策性住房，因而在建设、供应、使用和监督方面必须严格遵守管理办法的规定。该办法对优惠和扶持政策、建设管理、价格管理、准入和退出管理、单位集资合作建房、监督管理等均作了明确规定。

2. 进一步完善廉租住房保障政策

2003 年 12 月 31 日，建设部、民政部、国土资源部、税务总局第 120 号令共同发布了《城镇最低收入家庭廉租住房管理办法》，这是继 1999 年建设部以第 70 号令颁发的《城镇廉租住房管理办法》后，更进一步支持解决城镇最低收入居民住房问题的政策法规。其主要内容有：建立和规范城镇廉租住房制度，从而进一步完善中国城镇住房供应体系；明确可以由地方政府因地制宜地确定本地区廉租住房供应对象标准；实行动态管理，定期核查，

① 谷俊青. 中国城镇住房保障政策体系变革中的缺陷及其完善构想[J]. 现代财经，2009（2）：47-52.

依法处罚；明确了廉租住房保障面积的量化标准原则，并提出保障面积标准原则上不超过当地人均住房面积的60%；确定了以发放住房补贴为主，实物配租、租金核减为辅的保障方式；明确廉租住房建设资金以财政预算安排为主、多渠道筹措的原则，并把市、县财政预算安排的资金和住房公积金增值收益中按规定提取的城市廉租住房补充基金作为固定的资金来源。为了进一步完善廉租住房保障政策，2007年，建设部等九部委又以第162号令公布了《廉租住房保障办法》。对保障方式、保障资金和房屋来源、申请与核减办法、监督管理和法律责任作了进一步明确规定。同时，财政部于2007年以财综64号文件印发了《廉租住房保障资金管理办法》，以便规范廉租住房保障资金的管理，提高廉租住房保障资金使用效益，确保廉租住房保障资金做到专款专用。

3. 加快公共租赁住房建设

为了缓解一些中等偏下收入住房困难家庭无力通过市场租赁或购买住房的问题以及应对新职工的阶段性住房支付能力不足的矛盾和改善外来务工人员居住条件，国家积极稳妥地推进了公共租赁住房建设。2010年，国家颁布了《关于加快发展公共租赁住房的指导意见》（建保[2010]87号），对发展公共租赁房的基本原则、租赁管理、房源筹集、政策支持和监督管理进行了全面规定。

这一时期国家除了规范经济适用住房建设和管理、完善廉租房制度以及发展公共住房建设外，全国各地还不同程度地实施了限价商品住房管理办法。

二、中国现行的住房保障体系

目前我国住房保障体系包括：经济适用房、廉租房、住房公积金、公共租赁房、两限商品房。住房保障体系不仅针对低收入者，也针对高、中收入者。

（一）经济适用房

经济适用住房是政府以划拨方式提供土地，免收城市基础设施配套费等各种行政事业性收费和政府性基金，实行税收优惠政策，以政府指导价出售给有一定支付能力的低收入住房困难家庭。这类低收入家庭有一定的支付能力或者有预期的支付能力，购房人拥有有限产权。

经济适用房是具有保障性质的商品住宅，具有经济性和适用性的双重特点。经济性是指住宅价格相对于市场价格比较适中，能够适应低收入家庭的承受能力。适用性是指在住房设计及其建筑标准上强调住房使用效果的实用性。比如，一些地方实施的安居商品房实质上就是一种经济适用房。

（二）廉租房

廉租房制度与最低生活保障制度属同一层次，是住房保障体系中最基本的制度。廉租房是指政府以租金补贴或实物配租的方式，向符合城镇居民最低生活保障标准且住房困难的家庭提供社会保障性质的住房。简言之，廉租房是解决低收入家庭住房问题的一种制度，廉租房只租不售，出租给城镇居民中最低收入者。在房价上涨、百姓住房问题较困难的背景下，廉租房对低收入家庭住房会起到积极的保障作用。廉租住房保障资金来源于下列渠道：住房公积金增值收益扣除计提贷款风险准备金和管理费用后的全部余额；从土地出让净收益中按照不低于10%的比例安排用于廉租住房保障的资金；市县财政预算安排用于廉租住房保障的资金；省级财政预算安排的廉租住房保障补助资金；中央预算内投资中安排的补助资金；中央财政安排的廉租住房保障专项补助资金；社会捐赠的廉租住房保障资金；其他资金。

（三）住房公积金

住房公积金是单位及其在职职工缴存的长期住房储金。住房公积金制度是国家法律规定的重要的住房社会保障制度，具有强制性、互助性、保障性。单位必须依法履行缴存住房公积金的义务。职工个人缴存的住房公积金以及单位为其缴存的住房公积金，实行专户存储，归职工个人所有。这里的单位包括国家机关、国有企业、城镇集体企业、外商投资企业、城镇私营企业及其他城镇企业、事业单位、民办非企业单位、社会团体。职工和单位住房公积金的缴存比例均不得低于职工上一年度月平均工资的5%；有条件的城市，可以适当提高缴存比例。具体缴存比例由住房公积金管理委员会拟订，经本级人民政府审核后，报省、自治区、直辖市人民政府批准。直辖市和省、自治区人民政府所在地的市以及其他设区的市（地、州、盟），应当设立住房公积金管理委员会，作为住房公积金管理的决策机构。直辖市和省、自治区人民政府所在地的市以及其他设区的市（地、州、盟）应当按照精简、效能的原则，设立一个住房公积金管理中心，负责住房公积金的管理运作。职工有下列情形之一的，可以提取职工住房公积金账户内的存储余额：购买、建造、翻建、大修自住住房的；离休、退休的；完全丧失劳动能力，并与单位终止劳动关系的；出境定居的；偿还购房贷款本息的；房租超出家庭工资收入的规定比例的。

（四）公共租赁房

由于有的地区住房保障政策覆盖范围比较小、部分大中城市商品住房价格较高、上涨过快、可供出租的小户型住房供应不足等原因，一些中等偏下收入住房困难家庭无力通过市场租赁或购买住房的问题比较突出。同时，随着城镇化快速推进，新职工的阶段性住房支付能力不足矛盾日益显现，外来务工人员居住条件也亟须改善。在这一背景下，公共租赁住房制度应运而生。公共租赁房指通过政府或政府委托的机构，按照市场租价向中低收入的住房困难家庭提供可租赁的住房，同时政府对承租家庭按月支付相应标准的租房补贴，其目的是解决家庭收入高于享受廉租房标准而又无力购买经济适用房的低收入家庭的住房困难。《关于加快发展公共租赁住房的指导意见》（建保[2010]87号）规定：公共租赁住房房源通过新建、改建、收购、在市场上长期租赁住房等方式多渠道筹集。新建公共租赁住房以配建为主，也可以相对集中建设。在外来务工人员集中的开发区和工业园区，市、县人民政府应当按照集约用地的原则，统筹规划，引导各类投资主体建设公共租赁住房，面向用工单位或园区就业人员出租。新建公共租赁住房主要满足基本居住需求，应符合安全卫生标准和节能环保要求，确保工程质量安全。成套建设的公共租赁住房，单套建筑面积要严格控制在60平方米以下。以集体宿舍形式建设的公共租赁住房，应认真落实宿舍建筑设计规范的有关规定。

（五）两限商品房

两限商品房即“限套型、限房价”的商品住房。为降低房价，解决城市居民自住需求，保证中低价位、中小套型普通商品住房土地供应，经政府批准，在限制套型比例、限定销售价格的基础上，以竞地价、竞房价的方式，招标确定住宅项目开发建设单位，由中标单位按照约定标准建设，按照约定价位面向符合条件的居民销售的中低价位、中小套型普通商品住房。两限房并不是严格意义上的“保障性住房”。

三、中国住房保障面临的困境

经过30多年的住房制度改革，我国在住房建设方面取得了很大的成就，城市居民人均住宅建筑面积从1978年的6.7平方米上升为2010年的31.6平方米，增长了近5倍，①住房质量、住房成套率、配套设施与居住环境大为改观。但是与其他发达国家或地区相比，我国的住房保障体系建设起步较晚，在推动住房商品化、社会化的过程中，过分地强调住房货币化而否定了住房福利，一度忽视了对低收入群体的住房保障，弱化了住房保障制度的政策导向作用。

（一）缺乏多样化的住房保障融资渠道

1998年全面实施住房制度改革以后，我国住房商品化体系已基本建立，但住房保障措施相对滞后。2005年到2007年，中央连续集中出台了多项关于调整住房供应结构、稳定房价的文件，这表明住房问题已经成为影响社会发展和稳定的重要社会问题，必须进一步深化住房保障制度的建设。财政政策、金融政策是住房政策的重要内容，经济适用房、廉租房、公共租赁房的建设都离不开金融部门的强有力支持。

由于我国住房保障制度建设起步较晚，保障手段比较单一，财政、金融和税收方面的系统配套支持政策还显得不足。自实行住房制度货币化改革以来，为解决中低收入阶层的居住问题，我国住房保障的主要途径是实行经济适用房制度、廉租房制度、公共租赁房制度和住房公积金制度。对经济适用房的运作，国家采取的是变相财政补贴的政策；廉租房制度则实行货币补贴或实物补贴。长期以来，由于资金的制约，各地廉租房的保障覆盖面非常小。廉租房制度推行效果较好的上海，保障覆盖面也才不到被保障人群的1%。公共租赁房制度尚处于起步阶段，仍然由市县级政府负责建设资金的投入，省级政府给予资金支持，中央以适当方式给予资金补助，导致地方政府缺乏激励机制，必然形成建设资金的巨大缺口。尽管1999年颁布了《住房公积金管理条例》（2002年修订），但当前的住房公

① 杜文. 发达国家住房保障制度建设的基本经验[J]. 经济体制改革，2005（3）：140-143.

积金制度还很不完善。最突出的问题是住房公积金覆盖率低，尚未覆盖到城镇所有职工特别是低收入人群，而且公积金贷款和商业银行贷款作为住房消费融资的主要渠道在贷款发放方面存在着严重的社会排斥现象。住房消费贷款的发放对象主要面向中高收入阶层即具有购买商品住宅支付能力的阶层，低收入阶层的购房消费贷款所占的比例极小，住房公积金的作用未能充分发挥。

（二）保障性住房开发指标体系建设滞后

保障性住房不同于一般的商品房，具有保障性、福利性。改善中低收入人群的基本居住状况是建设保障性住房的宗旨。以经济适用房政策为例，在经济适用房政策实施的初期，资源配置过程中曾一度出现“福利倒置”、“目标群体错位”等问题，其直接原因在于经济适用房政策的实施缺乏相应的指标体系的控制。在监控主体缺位、监督成本过高、成本利益机制的驱动下，保障性住房的建设速度很难获得保障，同时房屋的户型设计和销售价格也难以控制。于是，大户型、超标准的“经济适用”房就成为开发商的理性选择，从而把本应获得经济适用房保障的中低收入阶层排斥在保障范围之外。因此，尽管目前国家关于经济适用房、廉租房制度的相关管理规定越来越健全，但是，由于缺乏考核激励机制，有些地区并没有切实贯彻执行。加上社会信用体系建设的缺失，也无法保证仅有的少量经济适用房完全销售给中低收入者。①

（三）流动人口的居住条件堪忧

住房问题不仅是个经济问题，同时也是一个重要的社会问题和政治问题，因为它涉及到居民的基本社会权利。住房保障作为一项公共福利政策，其实质是要让社会成员特别是社会弱势群体能够分享到国家经济社会发展的成果。而建立住房保障制度的根本目的也是为了向公众提供一种既符合社会发展基本要求，同时也能使社会弱势群体保有一种体面的、有尊严的生活保障。因此，住房保障政策的覆盖对象不仅仅应该针对城镇中低收入人群，同时还应包括其他社会群体，如大量流动人口、农民工群体等。生产要素的频繁流动是市场经济的重要特点。随着经济全球化和城市化过程的快速推进，不同城市和区域乃至国家之间人口或人才的流动已经成为刺激和活跃城市与区域经济的动力因素，为了便于在不同区域之间迁徙和流动，这部分人一般不愿在当地购买房屋，而是采取租房的形式。以北京市为例，目前北京市登记流动人口占全市实有人口比重已达 40%，且自 2000 年以来北京市流动人口总量一直呈现高速增长的势头，年均增长 70 万，而市场上几乎没有供流动人口居住的保障性住房。他们大量居住在半地下室或城市外围的城乡结合部地区，这在一定程度上制约了要素的合理流动，也容易滋生犯罪等社会不稳定因素。

（四）针对低收入家庭的住房状况调查不健全

在建立住房保障制度的过程中，对保障对象的识别和保障范围的界定是不同住房保障

---

① 林梅. 当前中国住房保障制度建设面临的困境及对策[J]. 科学社会主义，2012（5）：110-113.

层次之间实现准确衔接和提高政策公平有效性的前提。目前，由于我国关于住房的基础数据不足、住房档案信息系统不健全以及家庭收入和个人信用制度不完善等原因，致使对家庭收入的核定、保障准入的确定难度很大，而且当保障对象的就业、家庭收入状况发生变化时，更难实现适时、准确的动态管理和监测，从而导致保障性住房的“准入”和“退出”缺乏必要的客观监管依据，从而使得保障房政策的实施效果大打折扣。据住房与城乡建设部的调查，尽管全国大部分城市开展了低收入家庭住房状况调查，不少城市建立了低收入家庭住房档案，编制了解决城市低收入家庭住房困难发展规划和年度计划，但仍有相当一部分城市尚未进行低收入家庭住房状况调查。英国政府每年都会委托住房研究机构对国民的住房状况进行调查分析，在充分掌握现有住房状况和住房需求的情况下，制定今后的年均住房供应量，以此指导国家的住房发展建设。这一点尤其值得我们借鉴。

四、深化中国住房保障制度改革的主要措施

（一）建立符合中国国情的住房保障法律法规体系

现行的住房公积金、经济适用房、廉租房、公共租赁房等住房保障制度在实施过程中出现的种种问题，与住房保障的法律法规缺失有着密切关系。与发达国家相比，我国的住房保障法制化建设较为滞后，有关住房保障的政策和制度基本上是由国务院或建设部等相关部门以通知、指导意见或办法的形式发布，不仅缺乏全国性的住房保障法规，甚至连基本的《住房（保障）法》也未颁布，[①]这导致在实际操作中对政府及有关部门特别是地方政府的住房保障责任缺乏足够的约束力。由于缺乏权威法律的规定与约束，有的地方政府热衷于搞城市经营和“土地财政”，纷纷将有限的财力用于各种形象工程，而忽视了普通市民的基本住房保障。因此，应尽快制定出符合我国国情的统一的住房保障法规，从法律上明确规定居住权是公民权利的重要组成部分，并对住房保障的目标、保障原则、基本框架和保障对象、保障标准、保障方式、保障资金的来源及运作方式、专门管理机构的建立和权限的划分等事项做出明确界定，同时规定把住房保障资金列入财政预算，明确各级政府在解决居民住房问题中的责任。

（二）进一步完善住房保障体系的制度设计

住房保障方式的选择与某一发展阶段的住房供求状况有着密切的关系。一般在住房严重短缺时期，政府直接建房的方式有利于增加住宅的供给，加快住房建设；而在住房供求关系比较缓和的时期，房租补贴的方式则更具有选择性，有利于减少保障资金支出和发挥市场作用。换句话说，应根据住房的供求状况随时调整政府和市场发挥作用的范围和方式。我国在发展社会主义市场经济的过程中，随着住房制度改革的不断深入，在公共住房保障方面出现了偏差，一度忽视了保障性住房的建设。为此，国务院提出住房保障的总体要求

① 林梅. 当前中国住房保障制度建设面临的困境及对策[J]. 科学社会主义，2012（5）：110-113.

是努力使住房保障制度惠及更多的住房困难群体，即面向城市低收入家庭，提供廉租住房和经济适用住房；面向既买不起商品房、又不符合廉租房和经济适用房保障条件的"夹心层"，提供限价商品住房；面向新就业人员和外来务工人员，提供公共租赁住房；同时加快棚户区改造；扩大住房公积金征缴范围，力求覆盖所有在职职工；并对各类保障性住房实行严格的准入管理，建立健全申请、审核、公示、轮候、退出机制，对骗取保障房的行为予以严惩。

在贯彻实施国务院上述政策的过程中要重点做好以下工作：一是关注"夹心层"住房问题，大量建设廉租房和公共租赁住房；二是继续完善和规范经济适用住房制度，等到适当时机，逐步取消现行经济适用住房；三是发展专业性住房金融机构，实施完善灵活的住房金融政策。目前，我国尚未有直接面向中低收入家庭发放低息或无息贷款的住房金融机构，还未建立完善的政策性住房抵押贷款风险担保机制，低收入家庭贷款缺乏担保主体，参与住房金融的机构偏少等，住房金融市场尚不完善。因此，必须进一步大力发展住房金融，在目前住房公积金制度基础上完善政策性住房金融体系，积极开展住房储蓄和政策性住房抵押贷款，适当提高公积金的缴存比例，完善贷款担保机制，降低中低收入居民申请贷款的门槛，加大住房金融对住房建设和住房消费的支持力度。

（三）建立可持续的保障性住房资金和房源筹集机制

住房保障供应量差主要受制于缺资金、缺房源。目前廉租房的融资来源主要是以财政预算为主，以公积金增值收益、土地出让净收益等为辅。但这些来源都存在着较大的不稳定性。为此需要强化中央和地方政府住房保障的投入责任；推进住房公积金从现行的"行政化"管理向政策性住房金融的转变，利用公积金闲置资金建设保障性住房，以住房公积金系统为核心，加快建立国家住房银行或政策性住房银行；着力建设住房保障融资平台，打通资本市场融资途径，如整合政府管辖下的各类可经营性不动产（停车位、商业物业和租赁性住房），以其稳定收入现金流为基础成立房地产信托基金；发行市政债券；实施保障性住房开发抵押贷款证券化等。

在房源供应上，除了政府直接投资兴建公共住房外，还可以与私营机构合作建房，比如政府出地企业出资；或政府提供优惠政策，激励私营企业和非营利组织开发建设，在有利于实现政府住房保障政策目标和经济可持续的基础上，将具体经营权转移给企业和非营利组织，即建设—转移模式。也可以是政府从私营企业收购闲置的存量房，由政府拥有，社团组织营运，即购买—拥有—营运模式。或者由私营机构开发建设并拥有产权，进行专业化经营，由政府监督和给予适当政策优惠，即建设—拥有—经营—监督—补贴模式。政府运用信贷、税收政策工具，动员和引导社会各方力量积极参与，也是加快保障性住房建设的重要渠道。

（四）促进房地产市场稳步健康发展

中国庞大的人口规模以及城镇化快速发展所带动的巨大住房需求，一方面带来了房地产市场的繁荣和发展，另一方面也使住房差距拉大、住房供求矛盾紧张。单靠市场的力量很难在短期内解决住房供求失衡的问题。从长期来看，社会最低收入阶层的住房问题也难以靠自身力量解决。发达国家的经验证明，在住房短缺时期政府干预较多；随着住房问题的逐步解决，政府的干预相对减少。目前，我国政府对住房市场干预的手段主要是制定住房建设计划、调控住宅市场需求、对低收入者提供住房保障等。为了促进房地产市场的健康稳定发展，政府一方面应切实履行政府的社会保障职责，尽快增加住房的有效供给，合理引导住房消费，为中低收入家庭提供保障性住房；另一方面，应尊重市场经济规律，综合运用规划、税收、金融、土地等手段，不断改进和加强市场调控，实行供需双向调节，并区分不同地域、不同情况采取不同措施，因地制宜实施调控，防止房价大起大落。

第四节 中国住房保障中的特殊性问题

一、农村地区的住房保障问题

我国为确保粮食安全实施了最为严格的土地管理与保护制度。现行《土地管理法》体现了这一原则。土地管理法对农用地转为建设用地设定了严格的审批程序，对集体建设用地的使用用途也予以了严格管制。现行法律对集体建设用地用途的刚性限制使集体土地无法实现资本化，于是出现了如小产权房等大量违法、违规建筑。另外一方面，土地管理制度的刚性限制也严重阻碍了农村住房福利的改善与增进。[①]

（一）制约农村地区住房保障的主要因素

1. 土地所有权主体界定不清

《宪法》明文规定农村土地归集体所有，《民法通则》中规定农村土地所有权归属于村农民集体所有，而《土地管理法》中却规定农村土地所有权属于农民集体。法律所界定的农村土地所有权主体不统一，且均未对所有权主体的边界予以界定。主体界定的模糊性致使实践操作中很难落实农民本应得到的利益。加之农民土地所有权权能具有不完全性，处分权欠缺，土地流转受到严格限制，集体土地只能经国家征收后才能出让、转让，法律不允许集体间相互买卖土地，所以集体所有权是一种由国家控制，但是由集体来承受其控制结果的一种中国农村特有的制度安排。在实践过程中，某些地区的土地常被以各种名义征收，使相当数量的农民成了失地农民。

2. 住房建设较为分散

目前农村土地及住宅的分散化造成了土地资源的较大浪费，也不利于相关基础配套设施的建设。土地资源的稀缺性决定了农村宅基地保障方式改革的必要性。农村土地小规模

---

① 苏勇. 农村地制创新与住房保障制度的变革[J]. 求索，2010（7）：61-63.

生产模式缺乏规模经济优势，从而导致农业生产率相对低下且农民收入增长缓慢而无法消除农业部门与非农业部门之间的差距。因此，对于农用地的改革仍应考虑农户可合法流转，以期取得规模效益。

3. 对土地流转及用途限制过严

土地流转及用途的限制不利于盘活资产和增进福利。农村土地流转从性质和流向上划分主要包括农民土地承包经营权流转、农村集体建设用地使用权流转、农民宅基地使用权流转和土地征收即强制性所有权流转。在目前制度下，农民对土地的权利属于用益物权（用益物权是物权的一种，是指非所有人对他人之物所享有的占有、使用、收益的排他性的权利）而非所有权，尽管可以依法转让、转租、入股、抵押、收益等，但是其程序与用途却受到极为严格的限制，其处分与收益权能是残缺的。任何稀缺的资源，只有按效益原则进行配置才能发挥其应有价值，而流转是一切稀有资源优化配置的主要途径。目前对农村建设用地（包括宅基地）流转途径与用途的限制导致农民不能将土地配置到经济效益最高的地方，小产权房即是农民寻求土地利益收益最大化的市场行为。此外，在目前农民住房主要靠自己筹资修建的情况下，农民在没有更多财产性收入来源的情况下，住房福利也是无法改善与提高的。因此，农村地制的变革与创新应是一种趋势与必然选择。

（二）农村住房保障的发展方向

1. 建立覆盖农村的住房保障制度

国家应建立覆盖农村的住房保障制度，使农民享有国民待遇。改革开放以来，我国城镇居民一直享受国家福利房的待遇，而农民一直未能享有这样的待遇。在目前的制度设计下，农民主要是无偿获得集体提供的宅基地，农民自己出资修建。但限于大多数农民的收入水平以及土地和房屋的流转限制，农民的土地及房屋实现资产化收益受到限制。就目前的城镇住房保障制度而言，城镇居民在取得普通住房完全产权后，可以对外出租、出售该房屋，而且城镇居民在出售其住房后，还可再次购买自有住房。但是农村村民一户只能拥有一处宅基地，农村村民出卖、出租住房后，再申请宅基地的将不予批准。为此，农民流转自己的土地及房屋后应该允许农民再次土地置业以体现社会公平。

2. 在合法流转土地的基础上形成多形式的住房保障措施

现行土地管理制度将城市与农村土地划上了一道鸿沟，彼此不能越界，其刚性限制已不能适应城乡一体化的时代趋势，因此需要对农村土地制度予以变革。整个社会住房保障体系的建立应将全体国民均纳入保障体系之中。鉴于目前有些城市事实上已经将进城农民纳入保障范围，并且面临大量土地及房屋流转后失地农民的居住问题，国家有必要突破保障性住房仅使用国有土地的限定，可以在集体建设用地之上建设保障性住房特别是廉租房，并视情况回购、承租农民房屋或承租集体建设用地用于廉租住房保障用途，而在集体土地上建设的保障性房屋应首先满足该集体经济组织成员的住房保障需要，多余部分可按照规定分配给其他符合条件的城镇受保障对象。

3. 保护农村集体经济组织与农民利益

不论是征收集体土地、回购房屋还是承租农民集体建设用地或房屋，均应充分考虑农民的利益。在目前土地管理制度未作根本性变革前，除对土地依法征收外，其余对房屋的回购或承租的制度改良程序均应纳入民事程序予以解决，即应遵循民商制度的基本原则，应确保农民集体经济组织以市场平等主体地位参与谈判磋商，而在其内部应建立民主参与决策机制以及利益分享机制，确保农民个体的利益不受损害。[①]

二、农民工住房保障问题

农民工是城市中外来人口的主要组成部分，农民工问题是城市化进程中产生的突出问题。农民工是我国城市经济建设与发展的生力军，对城市社会经济的发展作出了重要贡献。但农民工对城市发展的贡献与农民工在城市中的生活状况和居住条件形成了相当大的反差。这种状况不仅不利于农民工自身的生存和发展，也最终会影响到城市乃至城乡社会经济的整体发展。

（一）城市农民工的居住现状

1. 居住地域分布复杂

城市农民工居住在城市的各个角落。大型成熟社区、城中村或城乡结合部、企业（公司）内部的职工宿舍以及建筑工地的工棚等都居住着大量的农民工。近年来，特别是大中城市廉租住房租金已不再低廉，农民工租房已不能按照就近原则进行租住，他们对租房的区位选择只能越来越向城乡结合部和城市边缘区转移。

2. 居住类型多样

城市农民工居住类型多种多样，有的散居在宾馆旅店或市民家中，有的由企业统一安置于单位内部（宿舍、闲置房）或施工现场。而随着外来人口“常住化”的发展，已有越来越多的人选择以租赁房屋居住和寄住宿舍、工棚为主，此两类居住类型是目前我国大中城市农民工住房的主要类型。

3. 居住质量低下

大量的城市农民工居住在现代化城市的“角落”，这些角落往往处于旧城改造中的“城中村”、“棚户区”，或者是地处城乡结合部甚至近郊区的边缘地带。这些角落的公共基础设施、交通出行、环境卫生等外部条件一般较差。由于工资收入比较低，大量的农民工只能选择便宜廉租住房，这些房屋的生活配套设施一般很不到位。他们往往几个人或全家人居住在20～30平方米的房子内，生活空间狭小。近40%的农民工居住在工棚或集体宿舍里，[②]地方狭窄拥挤，室内肮脏零乱，除了被褥衣物，几无他物。

（二）制约农民工城市住房的主要因素

农民工住房问题是城市化发展过程中必然出现的问题，其直接表现出的是住房问题，但从根本上反映的却是农村与城市、农民工与城市居民之间利益协调等深层次问题。所以，

① 苏勇. 农村地制创新与住房保障制度的变革[J]. 求索，2010（7）：61-63.
② 吕萍、周滔. 农民工住房保障问题认识与对策研究——基于成本—效益分析[J]. 城市发展研究，2008（3）：110-114.

解决农民工的住房问题首要的是要解决农民工在城市中的定位及其与既得利益者的关系问题。

1. 农民工在城市中的定位和认识问题

农民工现象是城市化发展过程中由于区域差异带来的农村人口大量涌入城市的一种表象，也是由于城市发展建设中对劳动力集中需求形成的巨大引力产生的结果之一。对农民工的定位问题成为解决与农民工相关问题的最基本的前提。越来越庞大的农民工群体可以细分为两大类：其一，流动性的劳动力。他们仍以农村为家，以在外务工为生计，不断在不同城市寻找就业机会，如大部分建筑工人等。其二，城市新移民。他们从农村来到城市，并逐渐在城市中落脚，随之逐渐将家迁移到城市，他们在城市中的生活状况与其掌握的知识和技能相关。城市新移民这一部分农民工对城市住房等生活设施的使用要求比第一类所谓流动性的劳动力较高，其城市居住问题的解决已经是不可回避的问题。城市是否最终要接纳这部分新移民，包括住房保障在内的城镇社会保障制度是否要准备接纳这部分新移民，这不仅是认识问题，而且是重大的经济问题和社会问题。

2. 农民工住房与城市低收入居民住房保障的冲突问题

尽管住房保障是中央和地方政府的中心任务之一，但是至今城市低收入居民的住房问题在很多城市并没有得到完全解决。不论主观上是否将农民工纳入城市住房保障，农民工移民进入城市都直接或间接地扩大了住房的需求，增加了住房市场的难度，处理不好也会降低城市居民的福利。可以从两种可能结果来看这个问题：第一，将农民工纳入统一的城市住房保障，无疑直接增加了住房保障的需求数量，对城市住房保障产生压力；第二，不纳入统一住房保障，任其在城乡交接地带、城中村地带，甚至城市一些露天的地方形成集中居住地，这种状况必定会形成城市新的贫民区，也会对城市发展产生负面影响。

（三）解决农民工城市住房保障的策略

1. 建立健全公共住房制度和相关配套制度

切实解决农民工城市住房保障问题，将农民工纳入城市公共住房保障体系，关键是要建立健全城市公共住房制度，并积极完善相关配套制度。现有的公共住房体系中廉租房、经济适用房等保障房主要是针对城镇居民而制定的，对农民工而言还存在着巨大的户籍门槛壁垒。为此，需要建立城乡统筹的农民工城镇住房体制，打破城市保障房制度对农民工的壁垒；建立健全公共住房制度，扩大农民工住房保障范围，逐步扩大廉租房的保障范围，适当放宽廉租住房申请的户籍限制，政府同时给予一定比例的租金补贴；建立良好的退出机制，当农民工的经济状况达到一定条件时，应该退出公共廉租住房，鼓励其进行市场租赁；健全与农民工城市住房相关的户籍制度、子女入学制度、公共医疗卫生保障制度和社区公共服务管理制度，让农民工能够融入城市社会生活。

2. 坚持“分层次、多渠道、按步骤”的原则

由于各城市间的财力水平、外来农民工数量和农民工就业取向等都不尽一致，因此各城市不宜追求整齐划一、一步到位的农民工住房解决行为模式。政府解决农民工城市住房保障问题应坚持“分层次、多渠道、按步骤”的原则，发达省份城市、东部沿海城市、大

中城市先行，欠发达省份城市、中西部城市、小城镇积极跟进。政府、企业、社会等各方面力量积极参与农民工住房保障，在房源的筹措上应拓宽渠道。首先应充分利用城市空置闲置房和企业内部员工集体宿舍；其次政府应出资建设廉租房或低租金公寓，鼓励用工单位投资建设或为农民工租用公寓，或者给农民工租金补助。城市政府应该根据实际情况，逐步推进农民工住房保障工作，从简便易行且能切实保障农民工住房权益的工作做起，等政策时机和财力条件成熟后再向完全市民化住房保障体系过渡。

3. 实行政府引导、行业自律、企业参与、民工自强相结合的道路

仅仅依靠政府一己之力显然背负不起保障农民工住房的沉重经济压力。有效解决农民工城市住房保障问题应该走政府引导、行业自律、企业参与、民工自强相结合之路。尤其是农民工就业分布集中的制造业、建筑业、餐饮行业更需要加强行业自律与参与。制造业企业可以在政府的引导下，在企业集中区利用支持性土地政策为企业员工建设集体公寓，出租给企业的农民工；对于建筑行业农民工的居住问题，重点是通过制定行业标准，对工棚的质量、配套设施等基本居住条件进行硬性规定，推广使用标准化的活动工房；对于餐饮行业农民工的住房问题，重点是对集体宿舍的条件进行规范，制定集体宿舍的条件和标准，明确安全、居住面积等指标。对于自主租赁住房的农民工，可由用工单位发放住房补贴；物业管理行业农民工除可采取发放住房补贴、集中修建农民工公寓等方法外，可探索在商品房小区中修建一定比例的专门住房，提供给为小区服务的物业公司的管理人员、保安、清洁工等居住；而对于从事经商贸易的农民工，相对而言他们是经济条件好、未来潜力大的农民工群体，城市政府可以出台优惠政策，引导他们租房或购房置业。①

三、灾区的住房保障

突如其来的自然灾害在顷刻间会毁损无数的房屋，造成大量城乡灾民无家可归。救灾经验表明，为了向灾民提供有效的住房保障，必须充分分析与估量到灾民所面临与关注的一系列有关住房质量、居住形式、数量和廉价性等实际问题及其客观存在的保障需求。以汶川大地震为例，汶川地震导致了超过 3000 万平方米的建筑物倒塌，1.2 亿平方米的房屋受损，仅四川就有 500 余万居民无家可归。②完成如此艰巨的灾民住房保障任务固然要有强大的财力、物力和技术等后盾支撑，但更迫切的是需要找到和确立解决问题、完成任务的相对最佳路径与方法。

（一）灾区住房保障面临的问题

通常所说的灾民住房问题是指灾民没有住房或住房困难，这只是简单而笼统的描述。现实中真实而完整的灾民住房问题实际是由一系列相关问题所构成的。

1. 住房居住形式问题

自然灾害之后，城乡人口布局在一定区域会发生一定的变动，随之居住形式也将有一

① 刘双良. 农民工城市住房保障问题分析与对策研究[J]. 经济与管理研究，2010（1）：50-55.

② 田焱、任平、王丽娟. 震区灾民的住房问题与住房保障路径探[J]. 经济体制改革，2008（4）：159-162.

定的变化，这种变化体现在以下几个方面：其一，在对灾区异地或远地重建过程中会形成部分租房户，同时在安置城镇灾民的过程中除部分完全失去生活来源和有相当高收入的家庭外，更多的灾民家庭短时期内只能租房居住，由此将扩大租房户的比重；其二，部分孤残灾民可能被收养、寄养或助养，从而形成“寄住”、“借住”等新的居住形式；其三，许多灾前的有房户灾民也可能因一时难以完全恢复其被毁房屋的原有产权状况及关系而不得不面临居住形式的改变。

2. 住房数量问题

从各种自然灾害后的情况看，在重建住房的过渡时期往往呈现出灾民居住拥挤的情况。为此，灾后的住房保障要让灾民拥有一定或最低限度的住房数量、住房间数或面积，以满足基本的生活之需。然而，不同的国家以及同一国家或地区中的不同城乡之间解决住房数量问题的尺度及标准存在较大的差距，这大多取决于当地的经济发展水平和土地资源配置状况等一系列因素。住房数量问题是住房质量问题的另一内在反映，即在现实的居住质量标准中往往蕴含着对面积的要求。这从侧面也说明了解决住房拥挤及数量问题本身即隐含着提高居住质量的问题。因此，在一定住房质量意识及要求下，住房数量（套型或面积）也是灾民所关注的问题。

3. 住房廉价性问题

保障住房的廉价性是解决灾民住房问题，实现住房保障的核心之一。解决住房的廉价性问题有两个途径：一是降低住房成本（包括日后使用成本）；二是提高住户收入。至于降低住房成本至何种程度为宜，这与住房的投资建设成本密切关联。同时，就消费而言灾民住房消费的总体概念及界线是明确的，一是不能超越自己的可承受（即可支付）范围；二是必须在自己收入预算约束条件下进行测算与消费。这些都是常常困惑灾民住房的现实问题，也是针对灾民住房廉价性必然要考虑的具体问题。

（二）保障灾区居民住房的有效途径

1. 制定、完善相应的灾区住房保障法律

自然灾害常有发生，为保障灾民的基本生活，满足灾民的住房需求，要加强专门针对灾害的应对机制及管理的建设，实施制度创新和资源的优化配置。未来需要在法律法规中增加灾民住房保障方式、保障规划及管理等方面的内容，同时对灾民住房保障中政府、企业、公民与此相关的责任、义务及利益等进行必要而科学的界定。

2. 促使保障方式的多样化

借鉴发达国家和地区的经验并结合国内已有的实践经验教训，国家采取了多样化的保障方式，以迅速扩大对灾民住房保障的覆盖和提高保障力度。这些方式主要有：其一，以政府为主导，大力倡导与鼓励企业和公民社会直接、间接参与住房工程的建设，加大各类保障性住房的建设力度，迅速形成较强的保障供给能力和相对完整的梯度保障供应体系，这一方式将是灾民住房重建初期至10年左右时间内的主要保障方式。其二，通过政府机关、企事业单位和中介组织等的引导，并对灾民予以一定的租金补贴、购房补贴（包括贷款利率贴息）、购房者（租房者）个人所得税减免等，或对租方售方进行一定的税费减免等，尽量让灾民获得更加接近其个人偏好与自身条件的市场住房。同时对“借住”、“寄住”性灾民进行一定的住房补贴，以减轻接纳方的住房压力。

3. 对灾区保障性住房进行科学的规划管理

新建灾民的保障性住房必须强调以人为本、科学发展，力求成为功能全、标准高、有利于生活与工作，并能与普通商品房媲美或对接的住房。因此，必须注重以下几个方面：第一，各种保障性住房的规划建设必须将安全放在首位，在房屋区划、总面积和结构设计以及施工等环节具体强化防震意识和防震性能。第二，各种保障性住房的建设必须进行相对集中与插花式的布局，防止同一地区建设规模过大和集中度过高。同时住房面积参照当地水平并结合毁前房屋面积大小，不宜一刀切，也不宜过大或过小（即可在现行廉租和经济适用住房等面积规定标准上浮动），必须进行适度调整与均衡，在保障其基本居住面积的同时，应适当有所提高。此外在住房外观及工程设计等方面，力求与周围社区的纹理及人文环境融为一体。但如果是整城、整片大规模的重建，则又应有意识地体现房屋外形上的差异，以形成多样化的社区纹理及人文环境。第三，对于乡村灾民自建自保的房屋，政府应建立相对严格的规划、设计和建筑质量标准，并组织技术力量，无偿援助、辅导和检验这些自建房，以确保乡村灾民的居住安全。

本章小结

1. 住房保障是国家依据法律规定，通过国民收入再分配而对居民基本居住水平进行保障的一项社会保障制度安排。住房保障体系的构建应该坚持适时调整原则、统一部署分层操作的原则、协调住房保障与市场机制原则、总体规划与分步实施的原则。

2. 发达国家住房保障的基本形式有：政府公房建设模式、租房租金补贴和购房税收优惠模式、住房建设补贴模式。发达国家住房保障经验对我国住房保障制度建设提供了重要启示。

3. 目前我国住房保障体系包括：经济适用房、廉租房、住房公积金、公共租赁房、两限商品房。住房保障体系不只针对低收入者，也针对高、中收入者。经济适用住房是政府以划拨方式提供土地，免收城市基础设施配套费等各种行政事业性收费和政府性基金，实行税收优惠政策，以政府指导价出售给有一定支付能力的低收入住房困难家庭。廉租房制度与最低生活保障制度属同一层次，是住房保障体系中的最基本制度。廉租房是指政府以租金补贴或实物配租的方式，向符合城镇居民最低生活保障标准且住房困难的家庭提供社会保障性质的住房。住房公积金是单位及其在职职工缴存的长期住房储金。公共租赁房指通过政府或政府委托的机构，按照市场租价向中低收入的住房困难家庭提供可租赁的住房，同时政府对承租家庭按月支付相应标准的租房补贴，其目的是解决家庭收入高于享受廉租房标准而又无力购买经济适用房的低收入家庭的住房困难。两限商品房即“限套型、限房价”的商品住房。两限房并不是严格意义上的“保障性住房”。

4. 住房问题与国家利益、社会公共利益和居民的切身利益息息相关。目前中国住房保障制度尚面临着缺乏多样化的住房保障融资渠道、保障性住房开发指标体系建设滞后、流动人口的住房保障不力、针对低收入家庭的住房状况调查不健全等问题。

5. 我国的农村住房保障问题、农民工住房保障问题及灾区住房保障问题较一般的城镇住房社会保障具有一定的特殊性。国家需要采取特殊的住房保障措施以满足这三类人群的住房需求。

思考题

1. 什么是住房保障？
2. 从世界范围来看住房保障通常有哪些形式？
3. 简述我国住房保障制度的发展历程。
4. 述评我国现行的住房保障体系。
5. 我国住房保障制度的特殊性体现在哪些方面？
6. 发达国家住房保障制度为完善中国住房保障制度建设可以提供哪些经验和启示？

深度阅读

1. [瑞典]吉姆·凯梅尼. 从公共住房到社会市场——租赁住房政策的比较研究[M]. 王韬译.北京：中国建筑工业出版社，2010.

这是一本关于北欧国家社会住房理论及租赁房体制比较研究的重要著作。它介绍了一种英美自由主义之外的社会住房模式，并沿着一条理论上非常清晰、概念上更为成熟的线路重构了这个研究领域。本书虽然只是对住房问题中一个特殊领域的研究，但是它为所有住房研究者所面临的如何开展理论上更为严谨的住房研究作出了示范。作者凯梅尼通过梳理欧洲大陆（尤其是北欧国家）社会住房模式的历史理论根源和实施机制，他提出北欧国家的社会住房并非是英美自由主义的一个变体，而是建立在对于经济与社会之关系、市场与政府之角色完全不同的认识基础之上的。凯梅尼提出的北欧国家社会市场理论将有助于拓宽我们在社会住房问题上的视野，打破英美自由主义话语在住房政策中的统治，探索更为适合中国国情的住房政策。

2. 李勇辉. 城镇居民住宅消费保障制度[M]. 北京：中国经济出版社，2005.

住宅消费保障制度作为社会保障的重要内容之一，具有社会“减震器”和“安全网”的作用，完善的住宅消费保障制度对于经济、社会、政治等方面都具有重大意义。它是保障社会公平、维护社会安定、促进社会、经济健康稳定发展的重要手段。本书以住宅消费保障的基本理论为切入点，对住宅消费保障制度的内涵、特性及其与社会保障制度的关系进行了系统的探讨，从实践的角度分析了我国住宅消费保障制度的内容及我国城镇居民住宅消费的现状，提出了我国住宅消费保障制度的目标和任务。同时，在比较研究国外住宅消费保障制度发展特色与经验的基础上，以我国国情和市场经济体制要求为背景，构建了我国住宅消费保障制度框架和内容。最后，本书分别从住房公积金制度、经济适用房政策、廉租房制度及拆迁最低保障等方面进行了深入的研究和探讨，提出了我国城镇居民住宅消费保障的制度设计原则、具体途径和有效对策。

3. 马智利. 我国保障性住房运作机制及其政策研究[M]. 重庆：重庆大学出版社，2010.

伴随着我国20世纪80年代开始的住房制度改革，保障性住房体系一直在实践中不断丰富和发展，但是作为一个涉及内容十分广泛和繁杂的课题，保障性住房体系的建设在我国的进展一直十分缓慢。近年来，随着我国城市化进程的加快和房价的高速上涨，城镇中低收入家庭住房问题越来越需要得到解决，保障性住房政策已经成为各级政府和广大学者研究的重点。本书通过对我国保障性住房政策发展状况的剖析，借鉴先进国家和地区的成功经验，在充分调研和仔细研究的基础上，努力探索出一条适合我国国情的保障性住房改革发展之路。

第十一章 社会福利制度

社会福利与人们的日常生活密切相关，适当的社会福利制度安排有助于提高人们的生活水平。国内外关于社会福利制度的研究和实践有着悠久的历史。本章首先介绍社会福利的概念、理论基础、分类以及社会福利制度的内容。在此基础上介绍中国社会福利制度的变迁、发展与相关内容。

第一节　社会福利概述

一、社会福利的概念

社会福利是一个多元、模糊而又复杂的概念，理论界往往回避给出一个定义，其主要原因是因为社会福利的产品、对象、功能或目标等属性往往不确定、不清晰，并且经常处于变化之中。[①]社会福利作为社会政策和社会科学中的一个基础和核心概念，其界定具有非常重要的理论和现实意义。不同国家、民族和地区由于经济发展水平、传统文化价值理念、政治制度、社会结构等不同，他们对社会福利的性质、功能的理解也就存在差异性。同一国家在不同历史时期对社会福利的内涵界定也是动态变化的。

一般认为，汉语中的社会福利一词是由英语“social welfare”翻译而来的。Social Welfare首先出现于罗斯福总统和丘吉尔首相1941年拟定的《大西洋宪章》和1945年的《联合国宪章》中。在学术研究中，社会福利作为一个术语一直没有一个统一的定义。综合国内外学者的观点，一般可以将社会福利分为狭义和广义两种概念界定。

狭义的社会福利界定可分为剩余性狭义社会福利观、制度性狭义社会福利观和发展性狭义社会福利观。剩余性狭义社会福利观认为，社会福利是疗救社会病态、预防或矫治社

① 徐月宾. 社会福利的概念及其演变：社会政策是生产力[J]. 社会福利（理论版），2012（1）：10-15.

会问题的一种制度或手段。根据《新大不列颠百科全书》的定义，狭义的社会福利又称福利服务，其对象是“弱势群体”，目的是疗救社会病态。尚晓援指出，狭义的“社会福利”是指为帮助特殊的社会群体、疗救社会病态而提供的社会服务，它与“社会保障”的制度安排同为促进人类幸福的制度措施，只是针对不同的社会问题。[①]多吉才让指出，社会福利仅指“民政部门代表国家提供的针对弱势老人、残疾人、孤儿和优抚对象的收入和服务保障”。[②]制度性狭义社会福利观提出，社会福利应面向所有社会成员，而不仅仅是困难群体或弱势群体，但社会福利的层次仅限于保障社会成员的基本生活。发展性狭义社会福利观认为，社会福利的服务对象是全体公民，其功能在于提高公民的生活水平和生活质量。王思斌指出:“社会福利是指在解决了人们的基本生存需要之后更好地生存或发展的一种状态。”[③]

广义的社会福利观认为，社会福利是指政府和社会团体为提高社会成员的物质和精神生活水平而采取的种种措施。张建明指出:“社会福利是指国家和社会为保障社会成员的基本生活而采取的措施及服务，包括社会救济、社会保障、社会服务等子系统。”[④]尚晓援认为，广义的“社会福利”制度指国家和社会为实现“社会福利”状态所做的各种制度安排，包括增进收入安全的“社会保障”的制度安排。[⑤]周沛对社会福利的界定为：社会福利是以政府及社会为主体，以全体社会公民与社区居民为对象，以制度化与专业化为基本保证，以保障性与服务性为主要特征，以社会支持网络为主要构架，以物质资助和精神支持为主要内容，以解决社会问题为目的，旨在不断完善和提升公民的物质与精神需求，提高社会生活质量的社会政策和社会制度。[⑥]美国的《社会工作词典》指出，社会福利具有两个方面的含义：“第一，一种国家的项目、待遇和服务制度，它帮助人们满足社会的、经济的、教育的和医疗的需要，这些需要对维持一个社会来说是最基本的。第二，一个社会共同体的集体的幸福和正常的存在状态。”[⑦]美国的《社会工作百科全书》对社会福利的界定为：“社会福利是一个宽泛的和不准确的词，它最经常地被定义为旨在对被认识到的社会问题作出反应，或旨在改善弱势群体的状况的有组织的活动、政府干预、政策或项目。社会福利可能最好被理解为一种关于一个公正社会的理念，这个社会为工作和人类的价值提供机会，为其成员提供合理程度的安全，使他们免受匮乏和暴力，促进公正和基于个人价值的评价系统，这一社会在经济上是富于生产性的和稳定的。这种社会福利的理念基于这样的假设：通过组织和治理，人类社会可以生产和提供这些东西，而因为这一理念是可行的，社会有道德责任实现这样的理念。”[⑧]

美国学者米基利提出，社会福利是“当社会问题得到控制时，当人类需要得到满足时，

---

① 尚晓援.“社会福利”与“社会保障”再认识[J]. 中国社会科学，2001（3）：113-121.
② 多吉才让. 中国社会福利丛书[M]. 北京：中国社会出版社，2002.
③ 王思斌. 社会工作导论[M]. 北京：北京大学出版社，1998.
④ 张建明、龚晓京. 社会福利与社会保障关系刍议[M]. 北京：中国社会科学出版社，2001.
⑤ 尚晓援.“社会福利”与“社会保障”再认识[J]. 中国社会科学，2001（3）：113-121.
⑥ 周沛. 社会福利体系[M]北京：中国劳动社会保障出版社，2007.
⑦ R.L.Barber. The Social Work Dictionary[M].Washing D.C., NASW Press, 1999.
⑧ R.L.Barber. The Social Work Dictionary[M].Washing D.C., NASW Press, 1999.

当社会机会最大化时，人类正常存在的一种情况或状态”。[①]米基利主张从两个层次来分析社会福利的含义，并指出：社会福利既可以指社会福利状态，也可以指社会福利制度。当人们把社会福利当作一种状态来看待时，社会福利是指人类生活中的幸福和正常的状态。当人们把社会福利当作一种制度来看待时，社会福利制度是为达到社会福利状态而作出的集体努力（包括政府的努力）。他认为，社会福利制度包括三种：非正式的社会福利制度、正式的社会福利制度和国家的社会福利制度。美国学者威廉姆·H. 怀特科等认为：“社会福利的目的就是帮助人们在其社会环境中更有效地发挥作用，包含两层意思：（1）满足人们的基本生存需要（充足的营养食品、衣服、房屋、医疗保险，清洁的水和空气）；（2）满足人们必需的心理的、精神的社会交往需要……社会福利还应该提供包括以下内容：为使人们参与经济建设而提供充分的教育，提供咨询以认识并处理个人所遇到的困难，提供就业门路和其他社会活动。”[②]

综上所述，社会福利可以从狭义和广义两个方面来进行界定。狭义的社会福利一般指国家政府部门通过财力和政策手段保障特定人群并使之改善社会生活、提高生活品质的一种制度措施。在中国，狭义的社会福利主要是指民政部主管的社会福利，包括老年人福利、残疾人福利和儿童福利三大部分。广义的社会福利内在地包含各项具体的社会福利制度，但绝不仅仅是这些制度的总和，应是指支撑社会福利制度并确保其有效运行，以满足福利对象需求的一整套相互联系的观念主张和资源、制度、组织、人员、程序、技术安排。广义的社会福利覆盖到了全体社会公民，对福利的内涵进行了创新，对其外延进行了拓展，认为社会福利是为保障社会成员过上更好的物质和精神生活而进行的一种制度安排，社会福利不仅为社会成员的物质生活给予安全保障，更使其精神生活品质得到提升。[③]

二、社会福利的理论基础

（一）社会福利的思想基础

1. 空想社会主义的社会福利思想

（1）早期空想社会主义的社会福利思想

早期空想社会主义的代表人物主要有两个，托马斯·莫尔和康帕内拉。托马斯·莫尔（Thomas More，1478～1535）是英国人，他是空想社会主义的鼻祖，著有《乌托邦》。他提出未来的理想社会应该是人类社会福利得以充分发展和进步的社会；需要特别重视医疗卫生福利；主张消灭私有制。康帕内拉（Tommaso Campanella，1568～1639）是意大利人，著有《太阳城》。康帕内拉提倡未来的理想社会应该是人们互帮互助和重视国民福利的自然和谐社会，“太阳城”社会中有专门负责社会福利和社会发展事务的领导。

① Midgley, James. Social Welfare in Global Context[M]. London, Sage, 1997.

② [美]威廉姆·H. 怀特科、罗纳德·C. 费德里科. 当今世界的社会福利[M]. 解俊杰译. 北京：法律出版社，2003.

③ 戴建兵、曹艳春. 论我国适度普惠型社会福利制度的构建与发展[J]. 华东师范大学学报（哲学社会科学版），2012（1）：26-32.

（2）19 世纪空想社会主义的社会福利思想

19 世纪空想社会主义的代表人物主要是法国人傅立叶、圣西门和英国的欧文。傅立叶（Charles Fourier，1772～1837）著有《关于四种运动和普遍命运的理论》、《经济的新世界或符合本性的协作的作为方式》等著作。他提出了自己独特的社会保障基本理念，把保障划分为以下两种：一是低收入阶层生存和福利的劳动保障；二是高收入阶层社会关系的真理保障。相应的保障制度也有两种：一是福利保障制度；二是经济利害关系上的安全和诚实保障制度。圣西门（Claude Henri de Rouvory de Saint-Simon，1760～1825）著有《人类科学概论》、《新基督教》等著作。他认为优良的社会制度首先要尽可能使社会上的大多数人过着幸福的生活，拥有最多的资料和可能满足他们的最切身的需要；社会进步和人们得到幸福主要依靠国家和政府。为了实现为民造福的目标，首先必须解决所有制问题，同时应该实行平等制度。欧文（Robert Owen，1771～1858）著有《新社会观，或论人类性格的形成》、《致工业和劳动贫民救济协会委员会报告书》、《新道德世界》等著作。剖析当时社会制度和探讨社会问题加剧的原因是欧文社会福利思想的基本内容。欧文认为，英国当时的社会问题和工业化的发展直接相关，工业化非常不利于个人或者一般的幸福。贫困问题是欧文首先关注的社会问题。他指出，英国贫困问题的加剧与英国工业化的发展不可分割。英国当时存在贫民的惟一原因是尽管一部分人愿意从事劳动却没有为他们安排有用的生产性劳动。欧文认为，社会问题的真正原因在于私有制的存在。欧文呼吁社会关注普通民众的生活问题，他指出，社会不仅应该关注农业和商业利益，英国成百万贫民的福利问题同样应该引起人们的密切关注。欧文认为，国家应该采取措施，通过对失业者提供工作的办法帮助他们走出失业和贫困。欧文批评了当时英国实施的济贫制度。他指出，对贫民现金救济不仅毫无益处而且还会有害处，我们应当提供条件，让贫民通过自己的劳动赚得一种可靠而舒适的生活，不但要指导他们如何以最有效的方式进行劳动，同时还要把他们安排在最有利于增进幸福和道德的环境中。

2. 功利主义的社会福利思想

边沁（Jeremy Bentham，1748～1832）是功利主义的代表人物，他是功利主义的奠基人，著有《政府片论》、《道德和立法原则引论》。边沁认为，功利是指人们避害趋利的倾向，这是一切美德的验证和尺度，也是忠诚的验证和尺度。他把幸福分为生存、安全、充裕和平等四个具体目标。他关心的重要问题之一就是如何实现最大多数人的最大幸福。由于个人追求私利是正当的，每个人的私利或者幸福达到了最大化则社会幸福就会实现最大化。因此，政府就不应该干涉，而应实行自由放任政策。

3. 霍布豪斯的社会福利思想

霍布豪斯（Hobhouse，Leonard Trelawny，1864～1929），英国新自由主义思想家，著有《认识论》和《自由主义》等著作。他认为，国家应该对社会经济生活给予干预。他在社会福利方面的主要思想有：主张国家应该保护儿童，为此国家应该建立一套卫生和教育的公共制度；母亲应该待在家里照顾小孩，这比外出工作对社会的贡献要大得多；社会福利是社会遗产的一部分。霍布豪斯认为，解决英国社会经济制度的缺陷既要依靠个人的责任，也要依靠国家和社会的责任。

4. 费边社会主义的社会福利思想

费边社会主义（Fabian Socialism）又称为费边主义（Fabianism），它是英国费边社所主导的一种民主社会主义学派。1884年成立于伦敦的费边社系由少数具有社会理想的青年知识分子所组成，重要的代表人物有：韦伯夫妇（Sidney and Beatrice Webb，1859～1947，1858～1943）、萧伯纳（1856～1950）、格雷厄姆·华莱斯（Graham Wallas，1858～1932）、H. G. 威尔斯（1866～1946）与克莱门特·艾德礼（1883~1967）。费边主义者的基本信念认为，由资本主义到社会主义的实现是一个渐进而必然的转变过程。他们看到英国民主宪政的扩展以及劳工组织的发达足以促成必要的社会改革，因此排斥列宁阶级斗争及激烈革命的观点，主张研究社会实况，以民主渐进温和的手段，透过选举投票来解决问题。费边主义企图以国家作为推动改革的工具，主张废止土地私有制、工业国有化，以及实现各种社会福利。费边社会主义充分认识到社会福利对提高国民的道德水平和促进社会文明的作用。费边社会主义在社会福利方面的主要思想有：（1）为了使所有儿童都能够充分享受到教育，国家必须建立公共教育福利制度；（2）病人和没有劳动能力者等弱势群体的所有需求都应该通过公共福利来解决，同时不能要求他们去承担任何的公共负担；（3）国家应保证每个公民的生活水平不低于最低生存水平，因此必须制定一个最低工资标准。

5.《贝弗里奇报告》的社会福利思想

贝弗里奇（William Beveridge，1879～1963）是英国著名的经济学家，他毕生致力于英国社会保障制度的建立和发展。他认为，所谓福利国家就是国家应该消除国民的五大毒瘤，即消除贫困、疾病、无知、陋隘和失业；他主张社会保障是国家的一种责任；在医疗、教育和住房方面，国家应该承担起系统而综合地提供各种社会服务的责任。

6. 蒂特马斯的社会福利思想

蒂特马斯（Richard M. Titmus，1907～1973），英国人，著有《福利国家论集》和《今日福利国家的目标》。蒂特马斯对市场制度坚决反对，但他认为国家可以解决市场制度在社会福利方面所带来的不足，并主张建立一种普遍性的国家福利制度。他认为，国家福利制度具有以下五大职能和目标：（1）社会福利服务可以通过许多途径并在许多方向上对社会收入实施分配与再分配，这是市场制度难以做到的；（2）国家福利能够促进社会的紧密结合与协调；（3）社会福利服务在解决社会问题时具有重要作用；（4）国家福利可以促进个人与社会福利的发展；（5）社会福利服务还是一种投资方式。①

7. 艾哈德的社会福利思想

艾哈德（Ludwig Erhard，1897～1977）是德国著名的社会市场经济理论家，著有《大众的福利》和《社会福利经济之路》。他主要的社会福利思想有：（1）经济发展是社会福利发展的基础；（2）反对福利国家、反对集体福利；（3）把竞争机制引入社会福利领域；（4）强调个人努力的作用和地位；（5）适当的社会福利制度能够提高全社会的道德水平，主张政府应该促进社会福利的合理发展。

① 丁建定、魏科科. 社会福利思想[M]. 武汉：华中科技大学出版社，2005.

8. 布莱尔的社会福利思想

托尼·布莱尔（Tony Blair），1953 年 5 月 6 日生于英国北部的苏格兰首府爱丁堡一个中产阶级家庭，原英国首相，也是当代“第三条道路”思想家与政治家，著有《新英国》等著作。在福利政策上，布莱尔主张社会公平，强调个人、社会和国家共同的责任感，提出“第二代福利”的观点。第二代福利具有以下特点：（1）第二代福利不仅仅是给予施舍，重要的是给予扶持；（2）第二代福利能够适应家庭生活方式的变化；（3）第二代福利承认，公民身份是建立在权利与义务的基础上的；（4）第二代福利不应该加强中央政府的权利，而应该鼓励公共和私人合作，发挥地方政府和公民的积极性；（5）第二代福利的目标是要消除英国中等收入阶层的不安全感和低收入者的贫困。

（二）社会福利的一般理论

1. 政府与市场的作用

社会福利需要政府与市场的共同作用才能有效地发挥其功能，共同作用具体表现为政府的宏观管理和市场的微观运作，也就是说社会福利中政府与市场的共同作用是在政府的政策指导下各类社会福利经办机构根据市场机制来运作。

2. 权利和义务的对应理论

在社会福利制度中，世界各国往往把国民个人所享受的福利待遇与对此的贡献相挂钩，具体表现为国民个人享受待遇时往往要支付一定的费用。

3. 社会福利的多元化与私有化理论

社会福利的多元化表现在：社会福利实施主体的多元化；社会福利管理的多元化。社会福利私有化表现在：社会福利计划的建立应该以国民个人自由、自助为前提条件；资金来源上，国家财政尽量少承担费用，单位和个人多负担相关费用；管理上，国家尽量少参与管理，让私有机构参与管理；社会福利项目的私有化。[①]

三、社会福利的分类

依据不同的划分标准，社会福利有各种不同的分类。这里主要介绍几种：[②]

（一）残补型社会福利与制度型社会福利

依据国家在社会福利供给中承担的职能来划分，社会福利可以分为残补型社会福利与制度型社会福利。20 世纪 60 年代初，著名的社会学家威伦斯基和莱博克斯在研究工业化对美国福利制度的影响时，根据国家在社会福利供给中承担的职能，将社会福利制度划分为残补型（也称为补缺型或剩余型）和制度型两种类型。

残补型社会福利是指国家的社会福利机构只有在其他通常的渠道如家庭和市场不能维持时才应为遇到困难的人提供帮助，实际上是一种针对弱势群体的有限的、基于家计调查

① 钟仁耀. 社会救助与社会福利[M]. 上海：上海财经大学出版社，2005.

② 郑功成. 社会保障概论[M]. 上海：复旦大学出版社，2008.

的服务。制度型社会福利是指视社会福利服务为现代工业社会承担常态第一线的功能，以提供制度化的、针对全体人民的普遍福利为标志，当人民在日常生活中参与一般社会、经济、政治、教育制度的活动时，就很自然地享受该制度与体系的福利功能与服务。

（二）现金给付、实物给付与社会服务

按照社会福利资源提供的具体形式来划分，社会福利可以分为现金给付、实物给付与社会服务。

（三）全民性福利与选择性福利

按照社会福利资源的分配方式来划分，社会福利可以分为全民性福利与选择性福利。全民性福利是指社会成员在社会福利资源分配的过程中，不论贫富皆有资格享受福利服务。选择性福利是通过社会福利机构将社会福利资源分配给那些真正需要福利服务的低收入者，其服务对象具有选择性而非全民性，选择的方法一般是通过家计调查，审查合格后才能够享受政府所提供的各种社会福利服务。

（四）老年人福利、残疾人福利与儿童福利等

按照社会福利对象的群体特征，社会福利可分为老年人福利、残疾人福利与儿童福利等。对社会福利这种分类将会在下一节中着重介绍。

第二节　社会福利制度内容

一、老年人社会福利

老年人社会福利是社会中每个人都需要的。随着人口老龄化趋势的不断加强，老年人社会福利的需求也日益增长，老年人福利在社会福利体系中占有非常重要的地位。

（一）老年人社会福利的含义

老年人福利是指国家和社会通过提供福利设施、福利津贴和社会服务来满足老年人的生活服务需求，并促使其生活质量不断得到改善的一种社会制度安排。

（二）老年人的社会福利需求

从老年人的生活需求出发，老年人的福利需求可以归纳为以下几个方面：

1. 经济需求

人进入老年后，由于身体机能衰退，必然要退出劳动领域，其收入来源中断，但其生

活仍需要继续。因此，老年人面临的最基本的问题还是由于收入中断或收入减少所带来的经济问题，从而使经济保障成为老年人安度晚年的必要条件。在各个国家，老年人的经济保障除了来源于家庭以及自己的积蓄外，主要来源于养老金、老年津贴与老年救济等。

2. 健康需求

人进入老年阶段后，生理功能减退，抵抗疾病的能力下降，患病的几率增加，且极易患老年性疾病，这会影响其行动能力和独立生活能力。因此，老年人对健康保障的需求尤其迫切。

3. 情感需求

在现代社会里，老年人收入的中断或减少、参与社会活动和经济活动的减少、社会地位的降低等都可能导致老年人感情空虚，尤其是在家庭结构的小型化、核心化、少子化以及空巢化的大趋势下，老年人极易产生孤独感。因此，老年人不仅需要转变角色以增强自己的适应性，还需要相应的情感保障。

4. 生活照料需求

随着年龄的增长，老年人特别是高龄老年人的自我生活照料能力会出现持续下降，从而特别需要有相应的生活照料服务。如果子女不在老人身边，这种需求会表现得更加突出。

5. 其他需求

随着人们预期寿命的延长，现代社会老年人对技能培训和文化教育等会有新的需求；同时，在脱离原有的工作环境后，老年人也有参加娱乐和其他社会活动的需求。

（三）老年人福利的主要内容

从世界各国老年人社会福利的实践发展来看，老年人社会福利的内容主要有老年经济保障、老年生活照料、老年社会服务及其他相关内容。①

1. 老年经济保障

老年经济保障是指对退出劳动领域或丧失劳动能力的老年人实行的社会保护和社会救助措施，主要包括养老金、医疗保险、贫困救助、高龄津贴等。一些国家或地区普遍提供的国民年金实际上就是老年人的经济福利。

2. 老年生活照料

老年生活照料是对于因年事已高而在生活中存在困难的老年人进行的生活上的照料，包括吃、穿、住、行等方面以及医疗保健方面的照顾。老年人的生活照料分为三种形式：家庭照料、机构照料和社区照料。

（1）家庭照料

家庭照料是指将需要照顾的老年人留在家中或让其呆在自己熟悉的环境里，而由社会提供生活上的照顾，主要有两种形式：家庭寄养与家庭助理服务。家庭寄养是为了使一些孤单老人可以享受家庭生活而不被送到养老院，社会服务机构会征募一些愿意收养老年人的家庭，政府再对收养老年人的家庭给予补助。在英国，政府会对这些老年人寄养家庭每

① 李迎生. 社会工作概论[M]. 北京：中国人民大学出版社，2004.

个星期发给照顾老年人所需费用、津贴。家庭助理服务是让老年人居住在自己家中而由社会服务机构上门提供服务。在丹麦、美国等国家，政府都提供家庭助理服务。

（2）机构照料

机构照料就是在一定的专门社会服务机构内为老年人提供护理、食宿、生活服务的照顾。进行老年人照顾的机构根据其收住对象的不同，其提供的服务可以分为以下几种：①安老院：主要是针对那些没有亲属并且也没有了工作的老年人，所提供的服务主要是住宿和饮食以及一些像协助穿衣等非医疗性的服务。②疗养院或护理中心：提供全天候的专业护理以及医疗服务。住在疗养院的费用会随着所提供的医疗服务的专业性和密集性的不同而有所不同。③日间照顾中心：有些老年人虽然住在家中，但由于自己家里人忙于工作难以对老年人照顾周全，因此也需要机构提供某些服务。日间照顾中心在白天为这些老年人提供保护性的环境以及精神上的支持。老年人在这里可以享受到生活上、医疗上的帮助以及精神上的支持。④身心障碍中心：针对具有身心障碍老人的需要，除了特别的医疗照顾外，还需要一些医疗设备。在丹麦，很多郡都设有残障中心来帮助有此需要的老年人。服务的项目包括提供外科的整形、假肢、绷带、特别椅、床垫、浴室设备、助听器和室内外的轮椅等。

（3）社区照料

社区照料是让那些需要照顾的老年人住在自己家中或者尽可能地在靠近他们社区的机构中接受照料。社区照料建立在老年人自立、与社会保持接触和常态生活的基础之上，其目的是帮助老年人体现出作为社区成员的角色，尽可能让他们生活在一个“常态”的社会环境中。社区照料的服务项目包括解决老年人的住房安置、提供家庭之外的医疗卫生服务和为老年人的全面健康而提供的专业咨询和情感援助。

3. 老年人社会服务

老年人社会服务包括老年人心理和社会服务、老年人教育服务和老年人就业服务等。

（1）心理和社会服务

面向老年人的心理和社会服务包括以下几个方面：一是个人协助，主要是减轻老年人生活压力，改善家庭关系或社会关系，提供老年人福利咨询，解决老年人各种困难等；二是团体活动，主要是促进团体成员之间相互了解，改进老年人的观念或态度，增加老年人的生活知识等；三是社区交流，主要是为了促进老年人与社区居民交流，参与社区中各种活动等；四是促进老人人际关系，主要是了解妨碍老年人人际关系的各种因素，通过正式或非正式团体推动老年人积极参与社会活动，改变不良习惯和原有的消极态度；五是老年人活动中心等，充实老年人生活，增进老年人之间的交流。

（2）教育服务

面向老年人的教育服务通常包括：①老年大学，是指为全社会老年人设立的传授知识和技术的培训学校；②图书馆、博物馆及艺术馆等；③老年人职业学校、老年人讲座或补习教育、老年人学习性俱乐部、关于退休前的教育等方面的服务。

（3）就业服务

一些老年人在退休后有着再就业的想法。社会上普遍比较重视年轻人的就业问题，但老年人就业问题也不应被忽视。老年人就业是“老有所为”的体现。而一些学历高、身体健康的老年人具有丰富的实践经验，他们继续在各行各业中发挥作用对社会经济发展是十分有利的。老年人就业服务还包括退休者再雇佣训练与辅导、退休制度的改进研究、老年人创业或老年人就业专项计划等。①②

二、残疾人社会福利

残疾现象是社会固有的现象，也是人类社会发展过程中必然付出的代价，因此早在济贫时期残疾人就与孤儿、老人并称为“最值得救济的人”，需要接受国家的救助。随着现代社会的发展和公民社会权利的提升，残疾人社会福利水平的提高日益成为衡量社会文明与进步程度的重要标志。

（一）残疾人的界定

对于残疾人，国内和国外法律、法规都有明确的界定。1983 年第六十九届国际劳工大会通过的第 159 号国际劳工公约《残疾人职业康复和就业公约》对残疾人的定义是：残疾人是指因经正式承认的身体或精神损伤在适当职业的获得、保持和提升方面的前景大受影响的个人。联合国大会于 1975 通过的《残疾人权利宣言》中对残疾人的定义是：残疾人是指任何由于先天性或非先天性的身心缺陷而不能保证自己可以取得正常的个人生活和社会生活上一切或部分必需品的人。通常情况下，中国认为残疾人是指因病伤造成身体缺损或生理功能障碍，在心理适应和社会适应方面出现问题而影响日常生活的人。

以缺陷为标准，残疾人可分为智力残疾、肢体残疾、听力残疾、视力残疾、语言残疾、多重残疾和其他残疾等多种类型。

（二）残疾人社会福利的含义

残疾人社会福利是指国家和社会为残疾公民在年老、疾病、缺乏劳动能力及退休、失业、失学等情况下提供基本的物质帮助，并根据社会的经济、文化发展水平，给予残疾人相应的康复、医疗、教育、劳动就业、文化生活、社会环境等方面的权益保障，实现残疾人“平等、参与、共享”的目标。

残疾人社会福利包括为保障残疾人在衰老、疾病、缺乏劳动能力及退休、就业、失学等情况下，从国家和社会获得足够的物质帮助而建立起来的特定保护的援助制度，如残疾人社会救助、养老保险、失业保险和医疗保险等；同时也包括国家和社会团体等兴办的各种社会福利事业、福利设施和福利服务，如残疾预防、残疾人康复、残疾人教育、残疾人就业及残疾人文化娱乐等。

① 郑功成. 社会保障概论[M]. 上海：复旦大学出版社，2008.
② 潘锦堂. 社会保障通论[M]. 济南：山东人民出版社，2012.

（三）残疾人社会福利的主要内容

虽然各国的残疾人社会福利政策有所差异，但总体而言，残疾人社会福利的基本内容一致。按残疾人社会福利的领域来划分，一般包括残疾人生活保障、残疾预防、残疾人康复、残疾人教育、残疾人就业、残疾人文化体育和无障碍环境建设。按残疾人社会福利提供的方式来划分，通常包括残疾人社会福利制度和残疾人福利服务，前者包括残疾人社会福利行政和残疾人社会福利立法，后者包括残疾人社会福利设施、残疾人社会福利服务或者残疾人社会工作。

具体来讲，残疾人福利的主要内容包括以下方面：

1. 残疾预防

残疾预防是指采取一些行动来避免社会成员出现生理、智力、精神或感官上的缺陷（初级预防）或防止缺陷出现后造成永久性功能限制或残疾（二级预防）。残疾预防可包括许多类别的行动，如产前产后的幼儿保健、营养学教育、传染病免疫运动、防治地方病的措施、安全条例、在不同环境中防止发生事故的方案，包括改造工作场所以防止职业残疾和疾病，预防由于环境污染或武装冲突而造成残疾。简单地说，残疾预防是指在了解致残原因的基础上，利用现有的医疗卫生技术等手段，积极采取各种有效措施和途径，防止、控制或延迟残疾的发生。

2. 残疾康复

残疾康复是指使残疾人达到和保持生理、感官、智力、精神和社交功能上的最佳水平，通过专业化的程序和技术，对生理的、心理的、行为的残疾人实施再教育和再塑造，增强他们适应社会的能力，以便使其进入正常的社会生活。它具体包括医疗康复、心理康复、教育康复、社区康复、社会康复等，其目的在于通过各种康复手段使残疾人回归社会。

3. 残疾人教育

残疾人教育是改善残疾人状况、提高残疾人素质的关键手段，也是残疾人平等参与社会的根本保证。残疾人教育包括学前教育、基础教育、高等教育、职业技术教育和成人教育等。特殊教育是对有特殊需求的人实施的教育，在教育过程中需要有特殊的教具、学具和特殊的教学方式。

残疾人教育福利包括以下三个方面：（1）有关残疾人教育的法律、法规；（2）残疾人教育机构；（3）与残疾人康复相关的教育训练。

4. 残疾人就业

残疾人就业也是残疾人福利的重要内容之一，现代残疾人福利重视残疾人自身的发展，倡导残疾人自立，其中一个重要表现就是采取各种措施保障残疾人就业。

保障残疾人就业的福利措施一般包括两个方面：一是利用法律手段或政策手段保护残疾人就业的机会，世界各国都有相应的法律明确规定企业有义务雇用一定比例的残疾人。二是开展残疾人职业康复，提供残疾人职业咨询、职业评估、职业治疗、职业培训等福利服务。

5. 残疾人文化体育

早期的残疾人社会福利一般比较注重残疾人物质生活方面需要的满足。随着残疾人社会福利的不断发展，残疾人文化体育活动开始活跃，这有利于丰富残疾人的精神生活。残疾人体育就是其中影响深远的内容之一，现在许多国家都把残疾人体育的发展视为本国体育发展、经济发展水平与文明程度的标志并予以高度重视。

6. 无障碍环境

无障碍环境包括物质环境、信息和交流的无障碍。物质环境无障碍要求城市道路、公共建筑物和居住区的规划、设计、建设应方便残疾人通行和使用，如城市道路应满足坐轮椅者、拄拐杖者通行和方便视力残疾者通行，建筑物应考虑在出入口、地面、电梯、扶手、厕所、房间、柜台等处设置残疾人可使用的相应设施和方便残疾人通行等。信息和交流的无障碍要求公共传媒应使听力、言语和视力残疾者能够无障碍地获得信息和进行交流，如影视作品、电视节目的字幕和解说，电视手语，盲人有声读物等。

在物质环境无障碍设计上，世界各国都制定了相应的法律、法规，并在实际的建筑设计中实施，为残疾人创造开放、方便、安全的行动空间。在信息和交流的无障碍环境上，网络信息技术的发展对无障碍环境建设提出了新的要求。这包括两个方面：一是残疾人获取信息的机会权利；另一个是残疾人使用网络的无障碍，包括计算机硬件辅助的问题及计算机软件的设计问题等。

三、儿童社会福利

儿童是国家的未来、人类的希望。儿童的地位与命运是一个民族地位与命运的标志，儿童的发展状况在一定程度上决定着一个国家的前途。儿童社会福利发展状况不仅标志着一个国家社会生产力发展水平，也是社会公正、进步的最重要指标之一。

（一）儿童社会福利的含义

儿童社会福利是一个十分复杂的概念，它包含着理念、策略、社会政策、机构、行为等多方面的内容。首先，儿童社会福利是一种哲理，是一种社会观念。这里包含着社会公正、平等、公平等社会意识，承认儿童的社会弱势地位，尊重儿童发展的能动性、主动性，尊重每一个儿童的独特性的进步儿童观，以及成人社会和政府的责任、策略等丰富的内涵。其次，儿童社会福利是一种社会政策。它是通过社会政策立法的方式对儿童需求的满足，对儿童权利的保障以及对儿童发展的支持与保护。再次，儿童社会福利是一种社会机制建设，是在社会政策的指导和制约下，社会通过政府的协调、整合，机构的服务、配合，程序的规范、衔接，制度的完善等社会自身的机制建设，实现儿童福利目标，保障每一个儿童的发展。第四，儿童福利还是一种社会行为和社会服务，它要通过家庭、社区、社会组织等多方面的社会行为为所有的儿童特别是处于困难境地的儿童提供服务，通过家庭建设、社区发展以及社会组织的多种服务使儿童的困境得到改善，使儿童的成长获得必要的条件。

概括来讲，儿童社会福利是指政府和社会为所有儿童提供健康的生存环境和接受教育的机会，保护其合法权益，向其提供个人成长所必需的各种保护性措施和社会服务的制度安排。

（二）儿童社会福利的内容

儿童社会福利主要包括如下内容：

1. 儿童医疗健康

儿童医疗健康福利是指国家和社会面向儿童提供相应的医疗保健设施和服务。例如：对儿童实行预防接种制度，积极预防儿童常见病、多发病，提供必要的卫生保健条件，做好预防疾病工作。兴办专为儿童医疗保健服务的儿童医院，或者在全科医院中设立儿科；开展儿童保健工作，定期进行儿童健康检查、预防接种、防止常见病、多发病，使儿童健康成长。在实施上述项目中，一般由国家财政提供专门拨款，用以补贴。

2. 普及义务教育

义务教育是一项面向儿童的教育福利事业，普及义务教育是保障每一位学龄儿童有受到教育的机会，对接受义务教务的儿童免收学费，对家庭贫困的儿童给予教育补贴等。

3. 儿童文化娱乐

建立和完善适合未成年人文化生活需要的场所和设施，同时鼓励社会团体、企事业单位和其他社会组织、公民个人参与未成年人福利事业。在具体内容方面，主要是建立和普及托儿所、幼儿园，为婴幼儿提供良好的活动、生活条件和保育服务；建立儿童活动中心、少年之家、少年宫、少年活动站以及儿童公园、儿童乐园等儿童活动、学习场所。

4. 孤残儿童福利事业

对于孤残儿童，建立相应的福利机构来集中收养，或者在财政补贴下通过家庭领养、代养、收养的方式提供保障。如儿童福利院是政府部门在城市举办的以孤儿为主要收养对象的社会福利事业，其主要任务是收养家庭无力看管的孤残儿童。此外，还有SOS儿童村等。另外，为减轻残疾儿童的残障程度、恢复其自理生活能力和从事劳动的能力，建立残疾儿童康复中心，专门为残疾儿童提供门诊和家庭咨询，开展各种功能训练和医疗、教育、职业培训等。①

第三节　中国社会福利制度

新中国的社会福利制度是从20世纪50年代建立并发展起来的，在计划经济时期形成了以职工福利为核心的国家负责、城乡分割、板块结构式的制度安排，几乎涉及城镇居民生活的各个方面。20世纪80年代以后，中国社会福利制度进入了转型时期，形成了以老年人福利、残疾人福利、儿童福利为主要内容的基本制度框架。

---

① 陈银娥. 社会福利[M]. 北京：中国人民大学出版社，2009.

一、中国社会福利制度的历史沿革

中国的社会福利制度是从20世纪50年代初建立并发展起来的，若以时间段作为标准划分，社会福利制度的发展可分为三个阶段。[①]

（一）建国初期的社会福利制度

新中国成立后，随着国民经济的恢复和发展，人民政府在建立劳动保险制度的同时，也开始着手社会福利制度的创建。建国初期，社会福利制度主要包括民政福利和职工福利两大部分的内容。

政府包办的民政福利是建国初期社会福利制度的基本组成部分，主要是针对城镇孤寡老人、残疾人、孤儿等。民政福利又分为社会福利企业与社会福利事业两大类。前者是通过建立福利企业吸纳残疾人就业等方式来满足他们的基本生活需求问题，后者则属于收养性机构，主要包括各种福利院、精神病院等。据统计，截至1953年年底，全国共有城市社会福利救济事业单位920个，先后收容了孤老、孤儿、精神病人及其他人员37.4万人。当时，民政福利是与社会救济紧密结合的，统称“救济福利事业”。其管理办法是中央和地方财政共同出资开办，由各级民政部门直接举办、直属管理，所需经费、物资等全部统一纳入国家或地方预算。当时，由国家、集体和社会共同为帮助残疾人就业而组织的各项生产经营活动统称为“社会福利生产”。从1952年开始，一些城市本着“生产自救”的宗旨，由城市贫民和烈军属参加的手工业或小型工业生产发展后，逐渐吸纳残疾人加入。1956年以后逐步改变为专门安置残疾人的企业，即所谓的“社会福利企业”。此外，在人民政府的倡导下，一些全国性的民间社会福利团体组织建立起来。1950年4月，中国人民救济总会成立；1950年8月，中国福利基金会更名为中国福利会；1953年3月，中国盲人福利会成立；1956年2月，中国聋哑人福利会成立。这些全国性的民间福利组织在提供福利服务、救灾救济、扩大和发展社会福利统一战线等方面发挥了不可忽视的作用。

除覆盖面较小的少量特殊群体的民政福利外，绝大多数城镇居民主要是通过各个机关、企事业单位提供的职工福利来获得社会福利的。只要是本单位的正式职工便可享受由所在单位提供的职工福利。作为新中国最重要的福利制度，职工福利可以分为三类，即：福利补贴，它是为减轻职工生活费用开支，如探亲补贴、生活困难补助等；集体福利设施如理发室、宿舍、托儿所、食堂、幼儿园、浴室等是为职工生活提供方便、减轻家务劳动而举办的；文化福利组织和设施如各种文娱体育活动、俱乐部、文化宫等丰富了职工生活。

（二）计划经济体制下的社会福利制度

中国的社会福利制度经过二十多年在计划经济体制下的探索，在曲折中不断地发展、扩充，形成了板块分割、封闭运行、国家负责的福利制度框架。这个框架的主要特征有：

① 刘珊. 中国社会福利政策发展与改革方向研究[J]. 云南大学学报（社会科学版），2013（1）：101-105.

对城镇居民进行价格补贴，对农村实行五保供养；针对单位内就业人员，国家通过“高就业、低工资、高福利”的方式提供职工福利；对未就业的单位以外的人员、城镇孤寡老人、残疾人、孤儿等则实行民政福利。

职工福利是传统福利制度的核心内容，在建国初期也存在某种程度的项目混乱、制度规定不合理、管理不善，以及福利待遇过高等问题。针对这些问题，国务院先后出台了多项指示和规定以改进不合理的制度，并对劳保福利工作、制度进行整顿。经过“文革”后，职工福利制度与企业经营成果脱钩。改革开放初期，随着国家工作重心转向经济建设，政府修改了福利基金的提取与使用办法，建立起一些福利补贴制度。据统计，1978～1984 年，全民所有制单位职工福利费用增长了近 2 倍。另外，城市民政福利和农村五保供养制度得到了较大幅度的发展。在教育、住房分配，对购买粮食、食用油及有关副食品给予相应的价格补贴等都是计划经济下的社会福利。

（三）市场经济转轨中的社会福利制度改革

随着中国经济体制改革的逐步推进，人们对拓宽福利服务领域、增加福利设施、提高社会福利层次等提出了新的要求。再加之城乡发展、地区发展不均衡，人口老龄化程度加速以及计划生育导致的家庭规模小型化等因素的影响，传统的社会福利制度已不能满足当前多层次、多形式的福利需求。因此，势必要对传统福利制度进行改革，促其转向现代社会福利制度，以实现城乡福利服务均衡发展。

在职工福利的改革中，首先实行的是厘清工资与福利的关系，将部分职工福利转化为工资的一部分，避免保险与福利相互挤占、混淆不清。设立企业社会保险基金，包括职工和非在职职工的养老、失业、医疗、生育、工伤等项目。其次，以社会化为方向，推动有条件的机关和企事业单位将现有的咨询机构、信息、交通运输工具、内部服务设施等向社会开放，开展有偿服务，自主经营，独立核算，逐渐从“企业办社会”的困扰中解脱出来，把大多数单位的原后勤服务社会化，使之与市场经济运行机制结合起来，成为第三产业的重要组成部分，给市场带来了活力。在职工福利改革中改革幅度较大的一项就是对住房福利制度进行改革，逐步推行八十年代初的“优惠售房”试点，1998 年年底停止企事业单位的福利分房。在推行住房商品化改革的同时，国家建立了由职工和所在单位共同缴纳的住房公积金的制度，建设与出售经济适用房，实行廉租房制度和公共租赁房制度，积极推行“两限房”政策。

在民政福利改革方面，国家努力促使其由补缺型向适度普惠型转变。这包括社会福利机构改革、社会福利企业改革、社会福利经费来源多渠道化改革三个方面。在社会福利机构改革中，民政部于 1984 年提出了社会福利事业“三个转变”发展战略和改革方向，即：进一步由供养型向供养康复型转变，由救济型向福利型转变，由封闭型向开放型转变。2005 年 11 月，民政部发布的《关于支持社会力量兴办社会福利机构的意见》提出：“社会福利社会化是在社会主义市场经济条件下发展社会福利事业的必经之路，推进社会福利社会化必须广泛动员社会力量多渠道、多层次参与福利事业、兴办福利机构，开展形式多样的系列化服务。”在社会福利企业的改革中，大力发展社会福利生产，坚持贯彻分散安置和集中安置相结合的政策，发动全社会做好残疾人劳动和就业保障工作。截至2009年年底，全国共有吸纳残疾职工就业的福利企业22783个，吸纳残疾职工62.7万人，全年实现利润125.4亿元，年末固定资产1454.1亿元。社会福利经费来源方面逐步打破了国家或单位包办的格局，形成了福利经费多渠道机制。社会福利经费来源包括政府财政拨款、城乡集体单位投入、福利彩票的发行以及社会捐献。2009年，中央财政共向各地转移支付民政事业费1227.0亿元，占民政事业费总额的56.2%。民政系统彩票公益金共支出113.4亿元，资助项目用于福利类收养性单位的有49.3亿元。共接收社会捐款68.6亿元，其中捐赠物资折款2.2亿元。这些捐赠款物使1522.3万人（次）困难群众从中受益。

社会化服务体系中的一个重要部分是社区服务。社区服务是指政府、社区居委会以及其他各方面力量直接为社区成员提供的公共服务和其他物质、文化、生活等方面的服务。截至2009年年底，全国共有各类社区服务中心17.5万个，其中提供住宿的综合性社区服务中心674个，不提供住宿的综合性社区服务中心9329个；居委会社区服务站5.3万个，其他社区服务设施11.2万个，社区服务志愿者组织28.9万个。目前，社区服务正在部分地取代传统职工福利的许多功能，计划经济时代的“单位人”正在向市场经济条件下的“社区人”转变。

二、中国适度普惠型社会福利制度的建设与发展①

（一）适度普惠型社会福利及其特点

英国著名学者菲利普·布朗在《资本主义与社会进步——经济全球化及人类社会未来》一书中曾经提到解决福利问题的四种途径：第一种是将福利变为普遍福利，从而向全体公民提供同样价值的福利，而不论他们的收入和财务状况如何；第二种是根据中产阶级和工人阶级的状况和期望，向他们提供不同种类的福利待遇；第三种是向全体公民提供某种最低限度的福利，但允许中产阶级通过私人计划使他们自己的福利要求得到满足；最后一种是为极其贫困的人提供指标福利，并让其余的人选择私人福利的担保。我们可以借此从中抽象出三种形态的福利模式，即传统的补缺型或残补型社会福利模式、适度普惠型社会福利模式和普惠型社会福利或全民福利模式。②中国学者王思斌认为，适度普惠型社会福利是面向全体国民同时又涵盖社会生活基本领域的社会政策和制度。③吴世民指出，适度普惠型社会福利是由政府和社会基于本国经济和社会状况向全体国民提供的，涵盖其基本生活主要方面的社会福利，包括失业保险、贫困救助、医疗保险、住房保险及老人、残障服务等，与资本主义福利国家提出的大福利概念相似。④

戴建兵、曹艳春认为，适度普惠型社会福利是从传统的补缺型社会福利向全民普惠型

① 这部分内容参见：戴建兵、曹艳春．论我国适度普惠型社会福利制度的构建与发展[J]．华东师范大学学报（哲学社会科学版），2012（1）：26-32.

② 菲利普·布朗．资本主义与社会进步——经济全球化及人类社会未来[M]．刘榜离译．北京：中国社会科学出版社，2006.

③ 王思斌．我国适度普惠型社会福利制度的建构[J]．北京大学学报（哲学社会科学版），2009（5）：58-65.

④ 吴世民．大民政与适度普惠型社会福利制度[N]．北京日报，2011年2月28日．

社会福利转变的中间形态，它与特定的社会发展进程相联系。中国适度普惠型社会福利制度是指从步入小康社会到 21 世纪中叶达到中等发达国家水平这一阶段所要实现的一种福利化进程。其中，“普惠”是要建立一种全体国民均能享受的福利模式，“适度”是指中国社会福利的建设具有阶段性。在适度普惠型社会福利建设的初级阶段，人们所能享有的福利水平和获得的福利项目是低标准和不平衡的；随着经济的发展和社会民主的扩展，福利待遇和福利项目逐步走向全面和高水平，并最终达到全国一致。适度普惠型社会福利具有三个一致性，一是福利规模和经济发展水平相一致；二是福利进程与国民观念、社会民主发展相一致；三是福利实现程度与物质技术条件相一致。[①]

（二）中国发展适度普惠型社会福利制度的基础条件

美国学者威伦斯基和李宾士（1958）在《工业社会与社会福利》一书中提出了两种福利范式：剩余性福利和制度性福利。他们认为，社会福利可以分为两类，一类是低水平、满足特定人群需要以及强调家计调查的剩余性福利；另一类是高水平、满足所有公民需要以及无需特定获取资格的制度性福利。前者为补缺型福利，它把社会福利作为一种外生变量，认为只有当家庭或市场运作失灵时，国家才承担起责任，进行危机干预。这一模式旨在为遭受家庭不幸或市场失败的人群提供独立的安全保障网。它将救助贫困作为政府社会功能的基本出发点，旨在使贫穷最小化，进而发展到把国家的社会保护网扩大到所有工业社会中可能遭遇社会风险的人群。该模式是与经济水平不发达、社会民主化程度低联系在一起的。后者则是与经济发展高水平以及高度发达的民主进程联系在一起的，该模式把国家的社会责任放在一个至高的地位，同时以高度发达的经济作后盾，为全体公民提供从“摇篮到坟墓”的全面福利，因而是一种普惠式的社会福利。

长期以来，中国实行的是补缺型社会福利，这种福利制度是与当时的经济发展水平以及社会民主化进程联系在一起的，它为中国消除贫困、改善人民生活发挥了重要作用。但是随着中国经济的发展和社会政治制度的完善，建立一种更高层次的社会福利体系已显得十分必要。

首先，中国社会经济已经发生重大变化，正步入中等发达国家水平，具备了建立更高水平、更广覆盖的社会福利的基础。经过改革开放 30 多年的发展，中国经济实力和综合国力大幅提升。中国已经具备构筑更高层次社会福利体系所需的物质条件。

其次，中国在民主进程和社会文化制度建设中日益重视改善民生，发展人民福利。中共十六大报告明确提出全面建设小康社会的宏伟目标，指出“我们要在本世纪头二十年，集中力量，全面建设惠及十几亿人口的更高水平的小康社会，使经济更加发展、民主更加健全、科教更加进步、文化更加繁荣、社会更加和谐、人民生活更加殷实”；中共十七大报告指出：“必须在经济发展的基础上，更加注重社会建设，着力保障和改善民生，努力使全体人民学有所教、劳有所得、病有所医、老有所养、住有所居，推动建设和谐社会”，“加快建立覆盖城乡居民的社会保障体系，保障人民基本生活。社会保障是社会安定的重要保

① 戴建兵、曹艳春. 论我国适度普惠型社会福利制度的构建与发展[J]. 华东师范大学学报（哲学社会科学版），2012（1）：26-32.

证。要以社会保险、社会救助、社会福利为基础，以基本养老、基本医疗、最低生活保障制度为重点，以慈善事业、商业保险为补充，加快完善社会保障体系”。中共十八大报告指出：“统筹推进城乡社会保障体系建设。社会保障是保障人民生活、调节社会分配的一项基本制度。要坚持全覆盖、保基本、多层次、可持续方针，以增强公平性、适应流动性、保证可持续性为重点，全面建成覆盖城乡居民的社会保障体系。改革和完善企业和机关事业单位社会保险制度，整合城乡居民基本养老保险和基本医疗保险制度，逐步做实养老保险个人账户，实现基础养老金全国统筹，建立兼顾各类人员的社会保障待遇确定机制和正常调整机制。扩大社会保障基金筹资渠道，建立社会保险基金投资运营制度，确保基金安全和保值增值。完善社会救助体系，健全社会福利制度，支持发展慈善事业，做好优抚安置工作。建立市场配置和政府保障相结合的住房制度，加强保障性住房建设和管理，满足困难家庭基本需求。坚持男女平等基本国策，保障妇女儿童合法权益。积极应对人口老龄化，大力发展老龄服务事业和产业。健全残疾人社会保障和服务体系，切实保障残疾人权益。健全社会保障经办管理体制，建立更加便民快捷的服务体系。”这些为适度普惠型社会福利制度的建设和发展奠定了政策基础。

再次，中国已经具备建立更高层次社会福利的理论和认识基础。随着中国社会保障制度的发展，人们对福利的看法已经发生重大变化。大民政思想逐渐取代小民政观念，狭义的福利观逐渐被广义的福利观所取代，改变小福利思想、还原普遍福利思想已逐渐被社会接受，从补缺型社会福利向适度普惠型社会福利转型已经初步实现了制度上和观念上的统一。2007 年 10 月，民政部适时地提出构建适度普惠型社会福利，正是反映了中国进入中等发达经济水平和制度转型的时代要求。

（三）构建与中国经济社会相适应的适度普惠型社会福利制度

1. 构建适度普惠型社会福利制度的主要原则

第一，政府主导、多方参与原则。中国社会福利制度的发展必须发挥政府主导作用。只有加强政府的领导，才能进行整体规划、协调运作；才能保证足够的资金投入，制定高层次的法律法规。然而，根据福利多元主义原则，在政府主导的前提下，必须发挥各方能力，共同促进社会福利制度的发展。这包括以下措施：培育较为完善的非营利性的社会福利机构提供社会福利服务，形成政府向非营利社会福利机构购买社会福利服务的机制；发挥各种社会团体和个人的力量，培育专业工作人员和志愿者，有效组织社会福利服务输送；吸引各种慈善组织和企业、个人捐赠，补充社会福利资金来源。

第二，协调发展、逐步实施原则。社会福利分为微观、中观和宏观三个层次，分别对应补缺型、适度普惠型和普惠型三种模式。这三种福利层次是与当时的经济、社会环境相适应的。2007 年年底，民政部根据中国的综合国力，提出将推进中国社会福利由补缺型向适度普惠型转变，加快社会福利事业发展，建立与当前中国经济水平相适应的社会福利体系，这是与我国当前的综合国力相适应的。随着社会经济的发展，中国必将逐步建立起普惠型社会福利制度，为全国人民提供较高水平的社会福利。

第三，标准合理、满足需要原则。社会福利制度设立的根本目标是为被覆盖人群提供生活保障、心理帮助和服务帮助。因此，社会福利的提供必须以人们的需要为根本点，根据需要设计福利项目和福利服务。只有从人们的需要出发才能提供有效的福利服务。

第四，保障全面、兼顾心理原则。目前中国的社会福利模式主要是关注被覆盖对象的物质生活，忽视了他们的精神和心理需求，在给予社会福利服务的过程中或多或少带有一些不顾被覆盖对象的尊严而强加某些条件的现象。因此，在实施社会福利的时候必须兼顾生活与尊严需求。在社会福利工作中应创设针对精神和心理贫乏的精神和心理帮助。

第五，严格评估、跟踪监测原则。绩效评估和效果监测必然成为社会福利体系的一部分。在初创阶段，有必要从起步抓起，建立绩效评估和效果监测机制，用群众的观点、发展的观点和全面的观点来看待和评估社会福利制度中的各项工作。

2. 中国适度普惠型社会福利制度具备的特征

中国适度普惠型社会福利必须具备的基本特征有：（1）国民全覆盖。国民全覆盖是适度普惠型社会福利制度发展的终极目标。（2）城乡一体化。城乡一体化是指在中国城市和乡村都建立相同的全国通行的福利制度，福利项目最终走向一致，福利待遇从差别走向统一。（3）地区普及化。全国各省份都要构建这一制度。（4）项目全面化。根据马斯洛需要理论，人的需要包括五个不同层次，社会福利项目对五个层次的需要都要有所涉及，对人各方面的需要提供保障。（5）水平提升化。只有不断提高社会福利水平，才能满足人们日益增长的物质和文化需要。（6）形式多样化。适度普惠型社会福利的方式包括实物形式，服务形式，货币形式和精神、心理形式，通过多种形式实现社会福利的给付与传递。（7）主体多元化。随着社会福利制度的发展，社会福利提供主体将走向多元化，由政府、社会团体和个人组成。（8）实施分步化。适度普惠型社会福利的目标应分割成若干个步骤和阶段性目标，在各个阶段实现阶段性目标，最终才能实现适度普惠型社会福利制度的总目标。

3. 中国适度普惠型社会福利制度建构的衔接时机选择

（1）衔接时机的确定

适度普惠型社会福利制度实施阶段从 2010 年开始，到 2050 年中国经济社会全面达到中等发达国家水平时为止，时间长达 40 余年。适度普惠型社会福利发展进程包括三个阶段：第一个阶段是适度普惠型社会福利制度初级阶段，从 2010 年到 2020 年，中国全面实现小康水平，社会福利覆盖面实现弱势群体全覆盖，福利水平随经济发展水平稳步增长；第二个阶段是适度普惠型社会福利制度中级阶段，从 2020 年到 2030 年，中国经济继续稳步增长，社会福利制度实现全体国民全覆盖，社会福利水平发展到较高层次；第三个阶段是适度普惠型社会福利制度的高级阶段，从 2030 年到 2050 年，中国经济达到中等发达国家水平，届时实现适度普惠型社会福利的完善和提升并最终过渡为普惠型社会福利制度。

（2）衔接时机选择的依据

①人口变化依据。第六次人口普查结果表明，中国 65 岁以上人口达 118831709 人，占总人口的 8.87%。根据中国人口学领域著名学者陈卫的测算，2020 年时，中国 65 岁以上人口将达到 19654 万人，2030 年时将达到 23921 万人，分别占总人口 12%和 16%。中国 0～14 岁少儿人口数预计到 2018 年达到峰值，约为 26415 万人，2050 年 0～14 岁人口数约为 21068 万人。中国 0～14 岁少儿人口占总人口的比重呈不断下降趋势，将从 2005 年 20.6%

下降到 2030 年的 15.8%，此后 20 年将维持在 15%左右。[①]可见，无论是总人口数量、65 岁以上人口数量，还是 0～14 岁人口数量及其所占比例，在 2020 年和 2030 年都将出现转折点。老龄化程度的加重呼唤更完善的养老保障体系，要求建立更全面的老年福利制度；而儿童数量的减少有利于用既有的财富提高儿童的福利水平。因此，我们可以把 2020 年和 2030 年作为中国适度普惠型社会福利制度的重要衔接点。

②中国经济社会发展战略依据。1987 年 10 月，中共十三大提出中国经济建设总体战略部署：第一步，1981 年到 1990 年实现国民生产总值比 1980 年翻一番，解决人民的温饱问题；第二步，到 20 世纪末国民生产总值再增长一倍，人民生活达到小康水平；第三步，到 21 世纪中叶人民生活比较富裕，基本实现现代化，人均国民生产总值达到中等发达国家水平。中共十五大提出了“两个一百年”的战略目标：到建党一百年时，使国民经济更加发展，各项制度更加完善；到 21 世纪中叶建国一百年时，基本实现现代化，建成富裕民主文明的社会主义国家。2002 年，中共十六大报告提出：“我们要在本世纪头二十年，集中力量，全面建设惠及十几亿人口的更高水平的小康社会，使经济更加发展、民主更加健全、科教更加进步、文化更加繁荣、社会更加和谐、人民生活更加殷实。”中共十七大报告指出，确保到 2020 年实现全面建成小康社会的奋斗目标。由上可知，2020 年和 2050 年是中国的重要战略部署的时间节点，即建党 100 年全面建成小康社会；建国 100 年基本实现现代化。社会福利制度是在宏观经济社会建设的大环境下不断发展的，要符合宏观战略部署的规划和要求。因此，中国有必要将 2020 年和 2050 年作为社会福利制度发展的战略阶段划分时点。

③中国经济发展水平估算依据。改革开放以后，中国宏观经济经历了高速增长，国民总收入从 1978 年的 3645.22 亿元增长到 2012 年的 519322 亿元，人均国内生产总值从 381.23 元增长到 38354 元，人均国民生产总值增长率平均每年都在两位数以上。经济的高速增长使得中国的经济实力不断增强，财富不断增多，这为社会福利的实施提供了强大的资金保障，为中国的社会福利制度从补缺型向适度普惠型转变提供了经济上的支持。从中国与世界上其他国家的人均国内生产总值的绝对值来看，2010 年中国人均国内生产总值达 4000 多美元，超过发达市场经济国家 1970 年的人均水平。发达国家的福利制度从 20 世纪 70 年代已经进入全面发展时代，走向了普惠制。因此，中国从 2010 年开始具备发达国家初建普惠型社会福利制度的经济实力。结合中国的经济发展态势和发达国家的经济发展周期性与阶段性规律，我们可以假定中国的人均国内生产总值增长率缓慢下降，2011～2020 年平均增长率为 8%；2021～2030 年为 6%；2031～2040 年为 5%；2041～2050 年为 4%。按此测算，中国人均 GDP 2020 年将突破 1 万美元，2030 年将达到 2 万美元，2050 年末达到 4 万美元，接近当前美国等发达国家的人均 GDP 水平。从国外社会福利的发展历程来看，人均 GDP 达到 1 万美元的时候，国家有充足的财力用来建设社会福利制度，社会福利项目和水平将得到较大幅度的提升。到 2050 年末，中国社会福利制度可以逐步走向普惠型。

① 陈卫. 中国未来人口发展：2005－2050 年[J]. 人口研究，2006（4）：93-95.

三、中国老年人社会福利

人口老龄化已成为当今世界面临的重大社会问题之一，这一问题在中国尤其明显。与中国进入老龄化快速发展阶段一同到来的问题是家庭小型化日渐明显，老年人对养老的需求与家庭实际能提供的帮助存在很大的差距，这就迫切要求加快推进社会化养老进程。但目前中国“社会化养老”明显不足，这使得老年人福利需求与供给的矛盾日益凸显。完善老年人社会福利政策、加快老年人社会福利制度建设已经成为中国社会福利社会化改革的首要关注重点。

老年人社会福利问题传统上以济贫和机构服务为重点。近年来，一些学者根据老年人的福利需求，结合国际经验，提出运用医疗服务、健康服务、家庭服务、日常生活照料以及整合社区资源等服务功能综合为老年人服务。从中国的实际出发，针对老年人社会福利存在的问题，完善老年人社会福利政策和加快老年人社会福利制度建设应是中国社会福利改革的重点。

（一）中国人口老龄化的特点

当今世界各国都面临人口老龄化的问题，但像中国老龄化速度之快，高龄人口之多，却是世界人口发展史上罕见的。中国人口老龄化呈现数量大、增长快、未富先老等特点。

一是老年人口基数大。根据 2010 年第六次全国人口普查的数据显示，65 岁及以上人口为 118831709 人，占总人口的 8.87%。同 2000 年第五次全国人口普查相比，0～14 岁人口的比重下降 6.29 个百分点，15～59 岁人口的比重上升 3.36 个百分点，60 岁及以上人口的比重上升 2.93 个百分点，65 岁及以上人口的比重上升 1.91 个百分点，老年人口总数居世界第一位。据专家分析预测，到 2050 年，中国老年人口将达到 4.1 亿左右，约占人口总数的 27.4%。

二是人口老龄化发展速度快。发达国家和地区人口年龄结构从成年型转向老年型一般经历几十甚至上百年的时间，而中国只用了不到 20 年。由于生育率的快速下降和平均预期寿命的不断提高，中国人口老龄化的步伐极为迅猛。从 20 世纪 60 年代以来，中国老年人口的增长一直大大快于青少年和成年人的增长。1982 年以前年平均增长 3.9%，1982～2000 年增长更快，由 7664 万人迅速增加到 1.26 亿人，年平均增长 6.4%。预计 21 世纪前 30 年，中国老年人口年平均增长率高达 3.2%，几近总人口增长速度的 5 倍。预计到 2040 年，65 岁及以上老年人口占总人口的比例将超过 20%。迅速发展的人口老龄化趋势，与人口生育率和出生率下降以及死亡率下降、预期寿命提高密切相关。目前中国的生育率已经降到更替水平以下，人口预期寿命和死亡率也接近发达国家水平。随着 20 世纪中期出生高峰的人口陆续进入老年，可以预见，21 世纪前期将是中国人口老龄化发展最快的时期。

三是高龄化态势显著。中国的老龄化有一个很重要的特点就是高龄老人比例高。据 2007 举行的首届中国养老事业论坛透露，在当时中国 60 岁以上的老年人口中 80 岁以上的高龄老年人口为 1300 万。专家预测，到 2020 年，中国的老年人口将达到 2.48 亿，老龄化水平将达到 17.17%，80 岁以上老年人口将达到 3067 万，占老年人口的 12.37%。另有调查显示，中国约有 1000 万名 80 岁以上的高龄老人需要照顾，而城市老人中 98%却依靠自我养老。高龄老年人的照顾已成为老年人社会福利事业的重要问题。

四是未富先老挑战严峻。西方国家进入老年社会时人均国民生产总值已达 4000 美元，而中国却是在人均国民生产总值 800 美元的情况下迎来老年社会的。西方发达国家人口老龄化是社会经济现代化的产物，有一个渐进的过程，老龄化速度较慢，人口老龄化的影响逐渐发生作用。且这些国家通常是在步入工业化社会后才出现老龄化问题，经济比较发达，具有一定的经济实力可以完善社会老年经济保障和社会服务。而中国人口老龄化的加速到来与 20 世纪 70 年代末期政府政策干预下的出生率的下降有关。中国在工业化起始阶段、经济建设资金需求集中的情况下就步入了老龄化阶段，这使得中国不具备相应的经济实力和社会保障能力来应对人口老龄化的挑战，从而在现实中具体表现出老年人福利资金不充足，社会福利设施远远不能满足老年人需要。

（二）新形势下中国面临的老年人问题

改革开放以来，城镇化、工业化、现代化进程不断加快，社会生活中竞争因素、应急因素日益增加，这迫使每一个自然人都要从社会人的角度去积极适应。在此情景下，传统生活方式和价值观受到强烈冲击，老年人生活首当其冲受到影响。

1. 老年人经济收入普遍偏低

“撤退理论”（Disengagement Theory）认为，老年人由于身体衰老，逐步愿意在社会中淡出，不再被工作上的期待和社会参与所约束，让下一代承担责任，形成世代间的角色替代，这有助于社会的安定与发展。但是，老年人脱离劳动力市场后风险明显加大，退休后他们的收入往往会大幅度下降。由于中国工资体系中有不少是用人单位的内部待遇，退休后这部分待遇取消；加之近年来持续的工资增长中退休老人工资涨幅总是低于在职人员；工资上涨又总是伴随着物价上涨，上述这些因素使得职工退休后普遍遭遇生活水平下降。

老年人生活水平下降，另一个重要因素就是来自子女方面的经济支持少。工业化的发展使得置身于现代劳动市场的子女很难有足够的收入来帮助父母养老。由于下岗失业等因素的影响，有的儿女不但不能在经济上资助老人，还要反过来“啃老”。目前 70 岁左右的老年人，儿女一般在 40～50 岁，很多是国有企业改革的下岗者，而他们的子女又赶上大学收费，这使得老年人要从原本低微的退休金中拿出一部分资助子女，补贴隔代人的上学费用。不仅没有实现“养儿防老”，还因补贴儿女加重了生活负担。

2. 家庭养老功能逐渐弱化

家庭养老是中国传统的养老方式。中国《婚姻法》和《老年人权益保障法》都规定了子女有赡养老人的义务。但是，最近几十年家庭的功能和结构发生了很大的变化。人口流动加剧、很多子女因工作等原因与老人不在同一个城市生活，即使在同一城市，老年人与子女分开居住的也越来越多。传统社会中一大家人共居、以老年人为核心、众多家人一起照顾老年人的情景已不多见。家庭日益小型化导致养老能力不足。据第六次全国人口普查显示，大陆 31 个省、自治区、直辖市共有家庭户 401517330 户，家庭户人口为 1244608395

人，平均每个家庭户的人口为3.10人，比2000年第五次全国人口普查的3.44人减少0.34人。2004年，中国农村平均每户家庭人口为4.08人，城市平均每户家庭人口为2.98人。“核心家庭”已成为中国家庭户的主体。随着人口流动的增多，城市有大量的老年人生活在“空巢家庭”中。2006年“中国城乡老年人口状况追踪调查”对老年人家庭结构与居住意愿调查显示，近年来儿女不在老年人身边和老年人愿意单独居住的家庭比例显著增加。2006年，城市地区的纯老户为49.7%，与其他家庭成员一起居住的占50.3%；农村地区的纯老户为38.3%，与其他家庭成员一起居住的占61.7%。城市中老年人表示愿意与子女住在一起的为37.1%，愿意入住养老机构的为17.5%；农村中的这两项比例分别为54.5%和15.2%。家庭内照顾老人的人员减少，老年人对养老的需求与家庭实际能提供的帮助存在较大差距。

3. 社会化养老供给明显不足

在老年人口数量剧增和家庭养老功能弱化的情况下，社会化养老的步伐需要加快。但现实情况是中国社会化养老起步晚、水平低、条件不充分，导致目前中国老年人福利需求与供给的矛盾十分突出，整体养老服务体系的建设严重滞后。据统计，目前中国各类老年社会福利机构3.9万个，养老床位314.9万张，平均每千名老年人占有养老床位仅有16张，与发达国家平均每千名老人占有养老床位数约70张的水平相比差距很大。国家举办的老人福利事业存在资金不足、福利机构少、服务水平低的问题。随着时代发展，老年人的医疗保健和精神需求都在增加。传统意义的养老只是为老人提供最基本的生活需要，而现在的老人在满足了基本物质生活需要后，还有参与社会、娱乐文化、社区活动、医疗保健等需求。目前，中国的老年福利设施数量少、功能单一，远不能满足广大老年人的需求。无论从满足基本生活需要、实现老有所养出发，还是从提高生活质量、实现老有所医、老有所乐、老有所学、老有所为出发，都迫切需要拓宽社会化养老途径，建立完善的社会养老服务机制。

4. 老年人心理健康和情感孤独问题日益突出

活动理论（Activity Theory）认为，老年人在退休后脱离了原来的角色，常会有失落感和被排斥感，自尊心受到影响，生理和健康会有一定的改变。劳动力市场的激烈竞争使退休年龄普遍提前。目前除了一些高职务、高技术行业执行正常退休年龄外，企业大都提前退休。一些事业单位通过涨工资等柔性办法鼓励提前退休和退居二线。老年人参与社会生活的机会减少后难免感到自己已被社会遗弃，产生年老不再有用的消极情绪。与此同时，子女普遍工作繁忙，就业压力大，难有时间与老年人进行情感交流，大多数老年人有经常性或长期性的孤独感。在城镇化进程中，高楼大厦越来越多，城市的交通、住宅问题很少考虑老年人的特殊需求。自然风光地带减少，绿化带减少，老年人的活动空间越来越小。外出交通不便利使许多老年人蜗居家中，与人缺少交流，情感孤独。精神生活缺失已成为除生理健康外影响老年人健康的一个重要因素。有研究表明，老年人中精神抑郁症的发病率普遍高于其他年龄段人群。

在城镇化、工业化、市场化、现代化进程中，传统社会老年人丰衣足食、颐养天年、含饴弄孙、儿女围绕身边尽享天伦之乐的场景已经渐行渐远。人口老龄化与家庭小型化之间的矛盾、老年人对养老的需求与家庭实际能提供的帮助不足的矛盾、老年人对社会化养老需求与供给不足的矛盾等日益凸显，加快老年人社会福利建设已经迫在眉睫。

（三）完善中国老年人社会福利的政策建议

面对老年人福利需求与供给矛盾十分突出的局面，国家必须调整社会政策，承担福利政策的建设责任，加强社会福利制度建设，实行资源整合，通过国家政策机制来分配和调整资源，最大限度地加强社会福利。从中国的具体情况出发，老年人社会福利建设应当通过完善服务体系、拓宽服务对象、增加服务内容、明确责任承担、扩大覆盖范围等路径，建立适度普惠型社会福利。

1. 在体系建设上，坚持家庭、社区和机构的相互衔接与互动，形成以居家养老为基础、社区照料为依托、机构养老为补充的养老服务体系

（1）巩固居家养老的基础性地位

家庭养老是中国的优良传统，最具亲情和温暖，适合老年人享受天伦之乐。中国的低龄老人、健康老人占老年人口总数的75%，他们生活可以自理，相当一部分老人有固定的住房、收入、积蓄以及子女的帮助，因此对这部分老人，应充分发挥家庭在养老体系中的基础作用。中国老龄人口基数大，居家养老成本低，很适合我们这样未富先老的国家的经济状况，所以居家养老应是首选。有关调查显示，约有9成老人愿意选择在自己家庭中养老，希望与子女生活在一起。目前中国还没有建立与人口老龄化和社会经济发展相适应的公共财政投入增长机制，而社会养老需要巨大的资金支持，这会成为政府财政的巨大负担。因此，中国现有的经济发展水平还不能够以社会养老全部代替家庭养老。这就要求一方面巩固居家养老的基础性地位；另一方面，加强政府、社区等对家庭养老的援助，探寻使老年人既不脱离家庭、又能得到社会援助的养老新路。

（2）突出和强化社区养老优势

按照社会情绪选择理论，老年人对接触的人和事更具有选择性，对其熟悉的人、物和环境等表现出很强的依赖性，愿意花时间留在熟悉的环境中与亲友在一起，而不愿到一个陌生的环境中去。老年人大部分时间都在社区度过，在日常生活和精神上比其他群体更多依赖社区。

社区照顾始于英国，20世纪50年代英国开始推行社区照顾，使被照顾者既不脱离家庭，又得到社区内的服务，能够使老年人在自己熟悉的社区内生活，不再产生被抛弃感。这种服务受到普遍欢迎，成为当代西方国家社区保障的一个范例。社区服务的资源既包括由政府、社区甚至市场化的企业等各种非营利和营利的社会服务机构提供的专业服务，也包括由社区内的居民提供的非正式服务。

中国社区养老可以分为社区居家照顾和社区养老机构照顾两个方面。社区居家照顾是在本社区内对那些日常生活部分能够自理的老人提供各种形式的入户服务，协助料理家务、照料生活、卫生健康、精神慰藉、日间托老等项目。社区养老机构照顾主要针对那些高龄老人、疾病老人、生活严重不能自理或完全不能自理而子女又无力照顾的老人，通过社区内的小型养老院等设施提供全方位的照顾。住院老年人可以走出院舍，进入他们熟悉的社区，在本社区内即可接受服务，避免了传统的院舍照顾把老年人与他们生活的社区和亲人完全隔离开来的弊端。

（3）发挥机构养老的补充和辐射作用

目前，中国高龄、病残等生活不能自理的老人约占老年人总数的25%，机构养老主要满足这部分老人的需求。尽管从服务对象数量看它在整个养老服务体系中处于补充地位，但高龄、病残等生活不能自理的老人对护理康复的专业化要求较高、较强，所以机构养老不可或缺。建议政府改变以往按服务机构床位数和工作人员数进行拨款的投入方式，将资金直接补贴给需要入住机构而又缺少经济实力的老人及其家庭。那些有需求但无力负担的老人及其家庭可以向有关机构申请救助。这种投资方式的改变可以使老年人及其家庭获得对养老机构的选择权，同时也将政府办的养老机构推向市场。与此同时，国家动员和鼓励社会各界人士积极参与兴办老年福利服务机构，多渠道、多形式、多途径发展老年福利事业，逐步形成有序的平等竞争的环境。

2. 在服务方式上，坚持无偿、低偿、有偿相结合，使“三无”老人、生活困难老人、社会老人等不同层次对象都能得到相应的福利保障和服务，实现老年人福利服务的适度普惠

长期以来中国老年人社会福利主要限于城市“三无”人员和农村“五保”人员。这种十分狭窄的覆盖范围已经无法应对人口老龄化的现实，也无法满足广大老年人日益增长的养老服务需求。因此，老年福利对象应该逐步拓展到全社会老人，使广大老年人都能充分享受社会福利政策的支持与帮助，实现福利服务的普惠制。一是优先满足“三无”老人的福利需求。“三无”老人占整个老年人口的极少一部分，他们最困难、最需要帮助。对他们的赡养照料是政府义不容辞的责任。在推进养老服务社会化进程中，要优先做好“三无”老人的资金保障和服务保障，采取集中供养和分散供养相结合的方式，保障“三无”老人的基本生活不低于当地平均生活水平，保障他们得到无偿的照顾和服务。二是支持“低保”贫困老人的福利需求。老年人退休后收入减少、医疗支付困难，容易陷入贫困。那些享受“低保”的贫困老人尽管有家庭，也有一定收入，但他们的基本生活处于贫困线以下，是需要经济帮助的弱势群体。政府应为这部分老年人提供无偿或低偿的养老服务项目，使他们的晚年生活得到切实保障。三是丰富社会老人福利保障和服务内容。对于那些收入比较稳定的老人，不需要经济上的援助。但由于身体的老化，他们需要生活照料和比较健全的养老服务。应根据他们的需求不断增加福利项目，丰富服务内容，满足其不同层次的服务需求。政府应在养老服务基础设施方面不断增加投入，制定优惠政策，鼓励社会力量兴办养老服务机构。四是普及高龄津贴制度。高龄老人尤其需要医疗保健、生活照料等方面的福利援助。2010年6月，民政部《关于建立高龄津（补）贴制度先行地区的通报》发布后，北京、天津、上海、黑龙江、云南、宁夏等14个省（市、区）、21个地级市建立了困难老人、高龄老人津贴制度。未来该制度应该逐步惠及全体老人，把高龄津贴转变为老年津贴，用于解决老年人基本生活问题，使老年福利向适度普惠制社会福利发展。

3. 在责任机制上，坚持政府与社会力量相结合

政府、非营利组织、慈善机构、民间力量、家庭亲友等共同参与老年人社会福利建设。依靠正式的和非正式的社会福利制度，共同提供多元化服务。美国著名社会学家米吉利把社会福利分为正式的社会福利制度和非正式的社会福利制度。面对中国人口老龄化的严峻

挑战，必须建立政府主导、民政牵头、部门配合、社会参与的养老服务事业管理体制和工作机制。充分调动正式的和非正式的社会福利资源，运用一切可能的方式和手段为老年人社会福利服务。

（1）强化政府的主导责任

推动包括养老在内的各项社会福利事业的发展是各级政府的职责。资金投入和政策扶持力度应当随着国力的增强不断加大，这是衡量政府是否履行职责，社会是否文明进步的重要尺度。与西方国家政府在社会福利领域的“退出”不同，中国社会福利制度建设尤其需要强化政府责任。无论是制度安排、财政投入，还是项目规划等都需要政府发挥主导作用。

第一，加强老年福利立法。目前中国除了一部非常原则、无所不包、并且已经滞后于市场经济发展要求的《老年人权益保障法》之外，还没有制定老年人福利的专项法律，使老年人福利大多停留在政策性文件规定的层面，缺少可操作性的法律支撑。与国际社会老年人福利制度化、法制化比较起来已经严重滞后。政府、企业和个人在福利方面的权利和责任至今还没有得到明确的界定。未来中国的老年人福利法应该包括老年人社会福利的目标、实现手段和措施、公共资金投入和集资渠道、管理和监督机制等内容，使法案具有可操作性。

第二，加大对养老服务的投入。养老事业的投入首先是政府的责任。政府应根据经济社会的发展强化公共财政，发挥主导作用，增加对养老服务事业的投入。重点建设一批基础性、示范性的社会福利机构，扶持公益性、福利性的养老服务项目。

第三，为社会力量参与养老服务事业创造环境。政府部门之间应加强沟通和协调，认真贯彻落实国家在规划、建设、用水、用电、用地、税收、贷款等方面对养老服务业的优惠扶持政策，通过积极推行公建民营、民办公助、购买服务等方式，为各类养老服务机构的平等竞争营造良好的环境，为动员社会力量兴办各类养老服务机构创造更好氛围。

（2）鼓励社会力量兴办养老福利服务机构

目前中国福利资金筹集渠道比较窄，除了政府财政拨款和单位筹资外，其他途径的资金来源较少。应动员和整合正式的和非正式的社会福利资源，引导、鼓励和支持社会力量参与养老服务业。一是投资主体多元化，鼓励民间资本进入养老服务领域。以合资、独资的方式举办各类型养老服务机构，保持其公益性。采取国家、集体、个人、社会等多渠道投资方式，兴办各类社区服务中心、文化娱乐中心、卫生中心、养老院等，推进养老服务社会化。二是重视和发挥非政府组织的作用。参照发达国家非政府组织在社会福利中的做法。截止到 2010 年年底，中国登记的各类社会组织有 44.1 万个。实践证明，非政府组织因不以营利为目的，在老年人社会福利服务中具有不可替代的作用。三是积极建立志愿者服务队伍。依托中华民族敬老爱老的传统，动员各类人群参与社区照顾养老，形成社会各界力量关注老人、志愿为老人服务的氛围，并可组织低龄老人、健康老人对高龄老人、病患老人开展服务。

4. 在福利服务的基本内容上，坚持收入保障和服务保障相结合，着力改善当前最需要解决的“养”和“医”两个问题

中国老年人社会福利中，首要和直接的问题是“养”和“医”的基本保障。老年人需

要支付医药费、保姆费、护理费等，这些情况的综合作用使老年人生活容易陷入贫困。避免贫困是社会福利的一个重要目标。国家应提供必要的、以现金形式支付的、用于保障老年人基本生活支出的福利供给。这种福利项目在国外通常被称为"老年人津贴"或"补充保障收入"。在一些福利制度相对完善的国家，老年人津贴的发放标准是以年龄界定的。老年人不管是否有过就业历史都能够有最基本的收入保障。在医疗保障方面，城乡老年人的医疗服务距离老年人的需求尚有较大差距。近年来，随着中国"全民医保"建设步伐的加快，城乡老年人享有医疗保障的比例有了较大增长，但医疗费支出仍占相当大比例，不少老年人仍然担心没钱医治。此外，基层医疗卫生资源仍然比较匮乏，特别是农村更需要加强。当前要着力把城乡养老保险、医疗保险、最低生活保障、新型农村合作医疗制度以及城乡贫困老年人医疗救助制度真正建立健全起来，并逐步发展和完善遗属保险、护理保险、以房养老等新的保证措施，使城乡老年人都能享有最基本的"老有所养、病有所医"。

5. 在覆盖范围上，坚持"城乡一体化"原则，稳步推进城乡统一的老年社会福利保障和服务制度建设

中国人口老龄化问题在农村更为突出。农村人口出生率逐年下降，人口流动加快，这使农村人口老龄化的速度高于城市。目前农村老年人口约有1亿，总量大于城市老龄人口。这一庞大的农村老年群体与城市老年职工相比，其享受的老年福利水平相对更低。与此同时，大批农村青壮年劳动力向城镇流动和转移，使农村传统的家庭养老模式的功能逐渐弱化。当庞大的农村老年人群体对传统养老模式提出挑战时，迫切需要加快农村老年人的社会福利制度改革，解决广大农民的养老问题。

城乡二元结构造成的城乡福利体制和资源的分割与差异把农村和广大农民一直排斥在社会福利保障制度之外，农村老年人的社会福利十分缺失。截止到2010年，全国共有农村养老服务机构3.1万个，床位数213.9万张，收养各类人员170.4万人，有5228.4万农村居民得到最低生活保障，554.9万农村居民得到政府五保救济，救助农村医疗困难群众813.8万次，资助4223.7万农村困难群众参加新型农村合作医疗。能够享受到这些福利资源的只是农村的少数老年人，绝大多数老年人依靠自己的原生家庭养老。国家应打破城乡二元结构造成的城乡对立，终结城乡社会福利割裂、反差明显的状态，逐步建立起城乡统一、协调、均衡的，包括养老保险、医疗保险、护理保险、低保制度和医疗救护等制度在内的老年社会福利制度体系。应加快农村养老保险的推广工作，推动新型农村合作医疗制度的健全和完善，认真贯彻和实施好城乡最低生活保障、城乡医疗救助中对分散供养的"三无"、"五保"对象和贫困老年人的分类施保、分类救助政策及办法。[①②]

四、中国残疾人社会福利

促进残疾人事业发展、改善残疾人状况目前已成为中国全面建成小康社会和构建社会主义和谐社会的一项重要而紧迫的任务。残疾人是特殊的社会弱势群体，关心残疾人、为

① 成海军. 当前中国老年人社会福利的困境与对策[J]. 首都师范大学学报（社会科学版），2012（1）：123-129.
② 陈立媛. 老年人社会福利应成为中国社会福利改革首要关注问题[J]. 经济研究导刊，2009（25）：74-75.

残疾人提供福利与服务是社会文明进步的重要标志。第二次全国残疾人抽样调查显示，截止到2006年4月1日，中国有8296万残疾人，占全国总人口数的6.34%。残疾人绝对数量之多、在总人口中的比例之高使以保障残疾人基本生活、提高残疾人生活质量为目的的社会福利具有十分重要的意义。残疾人社会福利是中国社会福利制度转型到适度普惠型制度的重点之一。

（一）中国残疾人社会福利的现状

新中国成立后，中国残疾人事业获得了发展。改革开放后，残疾人福利事业得到了较快的发展，其成就可以从残疾人社会福利政策、社会福利机构和社会福利服务等方面体现出来。

1. 残疾人社会福利政策

中国残疾人社会福利政策已经形成了以《中华人民共和国宪法》为基础，以《中华人民共和国残疾人保障法》（1990年12月28日第七届全国人民代表大会常务委员会第十七次会议通过，2008年4月24日第十一届全国人民代表大会常务委员会第二次会议修订）、《残疾人就业条例》（2007年2月14日国务院第169次常务会议通过，自2007年5月1日起施行）、《中共中央国务院关于促进残疾人事业发展的意见》（2008年3月28日）等作为具体领域政策的体系。从内容上看，中国残疾人社会福利政策主要有以下六个方面：（1）残疾人康复医疗政策。《中华人民共和国残疾人保障法》强调积极发展以"社区为基础、康复机构为主干、家庭为依托"的康复模式。（2）残疾人劳动就业政策。中国采取按"比例就业、集中就业与分散就业"三种模式相结合的就业保障模式解决残疾人的就业需要，并对残疾人就业和创业采取政府补贴、税收减免、小额贷款等扶助性政策。（3）残疾人特殊教育政策。中国从教育规划、义务教育、教育资助、教育机构、教育环境五个方面进行残疾人教育的统筹安排，同时教育类法案中也对残疾人享受与健全人平等教育机会的权利进行了制度保障。（4）残疾人社会保险和社会救助政策。中国对残疾人的社会福利政策还涉及对生活困难和住房困难的残疾人提供社会救助，对所有残疾人提供医疗保险、养老保险的补贴，并规定了政府在维持残疾人基本生活方面的具体责任。（5）残疾人社会福利服务政策。除了对国家在残疾人保护上的责任进行具体规定外，中国残疾人社会福利政策还鼓励和支持社会力量进行残疾人福利的建设，并在制度上予以肯定和扶植，对社区建设也进行了相应的规定。（6）残疾人无障碍设施政策。中国残疾人社会福利政策中也对残疾人享受无障碍设施和无障碍环境进行了规定，主张加快进行无障碍设施和环境的建设。

2. 残疾人社会福利机构

制定了残疾人社会福利政策并不等于能成功地将福利传输给残疾人，残疾人社会福利政策的实施需要建立功能齐全的残疾人社会福利机构，以提供多种类型的服务给残疾人士。中国的残疾人社会福利机构主要由政府支持的官办机构组成，主要包括两部分：民政系统中的社会福利机构与官方背景的非政府组织即各级残疾人联合会。（1）民政部下属的社会福利与慈善促进司是中国内地残疾人社会福利的直接管辖机构，主要负责拟定和监管残疾人等特殊人群的社会福利事宜，该机构和其垂直机构在实际工作中也成为中国内地残疾人社会福利事务的主要执行机构之一。民政部下设各种残疾人社会福利机构，负责给残疾人提供各种福利服务。(2) 由于中国内地社会福利制度的特殊性，教育部（残疾人教育福利）、人力资源和社会保障部（残疾人社会保险）、卫计委（残疾人医疗卫生福利）、工会（残疾人员工福利）等部门也负责部分残疾人社会福利事务。(3) 中国残疾人联合会是具有官方支持背景的非政府组织——残疾人社团组织，该组织在1988年由中国盲人聋哑人协会和中国残疾人福利基金会合并组成。该组织在保护残疾人基本权益和维护残疾人平等参与社会方面做出了积极的努力，目前已经在实质上成为全国残疾人权益维护的负责机构之一。以民政部社会福利与慈善促进司为政府领导部门，以中国残疾人联合会为行业协会领导部门，中国正在建设地市级部门的残疾人社会福利服务二级网络。除了官办的残疾人社会福利机构以外，近些年来为残疾人提供福利的民间机构在内地也得到了发展，尤其是在经济发达地区，以基金会、慈善机构和非盈利机构形式出现的民间组织在反残疾人社会排斥、提升残疾人社会福利水平方面起到了积极作用。但是受困于中国现存政策对民间组织的限制，中国内地专业性的民间组织在残疾人社会福利机构中只占有很小的比例，功能也相对弱小。同时，民间组织在开展残疾人社会福利服务过程中在监督管理、经费来源和人力资源等方面面临种种困境。

3. 残疾人社会福利服务

中国残疾人社会福利服务是为了“维护残疾人的合法权益，发展残疾人事业，保障残疾人平等地充分地参与社会生活，共享社会物质文化成果”而开展的。自1992年起，为了逐步规范残疾人社会福利服务，中国先后颁布了《关于在部分城市开展残疾人劳动就业服务和按比例就业试点工作的通知》、《国务院办公厅转发劳动保障部等部门关于进一步做好残疾人劳动就业工作若干意见的通知》、《关于进一步加强残疾人康复工作的意见》等法规，从政策上将中国内地社会福利服务界定为康复医疗、就业劳动、特殊教育、社会保障、文化参与、无障碍设施提供等方面。近些年，随着中国社会工作队伍的发展和志愿服务的进步，针对残疾人的服务也得到了一定的强化。但是，目前的社会福利服务尚不能够满足广大残疾人的基本需要：曾接受过医疗服务与救助的残疾人比例仅为35.61%，曾接受过康复训练与服务的为8.45%，曾接受过辅助器具的配备与服务的为7.31%；而残疾人有医疗服务与救助需要的有72.78%，有辅助器具需要的有38.56%，有康复训练与服务需要的有27.69%，供需比例严重失衡。中国残疾人社会福利服务的人员主要来自官办福利机构，政府购买的专业化社会服务相对较少。尽管在广东、江苏、北京等地区已有一些针对残疾人提供专业化服务的民间组织，且其规模和服务的项目正在逐步扩大，但针对残疾人的服务项目有限。在适度普惠型社会福利制度建设思路的指导下，中国残疾人社会福利服务也得到了提升，但在机构运行机制、组织管理、服务内容、服务设施硬件配备以及服务人才培养、服务资金提供、专业服务技术等方面还需进一步提升。

（二）中国残疾人社会福利的主要问题

尽管中国残疾人社会福利建设已经取得了一定的成就，然而与数量众多的残疾人密切相关的残疾人社会福利还存在一些问题，这主要表现在以下方面：

1. 社会的偏见与陈腐观念造成事实上的不平等

全社会关注残疾人社会福利的观念依然没有形成。长期以来，残疾人在人们心目中的形象就是必须依赖别人、毫无生活能力的“残废人”。没有同情心的人对他们嘲笑、讥讽、厌恶。有同情心的人，对他们也只是可怜、同情。无论前者还是后者，实际上都将残疾人的人格和社会价值降了一等，以至于当一些没有偏见的人和残疾人交往，其他一些人就会认为这个健全人一定是出于功利的目的，或是自身也有心理或生理的障碍。这种观念必然人为地将残疾人排斥在整个社会生活之外，全社会扶残、助残的风气也就不容易形成。

2. 中国残疾人社会福利尚未真正走上规范化与法制化的轨道

中国大量残疾人的福利问题得不到解决，很大一方面是因为中国从整体上还没有形成保护残疾人合法权益的完整的法律法规体系。虽然中国为残疾人制定了一些法律条款，但中国关于残疾人立法的缺陷在于法律内容过于笼统、过于原则。虽然《残疾人保障法》早已颁布实施，但对有些违反《残疾人保障法》、侵犯残疾人利益的人和事情无法进行惩罚，不能够切实维护残疾人的合法权益。因此，面对大量残疾人社会福利的实际问题及特殊需要，往往只给予人道主义的同情和社会舆论的支持，却没有实质性的帮助。

3. 残疾人的社会福利服务水平低，供需矛盾突出

中国残疾人社会福利服务水平滞后于经济社会发展的总体水平，能够享受到残疾人社会福利服务的残疾人仍然是少数。虽然中国政府解决了大量城镇与农村的残疾人就业问题，但新增就业的残疾人的速度远远低于新增残疾人的速度，中国每年仍有大量残疾人接受着失业的考验，加之中国残疾人社会福利金水平低，从而导致中国处于绝对贫困线和相对贫困线以下的残疾人数量仍然很大。截至 2007 年年底，两项人数之和达到了 1045.2 万人。同时，低收入残疾人呈现增长趋势。

4. 残疾人社会福利事业的筹资渠道较单一

中国残疾人社会福利事业的资金来源主要是财政拨款，筹资渠道较单一，这就造成了残疾人社会福利事业的社会资源不足。而在行政色彩浓厚的管理体制中，残疾人社会福利基金的管理和运用较为混乱。这种资源来源渠道单一与资源有限及管理低效的局面急需改变。

5. 残疾人社会福利城乡差距较大

残疾人社会福利城乡差距过大受中国城乡分割、二元社会格局和经济社会发展水平制约，农村残疾人社会福利严重落后于城市。这主要表现在以下几个方面：一是残疾人最低生活保障方面。2007 年数据显示，城镇残疾人口中，有 275 万人享受到当地居民最低生活保障，占城镇残疾人口总数的 13.28%。然而，在农村残疾人口中，只有 319 万人享受到当地居民最低生活保障，仅占农村残疾人口总数的 5.12%。二是残疾人参加社会保险方面。16 岁及以上城市残疾人中，参加社会保险的比例为 42.1%，参加基本养老保险的比例为 33.3%，参加基本医疗保险的比例为 36.0%，参加失业保险的比例为 3.3%，参加工伤保险的比例为 1.6%，参加生育保险的比例为 0.7%；未参加任何社会保险的比例为 58.0%。但农村 16 岁及以上的残疾人中，参加社会保险的比例仅为 10.8%，参加基本养老保险的比例为 2.3%，参加基本医疗保险的比例为 9.5%，参加失业保险的比例为 0.1%，参加工伤保险的

比例为 0.3%，参加生育保险的比例为 0.1%；未参加任何社会保险的比例为 89.2%。三是社区服务方面。城市中 24.2%的残疾人接受过社区（村）为残疾人提供的服务，而农村中这一比例仅为 11.2%。

（三）完善中国残疾人社会福利的政策建议

残疾人社会福利作为中国社会保障体系的重要组成部分，其完善必将促进残疾人平等、参与和共享发展目标的实现。当前，中国建立适度普惠型残疾人社会福利，应注意做好如下工作。

1. 转变观念，认清残疾人的社会价值

转变观念的关键是从旧残疾人观转变为新残疾人观，从过去的“宿命”观点、“残疾人无用”观点以及“恩赐”观点转变为认识到残疾人存在的社会价值以及残疾人作为“人”的基本权利。新残疾人观的树立主要指认识到残疾人的出现是人类历史进程中不可避免地要付出的一种社会代价，没有残疾人的存在，就没有预防和治疗残疾的医学知识的产生；残疾人有作为人的尊严和权利，有参与社会生活的愿望和能力，作为公民有宪法赋予的合法权益；残疾人也是社会财富的创造者，残疾人参与就业后，为社会物质文明的发展贡献了力量，残疾人也是精神财富的创造者，他们热爱生活，乐观进取，有自尊、自强、自信、自立的精神，残疾人创造的文学、艺术等都是人类精神文明的宝贵财富。

2. 加强执法，维护残疾人的合法权益

保护作为社会弱势群体的残疾人是社会福利事业的重要内容。因此，国家通过立法手段保护残障人士利益并给予尽可能多的照顾是现代社会的普遍做法。国家需要加强对诸如《残疾人保障法》、《劳动法》等相关法律的执行力度，全社会都应该遵照残疾人社会福利相关法律的要求，避免对残疾人的歧视，并帮助残疾人适应社会。

3. 健全机制，提高残疾人的综合福利

（1）生活保障

残疾人生活保障是针对残疾人因丧失或部分丧失劳动能力而导致终身生活无来源保证的情况，国家和社会利用各种手段解决残疾人的生活温饱问题以及最大限度地缩小残疾人和健全人生活水平的差异。首先，继续发展以社区服务为主的中国式残疾人社会福利体系。其次，对于已就业的残疾职工，有关部门和企业要按规定为其缴纳社会保险费；建立残疾人失业保险、养老保险、财产保险和人身保险制度。再次，各城市在各种设施的设计和建设时，要考虑到残疾人的需要。

（2）就业保障

残疾人就业保障是指政府和社会帮助有一定劳动能力的盲、聋、哑和其他有残疾的公民，为他们安排力所能及的劳动。国家应该采取一系列措施以切实保障残疾人的就业权利。一是加强劳动就业法律保护；二是开展多种形式的就业，推动残疾人就业的发展，充分发挥残疾人的劳动潜能；三是积极组织残疾职工参加再就业培训，优先推荐就业。

（3）教育保障

残疾人教育保障是指国家和社会采用普通教育和特殊教育等手段和方法，保证不同残疾类别、不同年龄层次、不同文化层次的残疾人享受教育的权利。首先要保护残疾人受教育的权利；其次要加强残疾人事业信息网络建设。

4. 逐步实现资金筹集多元化，推进残疾人的社会福利事业

资金投入是兴办残疾人福利事业非常重要的要素。残疾人社会福利事业传统的筹资渠道主要靠政府拨款，实践证明这样做效果并不是非常好，应该逐步实现资金筹集多元化。首先，中央财政建立社会福利专项资金，加大中央对各地发展残疾人社会福利事业的财政支持和资金投入。其次，残疾人社会福利事业应继续放开，由社会、公共团体、企事业甚至个人来创办，加快残疾人福利事业的社会化进程，拓宽资源来源渠道，使其多元化，但是应该坚持非盈利或低盈利的原则。国家在进一步重视民间的作用、动员社会力量的同时，应有计划地组织一支志愿（或低报酬）的义务人员队伍参加残疾人社会福利工作。

5. 统筹两个区域的残疾人社会福利制度，缩小城乡差距

国家应把农村残疾人的社会福利作为残疾人社会福利工作的重中之重。在中国，由于农民长期属于社会弱势群体，农村贫困残疾人更是生活在一种无助、无奈的生活环境中，农村残疾人家庭承受力极端脆弱使他们处于社会的最底层，对最低生活保障的需求更为迫切。为此，政府一是在社会福利政策上应给农村残疾人以适当的倾斜，在各地建立农村居民最低生活保障制度时应优先重点考虑贫困残疾人，因地制宜、分类推进，逐步建立农村残疾人社会救助体系，保障残疾人的最低生活；二是在最低生活保障的基础上，应当面向有需要的农村残疾人实施福利性的特殊教育与技能培训，确保我国的残疾人就业政策得到全面贯彻落实，促进农村残疾人就业，使其尽量实现与健康劳动者一样的各项社会福利权益。

在城市，除了完善现有的社会保障制度之外，还要进一步建立残疾人福利津贴制度，使现有残疾人的社会福利内容更加充实与完善。为了鼓励有劳动能力的残疾人参加社会保险，扩大其参加社会保险的范围，国家应提供适度的社会保险津贴，其补助标准可按残疾等级划分。对于中低收入家庭中永久失能的残疾人设立残疾人救助津贴制度，配合城市最低生活保障制度充分保障残疾人的基本生活需求。同时，市、区、街道和相关单位都应支持发展残疾人社会福利事业，面向残疾人积极开展多种公益性社会服务。通过统筹城乡两大区域残疾人社会福利制度，缩小城乡差距，实现我国残疾人社会福利事业的稳步平衡发展。①

五、中国儿童社会福利

儿童社会福利是任何社会和政府不可回避的重要议题。当前，中国儿童社会福利经历了重要的变迁，逐渐由传统的“补缺型”救助模式向新型的“适度普惠”服务模式转变。

（一）当前我国儿童社会福利发展存在的问题

在经济增长和社会不断发展的新时期，在全面建成小康社会、落实以人为本科学发展

---

① 彭华民. 残疾人社会福利制度：内地与香港的三维比较[J]. 南开学报（哲学社会科学版），2013（1）：29-39.

观的新形势下，党和政府提出要加快完善社会保障体系，大力发展社会福利事业和慈善事业，优先发展教育事业的目标。改革开放三十余年，我国儿童社会福利事业的发展进入一个新的阶段，在诸多方面取得了显著的成就，这主要表现在：一是儿童社会福利法律和政策体系不断完善，初步形成包括中央—政府—地方—国际合作等四个层次的儿童福利法律和政策；二是儿童社会福利理念逐渐由消极向积极转变，儿童不再是消极的个体，而是"未来社会生产与发展的主力军"，儿童福利不再单由家庭承担，国家和社会也需要对儿童社会福利承担责任；三是儿童社会福利服务对象逐渐扩大，由向传统的少数弱势儿童提供服务向更大范围的、乃至所有儿童提供服务；四是儿童社会福利服务专业化、职业化进程不断加快，社会工作作为儿童社会福利的重要传递机制已越来越成为儿童社会福利专业化、职业化发展的重要力量。但是，对比其他国家的儿童福利状况，结合我国实际发展现状，我国儿童社会福利还存在以下问题或不足：

1. 普及性的儿童福利观念尚未完全形成

近年来，我国政府提出了构建全民共享的发展型社会福利体系的战略思想，突出以人为本、关注与推进人的全面发展的新理念。在这一思想指导下的儿童社会福利思想包含着深刻的内容，如儿童为本、儿童最大利益等。而事实上，由于相关机制的缺乏，相关政策难以得到落实，政府、社会、企业、家庭、社区以及社会组织等多元主体未能有效联动，导致整体上缺乏儿童福利观念扩展的社会环境和政策环境。这种缺失主要表现在儿童社会福利整体机制、政策法规有待完善。

2. 缺乏专门和统一的儿童社会福利基本法

尽管目前我国基本上已经形成儿童社会福利法律法规的基本框架，形成了集国际性、全国性和地方性等不同层次于一体的儿童福利体系，但是这些法规缺乏针对性和体系性。有学者指出：我国儿童福利政策分散，缺少统一规范，而且实际的、可操作的内容不足，政策的适应性不强。①相对于其他国家的儿童法律体系，我国专门针对儿童福利的法律体系更显缺失。严格地说，至今我国还没有制定和出台统一的儿童福利政策，更缺乏儿童福利方面的基本法。

3. 缺乏统一、有效的儿童社会福利管理机构

完善的儿童福利管理机构是一个国家儿童福利体系良性运行的根本保证。在很多儿童福利水平好的国家和地方相关部门都设有专门的儿童福利管理机构，如挪威有专门的儿童与平等事务部，德国有联邦家庭、老人、妇女和青少年部，英国有儿童、学校和家庭部，美国联邦政府设立了美国儿童局以及卫生部下设的儿童和家庭总署，日本有儿童和家庭局、中央儿童福利理事会，中国台湾有"内政部"儿童局等。从我国儿童福利的制度安排来看，许多部门都参与儿童福利工作，但由于不同部门有不同的儿童政策目标，它们之间缺乏协调和整合机制，因此，在政策执行中难免出现重复和缺失并存状况，缺乏统一集中性。②

4. 儿童福利财政支出水平较低

尽管近年来政府对儿童福利的重视程度明显提升，但从总体上看，当前中国政府对儿

① 仇雨临、郝佳. 中国儿童福利的现状分析与对策思考[J]. 中国青年研究，2009（2）：26-46.
② 仇雨临、郝佳. 中国儿童福利的现状分析与对策思考[J]. 中国青年研究，2009（2）：26-46.

童福利支出比例份额仍显过低、项目不完整、总体水平不高。该状况主要涉及到以下两个问题：一是儿童人口基数过大，对于总量一定的儿童福利财政进行分配，个体儿童所能获得的福利权利和收益仍然较低。二是经济的发展与福利投入之间的关系。我国国民生产总值水平较高，经济发展迅速，但是总体上儿童社会福利的投入与经济发展水平并未呈现正相关关系。如2003年，中国学前、小学和中等教育的总支出水平与北欧国家的差距较大，只相当于挪威的39%，尤其是学前教育和OECD 10国差距悬殊，只相当于日本的41%、挪威的5.9%。[①]

5. 儿童福利体系和福利制度仍然残缺

长期以来，我国儿童社会福利制度表现为一种残补性（剩余性）特征，这引发了多个层面的问题，其主要体现为保障对象具有选择性、保障手段过于单一、政府的主导力度并不能满足需求、管理监督体系缺乏、服务水平较低等。尽管近年来政府提出由补缺型向适度普惠型转变的重要战略决议，但是继续关注和重视这些议题仍然是推进儿童社会福利发展乃至我国整个社会福利事业的重要内容。

（二）适度普惠视阈下儿童社会福利体系的构建

国家可以从福利对象、原则、理念、内容、政策体系以及责任主体等六个方面来建构我国适度普惠视阈下的儿童社会福利体系。

1. 福利对象

适度普惠儿童社会福利的对象应该是我国全体儿童，包括普通儿童和各类特殊儿童。一方面，尽管我国近年来在儿童社会福利对象方面已经有较大的扩展，但是这种扩展还不能与所提倡的适度普惠要求相符；另一方面，儿童群体是整个社会群体中最为弱小的群体之一，儿童群体处于社会经济发展成果和社会福利的边缘和弱势地位。因此，实现完全覆盖的儿童社会福利目标是推进社会福利建设的重要内容。

2. 福利原则

在适度普惠视阈下制定儿童社会福利政策时，既要结合儿童自身的特点，更要紧密联系中国发展的实际状况，遵循以下几项基本原则：

第一，儿童优先原则。这一原则指的是在立法政策和社会事务的安排上必须将儿童放在优先位置；在实施福利措施时，优先考虑儿童的利益，有关儿童的事务应优先受理；儿童相对于青年人、中年人和老年人，他们的人生权益应优先得到保障。由于儿童的身心特点，他们缺乏独立生活和发展的能力，使其在社会上处于弱势地位，更不具备市场竞争能力。因此，树立儿童优先的社会福利原则是非常重要的。

第二，儿童最大利益原则。这个原则是儿童福利政策的核心，既指对于儿童的全部利益给予最大限度的保护，又指从尽可能高的层次和多的范围上满足儿童需求。当儿童利益与其他利益发生冲突的时候，要以儿童利益为先，以儿童最大利益为基本原则去分析处置各项事务。坚持“儿童最大利益”原则就是要在全社会进一步优化儿童成长的社会环境与

① 陈云凡. OECD十国儿童福利财政支出制度安排比较分析[J]. 欧洲研究，2008（5）：95-108.

家庭环境，对特殊儿童实行特殊保护；逐步完善保护儿童的法律法规体系，依法保障儿童生存、发展、受保护和参与的权利，提高儿童整体素质，从根本上促进儿童身心健康发展。目前，这一重要原则尚未写入我国儿童福利和儿童工作的相关法律中。

第三，注重社会性服务原则。这一原则指的是将儿童社会福利的完善与健全看作社会发展的一部分，根据儿童发展的相关特点注重儿童社会福利体系中服务机制的建设。儿童福利服务体系应具有现代性、综合性和整合性的特点，为儿童提供全面完善的服务。

第四，普及性与救助性相统一的原则。这一原则是指儿童社会福利服务体系既要有面向全体儿童的普遍性，又要有针对超常儿童的特殊性，坚持在福利制度建设中体现普及性与救助性的统一。坚持这一原则建构带有预防性、预见性和前瞻性的普及性儿童社会福利制度以及带有补偿性、后发性和反馈性的儿童社会福利政策法规是我国儿童社会福利体制发展的必然要求。

第五，政府主导、社会参与、家庭保障相结合的原则。这一原则是指儿童福利体系必须以政府为主导构建社会多元主体参与的社会化的儿童社会福利体制，特别要充分发挥家庭的保护功能，在儿童福利的设置上适度增加与儿童相关的家庭福利项目，以保障儿童的健康成长；同时，要鼓励社会力量积极介入儿童福利领域，如加大对提供儿童福利服务的相关社会服务机构的培育与发展，为儿童福利事业培养一批专业化、组织化的人才队伍和服务传输载体。

第六，中央统筹和地方推进相结合的原则。这一原则是指在制定儿童福利政策时由中央统一部署，各地方则在中央统一政策的指导下因地制宜地实施儿童福利服务政策，分步骤、分层次地逐步构建起适合国情与地方发展水平的儿童社会福利体系。只有将中央统筹和地方推进紧密结合，形成一体化政策体系，才能使儿童福利政策在具体落实与部署过程中得到最大和最有效的保障。

3. 福利理念

在研究、开展和实施儿童社会福利时应该坚持如下福利理念：首先，坚持儿童社会权利观。根据联合国《儿童权利公约》（由 1989 年 11 月 20 日第 44 届联合国大会第 25 号决议通过，1990 年 9 月 2 日生效），儿童权利包括最基本的生存权、全面发展权、受保护权和全面参与家庭、文化和社会生活的权利。因此，树立儿童社会权利观应该成为开展和实施儿童社会福利的核心。其次，坚持社会公正观。适度普惠社会福利旨在促进社会公正、实现社会和谐。儿童福利建设也应该秉持社会公正的理念。最后，坚持科学发展观。儿童社会福利服务体系的构建必须把儿童视为能动的、积极的主体，为其成长和发展提供必不可少的资源。

4. 福利内容

根据适度普惠社会福利的基本理论要求和构成要素，适度普惠儿童社会福利可分为直接的资金给付型社会福利和社会服务项目投入型社会福利，并且这两大导向的儿童社会福利内容体系可以以全体儿童和特殊儿童为分析维度进行建构。首先，资金给付型儿童福利面对全体儿童时，包括儿童养育和照顾服务、儿童教育、儿童医疗卫生与健康服务、儿童参与和发展服务。资金给付型儿童福利面向特殊儿童时，包括针对贫困儿童、残疾儿童、孤儿、受艾滋病影响的儿童、服刑人员未成年子女、留守儿童、流浪儿童等群体的一系列福利服务，目前政府在这些领域逐渐加大了福利服务和政策援助力度。其次，社会服务型福利在针对全体儿童群体时，应该包括妇幼服务中心、儿童保健所、儿童托育服务、职业培训服务等，通过服务的方式促进全体儿童的成长与发展。社会服务型福利针对特殊儿童时，主要是指由政府、社会团体、社区等为特殊儿童群体提供的服务，包括残障儿童康复中心、城市地区急难庇护所或儿童救助站、关爱留守儿童和流动儿童的服务组织、未成年人社区矫正服务等。儿童福利的内容要促进在特殊儿童的福利更加完善的基础上，面向全体儿童，形成普遍性的儿童福利，全体儿童可享受到各种资金给付型福利，同时使社会服务组织数量达到饱和，且门类较多，服务齐全，形成全国儿童人人均可享受优质社会服务的局面。

5. 福利政策体系

儿童社会福利政策体系包括：《儿童福利条例》的制定和出台；《儿童福利法》的制定和实施；儿童福利的其他法规，如《学前教育法》、《母子福利法》、《儿童保护法》、《儿童扶助法》、《育儿休假法》、《家庭津贴法》等。同时，各省、市、地区应该根据上述法律体系，根据自身实际，有针对性地设计各种发展规划和纲要，保证儿童福利法律体系有效落实。

6. 福利责任主体

在构建适度普惠儿童社会福利时，应该构建政府主导的多元主体福利责任体系，其中政府主导和政府首责对当前儿童社会福利的发展至关重要。国家是国民利益的代表者，政府作为国民经济、社会发展成果的行使者有责任为国民健康发展提供必要的福利保障；同时，作为国家和社会的未来，儿童群体应该作为政府首要关注的对象。因此，实行政府主导的儿童社会福利是人势所趋和民心所向，更是国家未来发展的重要内容。但是如前所述，我国儿童人口基数大，经济发展与社会福利发展并不同步，从而使政府单一力量主导儿童福利出现了某些弊端。因此，在保证政府主导和首责的前提下，应充分发挥个人、企业、社会团体、慈善机构、宗教组织等主体的积极作用，形成政府主导下的、整合的儿童福利多元主体参与的格局。

（三）中国适度普惠儿童社会福利的实施路径

1. 提升政府和社会对儿童社会本质的认识是实现适度普惠儿童社会福利的根本前提

儿童具有不同于其他群体的独特社会本质，对这些本质的认识和把握是完善儿童社会福利政策的根本前提。少年儿童的社会本质集中体现在“儿童”这一概念的四大特点上：第一，儿童的基础性特征。任何个体成长和发展的基础在于儿童期；人类社会的发展得失也应以儿童群体的基础性地位为前提；同时，任何一个国家繁荣发展的基础也在于儿童是否能够健康成长和发展，以成为未来社会有用之人。第二，儿童的发展性特征。发展是儿童的根本特性和内在要求。因此，适度普惠儿童福利应该尤为关注儿童的发展性特征，应该全面创造条件实现儿童个体与群体两个维度的协调发展目标。第三，儿童的未来性特征。儿童发展在一定程度上具有不确定性，儿童成长的世界比成人世界更具风险性，儿童的成就和价值更多地体现一种未来性。从根本上讲，儿童是任何社会未来建设的主力军，是民族振兴和国家发展的主导力量。第四，儿童的弱势性特征。由于自然的成长过程和发展特点，儿童是社会的弱势群体，即儿童相比于其他的社会成员在经济收入、社会地位、权益保护、竞争能力等方面处于困难和不利境地。可见，儿童具有的基础性、发展性、未来性和弱势性本质决定了一个国家、一个社会的儿童政策必须属于社会福利政策，即以改变儿童的弱势地位、满足儿童的发展需求为目标。因此，建立与新时期社会经济发展相适应的适度普惠儿童社会福利首要的任务就是在全社会范围内形成对儿童社会本质的正确认知和关于儿童群体积极的、发展性的观点。

2. 坚持儿童为本、儿童优先、儿童社会权利等理念是实现适度普惠儿童社会福利的内在要求

儿童社会福利政策的根本目标在于促进儿童全面发展与社会发展的整合，为实现儿童未来角色和功能创造必备的条件。因此，在设计儿童福利政策、开展儿童福利服务时必须将儿童为本、儿童优先、儿童社会权利、儿童全面发展等核心理念和要素融入儿童福利框架和内容之中。

3. 加快《儿童福利法》及其子法体系的出台及实施是实现适度普惠儿童社会福利的制度保障

中国儿童福利长期以来发展缓慢的根本原因之一在于缺乏专门的、权威的儿童福利法律体系。尽管学界一直呼吁制定和出台《儿童福利法》，但是迄今这一目标尚未实现。今后必须以建立《儿童福利法》为基础，形成一套完整的儿童福利政策法规体系。《儿童福利法》将不同于以往有关儿童、青少年的相关法规，《儿童福利法》将儿童作为发展的主体，强调国家、社会对于儿童的义务和责任，强调儿童的权利、发展及参与，用法律的形式使对特困儿童群体的救助保护、对所有儿童的福利照顾成为一种固化的制度安排。坚持全面、高水平、有针对性的原则，分别在儿童学前教育、家庭照顾、义务教育、医疗保健、特困救助、社会服务等方面制定完善的法律体系，保证儿童各方面权益都有法可依。国家应该形成由基本法律以及国务院行政法规、国务院职能部门的规章和政策规定、地方政府的规章制度与政策规定、国内企业与服务机构的制度规定等组成的完整的儿童社会福利法律法规体系，这是实现我国儿童社会福利制度不断完善并向适度普惠社会福利制度转型的根本制度保障。

4. 整合现有儿童福利行政架构，组建专门的儿童社会福利行政机构是实现适度普惠儿童社会福利的强有力保障

中国从全国人大到政府机关，再到社会团体设置了一系列有关儿童的工作机构和组织，但却尚未建立一个专职负责儿童福利工作的职能部门，长期以来存在着多头部门共同管理的混乱局面，这不利于各部门之间资源的有效整合。因此，应该不断整合现有儿童福利行政架构，组建专门的儿童社会福利行政机构。具体思路是：在国务院主管社会福利的部委中成立副部级儿童发展局来主管全国性的儿童福利工作。在儿童发展局中应该设立相应的职能部门，至少应该包括政策法规司、救助保护司、福利服务司、人事教育司、财务统计司、国际交流司等业务部门。市、乡镇和街道参照中央和省级儿童福利局职责，以此厘定各自职责。原则上，儿童福利行政体系层级越低，其应承担的具体服务内容应该越多。

5. 积极培育儿童社会福利服务机构，加快推进儿童社会福利专业化人才队伍建设是实现适度普惠儿童社会福利的重要要求

儿童社会福利服务机构是儿童社会福利责任的重要载体。中国应该加快培育更多儿童社会福利服务机构，大力发展儿童服务的社会团体和民间机构。目前，要根据各地实际建立公立和民间的儿童社会服务机构，为儿童特别是弱势儿童提供教育、医疗、特殊照顾、保护、托育等直接服务。按照社区人口比例建立一定数量的儿童综合服务中心。同时，通过标准化、系统化、科学化的管理、督导和评估，不断促进这些机构的发展和完善，以有效承载儿童社会福利服务。专业化的儿童社会福利人才队伍是儿童福利服务的开拓者和重要传递者。随着我国社会工作教育的不断发展，社会工作专业化进程不断推进，加快建设一支具有专业化水准较高、规模较大、结构合理的职业化儿童社会工作人才队伍是实现我国儿童社会福利有序推进的重要要求。①②

本章小结

1. 社会福利可以从狭义和广义两个方面来进行界定。狭义的社会福利一般指国家政府部门通过财力和政策手段保障特定人群并使之改善社会生活，提高生活品质的一种制度措施。广义的社会福利内在地包含各项具体的社会福利制度，但绝不仅仅是这些制度的总和，应是指支撑社会福利制度并确保其有效运行，以满足福利对象需求的一整套相互联系的观念主张和资源、制度、组织、人员、程序、技术安排。

2. 社会福利的理论基础可以从两个方面来理解：一是社会福利的思想基础，包括早期的空想社会主义社会福利思想以及功利主义、霍布豪斯、费边社会主义、贝弗里奇报告、蒂特马斯、艾哈德、布莱尔等流派的社会福利思想；二是社会福利的一般理论，主要包括政府与市场的作用、权利和义务的对应理论以及社会福利的多元化与私有化理论。

3. 老年人福利是指国家和社会通过提供福利设施、福利津贴和社会服务来满足老年人的生活服务需求，并促使其生活质量不断得到改善的一种社会制度安排。从世界各国老年人社会福利的实践发展来看，老年人社会福利的内容主要有老年人经济保障、老年生活照料、老年社会服务及其他相关内容。

4. 残疾人社会福利是指国家和社会为残疾公民在年老、疾病、缺乏劳动能力及退休、失业、失学等情况下提供基本的物质帮助，并根据社会的经济、文化发展水平给予残疾人相应的康复、医疗、教育、劳动就业、文化生活、社会环境等方面的权益保障，实现残疾人“平等、参与、共享”的目标。按残疾人社会福利的领域来划分，残疾人社会福利一般包括残疾人生活保障、残疾预防、残疾人康复、残疾人教育、残疾人就业、残疾人文化教育和无障碍环境建设。

5. 儿童福利是指政府和社会为所有儿童提供健康的生存环境和接受教育的机会，保护

---

① 陆士桢、徐选国. 适度普惠视阈下我国儿童社会福利体系构建及其实施路径[J]. 社会工作，2012（11）：4-10.

② 陆士祯. 中国儿童社会福利研究[J]. 社会保障研究（北京），2006（2）：170-178.

其合法权益，向其提供个人成长所必需的各种保护性措施和社会服务的制度安排。儿童福利主要包括儿童医疗健康、义务教育、文化娱乐以及孤残儿童福利等内容。

6. 长期以来，中国实行的是补缺型社会福利，这种福利制度是与当时的经济发展水平以及社会民主化进程联系在一起的，它为中国消除贫困、改善人民生活发挥了重要作用。但是随着中国经济的发展和社会政治制度的完善，建立一种更高层次的社会福利体系已显得十分必要。当前以及今后一段时期中国社会福利改革与发展的目标是建立与中国经济社会相适应的适度普惠型社会福利制度。

7. 中国老年人福利需求与供给矛盾十分突出。从中国的具体情况出发，老年人社会福利建设应当通过完善服务体系、拓宽服务对象、增加服务内容、明确责任承担、扩大覆盖范围等路径来建立适度普惠型老年社会福利。

8. 中国建立适度普惠型残疾人社会福利应做好转变观念、完善法律、健全机制、多元筹资、统筹城乡发展等方面的工作。

9. 中国适度普惠型儿童社会福利的实施需要形成科学、合理的儿童福利思想和理念，也需要完善儿童福利法律制度体系，同时，需要建立强有力的儿童福利组织架构，加强儿童社会服务机构的培育和专业化人才队伍建设进程。

思考题

1. 如何理解社会福利的概念？
2. 社会福利的理论基础有哪些？
3. 社会福利制度可以分为哪些类型？
4. 老年人的需求包括哪几个方面？
5. 试述老年社会福利的主要内容。
6. 试述残疾人社会福利的主要内容。
7. 试述儿童社会福利的主要内容。
8. 试述中国构建适度普惠型的社会福利制度的基础和原则。
9. 中国如何建设适度普惠型老年社会福利？
10. 中国如何建立适度普惠型残疾人社会福利？
11. 中国如何实施适度普惠型儿童社会福利？

深度阅读

1. 郑功成. 中国社会福利的现状与发展取向[J]. 中国人民大学学报，2013（2）：2-10.

文章认为“福利恐惧症”、“社会福利社会责任论”、“社会福利可替代论”等是对社会福利事业的误解，这些看法与观点的流行导致了中国社会福利事业发展的滞后，并构成了整个社会保障体系建设中的短板，日益深刻地影响到老年人、儿童、残疾人、妇女的实际生活质量。当前亟待重新审视社会福利的重要性与不可替代性，在坚持国民福利与国民经济同步发展的条件下，客观检视现行社会福利制度安排的缺陷，真正走出一条适合国情的中国式社会福利事业发展道路。

2. 赵一红. 宏观与微观双重视角下中国社会福利制度的路径选择[J]. 社会科学，2013（1）：73-80.

文章认为，作为“后发型”现代化国家，中国社会福利发展语境是建立在社会福利供给的宏观与微观的对立统一基础之上的。一个良性循环的社会需要一种符合自身社会发展的福利视角。从何种角度来看待社会福利发展在一定程度上决定着社会福利承担何种角色；每一种福利视角都将提供不同的福利目标。传统与现代、政府与社会组织、社区服务与社区照顾等看似不同范式的结构却能够共同给予福利视角以不同解释。从这些不同范式结构考察福利供给主体、福利供给对象、福利供给目标、福利供给模式等等将透视出中国社会福利发展的特点，同时也体现出中国社会福利制度本土化的发展路径。

参考文献

1. [德]路德维希・艾哈德. 大众的福利[M]. 丁安新译. 北京：中国人民大学出版社，1995.

2. [美] E. 博登海默. 法理学——法律哲学与法律方法[M]. 邓正来译. 北京：中国政法大学出版社，2004.

3. [美]罗斯福. 罗斯福选集[M]. 关在汉编译. 北京：商务印书馆，1982.

4. [美]米尔顿・弗里德曼、罗斯・弗里德曼. 自由选择——个人声明[M]. 胡骑等译. 北京：商务印书馆，1982.

5. [美]沙拉姆・赫斯马特. 卫生管理经济学[M]. 应向华译. 北京：北京大学医学出版社，北京大学出版社，2004.

6. [美]威廉姆・H. 怀特科、罗纳德 C. 费德里科. 当今世界的社会福利[M]. 解俊杰译. 北京：法律出版社，2003.

7. [瑞典]吉姆・凯梅尼. 从公共住房到社会市场——租赁住房政策的比较研究[M]. 王韬译. 北京：中国建筑工业出版社，2010.

8. [英]A. C. 庇古. 福利经济学（上卷）[M]. 朱泱、张胜纪、吴良健译. 北京：商务印书馆，2006.

9. [英]贝弗里奇. 贝弗里奇报告——社会保险和相关服务[M]. 劳动和社会保障部社会保险研究所译. 北京：中国劳动社会保障出版社，2008.

10. [英]菲利普・布朗. 资本主义与社会进步——经济全球化及人类社会未来[M]. 刘榜离译. 北京：中国社会科学出版社，2006.

11. [英]霍布斯. 利维坦[M]. 黎思复、黎廷弼译. 北京：商务印书馆，1985.

12. [英]尼古拉斯・巴尔. 福利国家经济学[M]. 郑秉文、穆怀中等译. 北京：中国劳动社会保障出版社，2003.

13. [英]亚当・斯密. 国民财富的性质和原因的研究（下卷）[M]. 北京：商务印书馆，1988.

14. [英]约翰・梅纳德・凯恩斯. 就业利息和货币通论[M]. 魏埙译. 西安：陕西人民出版社，2004.

15. 2000 年民政工作统计公报.

16. 2004 年民政事业发展统计公报.

17. A.B. Atkinson. Poverty and Social Security[M]. Hemel Hempstead, Harvester Wheatsheaf, 1989.

18. Ellis, R.P. and McGuire. T.G. Supple-Side and Demand-Side Cost Sharing in Health Care. Journal of Economics Perspectives[J]. 1993,7(4): 135-151.

19. Feldstein, P.J.. Health Policy Issues: An Economic Perspective on Health Reform[M]. AUPHA Press/Health Administration Press, Ann Arbor, Michigan, 1994.

20. International Labour Office.Introduction to Social Security[M].Geneva, 1984.

21. J.D. Marshall. The Old Poor Law,1795-1834[M]. Macmillan, London, 1968.

22. John Dixon. Social Security in Global Perspective[M].Praeger, Westport, Connecticut London, 1999.

23. Juan Yermo. The Contribution of Pension Funds to Capital Market Development in Chile[M]. Oxford University and OECD，September 2005.

24. Karl Polanyi.The Great Transformation: The Political and Economic Origins of Our Time[M]. Beacon Press, Boston. 1944.

25. Midgley，James. Social Welfare in Global Context[M].London, Sage, 1997.

26. Pauly, M.V.. The Economics of Moral Hazard: Comment. The American Economic Review[J]. 1968, 58(3): 531-537.

27. Pope, G. C. Using Hospital-Specific Cost to Improve the Fairness of Prospective Reimbursement.Journal of Health Economics[J]. 1990, 9(3): 237-251.

28. R.L.Barber. The Social Work Dictionary[M]. Washing D.C., NASW Press, 1999.

29. Richard Titmuss. Problems of Social Policy[M]. London, 1950.

30. 曹云华. 新加坡的社会保障制度初探[J]. 社会学研究，1995（3）：61-70.

31. 陈金田. 农民工失业保险问题探究[J]. 保险研究，2012（4）：123-127.

32. 陈立媛. 老年人社会福利应成为中国社会福利改革首要关注问题[J]. 经济研究导刊，2009（25）：74-75.

33. 陈孟熙. 经济学说史教程[M]. 北京：中国人民大学出版社，1992.

34. 陈卫. 中国未来人口发展：2005～2050 年[J]. 人口研究，2006（4）：93-95.

35. 陈溪. 我国流浪乞讨人员社会救助措施的法律思考[D]. 吉林大学，2004：31.

36. 陈雪薇. 中国特色社会主义道路的 30 年探索（1978～2008）[J]. 中共中央党校学报，2008（3）：5-12.

37. 陈怡芳、高峰、于江涛. 德国、瑞士低收入家庭住房保障考察报告[J]. 财政研究，2012（3）：54-56.

38. 陈银娥. 社会福利[M]. 北京：中国人民大学出版社，2009.

39. 陈元刚. 社会保障学教程[M]. 重庆：重庆大学出版社，2012.

40. 陈云凡. OECD 十国儿童福利财政支出制度安排比较分析[J]. 欧洲研究，2008（5）：95-108.

41. 成海军. 当前中国老年人社会福利的困境与对策[J]. 首都师范大学学报（社会科学版），2012（1）：123-129.

42. 丛诚. 论财税政策对住房保障体系的支撑[J]. 中国房地产金融，2008（3）：10-14.

43. 崔颖. 我国工伤保险制度存在的问题及对策探析[J]. 人口与经济，2011（S1）：46-47.

44. 戴建兵、曹艳春. 论我国适度普惠型社会福利制度的构建与发展[J]. 华东师范大学学报（哲学社会科学版），2012（1）：26-32.

45. 邓泽宏、熊丁. 二战后“亚洲四小龙”福利政策反思[J]. 武汉大学学报，2006（3）：343－348.

46. 丁纯. 世界主要医疗保障制度模式绩效比较[M]. 上海：复旦大学出版社，2009.

47. 丁建定、魏科科. 社会福利思想[M]. 武汉：华中科技大学出版社，2005.

48. 丁建定. 当代西方社会保障制度改革的背景[J]. 南都学坛（人文社会科学学报），2006（5）：24-27.

49. 丁建定. 西方国家社会保障制度史[M]. 北京：高等教育出版社，2010.

50. 董克用. 人力资源管理概论[M]. 北京：中国人民大学出版社，2011.

51. 董克用. 中国经济改革 30 年——社会保障卷[M]. 重庆：重庆大学出版社，2008.

52. 杜文. 发达国家住房保障制度建设的基本经验[J]. 经济体制改革，2005（3）：34-40.

53. 多吉才让. 中国社会福利丛书[M]. 北京：中国社会出版社，2002.

54. 多吉才让. 中国最低生活保障制度研究与实践[M]. 北京：人民出版社，2001.

55. 樊天霞、徐鼎亚. 美国、瑞典、新加坡养老保险制度比较及对我国的启示[J]. 上海大学学报（社会科学版），2004（3）：84-89.

56. 冯宗容. 我国住房保障制度的模式选择、实施原则及对策探析[J]. 经济体制改革，2007（4）：141-144.

57. 甘行琼. 新加坡中央公积金制度考察[J]. 中南财经大学学报，1998（5）：22-25.

58. 高灵芝. 社会保障概论[M]. 济南：山东人民出版社，2011.

59. 谷俊青. 中国城镇住房保障政策体系变革中的缺陷及其完善构想[J]. 现代财经，2009（2）：47-52.

60. 中华人民共和国人力资源和社会保障部失业保险司. 关于印发 2013 年失业保险工作要点[EB/OL].http://www.mohrss.gov.cn/sybxs/.

61. 郭崇德. 社会保障学概论[M]. 北京：北京大学出版社，1992.

62. 郭捷. 劳动法与社会保障法[M]. 北京：法律出版社，2011.

63. 国家经济体制改革委员会. 社会保障体制改革[M]. 北京：改革出版社，1995.

64. 国家民政部救灾救济司. 2000 年中国灾情和救灾工作报告——中国社会福利与社会进步报告（2001）[M]. 北京：社会科学文献出版社，2001.

65. 韩伟. 浅析国外养老金指数化调整机制[J]. 技术经济与管理研究，2005（4）：55-56.

66. 郝凤鸣. 社会法之性质及其于法体系中之定位[J]. 中正法学集刊，2003（10）：3-35.

67. 何玉长. 新加坡中央公积金制度及其对我们的启示[J]. 特区经济，1996（2）：10-12.

68. 和春雷. 当代德国社会保障制度[M]. 北京：法律出版社，2001.

69. 胡舒. 智利养老保险模式探析[D]. 武汉科技大学，2008：16.

70. 胡务. 社会救助概论[M]. 北京：北京大学出版社，2010.

71. 贾洪波、陈建辉. 建国以来中国社会保障制度变迁的基本经验[J]. 人事天地，2010

（9）：54-55.

72. 贾洪波. 补充医疗保险的实际运作：四个国家比较[J]. 改革，2012（11）：144-153.

73. 贾洪波. 城镇居民基本医疗保险适度缴费率分析[J]. 财经科学，2009（11）：92-101.

74. 贾洪波. 新型农村合作医疗适度筹资水平研究[D]. 中国人民大学，2010.

75. 贾洪波. 中国基本医疗保险适度缴费率模型与测算[J]. 预测，2010,（1）：54-59.

76. 贾洪波. 中国基本医疗保险制度改革关键问题研究[M]. 北京：北京大学出版社，2013.

77. 姜新旺、黄劲松. 社会医疗保险中医方道德风险的防范与控制[J]. 软科学，2005（1）：60-63.

78. 蒋月. 劳动法和社会保障法[M]. 杭州：浙江大学出版社，2010.

79. 解佳龙、何山. 我国残疾人社会福利存在的问题及其对策[J]. 理论月刊，2009（9）：132-134.

80. 乐章. 社会救助学[M]. 北京：北京大学出版社，2008.

81. 黎建飞. 社会保障法[M]. 北京：中国人民大学出版社，2006.

82. 李惊亚、李黔渝. 卫生部部长陈竺：我国基本医保已覆盖 96%的人群[EB/OL].（2012-07-27）[2013-01-26]新华网，http://www.gov.cn/jrzg/2012-07/27/content_2193635.htm

83. 李林. 法治社会与弱势群体的人权保障[J]. 前线，2001（5）：23-24.

84. 李韬. 慈善基金会缘何兴盛于美国[J]. 美国研究，2005（3）：132-146.

85. 李迎生. 社会工作概论[M]. 北京：中国人民大学出版社，2004.

86. 李珍. 社会保障理论[M]. 北京：中国劳动社会保障出版社，2007.

87. 李珍. 社会保障制度与经济发展[M]. 武汉：武汉大学出版社，1998.

88. 联合国劳工组织. 社会保障基础[M]. 长春：吉林大学出版社，1989.

89. 林嘉. 劳动法和社会保障法[M]. 北京：中国人民大学出版社，2009.

90. 林嘉. 社会保障法的理念、实践与创新[M]. 北京：中国人民大学出版社，2002.

91. 林梅. 当前中国住房保障制度建设面临的困境及对策[J]. 科学社会主义，2012（5）：110-113.

92. 林梅. 发达国家住房保障的基本模式及其经验与启示[J]. 当代世界与社会主义，2012（5）：104-107.

93. 林义. 社会保险[M]. 北京：中国金融出版社，1998.

94. 领导干部社会保障知识读本[M]. 北京：中国劳动社会保障出版社，2002.

95. 刘畅. 社会保障概论[M]. 北京：北京大学出版社，2012.

96. 刘诚. 社会保障法比较研究[M]. 北京：中国劳动社会保障出版社，2006.

97. 刘钧. 社会保障理论与实务[M]. 北京：清华大学出版社，2005.

98. 刘珊. 我国社会福利政策发展与改革方向研究[J]. 云南大学学报（社会科学版），2013（1）：101-105.

99. 刘双良. 农民工城市住房保障问题分析与对策研究[J]. 经济与管理研究，2010（1）：50-55.

100. 刘玮玮、贾洪波. 基本医疗保险中异地就医管理研究[J]. 中国卫生经济，2011（6）：15-17.

101. 鲁虎. 列国志·新加坡[M]. 北京：社会科学文献出版社，2004.

102. 陆士桢、徐选国. 适度普惠视阈下我国儿童社会福利体系构建及其实施路径[J]. 社会工作，2012（11）：4-10.

103. 陆士祯. 中国儿童社会福利研究[J]. 社会保障研究（北京），2006（2）：170-178.

104. 吕萍、周滔. 农民工住房保障问题认识与对策研究——基于成本—效益分析[J]. 城市发展研究，2008（3）：110-114.

105. 罗雅. 中国住房保障政策实施效果评估——基于1997～2010年的数据[J]. 学术研究，2012（6）：55-61.

106. 孟庆平. 中国城镇失业保险的供求矛盾及对策研究[J]. 保险研究，2009(9)：36-41.

107. 穆怀中. 发展中国家社会保障制度的建立和完善[M]. 北京：人民出版社，2008.

108. 穆怀中. 国际社会保障制度教程[M]. 北京：中国人民大学出版社，2009.

109. 穆怀中. 国民财富与社会保障收入再分配[M]. 北京：中国劳动社会保障出版社，2003.

110. 穆怀中. 社会保障概论[M]. 沈阳：辽宁大学出版社，2000.

111. 穆怀中. 社会保障国际比较[M]. 北京：中国劳动社会保障出版社，2007.

112. 穆怀中. 中国社会保障适度水平研究[M]. 沈阳：辽宁大学出版社，1998.

113. 潘锦棠. 社会保障通论[M]. 济南：山东人民出版社，2012.

114. 潘锦棠. 社会保障学概论[M]. 北京：北京师范大学出版集团，北京师范大学出版社，2012.

115. 彭华民. 残疾人社会福利制度：内地与香港的三维比较[J]. 南开学报（哲学社会科学版），2013（1）：29-39.

116. 秦国荣. 劳动与社会保障法律制度研究[M]. 南京：南京师范大学出版社，2004.

117. 仇雨临、郝佳. 中国儿童福利的现状分析与对策思考[J]. 中国青年研究，2009（2）：26-46.

118. 仇雨临. 医疗保险[M]. 北京：中国劳动社会保障出版社，2008.

119. 尚晓援. “社会福利”与“社会保障”再认识[J]. 中国社会科学，2001（3）：113-121.

120. 史柏年. 社会保障概论[M]. 北京：高等教育出版社，2012.

121. 史探经. 社会保障法研究[M]. 北京：法律出版社，2000.

122. 舒扬. 浅议养老保险的社会化管理与服务[J]. 北京市计划劳动管理干部学院学报，2004（3）：22-24.

123. 宋德玲. 国外失业保险制度的特点及启示[J]. 经济纵横，2006（12）：54-56.

124. 宋丰景. 国内失业问题研究最新进展[J]. 城市问题，2005（1）：37-43.

125. 苏勇. 农村地制创新与住房保障制度的变革[J]. 求索，2010（7）：61-63.

126. 苏振芳. 社会保障概论[M]. 北京：中国审计出版社，2001.

127. 孙秉文. 当代英国瑞典社会保障制度[M]. 北京：法律出版社，2000.

128. 孙波. 我国地方立法自主性探析[J]. 法治论丛，2007（2）：68-73.

129. 孙光德、董克用. 社会保障概论[M]. 北京：中国人民大学出版社，2008.

130. 孙光德、董克用. 社会保障概论[M]. 北京：中国人民大学出版社，2012.

131. 孙洁、高博. 我国失业保险制度存在的问题和改革的思路[J]. 西南师大学报（社会科学版），2011（1）：122-127.

132. 孙树菡、朱丽敏. 现代工伤保险制度：发展历程及动力机制[J]. 湖南师范大学社会科学学报，2010（1）：82-86.

133. 孙树菡、朱丽敏. 新中国工伤保险制度六十年的发展变迁[J]. 河北学刊，2009（6）：1-6.

134. 覃有土、樊启荣. 社会保障法[M]. 北京：法律出版社，1997.

135. 谭崇台. 西方经济发展思想史[M]. 武汉：武汉大学出版社，1997.

136. 田春润. 养老保险制度流变[J]. 中国社会保障，2009（10）：25-36.

137. 田焱、任平、王丽娟. 震区灾民的住房问题与住房保障路径探讨[J]. 经济体制改革，2008（4）：159-162.

138. 王保真. 医疗保障[M]. 北京：人民卫生出版社，2005.

139. 王鸿勇. 国际医疗保险模式和改革发展比较分析[J]. 国外医学（卫生经济分册），1999，（2）：49-63.

140. 王靖元. 新型农村合作医疗知识问答[M]. 北京：北京大学医学出版社，2008.

141. 王利军. 关于社会养老保险关系转移接续问题的理论综述[J]. 辽宁大学学报，2009（6）：139-141.

142. 王思斌. 社会工作导论[M]. 北京：北京大学出版社，1998.

143. 王思斌. 我国适度普惠型社会福利制度的建构[J]. 北京大学学报（哲学社会科学版），2009（5）：58-65.

144. 王文素. 社会保障体系源头考证[J]. 财政研究，2005（9）：62-64.

145. 王云斌. 社会福利制度在中国的演进路径——顶层设计和总体规划思路[J]. 社会福利（理论版），2012（3）：7-10.

146. 王智斌. 中国养老保险制度改革与政策建议[D]. 西南财经大学，2007：75-76.

147. 王忠文. 退休养老保险制度双轨制及其改革[J]. 观察，2011（4）：59.

148. 韦清. 论我国养老保险基金投资的监管法律制度[D]. 湖南大学，2008：9-11.

149. 魏娟. “第三条道路”述评[J]. 前沿，2003（3）：97-98.

150. 乌日图. 医疗保障制度国际比较[M]. 北京：化学工业出版社，2003.

151. 吴世民. 大民政与适度普惠型社会福利制度[N]. 北京日报，2011 年 2 月 28 日.

152. 吴永求. 中国养老保险扩面问题及对策研究[D]. 重庆大学，2012：33.

153. 肖丽群. 试论我国社会福利的社会化[J]. 湖北经济学院学报（人文社会科学版），2012（9）：17-18.

154. 谢昌浩、阮萍. 住房社会保障机制的发展研究[J]. 云南财贸学院学报，2002（4）：110-112.

155. 谢增毅. 社会法的概念、本质和定位：域外经验与本土资源[J]. 学术与探索，2006（5）：92-97.

156. 徐丙奎. 西方社会保障三大理论流派述评[J]. 华东理工大学学报（社会科学版），2006（3）：24-32.

157. 徐波. 劳动和社会保障法学[M]. 厦门：厦门大学出版社，2012.

158. 徐永林. 论我国失业保险制度的改革与完善[J]. 云南民族大学学报（哲学社会科学版），2005（6）：33-36.

159. 徐月宾. 社会福利的概念及其演变：社会政策是生产力[J]. 社会福利（理论版），2012（1）：10-15.

160. 许兵. 社会保障制度中的政府职能比较研究[J]. 政法论丛，2004（4）：71-76.

161. 许琳. 社会保障学[M]. 北京：清华大学出版社，2012.

162. 杨冠琼. 当代美国社会保障制度[M.]北京：法律出版社，2001.

163. 杨海坤、金亮新. 中央与地方关系法治化之基本问题研讨[J]. 现代法学，2007（6）：23-30.

164. 杨清哲. 人口老龄化背景下中国农村老年人养老保障问题研究[D]. 吉林大学，2013：81.

165. 杨伟民. 社会政策导论[M]. 北京：中国人民大学出版社，2010.

166. 杨燕绥. 社会保障[M]. 北京：清华大学出版社，2012.

167. 姚力. 新中国城镇职工医疗保障制度的历史考察[J]. 党的文献，2010（3）：94-99.

168. 姚玲珍. 德国社会保障制度[M]. 上海：上海人民出版社，2011.

169. 于洪. 外国养老保障制度[M]. 上海：上海财经大学出版社，2005.

170. 于欣华、郑清风. 海峡两岸工伤补偿先行支付法律制度比较——兼论大陆工伤保险基金先行支付立法完善进路[J]. 台湾研究集刊，2012.

171. 翟一春. 我国养老保险基金投资问题研究[D]. 复旦大学，2008：67.

172. 詹成付. 论健全社会福利制度[J]. 社会福利（理论版），2013（1）：2-7.

173. 张恩逸. 住房公积金制度在住房保障中应发挥主导作用[J]. 宏观经济研究，2008（6）：34-40.

174. 张桂琳、彭润金. 七国社会保障制度研究[M]. 北京：中国政法大学出版社，2005.

175. 张浩淼. 中国最低生活保障：制度变迁的转折点与决定因素[J]. 改革与战略，2008（11）：15-22.

176. 张建明、龚晓京. 社会福利与社会保障关系刍议[M]. 北京：中国社会科学出版社，2001.

177. 张京萍. 社会保障法[M]. 北京：中国劳动社会保障出版社，2005.

178. 张荆. 未成年人社会福利与犯罪预防[J]. 预防青少年犯罪研究，2013（1）：50-53.

179. 张琪. 美国、德国、新加坡住房保障制度建设经验与启示[J]. 社会科学战线，2009（12）：233-234.

180. 张左己. 领导干部社会保障知识读本[M]. 北京：中国劳动社会保障出版社，2002.

181. 郑春荣. 英国社会保障制度[M]. 上海：上海人民出版社，2012.

182. 郑功成、申曙光、彭宅文. 中国医疗保障改革与发展战略——病有所医及其发展路径[R]. 北京：第四届中国社会保障论坛演讲材料，2010.

183. 郑功成. 社会保障概论[M]. 上海：复旦大学出版社，2008.

184. 郑功成. 社会保障概论[M]. 上海：复旦大学出版社，2009.

185. 郑功成. 社会保障学[M]. 北京：中国劳动社会保障出版社，2005.

186. 郑功成. 社会保障学——理念、制度、实践与思辨[M]. 北京：商务印书馆，2000.

187. 郑功成. 社会保障研究[M]. 北京：中国劳动社会保障出版社，2012.

188. 郑功成. 中国社会保障 30 年[M]. 北京：人民出版社，2008.

189. 郑功成. 中国社会保障改革与发展战略（医疗保障卷）[M]. 北京：人民出版社，2011.

190. 郑功成. 中国社会保障改革与发展战略：理念、目标与行动方案[M]. 北京：人民出版社，2008.

191. 郑功成. 中国社会保障制度变迁与评估[M]. 北京：中国人民大学出版社，2002.

192. 郑荣鸣. 社会医疗保险的经济学分析[J]. 经济学动态，2004（7）：60-63.

193. 中国社会保障、住房保障情况和住房建设成就发布会[EB/OL]. 新华网：http://www.gov.cn/xwfb/2009-09/28/content_1428604.htm.

194. 中华人民共和国人力资源和社会保障部工伤保险司. 关于印发2013 年工伤保险工作要点的通知[EB/OL]. http://www.mohrss.gov.cn/gsbxs/.

195. 钟仁耀. 社会救助与社会福利[M]. 上海：上海财经大学出版社，2005.

196. 周沛、易艳阳、周进萍. 社会保障概论[M]. 武汉：武汉大学出版社，2010.

197. 周沛. 社会福利体系[M]. 北京：中国劳动社会保障出版社，2007.

198. 周秋光、曾桂林. 中国慈善简史[M]. 北京：人民出版社，2006.

南开大学出版社网址：http://www.nkup.com.cn

投稿电话及邮箱：	022-23504636	QQ：1760493289
		QQ：2046170045(对外合作)
邮购部：	022-23507092	
发行部：	022-23508339	Fax：022-23508542

南开教育云：http://www.nkcloud.org

App：南开书店 app

南开教育云由南开大学出版社、国家数字出版基地、天津市多媒体教育技术研究会共同开发，主要包括数字出版、数字书店、数字图书馆、数字课堂及数字虚拟校园等内容平台。数字书店提供图书、电子音像产品的在线销售；虚拟校园提供 360 校园实景；数字课堂提供网络多媒体课程及课件、远程双向互动教室和网络会议系统。在线购书可免费使用学习平台，视频教室等扩展功能。